Wolfgang Menzel

120 Jahre der Weltgeschichte

1740-1860

Wolfgang Menzel

120 Jahre der Weltgeschichte
1740-1860

ISBN/EAN: 9783743325845

Hergestellt in Europa, USA, Kanada, Australien, Japan

Cover: Foto ©ninafisch / pixelio.de

Manufactured and distributed by brebook publishing software
(www.brebook.com)

Wolfgang Menzel

120 Jahre der Weltgeschichte

Die letzten 120 Jahre

der

Weltgeschichte

(1740—1860)

von

Wolfgang Menzel.

In sechs Bänden.

Fünfter Band.

————

Stuttgart.

Verlag von Adolph Krabbe.

1860.

Druck von J. Kreuzer in Stuttgart.

Inhalt des fünften Bandes.

Erstes Buch.

Das grācoruſſiſche Syſtem.

„Rußland erntete in reichlichem Maaße die Früchte feiner
Conſequenz, ſeiner Entſchiedenheit. Man kann hier nicht blos von
Glück ſprechen, Rußland machte ſich ſein Glück ſelbſt. Es zeigte
Charakter, wo ſeine politiſchen Rivalen keinen zeigten. Es handelte, wo ſeine Rivalen höchſtens unterhandelten. Es unterwarf
ſich 1829 die Türkei und 1831 Polen, ohne ſich um die ſchwachen
diplomatiſchen Demonſtrationen ſeiner Rivalen zu bekümmern. Es
ſchwebte einige Augenblicke in Gefahr, aber es ließ keine Furcht,
kein Schwanken blicken und hatte die Genugthuung, zu erleben,
daß ſeine Rivalen dieſe Augenblicke unbenützt vorübergehen ließen,
und weder den Türken, noch den Polen beiſtanden. Endlich über-
traf Rußland ſeine Rivalen weit an Benehmen, denn es kam, ſah,
ſiegte, und riß alle Vortheile an ſich in der Stille und ohne Ruhmredigkeit, während ſeine Rivalen alles geſchehen ließen, nichts
thaten und doch unaufhörlich prahlten. Die Juliusrevolution mit
ihren Folgen war aber hauptſächlich inſofern ein günſtiges Ereigniß für Rußland, als es die Aufmerkſamkeit Oeſterreichs und Preußens vom Orient ablenkte und im Weſten beſchäftigte. Auch verſtand es Rußland mit gewohnter diplomatiſcher Meiſterſchaft, das
Schreckbild der revolutionären Propaganda überall vorzuſchieben,

und zu einer ihm vortheilhaften Diversion zu benutzen, ja es verstand mit eben diesem Schreckbilde den König der Franzosen selbst einzuschüchtern, und so seltsam hatten sich die Verhältnisse verkehrt, daß es nicht Rußland war, das durch diese Drohungen des revolutionären Geistes geschreckt wurde, sondern das damit schreckte." Diese Worte schrieb ich schon im Jahr 1831 (in meinem Taschenbuch der neuesten Geschichte) nieder und kann sie nur als Wahrheit heute wiederholen. Von der Julirevolution und der ungeheuren Erschütterung, welche durch sie das westliche und mittlere Europa erlitt, zog niemand Vortheil als Rußland und hauptsächlich durch den Verstand und die Thatkraft seines Kaisers. Es gelang diesem, sich der Hülfe Preußens, der Neutralität Oesterreichs zu versichern und nachdem er um den Preis Belgiens, das ihm gar nicht gehörte, auch das Schweigen Frankreichs und Englands zu allem, was er mit Polen vornehmen wollte, erkauft hatte, bekam er völlig freie Hand.

Von diesem Zeitpunct an kommt ein eigenthümlicher Schwung in die Politik des Kaiser Nicolaus und ein großer, für Europa schrecklicher Gedanke tritt immer deutlicher aus seiner Handlungsweise hervor. Alle Nationen, denen er gebietet, sollen aufhören zu seyn, was sie gewesen, und Russen werden, nur noch russisch denken und reden, und alle sollen den Glauben des Kaisers annehmen, zur russischen Staatskirche übertreten. Da dieses neue System zuerst nur auf das besiegte Polen angewandt wurde, ahnte man seine Tragweite noch nicht. Die Unterdrückung der polnischen Nationalität und der katholischen Religion in Polen schien andre Nationalitäten und Kirchen noch nicht zu gefährden.

Kaiser Nicolaus nahm an, durch die Revolution hätten die Polen ihr Recht auf eine selbständige Regierung und Verfassung verloren; indem sie seine Rechte nicht mehr hätten gelten lassen, habe er auch die ihrigen, wie sie 1815 durch den Wiener Congreß garantirt worden, nicht mehr zu achten. Die Garanten des Königreichs Polen thaten keine Einsprache gegen diese seine Auslegung;

Preußen nicht, weil es blind Rußland folgte; Oesterreich nicht, weil es keinen Krieg anfangen wollte und weil Metternich durch die Finger sah, England und Frankreich nicht, weil Kaiser Nicolaus ihnen um den Preis Polens gestattete, in Belgien, Spanien, Portugal zu verfahren, wie sie wollten.

Die Maßregeln, welche Fürst Paskiewitsch in Polen auf Befehl seines Kaisers nach einander traf, waren folgende. Zuerst wurde die polnische Uniform abgeschafft, alles polnische Militair in russische Regimenter untergesteckt; womit auch die polnischen Fahnen und die polnischen Farben verschwanden. Nichts durfte mehr an die Nationalität erinnern, Polen sollte eine russische Provinz werden, allen andern gleich. Die Universität in Warschau wurde aufgehoben, damit Geist und Sprache der Polen keine höhere Pflege mehr genössen. Die polnischen Archive, Bibliotheken, wissenschaftliche Sammlungen aller Art wurden nach St. Petersburg gebracht. Alle öffentlichen Acte mußten hinfort in russischer und polnischer Sprache zugleich ausgefertigt werden. Unterdeß wurden in allen Theilen des Königreichs Verhaftungen vorgenommen. Trotz der Flucht vieler Tausende blieben immer noch Compromittirte genug zurück, die man nicht hinrichtete, noch in Gefängnisse warf, sondern in Masse aus Polen wegschaffte. Es war System, Polen möglichst zu entleeren und dafür Russen hineinzuschicken. Die Vornehmsten und am wenigsten Gravirten mußten sich eine anständige Verbannung nach St. Petersburg gefallen lassen, die übrigen wurden nach Sibirien geschleppt und „nummerirt". Jeder Verbrecher in Rußland nämlich, der nach Sibirien geschickt wird, verliert seinen Namen und Rang und existirt fortan nur als Nummer. Die am schwersten bestraft werden sollten, wurden zu lebenslänglicher Zwangsarbeit in den sibirischen Bergwerken verurtheilt.*) Man

---

*) Als auch der junge Fürst Roman Sangusko zu den Bergwerken verurtheilt worden war, und seine Familie den Kaiser um Gnade anflehte, ließ dieser sich das Urtheil geben und schrieb an den Rand „zu Fuß", d. h.

rechnete im Jahr 1832 bereits 80,000 Polen, die über die öftliche Grenze weggeschafft worden seyen. Aber auch unter den Zurückbleibenden wurde eine ftrenge Sichtung vorgenommen. Schon am 31. October 1831, alfo fehr bald nach der Unterdrückung der Revolution, befahl der Kaifer, jeder Pole, der feinen Abel nicht durch Urkunden beweifen könne, folle denfelben verlieren. Es gab nämlich in Polen eine große Ueberzahl armen Abels, die f. g. Schlachty (Gefchlechter, von edlem Gefchlecht, ein deutfches Wort), die befonders viel revolutionäre Elemente lieferten. Diefe follten nun mit einem Schlage vernichtet werden, denn nur die wenigften hatten Adelsbriefe.

Am 26. Februar 1832 gab der Kaifer ein f. g. polnifches Statut, worin er öffentlich kund that, daß es kein Königreich Polen mehr gebe, daß es vielmehr dem ruffifchen Reich als einfache Provinz einverleibt fey. In diefem Statut hieß es jedoch noch, die Freiheit des Cultus fey garantirt und die katholifche Religion als die der Mehrheit der Einwohner in Polen „Gegenftand des befondern Schutzes und Wohlwollens der Regierung". Eine Deputation polnifcher Großen, den Fürften Radziwil an der Spitze, mußte auf Befehl des Statthalters von Warfchau nach Petersburg abgehen und dem Kaifer für das neue Statut danken. In fehr auffallender Weife begab fich im Sommer deffelben Jahres Lord Durham als außerordentlicher Gefandter Englands nach St. Petersburg, von wo aus ihm Kaifer Nicolaus, um ihn daburch hoch zu ehren, entgegenfuhr. Ihre Zufammenkunft befiegelte die bisherigen Unterhandlungen und ftellte ein vollkommen freundfchaftliches Verhältniß her. Gleichzeitig bekämpfte Minifter Grey, Durhams Schwiegervater, im englifchen Parlament die Polenfreunde und erklärte ihnen, den Polen eine ausgiebige Hülfe zu gewähren, fey

---

der Verurtheilte follte nicht nur die zuerkannte Strafe in Sibirien leiden, fondern auch zur Verfchärfung der Strafe den weiten Weg zu Fuß machen.

für England zu schwer und kostspielig, liege also nicht im englischen
Interesse.   •

Somit war die Reaction in Polen von England selbst sanctionirt. Die Güter des geflüchteten oder nach Sibirien verbannten
polnischen Adels wurden confiscirt und zum Theil russischen Generalen geschenkt. Daß Paskiewitsch selbst nicht leer ausging, beweisen die 70 Mill. Silberrubel, die er bei seinem Tode hinterließ.
Man las in den Zeitungen lange Listen der Edelleute, deren Erbe
auf diese Weise weggenommen wurde. Die Veröffentlichung geschah, um den geflüchteten Polen die Größe ihres Unglücks, dem
westlichen Europa aber die Macht und unerbittliche Strenge des
Kaisers anschaulich zu machen. Aber nicht nur die Güter wurden
genommen, auch die Kinder. Dies ist die finsterste Parthie der
russischen Reaction in Polen. Die Kinder der geflüchteten oder
verbannten Polen durften nicht in ihrer Heimath bleiben, wenn
es ihnen auch an Mitteln nicht gefehlt hätte. Auf Befehl des
Kaisers wurden sie alle ins Innere Rußlands geschleppt, um in
kaiserlichen Instituten zu guten russischen Unterthanen erzogen zu
werden. Diese Bestimmung wurde auch auf die Kinder niederer
Stände ausgedehnt, wenn sie ihre Eltern verloren hatten, oder
wenn man annahm, die Eltern seyen zu arm, um sie ernähren zu
können. Sie wurden in die Militaircolonien abgeliefert. Schonungslos griffen die Kosacken die Kinder auf der Straße auf und
packten sie in ihre Kibitken, ohne auf den Jammer der Mütter zu
achten. An eine genaue Controle, ob es wirklich hungernde Waisen seyen, dachte niemand. Der Kaiser wünschte junge Militaircolonisten, das war genug, um sie herbeizuschaffen, gleichviel mit
welchem Recht. Die Ausführung war den Militairbehörden überlassen, d. h. den Kosacken, die in Warschau selbst die mit kleinen
Handelsartikeln hausirenden Knaben vor den Häusern wegführten
und noch viel weniger Rücksicht auf dem Lande nahmen. Man
sah im Mai 1832 täglich herzzerreißende Scenen, wie Mütter sich
den Pferden entgegen und unter die Räder der Wagen warfen,

auf denen ihre Kinder mit andern wie Häringe zusammengepackt nach Minsk abgeführt wurden, wo man sie in Kinderbataillone rangirte und von da in die Militaircolonien abführte. Ein Schrek der Empörung ging fast durch ganz Europa. Am energischesten sprach Ferguson im englischen Parlament · über eine Maaßregel, die mehr eines Tiberius und Nero als eines christlichen Monarchen würdig sey. Allein die von Rußland bezahlte Presse pries die Großmuth des Kaisers, der sich der armen Waisen mit so väter- . licher Güte annehme.

Die altpolnischen Provinzen Litthauen, Volhynien, Podolien verloren vollends ihre letzten Privilegien. Auch hier wurde con-fiscirt, auch hier wurden Kinder weggenommen, auch hier der Adel, der keine Briefe hatte, ausgestoßen. Eine am 17. September 1832 verfaßte Adresse des podolischen Adels, der den Kaiser flehentlich um Erhaltung seiner alten Rechte bat, wurde abgewiesen. Ein neuer Ukas von 1835 befahl, daß Stellen, über welche der Adel noch durch Wahlen zu verfügen habe, doch nur von solchen besetzt werden dürften, die bereits 10 Jahre lang dem Kaiser im Militair oder Civil gedient hätten.

Auch begannen jetzt die Maaßregeln, durch welche der katho-lische Glaube eben so geschwächt und zuletzt vernichtet werden sollte, wie die polnische Nationalität. Schon vor der Revolution war Manches geschehen, was den Beweis liefert, daß das gräcorussische System, wie es der Kaiser nachher ausführte, habe ihm schon lange im Sinne gelegen. Schon 1828 war durch einfachen kaiserlichen Ukas vom 22. April das griechisch-unirte Bisthum Luck in Vol-hynien aufgehoben und damit die ganze Hierarchie der vereinigten Gräco-Ruthenen über den Haufen geworfen worden. Also schon damals ging der Czar darauf aus, die s. g. unirten Griechen, d. h. die vorlängst mit der römischen Kirche vereinigten Slaven des alten Königreichs Polen, die ursprünglich zur griechischen Kirche in Con-stantinopel gehört hatten, seiner russischen Staatskirche einzuverlei-ben, und die polnische Revolution beschleunigte nur die Ausführung

des Gedankens, den er ſchon vorher gehegt hatte. Dies wird noch
mehr beſtätigt durch die auffallende Vernachläſſigung der katholi=
ſchen Kirche ſchon in dem erſten Jahrzehnt der Regierung des Kai=
ſers. Im Königreich Polen ſowohl wie in den altpolniſchen Pro=
vinzen waren faſt alle erzbiſchöflichen und biſchöflichen Sitze erle=
digt und die kaiſerliche Regierung ſchleppte abſichtlich die Wieder=
beſetzung hin. In Rom wußte man, wie es gemeint ſey, und nahm
ſich mit der größten Aengſtlichkeit in Acht, einen Schritt zu thun,
der dem mächtigen Kaiſer auch nur den Vorwand leihen konnte,
der katholiſchen Kirche noch weher zu thun. Da der erzbiſchöfliche
Sitz von Warſchau und auch die biſchöflichen von Kaliſch, San=
domir, Auguſtowo nicht beſetzt waren, übernahm Gutkowski, Bi=
ſchof von Poblachien, die Leitung des polniſchen Klerus, um ihn
aufs dringendſte von der Theilnahme an der Revolution und vom
Ungehorſam gegen den rechtmäßigen Kaiſer abzumahnen. Und
Papſt Gregor XVI. hatte kaum den Stuhl des Apoſtels beſtiegen,
als er in einem offenen Schreiben die Polen zur Unterwerfung
aufforderte. Der ruſſiſche Geſandte in Rom, Fürſt Gagarin, be=
wog ſogar den h. Vater, die Mahnung zum Gehorſam im Jahr
1832 noch einmal zu wiederholen, und der Papſt wurde ſo ſelber
das Werkzeug der ruſſiſchen Politik, denn der Kaiſer machte nun
glauben, alles was er den unglücklichen Katholiken in den polni=
ſchen Provinzen zu Leide thue, geſchehe mit Zuſtimmung des
Papſtes.

In den altpolniſchen Provinzen wurden 1832 durch Ukas vom
31. Juli 202 Klöſter aufgehoben und die wenigen übrigen in die
Lage gebracht, bald ausſterben zu müſſen. Im folgenden Jahr
wurde das den Unirten gehörige Heiligthum Unſerer Lieben Frau
von Poczajow, ein berühmter Wallfahrtsort, denſelben entriſſen
und dem ruſſiſchen Ritus übergeben. Daſſelbe Schickſal erlitten
eine Menge unirte Kirchen, indem man theils den Diöceſen eine
andre Einrichtung gab und dadurch manche Kirche erübrigte, theils
die Erlaubniß, Kirchen zu beſitzen, auf größere Ortſchaften ein=

schränkte, während auch für die kleinste nicht unirte Gemeinde Kirchen da seyn mußten, seyen es neugebaute oder solche, die man den
Unirten nahm. Im Jahr 1835 wurden alle unirten Priesterseminare aufgelöst und die jungen Priester gezwungen, in St. Petersburg zu studiren. Im Jahr 1834 wurde den Unirten ein neues
wesentlich schismatisches Missale aufgenöthigt und in ihren Kirchen
Einrichtungen getroffen, die der russischen Kirche möglichst nahe
kamen, dagegen ältere katholische Einrichtungen, Predigt, gemeinsamer Gesang, Knien beim Gebet, der Gebrauch des Rosenkranzes
und hauptsächlich das „Kirchengebet für den Papst" verboten. Nur
für den Kaiser allein durfte noch gebetet werden. Sodann wurde
der gregorianische Kalender, den die Unirten brauchten, abgeschafft
und durch den julianischen verdrängt, den veralteten, astronomisch
falschen, den Rußland beibehalten hatte. Wenn ein unirter Priester klagte oder protestirte, so wurde er unerbittlich gemaßregelt
mit Absetzung, Knute und Sibirien. Schon seit 1831 und 1832
war befohlen, kein katholischer Priester dürfte Fremde Beichte hören, keiner seinen Wohnort ohne Erlaubniß verlassen, keiner einen
Diener russischen Glaubens haben. Sie sollten isolirt, dem Volke
selbst verächtlich gemacht werden. Sie waren von Spionen umgeben, beständig gedrängt. Die aber geschmeidig sich fügten, wurden befördert und bekamen Orden.

Nach solchen Vorbereitungen that Kaiser Nicolaus den letzten
entscheidenden Schritt, berief eine Synode der unirten Bischöfe am
12. Februar 1839 nach Polock und ließ durch dieselbe die Einverleibung der unirten Bisthümer in die russische Staatskirche beschließen. Die Versammelten waren durch Gunst, Orden und Geld
bestochen oder von Todesschrecken gelähmt. Nie sah die Welt ein
schändlicheres Gaukelspiel als diese Kirchenversammlung, der als
russischer Kommissair der Russe Pratasof präsidirte, und die im
Uebrigen ein Deutscher, namens Schröder, Luzynski, Bischof von
Polock, und Siemazko, Bischof von Litthauen, leiteten, zwei Judasse,
die den Heiland selbst verkauft hätten. Der h. Vater hat bald

nachher in seiner berühmten würdevollen Allocution von diesen Abgefallenen gesagt: „Es wibert uns an, hier zu wiederholen, durch
welche Verführungsmittel verleitet jene entarteten Hirten in einen
so tiefen Abgrund der Bosheit und des Verderbens gestürzt sind."
Die Verräther decretirten den Priestern und dem gesammten Volk,
sie gehörten fortan der russischen Staatskirche an, und bei der
schwersten Strafe wurde jedem Priester verboten, das Abendmahl
nach katholischem Ritus auszutheilen oder noch irgend eine katholische Handlung vorzunehmen, am wenigsten zu predigen.

Solchen Lesern, die es vielleicht noch nicht wissen, muß hier
bemerkt werden, daß die griechische Kirche keine Predigt kennt, ein
Hauptgrund, aus welchem sie so sehr entgeistet und zu einem bloßen
Ceremoniel herabgesunken ist. Der russische Priester (Pope)
ist in der Regel der unwissendste Mensch, betrinkt sich wie der gemeinste Leibeigene und bekommt dann auch Prügel, sowie er aber
das Priestergewand wieder angezogen hat, küßt man ihm wieder
die Hand. Obgleich nun die unirte Geistlichkeit selbst unter dem
langen Druck geistig verwahrlost worden war, so behielt sie doch,
so lange sie nur mit Rom noch in irgend einer Verbindung blieb,
die Aussicht, vom Abendland her wieder Geist zu empfangen. Von
nun an aber war sie dem Stumpfsinn des russischen Popenthums
verfallen und die römische Kirche um 2 Millionen ihrer Bekenner
ärmer, denn so hoch wird die Bevölkerung angeschlagen, die in den
Abfall zu Polock hineingezogen worden ist. Das Volk wurde nicht
gefragt. Die Popen, wo sie von den Bauern nicht aufgenommen
werden wollten, brachten Kosacken und Büttel mit. Unirte Priester, die nicht Popen werden wollten, wanderten nach Sibirien,
andre wurden in Kerkern mißhandelt.

Unmittelbar darauf ergriff der Kaiser noch weitere Maßregeln
gegen den Katholicismus im Königreich Polen. Hatte Marcellus
Gutkowski, Bischof von Poblachien, mitten im Feuer der Revolution zum Gehorsam gegen den Kaiser gemahnt, so empfing er dafür keinen Dank. Das Ansehen, welches er durch seine Tugenden

unter dem polnischen Klerus genoß, wurde ihm nicht verziehen. Vom Jahr 1836 an mußte der russische Gesandte in Rom den heil. Vater bearbeiten, diesen würdigen Bischof von seinem Sitz zu entfernen, und als es immer abgelehnt wurde, machte der Kaiser endlich kurzen Proceß, ließ den Bischof festnehmen, aus Polen wegführen und in ein Kloster stecken, 1841. Hierauf verlangte der russische Gesandte vom Papst, er solle einen gewissen Pulawski als Erzbischof von Mohilew bestätigen. Dieser Pulawski war eine eben solche Kreatur wie Luzynski in Polock. Aus Sorge, daß seine Weigerung den Kaiser reizen werde, den Katholicismus in Polen ganz auszurotten, gab der Papst mit bittrem Schmerze nach. Nun wurde zwar die katholische Kirche in Polen als solche noch ferner geduldet und erfolgte hier keine Scene, wie zu Polock, aber die Wirksamkeit der katholischen Pfarrer wurde immer mehr eingeengt. Bei den schwersten Strafen durfte keiner mehr ein Kind aus gemischter Ehe taufen. Uebertritt von der griechischen Kirche zur katholischen galt als Hochverrath. Im Jahre 1841 verloren die katholischen Bischöfe in Polen vollends alle ihre Güter und wurden auf Sold gesetzt. Ueberall wurden denselben russische Bischöfe zur Seite gesetzt, wie früher schon in Warschau, so jetzt zu Sandomir, Kalisch und Lowicz. Ebenso traten russische Kirchen den polnischen auf dem Lande zur Seite und Polen füllte sich mit Popen, die das Volk zu bekehren trachteten. Auch mußte Polen jetzt den russischen Kalender annehmen und alles wies darauf hin, daß die katholische Kirche im Königreich Polen eben so dem Untergange geweiht sey, wie die unirte in den altpolnischen Provinzen. Aus diesem Grunde wurden auch nur Generale russisch-griechischer Confession reichlich mit confiscirten polnischen Gütern beschenkt, kein einziger katholischer oder protestantischer. Ein kaiserlicher Ukas befahl endlich auch, daß jeder Dorfschüler in Polen, wenn er über 20 Jahre alt sey, russisch sprechen und schreiben müsse.

Jetzt erst überzeugte sich der Papst, daß seine Nachgiebigkeit von Seite Rußlands immer nur mißbraucht worden sey, um die

Katholiken Rußlands vollends zu entmuthigen und ihn gewiſſer-
maßen als Mitſchuldigen des Czaren oder als gänzlich ohnmächtig
erſcheinen zu laſſen. Am 22. Juli 1842 ſprach ſich daher Gregor XVL in einer Allocution im geheimen Conſiſtorium, die
aber ſofort mit einer großen Menge von Urkunden im Druck erſchien, feſt und würdevoll gegen die Gewaltthätigkeit und Argliſt
Rußlands aus und proteſtirte feierlich im Namen der ſchmählich
unterdrückten Kirche. Im Winter auf 1846 hielt ſich die Kaiſerin
von Rußland ihrer Geſundheit wegen in Palermo auf und kam
ihr Gemahl, der Kaiſer, indem er ihr nachreiſete, auch nach Rom
und beſuchte am 13. December den greiſen Papſt, der ihn mit
hoher apoſtoliſcher Würde empfing. Man ſagt, als der Kaiſer die
Wahrheit deſſen, worüber der h. Vater klagte, in Abrede geſtellt,
habe Gregor einen Schrank geöffnet, und ihm die Originalien*)
vorgelegt. Der ganze Beſuch hatte nur den Zweck, vom Kaiſer
von Rußland den Schein einer feindſeligen Geſinnung gegen Rom
abzuwälzen und den Schein eines Wohlwollens vor dem katholiſchen
Europa zur Schau zu ſtellen, was nicht vorhanden war. Die ka-
tholiſche Kirche wurde in Rußland nach wie vor verfolgt.

Die katholiſchen Großſtaaten, Oeſterreich und Frankreich, thaten keine Einſprache; nach dem Princip der Nichtintervention und
weil ſowohl Metternich als Ludwig Philipp in Kirchenſachen die
Omnipotenz des Staates für berechtigt anſahen.

Während dieſer ſyſtematiſchen Verfolgung der katholiſchen
Kirche in Rußland erſchien im Jahr 1838 das berüchtigte Buch
„die europäiſche Pentarchie", worin ein ruſſiſcher Publiciſt den

---

*) Nämlich die in der Allocution citirten wichtigen Hauptacten, nicht
Nebendinge, von denen die Zeitungen damals viel Lärm machten, z. B.
die Nonnenverfolgung im Kloſter St. Baſil, nach den Angaben der Oberin
Mieczyslawa, betreffend. Dieſe unglücklichen 58 Nonnen ſollen ſieben Jahre
lang aufs grauſamſte durch ſchwere Arbeit, elende Nahrung und Wohnung,
Feſſeln und Geißelungen gemartert worden ſeyn, bis 39 ſtarben, 8 erblin-
deten, 7 erlahmten und nur 4 entkamen.

Grundgedanken des Kaiser Nicolaus offen aussprach und eine künftige russische Universalmonarchie in Aussicht stellte, die nicht etwa blos durch die unbesiegbaren Waffen des allen andern Staaten schon weit überlegenen Rußland, sondern namentlich auch durch den Glaubenssieg erobert werden sollte. Es sey für Rußland unumgänglich, in seinem Gebiet keine andere Sprache mehr, außer die russische,*) und keinen andern Glauben, als den russischen zu bulden. Dieser Glaube sey aber so sehr der allein orthodoxe, allein berechtigte und allein kräftige, daß sein Sieg über die schismatische, unter sich ewig uneinige und vom Unglauben durchfressene Kirche des Abendlandes gar nicht zweifelhaft seyn könne.**) Aehnliche Stimmen haben sich nachher noch öfter hören lassen. Europa sey verfault, gesunde Natur sey allein noch in Rußland zu finden. Die abendländischen Kirchen hätten sich überlebt und stürben zuletzt am Zweifel, das wahre Christenthum und der Felsenglaube sey allein in Rußland erhalten. In der That war der gemeine gläubige Russe damals mehr werth als so mancher Doctor der Theologie in Deutschland, der es sich zur Lebensaufgabe gemacht hatte, den Christenglauben zu zerstören, und als so manche vornehme Liberale in Wien, Paris und Madrid, denen Voltaire das alleinige Evangelium war. Allein der gemeine gläubige Russe selbst war nur Werkzeug weltlicher Staatsomnipotenz, einer im innersten Wesen unchristlichen Tyrannei. Und der Glaube war im Abendlande noch nicht so sehr ausgerottet, daß man ihn bei den Popen hätte holen müssen.

Die protestantische Presse in Deutschland zeigte wenig Mitleid mit der katholischen Kirche in Rußland und ließ sogar hin und

---

*) „Die nothwendige Verschmelzung der Gesinnungen und Gefühle a l l e r nichtrussischen Provinzen mit dem großen russischen Stammvolk vermag ohne die gemeinschaftliche Sprache nicht zu geschehen. Daher ist weise Vorsorge getroffen, daß die russische Sprache die des ganzen Reiches werde."

**) Es heißt wörtlich: „die Zeit kommt, wo das Abendland sich das Christenthum aufs Neue vom Orient holen wird."

wieder eine Freude durchblicken, daß der mächtige Czar dem Papst-
thum zu Leibe gehe. Aber der Czar verachtete das Bündniß mit
dieser Presse und griff in die Rechte der Lutheraner in Rußland
ein, wie in die der Katholiken, ohne alle Rücksicht auf das benachbarte und verwandte protestantische Königshaus in Preußen.

Die Verfolgung der Lutheraner in den deutschen Ost-
seeprovinzen begann 1841. Der russische Bischof von Riga ließ
durch im Lande herumziehende Popen und andere Agenten die let-
tischen Bauern überreden, wenn sie zur russischen Staatskirche überträten, würden sie von allen Frohnen und Lasten befreit und mit
Gütern beschenkt werden. Da man den Wunsch des Kaisers kannte,
fehlte es auch nicht an weltlichen Beamten, die im Eifer, die
Bauern zu verführen, bald kein Maaß mehr kannten. Sey es,
daß die Regierung zu spät erfuhr, welche unwürdige Mittel der
Lüge, trüglicher Versprechung und Drohung angewendet wurden,
um das einfältige Bauernvolk zu bekehren; sey es, daß man hin-
terbrein nur den Verräther desavouirte, nachdem man die Früchte
des Verrathes eingeerndtet hatte, genug, die Propaganda hatte
freies Spiel und verführte die Bauern in solchem Maaße, daß nach
verschiedenen Berechnungen in einem Jahre 10,000, 16,000 oder
20,000 zur russischen Kirche übertraten. Waren sie einmal übergetreten, so konnten sie nicht mehr zurück bei Strafe des Hochverraths. Viele aber geriethen in Verzweiflung, da sie erfuhren, sie
seyen belogen worden, und von allen gemachten Versprechungen
nichts erfüllt wurde. Auch hier gab es wieder einen Kinderraub.
Die russischen Proselytenmacher griffen in Livland alle lutherischen
Kinder auf, die sie nicht unter elterlicher Aufsicht fanden, und lock-
ten sogar den Eltern selbst die Kinder ab, um sie nach russischem
Ritus zu taufen. Die Eltern ersparten sich dadurch „den lästigen
Confirmationsunterricht" bei den Pastoren.

Uebrigens trug manches Uebel unter den Lutheranern dazu
bei, die Bekehrung zu erleichtern. Die lutherischen Pastoren hielten sich in ihrer Vornehmigkeit etwas zu weit entfernt vom gemei-

nen Volk und dieses wurde von Herrnhutern, im Widerspruch mit
dem lutherischen Consistorium, bearbeitet. Das Haupt der Herrn-
huter, Tischler Ballohb in Riga, bewog seine Secte, sich ganz von
den Lutheranern zu trennen und dem russischen Bischof zu unter-
stellen, und erhielt von diesem die Erlaubniß, selber geistliches Or-
nat anzulegen und einen neuen Cultus einzuführen, eine Zwitter-
schöpfung zwischen dem herrnhutischen und russischen. Noch ärger
trieb es, unter dem Schutz des Gouverneurs von Riga, Grafen
Pahlen, der Collegienrath Bürger in Riga, der dem lutherischen
Volk auf jede Art, Drohungen nicht ausgenommen, begreiflich zu
machen suchte, daß keiner ein guter Unterthan sey, der einen andern Glauben habe, als der Kaiser.

Erst im October 1845, nachdem schon viele tausend Bauern
bekehrt waren, erfolgte ein Regierungsdecret, worin bedauert wurde,
daß unlautere Mittel zu dem heiligen Zweck angewendet worden
seyen, worin erklärt wurde, niemand solle ferner gezwungen werden, seinen Glauben zu ändern, auch dürfte er sich keinen ökonomischen Vortheil davon versprechen; im Uebrigen dürfe aber kein
einmal Bekehrter zurücktreten und dürfe auch niemand einen Bauern
durch Ueberredung abhalten wollen, zur Staatskirche überzutre-
ten, bei schwerer Strafe. Im December 1845 enthielten Berliner
Blätter einen neuen Befehl Golowins, des neuen Gouverneurs in
Riga, worin die Bauern gewarnt wurden, sie sollten den lügen-
haften Gerüchten nicht trauen, als würden sie, sobald sie zur griechischen Kirche überträten, die Güter ihrer protestantisch-deutschen
Herren unter sich theilen dürfen. Also hatte man sie doch mit
solchen trüglichen Versprechungen gelockt.

Weder von Seiten einer lutherischen Macht in Deutschland
und Skandinavien, noch auch von der deutschen und skandinavischen
Presse wurde gegen die Mißhandlung der Glaubensbrüder in Rußland Protest erhoben. Man nahm kaum Notiz davon, außer hin
und wieder in einem scheuen Zeitungsartikel. So überwältigend
war der Einfluß Rußlands und so sehr das kirchliche Bewußtseyn

unter den Lutheranern abgeschwächt oder schon ganz erstorben. Die russische Politik fand sogar einen Bundesgenossen in dem Unglauben, welcher damals von den akademischen Hörsälen, von den Schullehrerseminarien und von der Presse aus den lutherischen Kirchenglauben an der Spree und Elbe mit demselben Eifer untergruben, wie die Renegaten an der Düna.

Sogar den Juden sollte ihr eigenthümliches nationales Gepräge genommen werden. Ein Ukas von 1845 befahl allen Juden im Reiche, bis zum Jahre 1850 die bisherige jüdische Tracht, Haarlocken ꝛc. abzulegen und sich ganz wie Russen zu kleiden. Indeß schloß die russische Strenge auch eine wohlthätige Maaßregel ein, indem ein Ukas vom 6. September den Juden im russischen Reiche all und jeden Branntweinschank und überhaupt die Schenk- und Gastwirthschaft auf dem Lande (mit Ausnahme der Städte) untersagte. Schade nur, daß den Russen selbst der Branntweinverkauf nicht auch untersagt, oder wenigstens eingeschränkt wurde.

Auch die armenische Kirche hatte sich der russischen Gewalt beugen müssen. Der armenische Patriarch Narbes zu Etschmiadsin unter dem Ararat unter russischer Hoheit, brachte auch alle schismatischen Armenier unter türkische Hoheit und in Constantinopel selbst dahin, die Autorität des griechischen Patriarchen in Constantinopel nicht mehr, und statt dessen die seinige anzuerkennen. Auch änderte er die Tracht der armenischen Geistlichen auf russische Manier. Den Armeniern ist zugleich zur Aufgabe gemacht worden, einen erbitterten Kampf gegen die Katholiken zu führen. Nicht nur wurden alle katholischen (unter französischem Einfluß stehenden) Missionaire aus dem russischen Transkaukasien im Anfang des Jahres 1845 gewaltsam fortgetrieben, sondern es war darauf abgesehen, den Katholicismus auch in ganz Syrien auszurotten.

Die große christliche Sekte der Maroniten im Libanon ist mit der katholischen Kirche des Abendlandes unirt und insofern dem Griechenthum ein Dorn im Auge, Frankreich aber war von jeher der Beschützer dieser Maroniten. Konnte nun die griechische

Partei den Maroniten auch nicht direct zu Leibe, so besto besser indirect, und auf eine äußerst geschickte Weise wurde 1) zugleich der Haß der halb heidnischen, halb muhamedanischen Drusen gegen ihre maronitischen Nachbarn, 2) die Neigung der Pforte, sich wieder im Libanon festzusetzen und 3) die Eifersucht Englands gegen den französischen Einfluß im Orient benutzt, um die armen Maroniten ins Verderben zu stürzen. — Die Maroniten hatten sich durch Fleiß, Frieden und Frömmigkeit vermehrt und waren unvermerkt die Stärkern im Gebirge Libanon geworden, indeß die Drusen durch innere Fehden und Raubzüge sich geschwächt hatten. Die kleinen Drusenhäuptlinge hatten theils ihre Güter an den Fürsten der Maroniten, Emir Beschir, verloren, theils seine Herrschaft anerkannt. Allein als die Aegypter Syrien besetzten, drangen sie auch in den Libanon, schwächten die Maroniten und stärkten wieder die Drusen. Der alte Emir Beschir war so unklug, sich den Engländern zu überliefern, die ihn nach Malta entführten, und alles thaten, um die Maroniten vollends zu ruiniren, damit die Franzosen sich nicht mehr auf sie stützen könnten. Die Aegypter wurden zwar aus Syrien zurückgejagt, England begünstigte aber von diesem Augenblicke an, im Einverständniß mit Rußland, die Türken, die aus dem Libanon ein Paschalik machten und Omer Pascha daselbst einsetzten. Dieser begünstigte jedoch die Drusen, ließ denselben die Güter, in deren Besitz sie sich wieder mit Gewalt gesetzt hatten, und verpflichtete sie nur zu einer Entschädigung, erpreßte desto mehr aber von den Maroniten selbst. Halil Pascha sollte Ordnung stiften, kehrte aber bald zurück und nun brach die Erbitterung der geplagten Gebirgsvölker aus. Die Drusen zwangen durch ihre Gewaltthat die Maroniten, zu den Waffen zu greifen, und im April 1845 durchhallte das Gebirge von Kampfgetümmel. Viele, man sagt 150 Dörfer gingen in Flammen auf. Die Berichte erzählten von unendlichen Greueln. Endlich stiftete die Pforte Frieden, aber die Türken trieben falsches Spiel und entwaffneten

unter den ärgften Mißhandlungen nur die Maroniten, wobei die
Drufen fogar helfen durften. In feiner orientalifchen Politik fuhr Rußland fort, die Vortheile des Friedens von Adrianopel auszubeuten, den befiegten Sul-
tan durch feine Gefandten in Conftantinopel zu tyrannifiren oder
zu lenken, die griechifche Angelegenheit zu beherrfchen und endlich
die Tfcherkeffen zu bekämpfen, um fie wo möglich zu unterwerfen,
ehe Europa fich ihrer annähme.

Die Türkei zerfiel immer mehr. Die Hofpodare der Moldau
und Wallachei ftanden unter ruffifchem Einfluß; es durfte kein
Türke mehr auf dem linken Donauufer verweilen. Milofch in Serbien wurde 1830 zum erblichen Fürften erklärt und auch hier durfte
fich kein Türke mehr blicken laffen außer in den Grenzfeftungen
Belgrad und Widdin. Dagegen ftellte Redfchid Pafcha das An-
fehen des Sultans in Albanien durch eine furchtbare That wieder
her. Indem er die Häuptlinge beftach und liebkofte, lockte er fie
zu einer Zufammenkunft, im Auguft 1830, und ließ fie hier mit
ihrem Gefolge, im Ganzen 400 Mann, verrätherifch überfallen
und maffacriren, darunter Omer Brione, Arslan und Vely Bey.
— Ein großer Brand in Pera, dem Quartier der Franken (abend-
ländifchen Chriften und Gefandten) in Conftantinopel foll von Fa-
natikern veranlaßt worden feyn, welche die Schmach des Halbmonds
an den Chriften rächen wollten.

In Griechenland regierte Capodiftrias eigentlich nur als
ruffifcher Statthalter und auf ruffifche Manier, fchuf eine Menge
unnützer Stellen, die er mit feinen Bedienten, ruffifchen Agenten
und allerlei fremdem Gefindel befetzte, und drückte das Volk mit
Steuern. Die Bauern, die unter türkifcher Herrfchaft nur den wirklichen Zehnten bezahlt, follten jetzt dem Staate 25 Procent fteuern,
der Handelsftand fich einen Zollauffchlag von 6 Procent gefallen
laffen. Angefehene Griechen, die fich tadelnd ausfprachen, wurden
verhaftet und beftraft. Da empörten fich die Infelgriechen, verfagten dem ruffifchen Grafen den Gehorfam und Hydra wurde Sitz

der Oppoſition, nicht ohne Zuthun der Engländer und Franzoſen. Bald kam der Graf auch in Conflict mit der Maina. Aus Mißtrauen gegen die Mainotten bemächtigte er ſich zu Nauplia mit Liſt des alten Pietro Mauromichalis, ſeines Sohnes und zweier ſeiner Brüder und hielt ſie in Haft, 1831. Auch ließ er Soldaten von der ruſſiſchen Flotte landen, um ſicherer zu ſeyn. Da ſpielte ihm Miaulis mit den Hydrioten einen böſen Streich, bemächtigte ſich plötzlich am 30. Juli der kleinen griechiſchen Staatsflotte, der Fregatte Hellas, zweier Dampfer, einiger Corvetten ꝛc. und führte ſie nach Hydra. Der ruſſiſche Admiral Ricord verfolgte ihn, nun aber ſteckte Miaulis die Flotte in Brand und vernichtete das mühſam zuſammengebrachte Geſchenk des Philhellenismus in einer Stunde. England und Frankreich hatten dieſe Flotte gegeben, der Ruſſe ſollte ſie nicht nehmen dürfen. Bald darauf kam die 90jährige Mutter des Pietro Mauromichalis zum Admiral Ricord und flehte ihn um Verwendung für ihre gefangenen Kinder an. Der Admiral verſprach ſie ihr, aber Capodiſtrias blieb unerbittlich. Als man ihm den alten Pietro bringen wollte, um perſönlich bei ihm zu bitten, ließ er ihn nicht· vor ſich. Da ſchwur der Greis die Rache des Himmels auf das Haupt des ruſſiſchen Grafen herab und drei Wochen ſpäter, am 9. October, wurde Capodiſtrias von Conſtantin, dem Bruder, und Georg, dem Sohn Pietros, bei ſeinem Eintritt in die Kirche ermordet. Beide waren ſeine Gefangene, aber unter Bewachung in die Kirche gelaſſen worden und heimlich bewaffnet geweſen. Der Bruder ſchoß den Grafen in den Hinterkopf, der Sohn ſtieß ihm ein großes Meſſer in den Leib. Der Gemordete ſtarb augenblicklich, von den Mördern wurde der ältere vom Volk erſchlagen, der jüngere hingerichtet.

Der jüngere Bruder des Grafen, Auguſtin Capodiſtrias, übernahm die Regierung, glaubte ſich aber den ruſſiſch geſinnten Kolokotronis und den gewandten und beliebten Kolettis beiordnen zu müſſen. Der letztere aber trat auf der Nationalverſammlung zu Argos zu den Gegnern über. Kolokotronis zerſprengte in blutigem

Kampf die Nationalversammlung, am 31. December 1831, sie sammelte sich aber wieder zu Megara und wählte Kolettis, Ypsilanti und Zaimis zu Häuptern der Regierung. Augustin sammelte auch eine s. g. Nationalversammlung um sich und somit hatte Griechenland deren zwei, wie auch zwei Regierungen. Im April 1832 rückten die meisten Klephtenführer vor Nauplia und Augustin mußte sich in die Festung zurückziehen. Mittlerweile kamen Nachrichten von der Londoner Conferenz an, die über das Schicksal Griechenlands entscheiden sollten. Da räumte Augustin das Feld und schiffte sich ein.

Die in London versammelten Minister der Pentarchie pflogen lange und verwickelte Unterhandlungen über das Schicksal Griechenlands, das erst entschieden werden konnte, nachdem man über Belgien und Polen ins Reine gekommen war. Denn beide Westmächte waren entschlossen, Griechenland dem russischen Einfluß zu entziehen und einen Fürsten ihrer Wahl auf den neu zu errichtenden griechischen Thron zu bringen. Sie rechneten sich daher die Nachgiebigkeit Rußlands in diesem Punct als einen diplomatischen Sieg an, vergaßen aber, daß Rußland nichts willkommener seyn mußte, als die Ernennung eines kleinen ohnmächtigen Königs von Griechenland. Damit waren nämlich die früher geweckten Hoffnungen auf ein großes, selbständiges, bedeutender Machtentfaltung fähiges Reich der Neugriechen ein für allemal vereitelt; das kleine griechische Reich konnte Rußland nie gefährlich werden, mußte vielmehr früher oder später, wenn es irgend eine Selbständigkeit erreichen wollte, sich der englisch-französischen Bevormundung zu entziehen suchen und mithin auf die russische Partei stützen. Aus diesen Gründen hatte Prinz Leopold von Coburg, dem man die griechische Krone zuerst antrug, dieselbe abgelehnt und die belgische vorgezogen, denn er hatte ausdrücklich erklärt, die Grenzen Griechenlands seyen ihm zu eng gezogen, eine selbständige Regierung lasse sich da nicht durchführen.

Dagegen ließ sich König Ludwig von Bayern aus poetischer Begeisterung für das schöne Hellas bewegen, die griechische Krone für seinen jüngern Sohn Otto anzunehmen und sogar Opfer dafür zu bringen. Durch das Londoner Protocoll vom 13. Februar 1832 und durch Uebereinkunft mit Bayern vom 7. Mai wurde der noch minderjährige Prinz Otto zum König ernannt. England, Frankreich und Rußland übernahmen die Garantie einer Anleihe von 60 Millionen Franken für seine Regierung; Bayern aber verpflichtete sich zur erforderlichen Ausstattung der neuen Regierung und zur Stellung eines Truppencorps von 3500 Mann, das ihr zum (sehr nothwendigen) Schutz gegen die Klephten dienen sollte.

Der bekannte Münchener Philologe, Hofrath Thiersch, war schon im vorigen Jahre nach Griechenland gekommen und hatte sondirt. Etwas zu sehr eingenommen von den Erinnerungen des alten Hellas, sah er auch das junge in zu rosenfarbenem Lichte, was die schlauen Klephten nicht unbenutzt ließen. In Erwartung der ihnen von Europa octroyirten neuen Regierung wollte wieder jeder von ihr Vortheile ziehen, und Thiersch legte den größten Werth darauf, die Parteien zu vereinigen, um ein Document nach München mitzubringen, welches dem König Otto die Anerkennung und Huldigung von ganz Griechenland und von allen Parteien versicherte. Die Parteien einigten sich also wirklich vorläufig und zum Schein, jede um sich ihren Einfluß auf die künftige Regierung zu wahren. Von der russischen Partei trat Metaxas in die neugewählte Regierung ein, neben Kolettis. Uebrigens that jeder, was er wollte. Kolokotronis und Niklas tyrannisirten die Landbevölkerung Moreas. Kanaris raubte zur See die in Aegina aufbewahrten Gelder der Regierung. Inzwischen verfaßte die Nationalversammlung am 8. August die Anerkennungs- und Huldigungsadresse an die Könige Ludwig und Otto, und Thiersch eilte damit nach München. Hier aber fand man es mit Recht unschicklich, solche wichtige Urkunden aus den Händen eines bayerischen Professors anzunehmen und lehnte sie ab, bis eine griechische Nationaldeputation selbst sie überbringen werde.

Die Griechen wählten sogleich diese Deputation und mit sicherem Geschmack, nämlich den berühmten Miaulis, den schönen Kosta

Bozzaris und den gleichfalls durch sein Aeußeres imponirenden Klephtenführer Plaputas. Diese in ihrer Nationaltracht machten nicht
wenig Aufsehen in der deutschen Metropolis des Schönen und wurden aufs huldreichste empfangen. König Ludwig aber ernannte sofort, bis König Otto die Regierung selbst würde antreten können,
eine provisorische Regierung aus bayrischen Beamten, für Griechenland wenig passend: Graf Armansperg, Staatsrath Maurer, General
v. Heldeck, Geheimelegationsrath Abel. Ehe der junge König mit
diesen Herren und den bayerischen Truppen in Griechenland ankam,
wagte dort die russische Partei schon wieder einen Handstreich.
Kolokotronis wollte sich Argos bemächtigen, wo, wie man glaubte,
König Otto landen würde. Aber ein französisches Bataillon, das
noch von der früheren Besatzung im Norden zurückgeblieben war,
kam herbei und schlug die trotzige Bande, von der es zuerst angegriffen wurde, aus der Stadt hinaus.

Endlich am 5. Februar 1833 landete König Otto in Nauplia
und wurde festlich und mit Jubel empfangen. Alles wetteiferte,
dem jungen Fürsten zu huldigen; auch der alte Kolokotronis kam
herbei und erhielt Verzeihung. Dem Honig des ersten Kusses
folgte aber bald ein bitterer Nachgeschmack. Als die Regierung am
13. März die irregulären Truppen (Pallikaren) auflöste, um dem
Klephtenunwesen den Todesstreich zu versetzen, rebellirten diese Banden und plünderten das nördliche Griechenland aus, während die
letzten Franzosen vollends Morea verließen. Die neuen Gesetze der
bayerischen Beamten erregten auch nur Mißfallen, weil sie durchaus
nicht paßten. Sie beleidigten die Kirche, indem sie dieselbe ihrer
Güter berauben, einem Besoldungssystem und überhaupt der Staats-
controle unterwerfen·wollten, und den einfachen Volkssinn durch
minutiöse Bestimmungen und Schreibereien, durch künstliche Organisationen, die sich einem wilden Naturzustand nun einmal nicht
so geschwind aufkleben ließen. Endlich stellten sie zu viele Fremde
an, denen das arme und habgierige Volk nicht einmal den Mit-
genuß der griechischen Luft gönnte, geschweige von ihnen Befehle

annehmen und sie bezahlen wollte. Es wurde daher der russischen Partei leicht, eine starke Opposition zu bilden. Kolokotronis, in offener Verschwörung ertappt, wurde im März 1834 verhaftet. Die Seinen wagten einen Befreiungsversuch, der viel Blut kostete, aber vereitelt wurde. Zum Unglück bekamen die Mitglieder der Regierung Streit unter sich selbst, weil Graf Armansperg zu viel allein regieren wollte. Maurer nahm seine Entlassung und die Confusion wurde noch durch die Intrigue des englischen Gesandten Dawkins vermehrt. Zudem empörten sich die Mainotten, wollten sich nicht entwaffnen lassen und setzten ihre Räubereien fort. Ein bayerisches Corps von 1300 Mann, das gerade von Triest ankam, wurde befehligt, in der Maina zu landen und die Rebellen zu Paaren zu treiben, mußte aber mit bedeutendem Verlust auf die Schiffe zurückkehren. Noch schlimmer erging es einer kleinen bayrischen Abtheilung, die gleichzeitig zu Lande gegen die Maina vorgerückt war. Eine Compagnie wurde in einem engen heißen Thale umringt und durch Hunger und Durst gezwungen sich zu ergeben, dann nackt ausgezogen, nach der neugriechischen Sitte brutalisirt und heimgeschickt. Man muß solche Züge berichten, um den ungeheuern Widerspruch zwischen der Wirklichkeit in Griechenland und den Idealen des Herrn Thiersch anschaulich zu machen. Das allerniederträchtigste, an die schändlichsten Laster gewöhnte Räubergesindel, welches den Philhellenen jede Schmach anthat und jeden Schaden zufügte, wurde fort und fort von den Schwärmern für Hellas in und außerhalb München als das edle Blut echter Spartaner in Prosa und Versen bewundert.

Am 1. Juni 1835 trat König Otto die Regierung selbst an, nachdem er die Residenz von Nauplia nach Athen verlegt hatte. Hier ließ er sich einen Palast bauen, eine Universität errichten und von antiken Kunstschätzen, die immer noch gefunden wurden, eine Sammlung anlegen. Von hier aus hatte er auch den Norden Griechenlands besser im Auge. Indessen war es ihm beim besten Willen nicht möglich, die Neugriechen zu etwas anderm zu machen, als was fie einmal waren. Sein Minifter Kolettis bemühte fich, Maurers unpaffende Organifationen dem natürlichen Bedürfniß und Bildungsftande des Volks durch Vereinfachung beffer anzupaffen, aber der Klephtengeift ließ fich dadurch nicht unterdrücken. Eben fo wenig vermochte der König die Zudringlichkeiten der fremden Gefandten und ihrer Preffe abzuwehren, die ihn unaufhörlich mit Intriguen, Lügen und Verleumdungen umfchwärmten. Zwifchen den beiden Extremen der Barbarei im Volk und der diplomatifch-journaliftifchen Perfidie eingezwängt, war der junge Wittelsbacher in Athen in einer nichts weniger als beneidenswerthen Lage. Er vermählte fich 1837 mit der Prinzeffin Amalie von Oldenburg, blieb aber kinderlos. Später machten ihm die Staatsgläubiger bittere Noth, da es ihm nicht möglich war, mittelft Steuern und Zöllen die Zinfen und fälligen Raten der Anleihe zu decken. Zuerft drohte Rußland, worauf die ruffifche Partei in Griechenland, Kalergis, Kanaris zc. eine Revolution machte (3. Sept. 1843), alle Bayern und Fremden aus dem Civil- und Militairdienft vertrieb, ein neues Minifterium bildete und eine neue Verfaffung gab. Die letztere war nur ein Aushängefchild, damit es fcheine, als feyen die Neugriechen auch ohne die bayerifche Vormundfchaft fähig, ein conftitutionelles Leben zu entwickeln, wie die civilifirten Staaten des Wefens. Der arme König mußte fich alles gefallen laffen, was der ruffifchen Partei beliebte. Wieder einige Jahre fpäter drohte England und blokirte fogar die griechifchen Häfen, bis es bezahlt wurde, 1850. Dadurch, daß aus Griechenland nichts werden, daß es nie zu Kräften kommen konnte, um eine felbftändige Rolle zu fpielen, war Englands und Rußlands Abficht vollkommen erreicht.

Der alte Mehemet Ali von Aegypten hatte für den Beiftand, dei er dem Sultan gegen die Griechen geleiftet, die große Infel Krea erhalten, wollte aber mehr. Der Sultan war in Conftantinopel fo von einheimifchen Rebellen und auswärtigen Drängern eingepreßt, daß er kaum mehr zu fürchten war. Ihm Syrien zu entreißen, wo möglich ganz Kleinafien, und den Schwerpunct der türkischen Macht von Constantinopel hinweg mehr südwärts zu rücken, war das Trachten des schlauen Greises in Kairo. Unter dem Vorwand, seinen nächsten Nachbar, den rohen Abdallah, Pascha von St. Jean d'Acre, für Ungebühr zu strafen, schickte er seinen Pflegesohn Ibrahim im Herbst 1831 mit einer Armee aus. Dieser belagerte den Pascha in St. Jean d'Acre, konnte die feste Stadt nicht einnehmen, nahm aber eine große Recognoscirung an der Küste vor und besetzte sie bis zum Gebirge Libanon, seine wahre Absicht verrathend. Osman, Pascha von Tripolis, der sich ihm widersetzte, wurde am 8. April 1832 bei Alexandretta geschlagen. Endlich fiel auch Acre am 27. Mai. Der erzürnte Sultan rüstete eine Armee unter Hussein Pascha, als sie aber an Ort und Stelle war, hatte Ibrahim schon Damaskus und Tripolis erobert. Als ihm Hussein bei Homs in den Weg trat, brachte er auch diesem eine schreckliche Niederlage bei, am 7. Juli 1832, und nahm Aleppo und Antiochia ein. Der Großvezir Redschib Pascha trat ihm mit einer neuen Armee entgegen, wurde aber am 21. December bei Konieh von Ibrahim überfallen, geschlagen und gefangen.

Nun war der Sultan in Constantinopel selbst bedroht, fürchtete einen Aufstand in der Nähe, der dem Aegypter den Weg öffnen sollte, und — bat Rußland und zugleich England und Frankreich um Hülfe. Rußland leistete sie sogleich und schickte eine Flotte vor Constantinopel. Frankreich schickte eben dahin eine Flotte, aber nur aus Eifersucht, um die Russen wieder zu vertreiben. Da indeß die französische Vermittlung von Mehemet Ali abgelehnt wurde und Ibrahim weiter vorrückte, blieb dem Sultan nichts übrig, als sich nochmals an Rußland zu wenden, das nun sogleich 5000 Mann nach Scutari (vor Constantinopel) schickte und 30,000 Mann über den Pruth gehen ließ, im April 1833. Erst als auch eine starke englische Flotte anlangte und mit der französischen vereinigt die Russen anzugreifen drohte, zogen sich dies. freiwillig wieder zurück und wurde die friedliche Vermittlung durchgesetzt. Mehemet Ali bekam Syrien als Lehen von der Pforte. Da der

Sultan in biefem Handel offenbar von den Weftmächten verkürzt
worden war, fchloß er fich enger an Rußland an und ficherte biefem
in einem geheimen Vertrage von Hunklar Skeleffi (8. Juli) zu, daß
nur ruffifche Kriegsfchiffe bie Darbanellen follten paffiren bürfen.
Redfchid Pafcha ftellte feinen verlorenen Ruhm wieder her
durch abermalige glückliche Befiegung albanefifcher von Tafil Buffi
geführter Rebellen, 1835. Die Infel Samos, bei ber Grenzbe=
ftimmung zur Türkei zurückfallend, hatte fich bisher geweigert, zu
gehorchen, nahm aber 1834 ein mildes Lehensverhältniß an.

Im Jahr 1834 empörten fich bie Kurden, Hafis Pafcha be=
fiegte fie und nahm eine fefte Stellung bei Malotia, von wo aus
er das ägyptifch gewordene Syrien bedrohte. Rußland hetzte und
felbft ber englifche Gefandte in Conftantinopel, Lorb Ponfonby,
glaubte, von einem Angriff der Türken auf Syrien nicht abrathen
zu müffen, weil er hoffte, bie Türken würden fiegen und nichts
in ber Welt werde ficherer den ruffifchen Einfluß befeitigen, als
bie Wiederkehr bes türkifchen Kriegsglücks. Der Sultan zauberte
lange, endlich 1839 kam es zum Kampf, aber fchon in ber erften
Schlacht, bei Nifib am Euphrat, am 24. Juni, wurde Hafis von
Ibrahim total gefchlagen.

Nur fechs Tage fpäter ftarb der hartgeprüfte, im Unglück
immer noch ftolz gebliebene Sultan Mahmud, am 1. Juli, und
hinterließ das zerrüttete Reich feinem erft fiebenzehnjährigen, un=
erfahrenen, fanften und verzärtelten Sohne Abbul Medfchid.
Man kann nicht leugnen, daß Mehemet Ali, der mit fo vielem
Erfolge fchon eine gänzliche Umgeftaltung der mufelmännifchen
Dinge in feinem Aegypten in's Werk gerichtet hatte, geeigneter
erfchien, das türkifche Reich zufammenzuhalten und neu zu kräfti=
gen als der junge Abbul. Von biefer Anficht ging man in Frank=
reich aus, aber nicht nur Rußland wollte jede Neuerftarkung ber
Türkei verhindern, fondern auch England, jenes nur zu Lande,
biefes nur zur See bie Levante beherrfchen. Den Türken felbft
fchien der Untergang des Haufes Osman fo nahe, daß der Kapu-

dan Pascha, Achmed Fewzi, der mit der Flotte gegen die Aegypter ausgesandt worden war, nur nach Alexandrien fuhr, um mit allen seinen Schiffen zu dem mächtigen Mehemet Ali überzugehen. Sein Beispiel würde noch von andern nachgeahmt worden seyn, wenn die europäischen Großmächte dem siegreichen Aegypter nicht plötzlich Halt geboten hätten. Rußland war gleich wieder mit seiner Hülfe bei der Hand und auch England fest entschlossen, eine nochmalige Erweiterung des ägyptischen Reichs nicht zu gestatten, mithin den Türken zu helfen, nur sollte es nicht zum Vortheil Rußlands geschehen. Es schlug also Frankreich vor, mit ihm gemeinsam sowohl den Aegypter zum Stillstand zu bringen, als auch jede Einmischung der Russen zu verhindern. Diesmal aber versagte sich Frankreich, indem es sich für Aegypten erklärte. Das führte eine Zeit lang zu bedenklichen diplomatischen Verwicklungen. Da sich aber Oesterreich nicht auf die französische Seite ziehen ließ, sondern mit England und Rußland Hand in Hand ging, mußte auch Frankreich zuletzt nachgeben. Rußland brachte den Vertrag von Hunkiar Skelessi zum Opfer und duldete, daß auch andre Schiffe, als die seinigen, die Dardanellen passiren sollten. England brachte dagegen den Aegypter zum Opfer und versprach, demselben sogar Syrien, was er schon hatte, nebst der Insel Kreta wieder zu entreißen. Damit stimmten Oesterreich und Preußen überein und diese vier Mächte schlossen den entsprechenden Vertrag zu London am 15. Juli 1840. Frankreich sträubte sich, drohte sogar mit einem europäischen Kriege, ließ sich aber ohne Mühe besänftigen, denn der Heroismus Ludwig Philipps gegenüber von Europa war nur Schein und seine Rüstungen sollten ihm nur dienen, durch eine stärkere Militairmacht die Parteien im Innern zu zügeln. Nun wurde der Wille der Pentarchie im Orient schnell durchgesetzt. England und Oesterreich schickten Truppen nach Syrien. Am 10. October 1840 schlug diese kleine Schaar, mit Türken und Drusen vereinigt, und von General Jochmus, einem geborenen Hamburger, befehligt, nur 12,000 Mann stark das sieggewohnte

Heer Ibrahims bei Kaleb Medina unter dem Libanon, am 4. November ergab ſich das feſte St. Jean d'Acre nach einem kurzen Angriff von der Seeſeite, wobei ſich der junge Erzherzog Friedrich, Sohn des berühmten Feldherrn Karl, auszeichnete. Dieſer hoffnungsvolle Jüngling ſtarb aber bald nachher. Der alte Mehemet Ali ſah, daß er ganz Europa gegenüber nichts ausrichten könne, fügte ſich ſchon am 27. November in die Londoner Beſchlüſſe und gab Syrien und Kreta, ſo wie auch die türkiſche Flotte dem Sultan zurück. Ibrahims Heimkehr mit dem Reſt ſeiner geſchlagenen Truppen nach Kairo war eine höchſt traurige. Die Griechen auf Kreta machten abermals einen Aufſtand, um unabhängig zu werden, mußten ſich jedoch unter die wiederhergeſtellte Herrſchaft der Pforte fügen.

Somit war Englands Plan erreicht, die Türkei gerettet und doch zugleich der Einmiſchung der Ruſſen vorgebeugt. Inzwiſchen war an eine geſunde Reorganiſation des türkiſchen Reichs doch nicht zu denken. Die Unabhängigkeitsgelüſte der heterogenen Völkerſchaften, wie der Paſcha's, blieben dieſelben. Durch Weiterentwicklung der Reformen aber, die je mehr und mehr europäiſche Formen an die Stelle der alttürkiſchen brachten, wurde die zähe Kraft des Islam und der türkiſchen Nationalität von innen her zerſetzt. Der junge Sultan ſchwankte zwiſchen der alttürkiſchen und der Reformpartei, daher ein ſteter Wechſel der Großveziere und Miniſter. Im Allgemeinen aber neigte er mehr zur Reformpartei, an deren Spitze Redſchid Paſcha ſtand, und zu England, welches an Sir Stratford Canning (ſpäter Lord Redcliffe genannt) einen einflußreichen Vertreter in Conſtantinopel fand. Damals (1842) gelang es, den ruſſenfreundlichen Fürſten Miloſch aus Serbien zu verdrängen und den Fürſten Alexander, Sohn des Czerni Georg, an ſeine Stelle zu ſetzen.

In Aegypten dankte der alte Mehemet Ali endlich 1844 ab und machte nachher noch eine Reiſe in ſeine Vaterſtadt Cavalla, bei welchem Anlaß ihn der Sultan gnädig empfing. Sein Nach-

folger Ibrahim machte eine Reise nach Paris und bewilligte den
Engländern den Durchgang der Post nach Indien über Suez.

Unterdeß ließ Kaiser Nicolaus den Krieg im Kaukasus
unablässig fortsetzen. Wie viel ihm daran lag, dieses Gebirge
ganz in seine Gewalt zu bekommen, beweisen die ungeheuren Opfer, die er dafür brachte. Allein wie viele auserlesene Armeen
unter trefflichen Führern er auch aussandte und wie viel Geld er
spenden ließ, um einzelne Häuptlinge des Feindes zu bestechen und
Zerwürfnisse unter den Gebirgsbewohnern selbst zu nähren, so
gelang ihm doch nichts. Der Monarch, vor dem ganz Europa
zitterte, sah seinen eisernen Willen an den Felsen des Kaukasus
gebrochen.

Unter den Tscherkessen war ein Prophet aufgestanden, Kasi
Mullah, der ewigen Krieg gegen die Ungläubigen predigte und
den Seinen eine Begeisterung und Hingebung einzuflößen wußte,
wie einst zur Zeit der Kreuzzüge der berühmte Alte vom Berge.
Der russische Statthalter in Transkaukasien, Yermoloff, bekriegte
ihn schon 1825 von Tiflis aus, aber erst 1831 gelang es dem
General Rosen, ihn am 18. October in einer Schlacht bei Himry
zu besiegen. Kasi Mullah fiel hier von unzähligen russischen Kugeln durchbohrt, aber sein treuer Genosse Schamyl erbte sein
Ansehen und sollte bald zu noch größerem Ruhme gelangen, denn
ungeachtet des fast ununterbrochenen Kampfes seit jenen Tagen blieb
Schamyl unbesiegt und trotzte lange noch der ganzen Macht Rußlands. Jedes Jahr wurden von den russischen Generalen größere
oder kleinere Expeditionen in die Gebirge der Tscherkessen unternommen, ohne Erfolg. Jedes Jahr wurden die Russen selbst in
den Forts, die sie zum Schutz der durch den Kaukasus führenden
Landstraße errichtet, von den Tscherkessen angegriffen. Durch die
größere Truppenzahl und das schwere Geschütz gelang es den Russen zuweilen, Vortheile zu erringen, aber in den meisten Fällen
waren sie es, die von den blitzschnell kommenden und blitzschnell
wieder verschwindenden Tscherkessen geschlagen wurden. Allgemein

wurde geklagt über die Habgier der russischen Generale, die so viel möglich alles für die Soldaten bestimmte Geld in die eigenen Taschen steckten und den gemeinen Mann hungern ließen. Daraus erklärt sich der ungeheure Menschenverlust der Russen im Kaukasus mehr noch als aus den Schlachten. Unter den Einzelkämpfen, die ich hier um so weniger alle aufzählen kann, als noch keine zuverlässigen Berichte darüber existiren, zeichnete sich die Eroberung von Aghulko, Schamyls himmelhoher und kaum zugänglicher Felsenfeste, im Jahre 1839 durch den russischen General Grabbe aus. Aber Schamyl, den man gefangen zu haben hoffte, war verschwunden, um bald darauf den Russen wieder schreckliche Schläge zu versetzen, besonders im Jahr 1841, in welchem die russische Expedition unter Golowin gänzlich mißlang, und 1842, in dem eine andere unter Grabbe mit einer schweren Niederlage endete.

Da ernannte Kaiser Nicolaus den Grafen Woronzow zum Statthalter im Kaukasus mit unumschränkter Vollmacht und gänzlich unabhängig vom Ministerium und Cabinet in St. Petersburg, um mit voller Energie den Krieg zu führen. Allein auch dieser begabte Mann richtete nichts aus. Da half kein massenhaftes Niederschlagen der Wälder, kein Bauen von Forts, kein concentrirter Angriff, kein Bestechungsversuch; Schamyl, der angebetete Prophet, Patriarch, Feldherr und Fürst der Seinen, blieb immer im Besitz seiner Berge und wurde sogar immer mächtiger und seine Heerschaar immer zahlreicher. Waren die Russen auch eine Zeit lang vorgedrungen, so schlug er sie bald wieder zurück und zerstörte ihre Anlagen.

Eben so mißlang ein Angriff, den der Kaiser im Spätjahr 1839 auf Chiwa machen ließ. Chiwa ist eine große Oase mitten in den Wüsten im Westen des caspischen Meeres und im Süden des Aralsees. Hier, durch Meere und Sandwüsten und weite Entfernungen geschützt, hatte der tartarische Chan Alla Kul schon seit einiger Zeit Sklavenhandel mit geraubten russischen Untertha-

nen getrieben, und da er die letzteren nicht ausliefern wollte, schickte
der Kaiser eine Armee ab, die ihn züchtigen und sein Land in Besitz nehmen sollte. Von hier aus würde er einen viel näheren
Weg nach Afghanistan gewonnen haben, als von Transkaukasien
aus. Die Oase Chiwa mußte ihm von vorzüglicher Wichtigkeit
seyn in Betreff der Steppenvölker Mittelasiens, die den Russen
feindlich, sich mehr zu China halten, und in Bezug auf die von
Indien her sich immer mehr ausbreitende Herrschaft der Engländer.
Das letztere war Hauptaugenmerk des Kaisers, denn eben damals
(1839) hatten die Engländer von Indien aus Thronstreitigkeiten
in Afghanistan benutzt, um Kabul, die Hauptstadt dieses Landes,
zu besetzen. Dieser Umstand war es und nicht der unbedeutende
Sklavenhandel in Chiwa, der die russische Expedition veranlaßte.
Sie mißglückte vollständig. Obgleich sich das russische Heer unter
General Perowski zu Orenburg mit vielen tausend Kameelen versehen hatte, um mittelst dieser Thiere die Sandwüsten besser zu
passiren, war es auf die Winterkälte nicht versehen gewesen. Die
Thiere erfroren im Schnee und mit ungeheuren Verlusten (von
20,000 Menschen, 10,000 Kameelen) mußten die Russen endlich
umkehren, da sie sonst alle zu Grunde gegangen wären. Der großen
englischen Expedition ging es indessen in Kabul nicht besser. Von
den Afghanen eingeschlossen wurde die englische Armee theils vernichtet, theils gefangen, ganz Afghanistan befreit.

Der Zusammenstoß russischer und englischer Streitkräfte im
Innern Asiens wurde also diesmal noch verhütet. Für beide Parteien waren die Entfernungen noch zu groß, sie gingen auf zu langen Operationslinien ohne hinreichende Basis beide zu weit vor.
Europa aber wurde durch diese Ereignisse gar nicht berührt, weil
sie für keinen Theil Erfolg gehabt hatten.

Zweites Buch.

Die Reformen in England.

Während es auf dem Festland von Europa höhere Dinge,
Principe, Ideen, mehr oder weniger romantische Interessen gestürzter und erhobener Dynastien, geknechteter und ihre Ketten brechender Nationen galt, handelte es sich in England eigentlich immer
nur um Korn und Baumwolle. Die innere Politik Englands
hing hauptsächlich von der Ausgleichung der Ansprüche ab, welche
die bürgerlichen Baumwollenhändler gegenüber den aristokratischen
Kornhändlern machten, und die äußere Politik richtete sich ausschließlich nach den materiellen Vortheilen des englischen Staates. Die
Unterstützung, welche der Liberalismus auf dem Festlande zum
öftern von Seite des englischen Ministeriums gefunden hat, ging
aus keiner Uebereinstimmung der Ideen, sondern nur aus dem englischen Geldinteresse hervor. England schützte die Freiheit in Spanien, Portugal, Italien, Griechenland und alliirte sich mit dem
constitutionellen Frankreich gegen die absolutistischen Mächte des
Nordens nur, um die erstern in einer Art von Vormundschaft zu
halten und die andern in ihrer Machtentfaltung, namentlich in
Bezug auf Handel, Industrie und Marine, so viel als möglich zu
hemmen. Seinen Colonialwaaren und Fabrikaten in der ganzen
Welt Absatz zu sichern, deßhalb jede fremde Concurrenz wie in

merkantilischer, so in industrieller Beziehung niederzuhalten, das war Englands Hauptzweck und darum allein drehte sich seine ganze Politik.

Je mehr ihm aber diese Politik glückte, je unermeßlichere Fortschritte seine einheimische Industrie durch Beschaffung der Rohproducte aus den Colonien und vermehrten Absatz in allen Ländern machte, um so unerläßlicher wurde es für die großen Lenker der Industrie, ihren zahllosen Arbeitern eine erträgliche Existenz zu sichern, ohne den Arbeitslohn zu hoch hinaufzuschrauben. Sie mußten daher von der landbesitzenden Aristokratie wohlfeiles Korn verlangen, um den Brodpreis herabzudrücken. Sie konnten aber niemals hoffen, die der Aristokratie so günstige, so hohe Getraidepreise zulassende Kornbill zu beseitigen, wenn sie nicht zu einer Stimmenmehrheit im Parlament gelangten. Um aber dahin zu gelangen, bedurfte es einer durchgreifenden Parlamentsreform, einer neuen Basis für die Parlamentswahlen, Beschränkung der Wahlprivilegien kleiner von der Aristokratie abhängiger Ortschaften und Uebertragung der Wahlrechte auf die großen Fabrikbezirke, welche sie bisher entbehrt hatten. Der gewaltige Ruf nach Reform in England, den man auf dem Festland einer rein liberalen Begeisterung zuschrieb, galt nur der Baumwolle, bezweckte nur wohlfeilere Brodpreise für die Arbeiter in den großen Spinnereien, um den Fabrikherren höhere Löhne zu ersparen. Die Frage war wesentlich nur: sollte der Fabrikherr dem Arbeiter, damit er nicht Hungers stürbe, täglich einen Pfennig mehr bezahlen, oder sollten die güterbesitzenden Lords das Korn etwas wohlfeiler geben, damit der Arbeiter für sein täglich Brod einen Pfennig weniger bezahlen dürfte? Einmal von der Aristokratie zurückgewiesen, tauchte diese Frage doch immer von Neuem auf.

Die zweite Frage betraf Irland, wurde jedoch weit weniger wichtig genommen. Alle Parteien in England waren darin einverstanden, daß Irland nie zu einer Entwicklung kommen dürfe, die eine für England gefährliche Concurrenz begründen könnte.

Irland war zu schwach, um sich selbst helfen zu können. O'Connel mochte noch so viel Lärm machen, man wandte doch nur Palliative an, um ihm den Mund zu stopfen, und ließ es nie zu einer Radicalkur kommen.

O'Connel wagte etwas Großes, indem er sich im Jahr 1828 am 30. Juni in einer Wahlversammlung zu Ennis in der Grafschaft Clare in Irland von den s. g. Vierzig-Schillings-Männern, der zahlreichen Menge von Bauern, die nur 40 Schillinge jährliche Steuer bezahlten, ins englische Parlament wählen ließ. Er war dazu als Katholik nicht berechtigt, da er den üblichen antikatholischen Eid als Parlamentsmitglied zu leisten sich ausdrücklich weigerte. Aber darauf gerade kam es ihm an, England und das Parlament herauszufordern. Das Ministerium, wieder toryistisch nach Cannings Tode, den Herzog von Wellington und Sir Robert Peel, einen unermeßlich reich gewordenen Baumwollenfabrikanten, an der Spitze, verfuhr mit großer Mäßigung und Klugheit. Um die Irländer nicht ohne Noth noch mehr aufzureizen und ein Blutbad zu veranlassen, in welchem die Iren zwar nothwendig hätten unterliegen müssen, aus dem aber für England und zunächst für das Toryministerium nur undankbare Lorbeern erwachsen seyn würden, nahm dasselbe die Emancipationsbill wieder auf, aber verbunden mit einer andern, gegen die Associationen und gegen die 40 Schillinge in Irland gerichteten Bill. Das Ministerium wollte damit beweisen, es sey erbötig, gutes Recht zu gewähren, aber nur unter der Bedingung, daß die Ordnung und der öffentliche Gehorsam aufrecht erhalten würden. O'Connel befahl sofort den irischen Associationen, sich freiwillig aufzulösen, und die zum Wahlrecht befähigende Steuer wurde von 40 Schilling auf 10 Pfund erhöht. Peel aber brachte nun am 5. März 1829 die Emancipationsbill vor das Parlament. Darin verlangte er: die Katholiken sollten in allen bürgerlichen Rechten den Reformirten gleich gestellt, daher auch zur Wahl ins Parlament befähigt werden, ohne den antikatholischen Eid leisten zu dürfen; im Uebrigen aber sollte es mit der katholischen Kirche Englands gegenüber dem Papst beim Alten bleiben, d. h. nie ein Concordat geschlossen, nie mit dem Papst unterhandelt werden und namentlich Jesuiten sollten sich nie in England blicken lassen.

Von beiden Seiten wurden Einwürfe gegen die Bill gemacht. Die einen behaupteten, die Bill werde der reformirten Kirche große Gefahr bringen, die katholische Opposition zunächst in Irland übermächtig werden lassen. Die andern sagten: Irland verlangt Brod, von der Emancipation wird es nicht satt. Indeß ging die Bill im Unter- und Oberhause durch und wurde vom König am 15. April bestätigt. O'Connel hatte sich auf seinen Sitz im Parlament begeben, wurde aber, als gesetzlich noch nicht befähigt, ausgewiesen. Nachdem die Emancipation der Katholiken zum Gesetz erhoben worden war, unterzog er sich einer neuen Wahl und trat nunmehr ohne weiteres Hinderniß ins englische Unterhaus ein.

Seine weiteren Plane waren fortan, die Aufhebung des Zehnten zu erwirken, der die Irländer in so tiefe Armuth herabdrückte und täglich Ursache zu Gewaltthätigkeiten und wüthender Gegenwehr wurde; und die Aufhebung der Union zwischen England und Irland, um für Irland wieder ein besonderes Parlament in Dublin zu erhalten. Er beging einen Fehler, indem er zu viel auf einmal wollte. Die nationale Unabhängigkeit mit einem eigenen irischen Parlamente durfte er niemals durchzusetzen hoffen; er konnte wissen, England sey zu stark und zu klug, um dieselbe jemals zu gestatten. O'Connel hätte daher ausschließlich das Elend des irischen Volks zu lindern bemüht seyn sollen. Das hätte er unter der Bedingung der Treue und des Gehorsams gegen England durchsetzen können.

Die glückliche Durchführung der Emancipationsbill machte den englischen Reformern Muth, auch die Reformfrage wieder aufzunehmen. Am 25. Januar 1830 that eine große Volksversammlung in Birmingham deßfalls den ersten Schritt und Atswood stiftete hier einen Reformverein, der künftig auf dieselbe gesetzliche Weise

und mit derselben Beharrlichkeit, wie O'Connel die katholische, so
die Reformangelegenheit betreiben sollte. Der Herzog von Wellington, der aus Staatsklugheit in der irischen Frage nachgegeben hatte,
war nicht geneigt, den Reformers zu weichen. Bei Wiedereröffnung
des Parlaments im Februar 1830 versprach er Erleichterung des
Nothstandes und Abstellung mancher Mißbräuche in der Rechts-
pflege ꝛc., aber keine Parlamentsreform.

Das Toryministerium befand sich indeß schon in einer unhaltbar gewordenen Lage. Nach und nach war ihm eine mächtige Opposition unter den Tories selbst erwachsen. Der nächste Bruder
des Königs, Herzog Wilhelm von Clarence, war wegen seiner
Beziehungen zum Admiral Codrington und zu dessen Verhalten
bei Navarin durch Wellington seiner Stelle als Oberadmiral der
Flotte enthoben worden, jetzt aber, als Georg IV. bedenklich krank
darniederlag, der Thronbesteigung nahe. Das führte zu einer Defection aller derer, welche der neuen Sonne zugewandt waren.
Eine zweite Defection hatte den Aerger der Hochtories und Ora-
nienmänner wegen der Katholikenemancipation zum Grunde. Die
alten Todfeinde des Papismus und die reichen reformirten Grund-
herren in Irland konnten den Ministern ihre Bill nicht verzeihen.
Indem nun diese beiden Defectionen der Tories mit der Opposition
der Whigs erst nur in kleinen Fragen zu stimmen anfingen, fiel
das Ministerium im Parlamente in eine Minderheit, die seine längere Möglichkeit zweifelhaft machte. Ehe es aber noch einen Entschluß gefaßt hatte, starb König Georg IV. am 26. Juni 1830
ohne Kinder.

Sein gleichfalls kinderloser und schon bejahrter Bruder Wilhelm IV. überraschte die Opposition mit der Erklärung, daß er
alles Vergangene vergessen und daß die bisherigen Minister sein
ganzes Vertrauen besäßen. Allein die Opposition ließ sich nicht
irre machen und fuhr fort, durch die Mehrheit dem Ministerium
kleine parlamentarische Niederlagen zu bereiten. Als ihr nun über-
dieß die Revolution in Frankreich neuen Schwung gab, half dem

Ministerium seine Zählgkeit nicht mehr. Während der Vertagung des Parlaments vom August bis November herrschte große Aufregung in England. In der Grafschaft Kent kamen Mordbrennereien an die Tagesordnung, die den Haß der ärmsten Classen gegen die Reichen verriethen, und in Irland stellte O'Connel die Associationen unter dem neuen Namen „der irischen Freiwilligen" wieder her. Die Art, wie Karl X. auf seiner Flucht am englischen Ufer empfangen wurde, zeigte eine Sympathie für die Julirevolution, die um so wahrer erscheinen mußte, als sie das Schickliche so sehr außer Acht ließ.

Bei Wiedereröffnung des Parlaments am 2. November 1830 wagte noch Wellington, sich gegen jede Reform zu erklären, und Peel, ihn zu vertheidigen. Aber der letztere wurde durch die eindringliche Beredsamkeit Broughams aus dem Felde geschlagen. Brougham wußte die Stimmung der Zeit zu benützen, um in seiner mit Recht bewunderten Rede nicht nur die Nothwendigkeit innerer Reformen, sondern auch die einer Aenderung der auswärtigen Politik Englands darzulegen. Sein Grundgedanke war, man müsse Cannings System fortführen, sich nicht mehr von den nordischen Mächten in's Schlepptau nehmen lassen, sondern mit dem constitutionellen Frankreich und allen liberalen Sympathieen Europas im Bunde handeln, sich die Hegemonie im constitutionellen Westen zueignen. Unter den Eindrücken dieser Rede stimmte das Unterhaus gegen die ministeriellen Vorschläge in Betreff der neuen Civilliste und nun blieb den Ministern nichts übrig, als zurückzutreten.

Der König ernannte sofort ein Whigministerium, an dessen Spitze der alte, aber noch rüstige Graf Grey trat. Brougham wurde Lordcanzler; unter den übrigen Ministern zeichneten sich drei Lords, Holland, John Russel und Palmerston, aus. Ueberzeugt, auf Popularität bauen zu können, begann Grey seine Verwaltung mit großer Energie, ließ gegen die Brandstifter mit schweren Strafen einschreiten und O'Connel ohne Weiteres in Verhaft nehmen. Der irische Agitator wurde gegen eine Caution zwar wieder auf freien Fuß gesetzt, allein da er in der That mit seinen neuen Associationen ungesetzlich vorgeschritten war, so kam seine Beugung unter das Gesetz einer moralischen Niederlage gleich und sein Ansehen begann zu sinken.

Mit nicht mindrer Ueberlegenheit nahm Grey die innige Verbindung auf, die von Seite des neuen Bürgerkönigs in Frankreich gewünscht wurde. England hatte dabei entschieden die Vorhand, der alte Talleyrand mußte sich vor Grey bücken.

Zur dauernden Beruhigung des englischen Volkes aber erschien die Parlamentsreform unerläßlich und Grey verfehlte nicht, sich durch dieselbe ein unsterbliches Denkmal zu setzen, da ihm die Gelegenheit so günstig war. Schon am 1. März 1831 brachte Russel eine Reformbill an das Parlament, worin den zerfallenen Mauern der s. g. Rotten-Boroughs ihr Wahlrecht genommen wurde, um es auf die volkreichen Fabrik- und Handelsstädte zu übertragen. Sein Plan war, 60 verfallene Flecken des Wahlrechts ganz, 47 sehr kleine Städte desselben halb zu berauben, dagegen den größern Städten theils neue, theils vermehrte Wahlrechte zu gewähren. Die Forderung war noch sehr gemäßigt, denn die Aristokratie behielt immer noch die Mehrheit der Wahlen in Händen, aber die Grundlage des bisherigen Wahlsystems war erschüttert und es ließ sich voraussehen, daß von nun an der Druck der Baumwolle auf das Korn nachhaltig überwiegen, oder mit andern Worten, daß nach und nach eine Mehrheit im englischen Parlament aufkommen werde, die nicht mehr getragen von der aristokratischen Tradition, sondern von jedem Winde der Situation und s. g. öffentlichen Meinung bewegt, gleich den liberalen und demokratischen Oppositionen auf dem Festlande mit unfruchtbaren Doctrinen oder anarchischen Gelüsten die alte felsenfeste Praxis der bisherigen aristokratischen Parlamentsregierung unterwühlen würde. Deßhalb ging der Widerstand der Tories gegen Lord Russels Bill nicht blos aus Eigennutz, sondern auch aus einem sehr achtbaren patriotischen Bedenken hervor. Die Bill ging zwar am 19. April im Unterhause durch, aber nur mit 8 Stimmen Mehrheit, und im Oberhause war noch keine Hoffnung, daß sie durchgehen werde. Der König löste daher das Parlament auf und ließ neue Wahlen vornehmen. Das Volk machte großartige Demonstrationen zu Gunsten der Bill. London wurde zu Ehren Greys illuminirt, vor Wellingtons Palais gab es solchen Tumult, daß die Bedienten des Herzogs auf das Volk schießen mußten, um es abzuwehren.

Das neue Parlament trat am 21. Juni zusammen. Russel brachte die Bill mit einigen Abänderungen ein, damit sie eher angenommen würde; aber das Oberhaus verwarf sie, am 8. October. Hierauf wurde das Parlament abermals aufgelöst, am 20sten. Die Aufregung in London und auf dem Lande war ungeheuer. Die Hochtories wurden vom Pöbel insultirt, so Marquis von Londonderry in den Straßen von London mit einem Steinhagel verfolgt, Wellingtons Palast abermals angegriffen, das prächtige Schloß des Herzogs von Newcastle zu Collingham in Brand gesteckt. Zu Bristol beherrschte der Pöbel die Stadt drei Tage lang, brannte und plünderte.

Am 6. December wurde das neue Parlament eröffnet und die Bill, abermals verändert und im Sinn der Tories gemildert, wieder eingebracht. Russel hoffte sie erst durchzusetzen, nachdem er den Tories noch mehrere Concessionen gemacht und mehreren Flecken das Wahlrecht, das er ihnen früher abgesprochen, wieder zurückgegeben hatte. Aber auch damit waren die Tories noch nicht zufrieden, sondern machten jetzt ein Complott, den Minister Grey zu stürzen, indem sie erst nach diesem Sturze die Reform selbst in die Hand nehmen und durch ein Toryministerium zu Stande bringen wollten. Lord Ellenborough kündigte diesen Plan am 7. Mai 1832 offen an und machte die Wiederherstellung eines Ministeriums Wellington zur Bedingung, ohne welche das Oberhaus die Reformbill

niemals annehmen werde. Grey stellte die Sache dem König anheim und dieser nahm seine Entlassung an.

Nun aber wurde die Gährung im Volk immer drohender.
Schon im vorigen Jahr hatte sich eine große national political
Union gebildet, um die Reformpartei im Parlament durch Volks-
demonstrationen zu unterstützen. In London präsidirte diesem Verein
Francis Burbett, der Vater der Reformidee, auf dem Lande reiste
Hunt umher, um das Volk aufzuregen, und in allen größeren
Städten wurden wiederholt große tumultuarische Volksversammlungen abgehalten und Abressen *) unterzeichnet. Alle diese Demonstrationen aber, die seit vorigem Sommer sich stets wiederholt,
traten noch nicht aus den Schranken der Ehrerbietung vor dem
Thron heraus. Erst jetzt, als das Ministerium Grey gestürzt war,
kündigte eine Abresse der Wähler der Stadt London Steuerver-
weigerung an und wurde auch in Birmingham an die Häuser angeschlagen: „Hier werden keine Taxen bezahlt, bis die Reform
durchgegangen ist." Aus allen Theilen des Landes kamen Abressen
und Nachrichten von wilder Aufregung ein. Der Stadtrath von
London stellte officiell an das Unterhaus die Bitte, das Budget zu
verweigern, und das Unterhaus selbst wandte sich am 10. Mai
mit einer Abresse an den König, worin es ihm von der Ernennung eines Toryministeriums dringend abrieth. Bereits wurde in
den Volksversammlungen, die sich fast täglich wiederholten, die Achtung gegen den König selbst verletzt, indem sich unter den zahlreichen Fahnen und Emblemen auch ein Paar Hosen an einer langen Stange erhoben, als Sinnbild der Königin Abelheid (geborne
Prinzeß von Sachsen-Meiningen), die man beschuldigte, sie mische
sich zu Gunsten der Tories in die Geschäfte. Auch wo der König
sich zeigte, mußte er Vorwürfe aus dem Munde des Pöbels hören.

---

*) Auch die Lehrjungen von Derry überbrachten eine solche Abresse.
Da sagte der alte König: junge Rathgeber der Krone, sehr junge Rathgeber!

Er war deßhalb sehr gereizt und hätte gern dem Volke getrotzt, wenn er es nicht für zu gefährlich gehalten hätte. Wellington blieb mitten im Sturm kalt und ließ sich selbst durch die Drohung nicht einschüchtern, die gesammte Fabrikbevölkerung von Birmingham, Manchester, Leeds ꝛc. werde nach London kommen. Aber der König hatte nicht so viel Muth, und lud am 18. Mai den Grafen Grey ein, das Ministerium zu behalten. Das Oberhaus wurde nun von allen Tories verlassen. „Mögen die edlen Lords ihr schmutziges Werk allein verrichten," rief Graf Carnarvon und erhob sich, um mit Wellington und sämmtlichen Tories die Sitzung zu verlassen. Die Zurückgebliebenen aber ließen sich vom Unterhause noch einige kleine Concessionen bewilligen und stimmten dann für die Bill am 4. Juni. Am 6. genehmigte das Unterhaus die so amendirte Bill und am 7. wurde sie vom König sanctionirt.

Damit hörte der Tumult im Lande auf. Nur in Irland betrieb O'Connel immer noch die Zehntfrage. Es handelte sich um ein himmelschreiendes Unrecht. Die protestantische Geistlichkeit trieb, ohne irgend eine Gegenleistung, von den armen kathol. Irländern den Zehnten ein und ließ sie auspfänden, wenn sie nicht bezahlten. Täglich sah man herzzerreißende Scenen, ein verhungerndes Volk auf schmutziges Stroh gebettet und kaum mit Lumpen bedeckt, denen Büttel die letzte Habe wegnahmen. Diesen Scenen folgten dann aber bei Nacht andere der blutigen Rache. Gleichwohl war es O'Connel nicht möglich, die Abschaffung des Zehnten durchzusetzen.

Die bisher allein privilegirte Aristokratie hatte sich die Parlamentsreform gefallen lassen müssen, aber von ihren ökonomischen Vortheilen wollte sie nicht lassen. Die reformirte Geistlichkeit gehörte in ihren Summitäten zur Lordschaft. Die Staatskirche war ein Minorat des Adels. Alle höhern Stellen waren von jüngern Söhnen derselben besetzt. Nicht bloß auf dem fremden irischen Boden, auch in England selbst auf rein reformirtem Boden, genoß die Staatskirche ein Uebermaß von Rechten und Vortheilen, was zum Bedürfniß in keinem Verhältniß stand und dem Volk eine schwere

Laſt war. Der Zehnte allein trug ihr in England und Wales (ungerechnet Schottland und Irland) jährlich nahe an 6 Millionen Pfund
Sterling ein, ihr Grundbeſitz nebſt den laufenden Kirchengebühren
nahe an 4 Millionen, ſo daß ihre Jahreseinnahme nach unſerm Gelde
mindeſtens zu 114 Millionen Gulden berechnet wurde. Davon
zogen die Biſchöfe ungeheure Summen, ohne etwas dafür zu thun.
Auch die Pfarrer lebten häufig gar nicht in ihrem Kirchſpiel, ſondern
bezahlten einen Vicar und amüſirten ſich auf Reiſen. Viele Pfarrer
waren reich dotirt und hatten gar keine Kirche. Aehnliche Miß-
ſtände walteten im Stiftungsweſen. Eine Dame in London bezog
jährlich 2000 Pfund Sterling als Vorſteherin einer alten wohl-
thätigen Stiftung, die ſie nie in ihrem Leben betrat, ſondern durch
eine dritte Perſon verwalten ließ, die wieder ihrerſeits die Stiftung im eigenen Nutzen ausbeutete. Die veralteten Formen der
engliſchen Staatsmaſchine erlaubten die Beibehaltung von einer
Menge von Aemtern, die keinen practiſchen Werth mehr hatten,
aber der Ariſtokratie große Beſoldungen einbrachten. Man gab damals in London ein ſ. g. ſchwarzes Buch heraus, in dem die
Cumulationen der Gehalte verzeichnet waren, in deren Beſitz ſich
die Lords befanden. Darin fand man, die gegenwärtigen Mitglieder
des Oberhauſes, geiſtliche wie weltliche, bezögen allein an Beſoldungen unter verſchiedenartigen Titeln zuſammen 26 Millionen
Gulden, ungerechnet die Einnahmen von ihren Gütern und vom
Zehnten.

Das war der alte, wie man ſieht, zum Theil mit Unrecht
erworbene Reichthum der Ariſtokratie, derer, die im Beſitz des Grund
und Bodens und der Staatsämter waren. Der Reichthum der
bisher im Parlament und in den Staatsämtern ſo wenig vertretenen bürgerlichen Mittelclaſſe floß hauptſächlich vom Meer her
aus dem Handel und aus den Colonien. Einzelne Handelshäuſer
häuften durch den Erwerb aus Colonialwaaren oder aus Fabrikaten, die ſie an die ganze Welt abſetzten, coloſſalen Reichthum und
konnten mit den erſten Häuſern der alten Ariſtokratie wetteifern.

Ungeheure Geldsummen kamen aber aus ben Colonien auch ben aristokratischen Familien zu Gute, beren Söhne Aemter in Indien, Canada, bem Cap 2c. bekleibeten. Die Colonien hatten lebiglich keine anbere Bestimmung für England, als seinen Reichthum zu mehren. Nun waren aber in England bie Grenzen zwischen ber Aristokratie und dem Bürgerthum nichts weniger als streng gezogen. Nicht nur ber reiche Baumwollenspinner Peel wurbe Minister und Tory, sondern auch ber Abvocat Brougham gelangte zu ben höchsten Ehrenstellen ber Lorbschaft. Mit ber Gleichberechtigung ber bürgerlichen und abeligen Reichen aber war bem gemeinen Volke nicht geholfen. Die in ben Fabrikstäbten gewählten reichen Bürgerlichen standen bem Armen eben so fern, wie ihm bie von ben Rottenboroughs gewählten Lorbsöhne gestanden hatten. Die Reform änberte somit nichts an ber tiefen Kluft zwischen übergroßem Reichthum und übergroßer Armuth in England und somit konnte auch bie Bewegung im Volke, bas eine wahre, grünbliche, wurzelhafte Reform nicht blos bes Parlaments, sondern ber öffentlichen Zustänbe Englands überhaupt wollte, nicht aufhören.

Das liberale Whigministerium Grey war und blieb auch nach ber Parlamentsreform noch burch und burch aristokratisch und schloß sich, wie bas Parlament selbst, gegen bie Wünsche und Hoffnungen ber ärmeren Classen ab. In bemselben Egoismus bewegte sich auch seine auswärtige Politik. Es ist wahr, England und Frankreich vereinigt schützten bie Verfassungen in Spanien und Portugal, emancipirten Belgien von Holland, nahmen sich auch ber Schweiz bei Gelegenheit gegen bie norbischen Mächte an und schienen somit wenigstens bie Westhälfte Europa's unter bem Banner ber liberalen Ibeen zu vereinigen. Aber ber Liberalismus war hier nicht Zweck, sondern nur Mittel. England verwenbete ihn in seinem Nutzen. Es beschützte ihn im Westen, weil es hier bie Mittel bazu besaß, es verleugnete ihn in Polen, weil es hier nicht stark genug war. Noch in bemselben Sommer 1832 schickte Grey seinen Schwiegersohn Lorb Durham nach St. Petersburg, um bem Kaiser Nicolaus

das Recht, welches England als Garant der polnischen Verfassung
hatte, in den polnischen Angelegenheiten mitzusprechen, einfach
preiszugeben und damit Rußlands Zustimmung zu den Maßregeln
zu erkaufen, die England mit dem Westen vornehmen würde.

Es braucht nicht erst bemerkt zu werden, wie gern Ludwig
Philipp auf dieses englische System einging. Auch ihm diente der
Liberalismus immer nur als Mittel zum Zweck seiner eigenen
Herrschaft. Wie beide Mächte in diesem Sinne sich die Vormundschaft über die pyrenäische Halbinsel anmaßten, werden wir im
folgenden Buche kennen lernen. Trotz dieser Uebereinstimmung aber
blieb England immer darauf bedacht, seine Ueberlegenheit über
Frankreich geltend zu machen und vermied alles, was nur entfernt
den Schein haben konnte, als ließe sich England von Frankreich
leiten. Man glaubt daher, daß England, auch abgesehen von seinem Interesse in Belgien, dem es Polen opferte, die Polen schon
einfach aus dem Grunde würde im Stich gelassen haben, damit es
nicht scheine, als folge es in dieser Sache dem französischen Impulse. Denn hätten die Westmächte sich ernstlich ·für Polen verwandt, so würde sich Frankreich allein Verdienst und Ruhm davon
angeeignet haben.

Grey präsidirte dem Ministerium bis 1834, dann überließ er
seine Stelle dem Lord Melbourne, einem Whig, der im bisherigen
System nichts änderte.

König Wilhelm IV. starb am 20. Juni 1837. Ihm folgte
nach englischem Erbrecht, welches die weibliche Nachfolge duldet, die
einzige Tochter seines ältesten Bruders, des Herzogs von Kent,
Prinzessin Victoria, damals erst 18 Jahre alt, eine kleine Dame,
aber gesund und kräftig und mit einer Stärke des Eigenwillens
begabt, der zu ihrem Glück von einem feinen weiblichen Verstand
beherrscht wurde, so daß er sich nicht in den Staatsangelegenheiten
geltend zu machen suchte. Sie ließ die bisherigen Minister gewähren und vermählte sich 1840 mit dem Prinzen Albert von
Sachsen-Coburg, einem der schönsten Männer seiner Zeit, dem sie

nachher viele gesunde Kinder beiderlei Geschlechts gebar. Der Prinz erhielt den Titel Königliche Hoheit, wurde aber durch die auf ihre Macht eifersüchtige Lordschaft von jeder Theilnahme an der Regierung ausgeschlossen, ja von Zeit zu Zeit machte die Presse systematische Angriffe auf ihn, um ihm auch die kleinste Einmischung in Staatsangelegenheiten zu verleiden.

Die Sympathien des königlichen Hauses in England waren immer mehr für die Tories, als für die Whigs. Die letzteren wurden in der Noth, um das Volk in schwierigen Zeiten zu beruhigen, ins Ministerium gerufen, um später wieder den Tories Platz zu machen. Damals kam noch ein weiterer Umstand hinzu, der den Tories den Wiedereintritt ins Ministerium erleichterte. Ludwig Philipp suchte sich nämlich mehr und mehr von der englischen Vormundschaft frei zu machen und England brauchte auf ihn nicht mehr so viele Rücksicht zu nehmen wie früher. Im Jahr 1841 änderte daher die Königin das Ministerium, in welches wieder der alte Wellington und Sir Robert Peel eintraten, der letztere, um jetzt erst die glänzende Rolle auszuspielen, zu der ihn sein Talent berufen hatte.

Dem Sturze des Whigministeriums ging die Unterdrückung einer heftigen Volksbewegung vorher. Die Arbeiter in England litten immer noch schwer unter dem Druck der reichen Arbeitgeber, der ihnen ungünstigen Gesetze, der hohen Getraidezölle, der Fehljahre. Der Brodmangel stieg mit der Bevölkerung, welche sich von 1830—1840 in England von 24 auf 26½ Millionen erhöhte, während die Zahl der Dampfmaschinen in den Fabriken, wodurch menschliche Hände erübrigt wurden, auf 200,000 stieg. Das Beispiel der Reformer, so wie O'Connel's feierte nun die Arbeiter an, auch ihrerseits auf dem gesetzlichen Wege, durch Vereine und Adressen eine Besserung ihrer Lage im Parlamente durchzusetzen. Im Juni 1838 erregte Nicholls Tom in Canterbury einen wilden, gesetzlosen Aufruhr, der bald mit Gewalt unterdrückt wurde. Im August aber hielten 200,000 Arbeiter zu Birmingham eine Ver-

sammlung, um über legale Mittel der Besserung zu berathen unter
Leitung der beiden Parlamentsmitglieder für Birmingham Atwood
und Sholefield und des Advocaten O'Connor. Hier zuerst wurde
die von dem Tischler Lovets verfaßte Volkscharte (National charter)
proclamirt, die in fünf Artikeln: allgemeines Stimmrecht, geheime
Abstimmung, jährliche Einberufung des Parlaments, Abschaffung
des passiven Wahlcensus und der Diäten verlangt. Davon erhielt
die ganze Partei der Arbeiter den Namen Chartisten. Ihre
Bittschrift an das Parlament wurde in weiteren nachfolgenden Arbeiterversammlungen, unter denen die zu Manchester im September
die colossalste war, unterstützt. Das Parlament konnte aber die
Bittschrift, welche 1,285,000 Unterschriften zählte, erst im Mai
1839 entgegennehmen und faßte am 12. Juni einen ablehnenden
Beschluß. Die Aufregung war ungeheuer. Die Führer aber riethen,
nach O'Connels Vorgang, den gesetzlichen Weg nicht zu verlassen.
Nur in Wales wagte der Leinwandhändler Fraßt im November
einen offenen Aufstand, welcher niedergeschlagen wurde. Im Jahr
1840 erneuerten sich die Arbeiterversammlungen, aber ohne Energie.
Man wartete bessere oder noch schlimmere Zeiten ab. Erst in dem
Hungerjahr kamen wieder ernste Volkstumulte vor, doch nur vor-
übergehend. Wenn man erfährt, welche Klagen die Arbeiter damals vorbrachten und in welchem tiefen Elende sie anerkannter
Weise schmachteten, während es so viele Reiche in England gab,
die kein Auge dafür hatten, und während das Parlament und die
Regierung trotz aller Mahnungen nur eine sehr ungenügende Ab-
hülfe trafen, so muß man staunen über die tiefe Achtung vor dem
Gesetz, die jenen Hunderttausenden von Armen inwohnte, welche
trotz des Unrechts, welches sie erdulden mußten, doch nicht zur
Gewalt schritten.

In London selbst boten die Stadttheile Saint Gilles, White-
Chapel und Bethnal-Green die Bilder des schaudervollsten Elends
dar, während in der City kaufmännischer und im Westend adeliger
Reichthum alle Besitzthümer der Welt überwog. Nirgends standen

sich Mangel und Ueberfluß so grell gegenüber. In Saint Giles
lebten nahe an 100,000 Menschen fast ausschließlich von Schande
und Verbrechen. In London rechnete man damals auf 25 Seelen
im Jahr eine Verhaftung, in dem verderbten Paris doch nur eine
auf 70 Seelen. In den Provinzen kam das Verbrechen weniger
häufig vor, desto größer aber war das Elend. In den großen
Steinkohlengruben, an denen England so reich ist, waren schon
Kinder von 4—5 Jahren mit kleinen Diensten, Thüraufmachen ꝛc.
beschäftigt, von früh 4 Uhr bis Abends 6 Uhr, in einem engen
Loch unter der Erde. Wuchsen sie heran, so durften sie, auf dem
Bauch kriechend, Kohlen schleppen. Kamen sie ins mannbare Alter,
so arbeiteten sie in freien Räumen, der Hitze wegen halbnackt,
beide Geschlechter durcheinander. In den zahlreichen Baumwoll=
spinnereien war die Sittenverderbniß fast noch ärger, das ewige
Hocken und Schwitzen noch ungesunder. Die kurze Ruhe bei Nacht
mußten die Arbeiter und Arbeiterinnen in den engsten und schlech=
testen Wohnungen, in Liverpool unter der Erde suchen, alle Ge=
schlechter und Alter gemischt. Eine kurze Lust gewährt ihm nur
der Gin (Branntwein). Daher die fürchterlichste Versunkenheit in
der Sitte und Sprache, eine halbe Verthierung, und die eckelhaf=
testen Krankheiten, eine kurze Lebensdauer. Faucher berechnet die
mittlere Lebenszeit der englischen Fabrikarbeiter nur zu 17 Jahren.
Unzählige sterben vor dem reifen Alter. *) Man leitete damals
aus Anlaß der Meuterei einige Reformen ein, aber unpractische.
Man schickte die Kinder aus den Fabriken täglich drei Stunden
lang in die Schule, wo sie nur noch mehr verhockten. Man strich
einige Arbeitsstunden, allein aus Noth arbeiteten die armen Leute
doch weiter, wenn man es verlangte. Man wollte die tägliche
Arbeitszeit auf 10 Stunden heruntersetzen, aber die Fabrikanten
bewiesen, daß wenigstens 12 Stunden absolut nothwendig seyen,

---

*) In den Hospitälern in London zählte man damals seit 8 Jahren
2700 syphilitische Kinder.

wenn die fabricirten Waaren nicht vertheuert und wenn den Be-
stellungen genügt werden solle.

Auch Irland blieb in seiner unglücklichen Lage. Vergebens
machte O'Connel den repeal (Wiberruf der Union zwischen England und Irland) und Bildung eines besonderen Parlaments für
Irland zur Parole. Umsonst gründete er eine s. g. O'Connel-Rente,
eine freiwillige Steuer der Iren, um Mittel zu haben, den Repeal
durchzusetzen. Umsonst hielt er glänzende Reden wie im englischen
Parlament, so bei den irischen Volksversammlungen und als Lord-
major von Dublin, zu welcher Würde ihn seine Landsleute erhoben
hatten. Regierung und Parlament in England blieben fest und
hielten die Iren unter ihrem eisernen Drucke, wie bisher. Der so
verhaßte irische Zehnte wurde zwar 1838 in einen Grundzins ver-
wandelt, das änderte aber nur seinen Namen, nicht sein Wesen,
er mußte eben fort und fort bezahlt werden. Die wenigen irischen
Mitglieder, die ins Parlament von London zugelassen waren, blieben immer in einer ohnmächtigen Minderheit. Die s. g. Muni-
cipalreform, die man für Irland beliebte, war auch nur ein Schau-
gericht, denn sie ließ den Gemeinden keine Macht, um ihren schlechten Stand zu bessern. Im Jahr 1843 wurde O'Connel noch einmal wegen seiner Agitation vor Gericht gezogen, jedoch wieder
freigelassen. Strenger verfuhr das wiederhergestellte Toryministerium gegen das unruhige und racheglühende Volk. *) Da starb der
unermüdliche, aber in vergeblichen Anstrengungen schon erschöpfte

---

*) Der anglikanische Bischof von Exeter rief im Oberhause 1844 aus:
das Eigenthumsrecht der akatholischen Staatskirche in Irland beruht wie
das der akatholischen Privaten auf dem Recht der Eroberung. Beschränkt
ihr das eine, so ist auch das andre nicht mehr sicher. — Für diese Staatskirchlichen existirte nur noch ein Interesse, keine Moral mehr. Ein staats-
kirchlicher Geistlicher, der sich von zwei Pfründen in Wales mästete, Thomas, wurde wegen Verführung eines rechtschaffenen Mädchens, die er nachher höhnisch sitzen ließ, zwar zu einer Geldbuße verurtheilt, durfte aber im
Amte bleiben.

O'Connel, 1847, und in demselben Jahre brach über sein Vaterland das herbste Unglück herein, nämlich die Kartoffelkrankheit und
in deren Folge eine schreckliche Hungersnoth. Fast überall in Europa
begannen 1846 die Kartoffeln auf eine räthselhafte Weise unter
und über der Erde zu faulen und je mehr diese Frucht fast noch
die einzige Nahrung der ärmeren Classe gebildet hatte, um so mehr
mußte ihrem Fehlschlagen im folgenden Winter und Frühjahr eine
Hungersnoth folgen. Diese führte fast in allen Theilen des europäischen Festlandes zu Excessen, zeigte sich aber nirgends so furchtbar als in Irland, wo sie das ganze Jahr hindurch wüthete und
viel tausend Opfer hinraffte. Begreiflicherweise führte die Noth
auch zu Verbrechen und Blutvergießen. Nach dieser Katastrophe
folgte jedoch eine bedeutungsvolle Ruhe im Lande und das wild-
empörte Element floß sanft und langsam ab. Das Unglück hatte
nämlich die alte Liebe zur Heimath bei den Iren dermaßen geschwächt,
daß sie massenhaft auszuwandern anfingen und zwar in die freien
Staaten von Nordamerika. Ganze Dörfer in Irland blieben men-
schenleer zurück.

　　Während das Torymisterium hart gegen das irische Volk
verfuhr, machte es doch der katholischen Kirche neue Concessionen,
was um so auffallender und überraschender war, als seit der Emancipationsbill eine katholische Bewegung mitten im reformirten England erfolgte, wie die Orangemänner vorausgesetzt hatten, eine
Bewegung, die mehr den Widerstand des Ministeriums herauszufordern schien, als die Nachgiebigkeit. In Oxford selbst, der alten
Universität, aus der die hohe Geistlichkeit der Staatskirche in England sich fortwährend recrutirte, nahm man eine bedenkliche Defection wahr, einen immer mehr überhand nehmenden Abfall zur
katholischen Kirche. Dr. Pusey stellte eine neue Lehre auf, die
zwar noch eine scharfe Grenze zog gegen den Katholicismus, aber
zugleich ihren Anhängern einen Trieb und Drang einflößte, dieselbe Grenze zu überschreiten. Daher der merkwürdige Fall, daß
Pusey selbst nie katholisch wurde, seine meisten und ausgezeichnet-

ften Schüler aber übertraten. Er erbob die anglikanische Kirche gleichsam aus der Häresie in das Schisma. Er verwarf die Reformation, hielt an der älteren Kirche fest und stritt mit Rom nur wie vor tausend Jahren Columban mit Bonifacius. Aber sein isolirter Sectenstandpunct ließ sich nicht festhalten. Die einmal der Reformation widersagten, wurden unwiderstehlich nach Rom hinübergezogen. Die gelehrtesten englischen Theologen folgten dieser Richtung, die Uebertritte wiederholten sich in jedem Jahr und am meisten unter den Geistlichen. Allerdings waren die Puseyiten entweder harmlose Leute, die ihrer freien Ueberzeugung folgten, oder Männer von der edelsten Gesinnung und apostolischen Kraft, wie Newmann, und deßhalb ziemte sichs, daß ihnen Duldung und Achtung entgegenkam. Allein es bezeugte doch einen wunderbaren Umschwung in der öffentlichen Meinung, daß das no popery Geschrei nicht gegen die Puseyiten erhoben, daß nicht eine neue Verfolgung verlangt und begonnen wurde. Im Gegentheil brachte Peel die s. g. Mainoothbill ein, in welcher er für das katholische Priesterseminar in Mainooth weitere Staatsbeiträge verlangte, und das Parlament willigte ein. Ebenso glückte es Graham, die Errichtung drei neuer katholischer Collegien in England durchzusetzen. Ein gewisser Christie weissagte im Parlament, wenn die Universitäten Oxford und Cambridge die anglikanische Theologie fort und fort so geistlos trieben, wie bisher, und überhaupt auf diesen Universitäten die alten Mißbräuche fortdauerten, würde der katholische Geist den anglikanischen überflügeln. Aber man hörte nicht auf ihn. Zwar schleuderte der Erzbischof von Canterbury in einem Hirtenbrief vom 11. Januar 1845 den Bannstrahl gegen den Puseyismus, allein dieser ließ sich das nicht anfechten. Zu Oxford selbst antworteten ihm die Puseyiten mit siegreicher Beredtsamkeit; und Ward, welcher mit zu offenem Hohn für die Staatskirche katholische Grundsätze gelehrt hatte, wurde in einer feierlichen Disputation zu Oxford am 13. Februar zwar zur Verbannung

vom staatskirchlichen Lehrstuhl, jedoch nur mit einem Mehr von
569 gegen 511 Stimmen verurtheilt. Also durften es doch 511
Stimmen im Centralpunct des staatskirchlichen Systems wagen,
den unverholenen Principienverrath zu entschuldigen. Im October
wurde die neue Kirche der Puseyiten zu Leeds eingeweiht, wobei
260 Geistliche im Ornate der Staatskirche zugegen waren, sämmtlich Puseyiten oder Halbkatholiken. Sie war sehr prachtvoll, die
Fenster allein kosteten 7000 Pfund Sterling. Sieben Tage lang
wurde von 7 Uhr Morgens bis 7 Uhr Abends Gottesdienst gehalten. — Peel hatte nicht nur aus Anlaß der Mainoothbill eine
glänzende Rede zum Lobe der Jesuiten gehalten, sondern gestattete
auch die Errichtung eines Jesuitencollegiums auf der Insel Malta.
In Paris und vielen andern Städten Frankreichs wurde auf Antrieb der Bischöfe für die Rückkehr Englands in den Schooß der
alleinseligmachenden Kirche gebetet. — Der katholische Pater Ma-
thew machte sich hochberühmt als Mäßigkeitsapostel und that Wun-
der in der Bekämpfung des Branntweins, dieser moralischen Pest
des Nordens. Die von ihm gestifteten Mäßigkeitsvereine zählten
bald über eine Million Mitglieder in England und Irland.

Die Noth der armen Bevölkerung in England nährte fort
und fort die sociale Opposition, die sich zunächst die Aufhebung
der Kornbill zum Ziel setzte, damit endlich der arme Arbeiter wohl-
feileres Brod bekäme. Peel ging von der Ansicht aus, die Regierung dürfe der Opposition Concessionen machen, nur müsse jede
Reform durch ein Toryministerium bewirkt werden, niemals durch
die Whigs. So lange die Tories regierten und auch Wohlthaten
und Reformen nur ihnen zu verdanken seyen, bleibe die Macht der
Aristokratie unerschüttert. Allein es ließ sich nicht verkennen, daß
diese elastische Defensive doch nur den Fortschritt der offensiven
Oppositionsbewegung beförderte. Peel selbst hätte die Aufhebung
der Kornbill gar nicht durchsetzen können, wenn er nicht die widerspenstigen Lords durch eine neue große Volksbewegung erschreckt

hätte, wie in der Reformfrage. Das wiederholte Aufbieten des Volks aber mußte bei diesem das Gefühl seiner Kraft vermehren. Die Freunde der Kornreform fanden seit 1841 in Cobben ein eben so geniales Haupt, wie die der irischen Emancipation es in O'Connel gefunden hatten. Cobben stand an der Spitze der f. g. Anticornlawleague (des Antikorngesetzbundes), die sich über ganz England ausbreitete, und entwickelte in einer großen Sitzung dieses Vereins am 12. Januar 1845 den Plan, den er befolgen wollte. Indem er nämlich noch nicht hoffte, daß Peel allein durch sein Ansehen beim Parlament die Abschaffung oder doch Ermäßigung der Korngesetze durchsetzen werde, weil gar zu viele Privatinteressen der reichen Grundbesitzer in beiden Häusern vertreten seyen, rieth er, mit aller Macht auf die Parlamentswahlen selbst zu wirken und dieselben dem Einfluß der Aristokratie zu entziehen. Dies war nur möglich, wenn man Grundbesitz, das Erforderniß zur activen Wahl, in die Hände der industriellen Massen brachte. Nun galt aber in England noch das alte Wahlrecht der f. g. Vierzigschillingmänner, d. h. der kleinen Grundbesitzer, die jährlich von ihrem Grund und Boden 40 Schilling steuerten. Cobben faßte mithin den Plan, eine Menge so kleiner Vierzigschillinggrundstücke, auf denen das Wahlrecht haftete, an seinen Anhang zu bringen, und dadurch den von der Aristokratie abhängigen Wählerstimmen andre entgegenzustellen. Obgleich nun am 10. Juni ein Antrag Villiers auf Abschaffung der Korngesetze im Unterhause verworfen wurde, so arbeitete doch die Anticornlawleague so thätig das ganze Jahr hindurch fort, setzte sich in den Besitz so zahlreicher Vierzigschillinggüter und hielt Meeting über Meeting, in denen die Volksstimme sich so gewaltig aussprach, daß die Durchführung der Korngesetzreform für das nächste Jahr unvermeidlich in Aussicht stand. Im Herbst vermehrte die Kartoffelkrankheit die Noth des Volks und war den Agitatoren ein willkommener Vorwand, die Königin und das Parlament zu bestürmen.

Dennoch erwies sich das Interesse und der Anhang der Ari-

ſtokratie noch ſo mächtig, daß Peel am Schluſſe des Jahres noch
nicht hoffte, die Abſchaffung der Korngeſetze im Parlament durchzubringen, und daher am 10. December ſeine Entlaſſung einreichte.
Das heißt er wählte dieſen Ausweg, um die noch widerſpenſtigen
Gegner zu zwingen, denn er konnte mit Beſtimmtheit vorausſehen,
daß gerade die hartnäckigſten Tories und die ſich am meiſten der
Reform widerſetzten, doch ihn nicht als Miniſter verdrängen und
einen Whig an ſeine Stelle kommen laſſen würden. Sein Entlaſ-
ſungsgeſuch war alſo nur ein Mittel, ſie nachgiebig zu machen.
Und in der That war gar nicht daran zu denken, daß er ſeinen
Poſten als Miniſter verließ. Lord John Ruſſel, das Haupt der
Whigs, hatte ſich zwar bereits für die Reform erklärt, allein er
konnte nicht auf die Stimme der Tories rechnen, wie Sir Robert
Peel, hielt ſich alſo für zu ſchwach und lehnte das Portefeuille ab.
Cobden hielt ein ungeheures Meeting ab zu London im Covent-
gardentheater, wo ſich 6000 Perſonen verſammelten und noch 24,000
umſonſt mit ihren Karten auf Platz warteten, am 17. December.
Hier durchdrang alle die Ueberzeugung, daß die Reform werde
durchgeſetzt werden, und wenn auch ein Miniſterium nach dem andern darüber zu Grunde ginge. Die Reform auch ohne Miniſter,
aber keine Miniſter ohne Reform! — Drei Tage ſpäter erklärte
Ruſſel, er vermöge kein Miniſterium zu übernehmen, noch zu bilden, und Peel trat von neuem ins Miniſterium, von allen Parteien
dazu aufgerufen, und diesmal von Seiten der Königin und der
Ariſtokratie verſichert, daß er nicht zum zweitenmal in den Fall
kommen werde, entweder das Portefeuille oder die Kornbill aufgeben zu müſſen. Andrerſeits ſtiftete Cobden einen neuen Vereins-
fond des Antikorngeſetzbundes von 250,000 Pfund Sterling, wovon
in der Verſammlung zu Mancheſter am 23. December ſogleich
60,000 an einem Abend unterzeichnet wurden. Dieſer Fond ſollte
zu Gunſten der Reformſache bei den Parlamentswahlen verwendet
werden. Unter ſolchen Einflüſſen nun ſetzte Peel am 16. Mai 1846
die Aufhebung der Kornbill zuerſt im Unterhauſe, am 25. Juni

auch im Oberhause durch, und führte dafür nur auf die nächsten drei Jahre eine Wandelscala des Kornzolls mit einem Minimum ein. Nach drei Jahren sollte auch diese aufhören.

Eigenthümlich äußerte sich die Verzweiflung der Armen im Anfang der vierziger Jahre in Wales. Hier bildeten sich nämlich nächtliche in Weiber verkleidete Banden unter dem Namen „Rebecca und ihre Töchter".

Der unvermeidliche Sieg der Industrie über den Ackerbau verrieth sich in dem unglaublichen Anwachs der Städte. Nicht nur London selbst erreichte eine Bevölkerung von zwei Millionen, sondern auch eine Menge zum Theil ganz neuer Fabrikstädte, wie Birmingham, stiegen bald zu Großstädten von mehreren hunderttausend Einwohnern auf. London erhielt unter Peel eine nun dringend nothwendig gewordene Polizei, auch wurde dort (1825—1843) der berühmte Tunnel, eine Durchfahrt unter der Themse, erbaut. Dagegen brannte das alte Parlamentshaus und ein Theil des Tower ab.

Das Toryministerium behauptete sich bis in den Juni 1846. Als das Unterhaus die von ihm eingebrachte irische Zwangsbill, die ein noch strengeres Verfahren in Irland wollte, nicht annahm, bildete die Königin ein Whigministerium unter Lord John Russel, dessen einflußreichstes Mitglied aber Lord Palmerston wurde, der die auswärtigen Angelegenheiten in einem nicht nur liberalen, sondern sogar radicalen Sinn zu leiten anfing, indem er, zumal seit Ludwig Philipp sich vom englischen Einfluß loswand und mehr den nordischen Mächten zuneigte, in allen revolutionären Elementen auf dem Festlande einen willkommenen Bundesgenossen sah, um die großen Continentalmächte zu schwächen. Die antifranzösische Stimmung verrieth sich in dem Befehl, die englischen Küsten in vertheidigungsfähigen Zustand zu setzen, im Winter von 18⁴⁷/₄₈. Die geheime Agitation Lord Palmerstons trug wesentlich dazu bei, die große Revolution von 1848, die halb Europa erschütterte, vorzubereiten. Ich werde in der Geschichte der einzelnen Staaten Europa's die Fäden, die er spann, überall nachweisen. Was Canning für den gemäßigten Liberalismus gegenüber dem Absolutismus gewirkt, wirkte Palmerston für die demokratische Revolution.

Die Colonialpolitik Englands und seine großen Erwerbungen und Kämpfe in den vier außereuropäischen Welttheilen wollen wir erst im sechsten Bande in ihrem Zusammenhange betrachten.

Drittes Buch.

Die Bürgerkriege auf der pyrenäischen Halbinsel.

———

Wir haben unfre Blicke von dem unglücklichen Spanien ab-
gewendet in dem Zeitpunct, in welchem die Revolution besiegt,
Ferdinand VII. als absoluter König wiederhergestellt und die zweite
Reaction in vollem Gange war. Man rechnete an 40,000 Constitutionelle, hauptsächlich den gebildeten Classen angehörig, die wieder im Gefängniß schmachteten. Etwa 30,000 Franzosen hielten
noch die Hauptstädte besetzt. Das alte spanische Heer war aufgelöst, an seine Stelle waren die königlichen Freiwilligen getreten,
zuchtlose Banden, die sich gegen die besiegte liberale Partei alles
erlaubten.

Inzwischen begann damals schon ein Zwiespalt im königlichen
Lager selbst, der immer weiter und weiter klaffen sollte, um den
König endlich wider seinen Willen zu größerer Mäßigung und zuletzt zu einer Annäherung sogar an die Liberalen zu führen. Die
apostolische Junta nämlich, die sich mit seiner Zustimmung gebildet hatte, um neben dem Ministerium und unabhängig von ihm
den Sieg des absoluten Königthums und der mit ihm innig ver-
bundenen Kirchengewalt bis zur äußersten Consequenz zu treiben,
und die hauptsächlich in den königlichen Freiwilligen ihre Armee
hatte, maßte sich immer mehr die Alleingewalt an. An der Spitze

dieser Junta stand des Königs Beichtvater Saez, der fanatische Herzog von Mataflorida, der Priester Cirilo Alameda und der grausame General Equia. Der König wohnte zuweilen ihren Sitzungen bei und stimmte ihnen zu. Sein Ministerium aber sah sich gezwungen, dem tollen Gebahren der von der Junta geschützten Freiwilligen entgegenzutreten, und zugleich zwang die Ebbe in der Staatscasse, dem Klerus Geldopfer zuzumuthen. Dieser Conflict führte zuerst zur Entlassung des gefährlichen Saez. Bald wurde ein Minister, bald ein Mann der Junta geopfert, je nachdem der König sich gedrängt fühlte. Der neue Minister Zea Bermudez ließ im Frühjahr 1825 den berüchtigten Besfières, der offenen Aufruhr erhoben hatte, um den König von seinem liberalen Ministerium zu befreien, überwältigen und erschießen, mußte aber dafür noch in demselben Jahr sein Amt niederlegen. Sein Nachfolger, der Herzog von Infantado, stellte zuerst wieder eine regelmäßige Armee von 50,000 Mann her, erlag .. er ebenfalls der Intrigue.

Die Junta sorgte dafür, daß er nur durch den schwachen Salmon ersetzt wurde und bereitete im Frühjahr 1827 einen großen servilen Aufstand in Catalonien. Die Insurgenten nannten sich agraviados (Beleidigte), weil der König die Inquisition nicht herstelle und statt die Junta allein walten zu lassen, immer noch zu viel dem halbliberalen Ministerium und den Einflüsterungen des Auslands (den Mahnungen zur Mäßigung von Seiten der französischen und englischen Gesandten) nachgebe. Die Geschichte dieser Empörung ist noch dunkel; aus dem aber, was nachfolgte, ergibt sich mit großer Wahrscheinlichkeit, daß es damals schon auf eine Entthronung des Königs zu Gunsten seines Bruders Don Carlos abgesehen war und daß vielleicht die nordischen Mächte im Gegensatz gegen die Westmächte ihre geheime Hand mit im Spiele hatten. Saez, damals vom Hofe verbannt und als Bischof in Tortosa lebend, war der Hauptagent der Insurrection. Der König aber fand sich damals zufälligerweise gut berathen durch den General Espanna, der an der Spitze der neuerrichteten Armee ihm Gehorsam zu erwirken versprach, wenn er selber mitzöge. Ferdinand begab sich nun wirklich, von treuen Truppen begleitet, mitten unter die Aufrührer. Sie stutzten, sie wagten ihm Taragona zu versperren, nachher Reus, aber seine Soldaten öffneten den Weg mit Gewalt und die Insurgenten wagten nicht länger, dem König ins Gesicht zu trotzen. Espanna ließ ganz Catalonien entwaffnen und stellte das königliche Ansehen durch zahlreiche Hinrichtungen wieder her.

Ferdinand VII. hatte nach dem Tode seiner ersten sicilianischen Gemahlin eine portugiesische und als auch diese 1818 gestorben war, die sächsische Prinzessin Josephine geheirathet, welche 1829 starb. Keine hatte ihm ein Kind geboren. Jetzt, in einem Alter von 46 Jahren und kränklichen Leibes, heirathete er zum viertenmal und zwar die sicilianische Prinzessin Marie Christine, Schwester der Herzogin von Berry und der Maria Carlotta, die bereits Ferdinands jüngsten Bruder Francisco zum Gemahl hatte. Und siehe da, drei Monate nach der Hochzeit, am 29. März 1830 wurde die Welt durch ein königliches Edict, die s. g. pragmatische Sanction überrascht, in welcher Ferdinand die bisher gültige, ausschließlich männliche Erbfolge nach dem salischen Gesetz aufhob. Zugleich erfuhr man, die junge Königin befinde sich in guter Hoffnung. Sollte sie nun auch keinen Sohn, sondern nur eine Tochter bekommen, so war derselben die Thronfolge gesichert und Don Carlos, die bisherige Hoffnung der apostolischen Junta und der servilen Partei, ausgeschlossen. Diese Maßregel hatte ihren alleinigen Grund in den persönlichen Gefühlen des Königs, die durch den Verrath seines Beichtvaters Saez und durch die freche Kundgebung der Agraviados beleidigt worden waren. Daß die junge Königin ihm in ihrem eigenen Interesse zugeredet habe, versteht sich von selbst, und wahrscheinlich ist, daß mancher geheime Todfeind der Servilen in Hoffnung besserer Tage für Spanien diese Palastintrigue eifrig unterstützt hat. Sie schreckte nicht nur die Servilen wie ein unerwarteter Blitzschlag, sondern erregte auch

großen Aerger an den Höfen in Paris und Neapel. Sowohl
Karl X., als Franz II. (der Königin eigener Bruder) sahen als
Bourbons ihre Erbrechte auf den spanischen Thron bedroht und
legten Protest ein. Eben so die beiden Brüder des Königs selbst,
Don Carlos und Don Francisco. Aber Ferdinand ließ sich nicht
irre machen, unterdeß erfolgte der Sturz Karls X. im Juli, der
den Servilen in Spanien neuen Schrecken einjagte, und als am
10. October Marie Christine eine Tochter (Isabella) gebar, wurde
dieselbe als Prinzessin von Asturien, d. h. als Kronprinzessin und
Thronerbin anerkannt.

Zwar drohte dem König eine neue Gefahr, indem Mina,
Valbez und Tausende von früher nach Frankreich geflüchteten Liberalen jetzt in Folge der Julirevolution einen Einfall in Spanien
betrieben und dabei sogar durch Ludwig Philipp unterstützt wurden;
allein als Ferdinand einfach den neuen König der Franzosen anzuerkennen sich entschloß, zog Ludwig Philipp, treulos wie immer,
die den spanischen Liberalen dargebotene Freundeshand plötzlich zurück und überließ sie ihrem Schicksal. Er war so weit gegangen,
Lafayette, der sich besonders der Spanier annahm, Versicherungen
zu ihren Gunsten zu machen und ihm sogar Geld für sie zu geben.
Auch Guizot hatte laut geäußert, der Fehler von 1823 müsse wieder gut gemacht werden. Nur Molé dachte edel genug, die spanischen Liberalen zu warnen. Als sie nun bereits an der Grenze
standen, schickte Ludwig Philipp auf einmal Befehl, sie zu entwaffnen. Sie zogen aber vor, auf eigene Gefahr durch die Pyrenäen vorzubrechen und wurden auf allen Puncten durch überlegene
Streitkräfte geschlagen. Torijos wurde durch den königlichen General Moreno, der mit ihm unterhandelte, getäuscht, hinterlistig
gefangen und mit allen seinen Leuten erschossen. Mina mußte auf
der Flucht zehn Tage lang allein in den Gebirgen umirren und war
nahe dem Hungertode*), entkam aber glücklich wieder nach Frankreich.

---

*) Man sagt, als er hülflos dagelegen, habe ein Adler sich auf ihn

Diese Kundgebung der Liberalen und die Furcht vor einer neuen Revolution stimmte den König wieder mehr zu Gunsten der Servilen. Nach Salmons Tode trat Alcudia ins Ministerium und Don Carlos bemühte sich, seinen Bruder zur Zurücknahme der pragmatischen Sanction zu bewegen. Nach einer lebhaften Unterredung beider Brüder fiel Ferdinand am 17. September 1832 in eine Erstarrung, die sein nahes Ende befürchten ließ. In dieser Periode lockte Calomarde, neben Alcudia damals der einflußreichste Anhänger des Don Carlos, dem besinnungslosen Könige die Zustimmung der Zurücknahme der pragmatischen Sanction ab oder brachte wenigstens eine untergeschobene Urkunde vor, welche Don Carlos sogleich proclamiren ließ. Die Königin Marie Christine, die im Januar desselben Jahres noch eine zweite Tochter geboren hatte, war aber gut berathen und fand bei ihrer Schwester Luisa Carlotta entschlossenen Beistand gegen den gefährlichen Schwager. Da der König noch nicht wirklich todt war, erklärte sie sich zur Regentin, so lange er krank seyn würde, im Namen ihrer Tochter, deren Erbrecht sie aufrecht erhielt, ertheilte eine Amnestie, stellte die seit der Restauration aufgehobenen Universitäten wieder her und kündigte die Wiedereinberufung der Cortes an, wozu ihr namentlich Martinez de la Rosa rieth. Puig, Gouverneur des Rathes von Castilien, der die Urkunde in den Archiven niederlegen sollte, erkannte die Unterschrift des Königs nicht als echt an, und Don Carlos wagte keinen offenen Aufstand, so lange sein Bruder noch lebte. Nun erholte sich aber Ferdinand unverhofft, wenn auch langsam, und übernahm im Januar 1833 wieder die Regierung. Das Erste, was er that, war, Calomarde und Alcudia fortzujagen und alles gut zu heißen, was seine Gemahlin gethan hatte. Don Carlos entwich nach Portugal zu Don Miguel und protestirte von dort aus. Ferdinand aber nahm wieder Zea Bermudez zum

gesetzt, um von seinem Fleisch zu zehren, Mina aber habe ihn gepackt und sich nun von dem seinigen genährt.

Minister an und eröffnete, wie die Königin versprochen hatte, die Cortes am 29. Juli, welche feierlich seiner Tochter Isabella II. als der künftigen Königin huldigten. Dann fiel er wieder in seine Krankheit und starb unter schrecklichen Schmerzen am 29. September.

Seine unmündige Tochter Isabella II. wurde als Königin und ihre Mutter Christine als Regentin ausgerufen. Don Carlos und der König von Neapel protestirten als erbberechtigte Bourbons. Ludwig Philipp, wie auch England, erkannten die pragmatische Sanction an, um auf die Regentin einen ausschließlichen Einfluß zu gewinnen und Spanien, den nordischen Mächten gegenüber, in die Allianz der Westmächte zu ziehen. Eben deshalb aber verweigerten die nordischen Mächte ihre Anerkennung. Auch der Papst erklärte sich für Don Carlos, weil dieser wirklich im bessern Rechte war und weil die Regentin, gezwungen, sich auf die Liberalen zu stützen, der spanischen Kirche mit neuen Gefahren drohte. Don Carlos war im bessern Rechte, weil es Ferdinand VII., einem einzelnen König, nicht zustand, das Reichsgesetz der männlichen Nachfolge eigenmächtig zu ändern. Aber die liberale Welt stimmte der Regentin zu, weil sie von ihr ein besseres Regierungssystem erwartete, und die Westmächte mußten sich gegen Don Carlos erklären, weil dieser im engsten Bunde mit Metternich und Rußland ihre Pläne durchkreuzt haben würde.

In die spanischen Provinzen kam große Gährung. Die bisherige gemäßigte und liberale Partei hielt zur Regentin und nahm von ihr die Benennung der Christinos an. Die bisherigen Servilen dagegen erklärten sich für Don Carlos und hießen seitdem Carlisten. Die Regentin hatte zunächst den Minister Zea Bermudez zur Seite. Derselbe mußte aber schon 1834 dem noch liberaleren Martinez de la Rosa weichen, welcher am 10. April das estatudo real, eine neue Verfassungsurkunde nach dem Modell und nach dem Rathe Ludwig Philipps, verkündete. Die hitzigsten Liberalen erhoben einen Tumult in Madrid, weil ihnen die Regierung noch lange nicht weit genug links ging und mußten gemaßregelt werden. Die gemäßigte Partei erhielt die Oberhand, aber seitdem entspann sich ein gehässiger Kampf zwischen den Moderados (Gemäßigten) und Progressisten (die da weiter gehen wollten). Der gutmüthige, aber schwache Martinez de la Rosa konnte sich um so weniger halten, als unterdeß die Carlisten einen höchst gefährlichen Bürgerkrieg begannen.

Der Ausgangspunct der carlistischen Bewegung wurden die baskischen Provinzen im Norden Spaniens, deren Einwohner nicht blos für die Thronrechte des Don Carlos, sondern auch für ihre provinziellen Rechte (fueros) stritten, die durch die letzten Verfügungen Ferdinands VII. waren außer Kraft erklärt worden, in Folge des von Frankreich geborgten, aber für Spanien wenig passenden bureaukratischen (und liberalen) Centralisationssystems. Die spanischen Provinzen unterschieden sich nach Abstammung, Sprache, Tracht und uralten Gewohnheiten. Sie nivelliren zu wollen, war ein Leichtsinn, der sich bald bestrafte. Die Basken sind Reste der ältesten Bewohner Spaniens und reden eine ganz eigenthümliche Sprache. Sie besitzen mehr Lebhaftigkeit, als ihre gothischen Nachbarn in Aragonien, und vereinigen gleichsam die Tugenden der Spanier und Franzosen ohne deren Fehler, den Adel tiefer Religiosität, den größten Heldenmuth und den liebenswürdigsten Frohsinn. Die neueren Organisationen und Schreibereien von Madrid her waren diesem Kernvolk unerträglich. Die stolze Eiche des Gebirgs wollte sich den alles planirenden Hobel geistloser Tabellenmenschen nicht gefallen lassen.

Der Aufstand begann schon am 3. October 1833 in Biscaya und breitete sich bald aus. In Bilbao stand Zavala, in Vittoria Verasteguy, in Orduna Ybarola an der Spitze. Aber in Navarra mißlang die Insurrection des Santos Ladron, welcher gefangen und erschossen wurde. Weiter südlich bildete zwar der Pfarrer Merino eine carlistische Guerilla in Altcastillen und Locho in der Mancha, aber hier gewann die Insurrection keine größere Ausdehnung.

General Sarsfeld wurde von der Regierung beauftragt, die Basken zu unterwerfen; da es ihm keineswegs glückte, mußte ihn der
wieder zu Ehren gekommene Valdez und nachher Quesada und
Rodil ersetzen. Allein auch diese richteten nichts aus gegen die
Basken, deren Heer nach und nach auf 25,000 Mann anwuchs
und die in Zumalacarregui einen Führer fanden, wie die pyrenäische Halbinsel keinen zweiten gesehen hat. Obgleich aus den
größern Städten der Ebene verdrängt und auf die Gebirge beschränkt, wußte doch dieser Baskenheld das schwierige Terrain so
vortrefflich zu benutzen, daß die geschicktesten Feldherrn und die
Uebermacht des Feindes nichts gegen ihn ausrichteten. Wenn der
Feind in zwei oder drei Colonnen verschiedene Thäler heraufzog,
so überraschte er sie nach einander alle, oder lockte sie tief in die
nahrungslose Bergwildniß und überfiel sie dann erst. Die Ausdauer seiner Leute wetteiferte mit seinem Genie. Die Generale
der Königin rächten sich für ihre Verluste durch unmenschliche Grausamkeit. Quesada wüthete besonders gegen die Gefangenen, Rodil
gegen die Einwohner der wehrlosen Dörfer. Die Carlisten sahen
sich zu Repressalien gezwungen und man beging gegenseitig entsetz-
liche Greuel an Wehrlosen.

Don Carlos, von Lissabon vertrieben, hatte sich nach England begeben, kam aber von dort heimlich und unerkannt mitten
durch Frankreich nach Viscaya und wurde im Lager des Zumalacarregui mit Jubel empfangen, am 9. Juni 1834. Allein dieser
Herr war seiner großen Aufgabe nicht gewachsen. Er umgab sich
mit der steifen Etikette des alten Hofes und setzte in seinem Ministerium die apostolische Junta fort, deren früheres Mitglied, Pater
Cirilo, sein intimster Vertrauter wurde. Großartige Maßregeln,
um das Vertrauen der ganzen Nation zu gewinnen, wurden nicht
getroffen, und eine großartige Persönlichkeit trat nur in Zumalacarregui hervor, hinter dessen Licht jene carlistischen Hofgestalten
nur mehr verdunkelt erschienen. Am meisten schadete dem Don
Carlos, daß er selber kein Soldat war und durch die Intriguen

seines kleinen Hofes die Helden, die sich für ihn opferten, nur
ärgerte.

Die übeln Nachrichten vom baskischen Kriegsschauplatze, die
nur Niederlagen der Christinos meldeten, und die im Juli plötzlich
hereinbrechende Cholera steigerten die Leidenschaften in Madrid wieder bis zum Siedpunct und wahnsinniger Haß beschuldigte die
Carlisten und zunächst die Mönche der Brunnenvergiftung. Daher
am 17. Juli ein allgemeiner Volkssturm auf die Klöster und
schonungslose Ermordung von mehr als hundert Mönchen, Greuel-
scenen, die sich in vielen andern Städten wiederholten. Acht Tage
später, am 24., wurden die Cortes eröffnet. Der schwache Martinez de la Rosa konnte sich dem Ernst und der Noth der Zeit gegenüber nicht behaupten. Toreno trat an seine Stelle und suchte
vor allem durch Finanzmaßregeln, die einem Staatsbankerot nahe
kamen, die leere Staatscasse wieder zu füllen. Daneben machten
die Centralisten neue Gesetze, um wie die Autonomie der Provinzen, so nun auch die der Gemeinden anzutasten. Zugleich wurde
die Regentin von den Progressisten gedrängt, die um so mehr Forderungen machten, je mehr die Regierung sich wegen ihrer Niederlage in Biscaya allein noch auf den Liberalismus stützen konnte.
Der fanatische Haß gegen die Klöster wurde noch künstlich genährt
durch die Domainenkäufer, die im Jahr 1820 säcularisirtes Kirchengut gekauft hatten und desselben 1823 wieder beraubt worden waren,
jetzt aber alles wieder haben wollten. In der allgemeinen Verwirrung der Rechtsbegriffe fühlte sich ein Regiment Soldaten in Madrid
selbst im Gewissen gerührt und meinte doch, Don Carlos sey im
bessern Recht. Es ermordete den General Carterac und wurde in
seiner Kaserne belagert, ertrotzte aber eine Capitulation und zog
mit klingendem Spiel ab, im Januar 1835.

Die Progressisten gewannen nach diesem stürmischen Winter
immer mehr in den Cortes die Oberhand und setzten ihre Plane
durch. Die Gemeinden verloren durch ein Gesetz vom 9. Mai 1835
ihre Rechte, wie früher schon die Provinzen. Die Domainenkäufer

empfingen alles Kirchengut, was fie früher inne gehabt, unentgeld-
lich zurück, 8. Mai. Alle Schuldforderungen der Klöfter, geistlichen
Corporationen und Kirchen an den Staat wurden mit einem Feder-
ftrich getilgt (Beschluß vom 31. December 1834). Was noch vom
Kirchengut übrig war, wurde zu Handen der Staatscasse genommen
und dem Verkauf ausgesetzt.

Im Laufe des Jahres 1835 übernahm der berühmte Mina
den Oberbefehl der Christinos gegen Zumalacarregui, allein auch
er unterlag nach einem blutigen fünfmonatlichen Feldzug, wie alle
seine Vorgänger. Nach ihm wagte Valdez noch einmal das Commando zu übernehmen und hoffte durch systematisches Niederbren-
nen aller Dörfer die s. g. Amescoas, d. h. das Gebirgslabyrinth
zwischen Navarra und Biscaya, die uneinnehmbare Feste der Basken, endlich aushungern zu können. Allein obgleich er 20,000
Mann befehligte, richtete er doch nichts aus, denn als er die erften
Dörfer niedergebrannt, flüchtete das Landvolk aus allen übrigen in
die Gebirge und verbarg ihre Habe und ihre Lebensmittel. Die
Christinos selbst konnten nun in dem öden Gebirge bei nassem und
kaltem Wetter nicht lange aushalten und mußten wieder abzuziehen.
Diese unglücklichen Feldzüge erschöpften vollends die Staatscasse
und decimirten die Armee. Die Regentin wandte sich daher Hülfe
flehend an die Westmächte.

Schon das estatudo real hatte fie nicht ohne den Beirath
Ludwig Philipps ertheilt. Dieser Fürst drängte sich ihr als Freund
und Rathgeber in der Ueberzeugung auf, daß er nicht wohlfeiler
zu einer Bevormundung Spaniens und vielleicht sogar einmal zu
einer vortheilhaften Heirath zwischen seinen Söhnen und Christinens Töchtern gelangen könne, als auf diesem Wege. Andrerseits
aber wollte er auch die nordischen Mächte durch eine förmliche In-
vasion in Spanien nicht aufreizen. Er ging daher mit England
Hand in Hand, um den Carlismus zu entwaffnen, ohne dem Progressismus zu viel nachzugeben. Je mehr Spanien von seinen Parteien zerrissen, je ärmer und ohnmächtiger es wurde, desto gewisser

mußte es sich allem fügen, was England und Frankreich ihm vor-
zuschreiben für gut fanden. Nachdem die nordischen Mächte zu
München-Grätz eine Sonderstellung gegenüber den beiden Westmächten eingenommen hatten, nahmen auch die letztern die ihrige und
schlossen am 22. April 1834 eine Quabrupel-Allianz, nämlich
England und Frankreich verbanden sich mit den beiden Königinnen
von Spanien und Portugal, Christine und Maria da Gloria, zu
gegenseitigem Schutz ihrer Rechte. Diese Allianz war zunächst
gegen Don Miguel in Portugal gerichtet, der sich der geheimen
Unterstützung der nordischen Mächte erfreute, sodann auch gegen
Don Carlos. Sofern die nordischen Mächte, trotz der Nichtintervention in Belgien, doch immer noch das alte Princip der Legitimität aufrecht erhalten wollten, lag in der westlichen Quabrupel-
allianz gerade das entgegengesetzte Princip ausgesprochen, denn die
Westmächte unterstützten auf der pyrenäischen Halbinsel zwei regie-
rende Damen, die nach dem Herkommen nicht legitim waren, deren
Rechte sich nur auf eigenmächtige Verfügung ihrer Väter im Widerspruch mit der wahren Legitimität nach dem alten Familiengesetze
begründeten.

Indessen schritten die Westmächte nur in Portugal energisch
ein. In Bezug auf Spanien scheuten sie offenbar die Kosten und
ein neues Ueberwerfen mit den nordischen Mächten. Es lag ihnen,
wie bemerkt, nicht viel daran, daß die Regentschaft Christinens erstarke. England und Frankreich befanden sich besser dabei, wenn
Spanien zu keiner soliden Macht mehr gelangte und immer in
Abhängigkeit von ihnen blieb. Sie begnügten sich daher, von der
See und von der Pyrenäengrenze aus keine Zufuhr für Don Carlos zu gestatten. Erst als die Basken immer mehr Fortschritte machten und die Sache des Don Carlos immer offenere Sympathien in
Spanien fand, bewilligte Ludwig Philipp in einem Vertrage vom
28. Juni 1835 den Christinos den Zuzug der s. g. Fremdenlegion aus Algier. Das war ein aus politischen und sonstigen
Flüchtigen und Vagabunden aller Länder zusammengesetztes Corps,

welches die französische Regierung in Algier errichtet und was ihr
bisher zu dem doppelten Zwecke gedient hatte, im Kampf gegen
die Kabylen und Araber in Algerien immer die gefährlichsten Posten
einzunehmen und alles fremde Gesindel, das man nicht gerne in
Paris hatte, zu absorbiren. Nur Franzosen commandirten die
Legion, in der kein Fremder Offizier werden konnte. Aber diese
Parias der Armee waren ungeheuer tapfer. Auch England rüstete
eine ähnliche Fremdenlegion, um sie den Christinos zu Hülfe zu
schicken. Allein ehe diese Truppen anlangten, wurde die Lage der
Königin Christine immer bedenklicher.

Zwar verloren die Carlisten ihren großen Feldherrn Zumalacarregui, der am 25. Juni 1835 bei der Belagerung Bilbao's von
einer Kugel getroffen wurde, aber der junge tapfere Cabrera ersetzte ihn. Die Sache der Carlisten machte immer Fortschritte,
während die liberalen Bevölkerungen in immer fieberhaftere Wuth
darüber geriethen, aber dieselbe mehr nur an Wehrlosen ausließen.
Cabreras eigene Mutter wurde von ihnen erschossen, wofür zur
Rache Cabrera 24 Frauen von Liberalen erschießen ließ. Die ärg-
sten Greuel wurden in Catalonien verübt. Hier wurden die schönsten
und größten Klöster schonungslos niedergebrannt, die Mönche ermordet. In Barcelona bildete sich eine progressistische Junta und
verlangte die Verfassung von 1812. Selbst Mina, den die Königin
zum Gouverneur ernannte, konnte den Gehorsam gegen die Regierung nicht herstellen.

Die Königin war durch die Siege der Carlisten immer mehr
zu den Progressisten hingetrieben, die sie aber haßte und nur benutzen, aber nicht zur Herrschaft wollte kommen lassen. Sie entließ
Toreno und ernannte Mendizabal, der am 19. Februar 1836
vollends alle Klöster aufhob und die Armee auf 100,000 Mann
brachte; aber sie ließ auch diesen, der ihr schon zu liberal wurde,
wieder fallen und ernannte den intriganten Isturiz, der seine eigne
Partei verrieth und es übernahm, die Progressisten im Zaume zu
halten. Aber seine Wahl vermehrte nur die Aufregung. Das Bei-

spiel Barcelonas wurde in Saragossa, Valencia und auch im Süden zu Sevilla, Malaga, Cadix, Granada ꝛc. wiederholt. Ueberall bildeten sich progressistische Junten und forderten die Verfassung von 1812, wobei es an Mord und Todtschlag der Gegner nicht fehlte. Endlich brach auch in der Hauptstadt Meuterei aus. Christine verweilte im Sommer auf ihrem Lustschloß zu La Granja. Hier wurde am 12. August 1836 im Theater sehr unpassend ein revolutionäres Stück (die Pariser Revolution) aufgeführt. Alles schrie viva la constitucion! Die Regentin verließ sogleich ihre Loge, aber sie wurde unterwegs insultirt, in dem Schlosse von den insurgirten Truppen belagert und gezwungen, am folgenden Morgen die Verfassung von 1812 auszurufen. Sie versuchte zwar am nächsten Tage eine Contrerevolution durch den tapfern General Quesada, der Madrid wirklich im Zaum hielt, aber der Gegenpartei unter den Offizieren doch nicht auf lange gewachsen war, seine Stelle dem General Sloane überlassen mußte und gleich darauf verhaftet und schändlich ermordet wurde. Die Königin mußte den liberalen Calatrava an die Spitze des Ministeriums stellen.

Zufällig an dem nämlichen 13. August, an dem die Empörung in La Granja erfolgte, erließ der französische General Lebeau, indem er an der Spitze der Fremdenlegion endlich in Spanien einrückte, ein Manifest, worin er sagte, er komme vom König der Franzosen gesendet, um die Sache der Königin zu unterstützen. Sobald aber Ludwig Philipp die Vorgänge in La Granja erfuhr, desavouirte er seinen General öffentlich im Moniteur und wollte von einer Unterstützung Spaniens nichts mehr wissen, weil er wohl begriff, die Cortes von 1812 würden sich seinem Rath nicht mehr fügen, sondern mit der republikanischen Partei in Frankreich gemeine Sache machen. Nun konnte er zwar wegen der in der Quadrupelallianz eingegangenen Verpflichtungen die Fremdenlegion nicht mehr zurückziehen, allein er legte nicht den geringsten Werth mehr auf deren Leistungen und die arme Legion erschöpfte sich in heroischen Kämpfen und Anstrengungen aller Art, bis nur wenig mehr von ihr übrig blieb, um nach Frankreich heimzukehren.

Die tapfern Basken blieben mitten unter den progressistischen Tumulten überall Sieger. Don Carlos erließ fanatische Decrete, z. B. befahl er alle Engländer, wo man sie finde, zu tödten, weil sie ihm die Zufuhr zur See abschnitten. Nach so vielen Siegen begannen die Carlisten sich wieder auszubreiten und einer ihrer Guerilleros, Gomez, begann tief im Süden in Andalusien eine Volkserhebung. Ihn verfolgte General Narvaez, aber General Alaix ließ Gomez entwischen, aus Eifersucht auf Narvaez, und General Espartero, der damals die Christinos im Norden commandirte, ergriff gegen die gerechte Klage des Narvaez für Alaix Partei, von welchem Zeitpunct an die beiden berühmten Generale Todfeinde wurden. Don Carlos war im Frühling 1837 stark genug, um einen Angriff auf Madrid selbst wagen zu können. Er mit der Hauptarmee und Cabrera mit einer andern Colonne bewegten sich auf zwei Wegen nach Madrid und erfochten einen Sieg bei Villa de la Navarras. Aber Espartero, der im Winter durch seinen Sieg bei Luchana das hartbedrängte Bilbao entsetzt hatte, eilte ihnen nach und nun verlor Don Carlos den Muth. Man warf ihm vor, die tapfern Generale (z. G. Gomez, den er im Kerker schmachten ließ) nicht gehört, und sein Ohr vielmehr einer elenden Camarilla geliehen zu haben. Genug, er wagte keinen Kampf und manövrirte sich allgemach wieder rückwärts. Von da an war seine Sache verloren.

Aber auch die Progressisten sollten nicht triumphiren. Zwar eröffnete Christine die Cortes von 1812 am 18. Juni 1837 und beschwor die Verfassung, ersah sich aber alsbald in dem siegreichen und damals allgemein bewunderten Espartero eine Stütze. Dieser General wollte der progressistischen Partei nicht zum Werkzeuge dienen, rieth daher zu einem moderirten Ministerium. Deren folgten sich drei rasch aufeinander, Ofalia, Frias, Perez de Castro. In den Cortes standen an der Spitze der progressistischen Opposition der „göttliche" Arguelles, Mendizabal 2c. Beide Parteien aber, die ministerielle und progressistische erfreuten sich auswärtigen Beistandes. Die Moderados wurden von Paris, die Progressisten von London aus berathen. England wollte nämlich der französischen Politik in Spanien nicht dienen. Ludwig Philipp ging sichtbar darauf aus, die Revolution in Spanien zu unterdrücken, geordnete Zustände dort zurückzuführen und wo möglich durch eine Heirath die Zukunft Spaniens an die seines eigenen Hauses zu knüpfen. Das war es nicht, was England wünschte, daher unterstützte England die Revolutionspartei.

Mittlerweile ergriff Espartero mit fester Hand die Zügel der Gewalt und stellte zunächst in der Armee der Königin selbst die Disciplin her. Dabei beging er nun gegen Narvaez eine neue Ungerechtigkeit, denn dieser General, der bei Unterdrückung der Aufstände im Süden sich das größte Verdienst erworben, sah sich dadurch zur Abdankung gezwungen, daß sein Feind Alair Kriegsminister wurde. Ein Versuch der Truppen in Sevilla, Espartero zu stürzen, im Herbst 1838, mißlang und Narvaez mußte nach England flüchten, was wohl die Hand damit im Spiele gehabt hatte. Hierauf schritt Espartero zu einer noch weit wichtigeren Maßregel, nämlich zur Unterdrückung des großen carlistischen Aufstandes. Es bedurfte dazu nicht mehr großer Waffengewalt, sondern nur kluger Benutzung des in der carlistischen Partei selbst ausgebrochenen Habers. An die Spitze des Baskenheeres war Maroto gekommen, der, die Unfähigkeit des Don Carlos erkennend, für seine Provinz ein besseres Loos durch eine Capitulation mit der christinischen Regierung zu erkaufen hoffte, als es von der Regierung des Don Carlos sich jetzt noch erwarten ließ. Indem er nur das Wohl seiner Provinz im Auge hatte, gab er die Frage der legitimen Thronfolge auf. Seine selbständige Rolle aber begann er damit, daß er sechs Generale des Don Carlos zu Estella verhaften und erschießen ließ, alle die, welche seinen Planen hätten entgegenwirken können, im

Februar 1839. Don Carlos erließ im heftigsten Zorn ein Manifest, worin er ihn einen Verräther nannte, ließ sich aber durch die
Haltung der Basken wieder so einschüchtern, daß er das Manifest
zurücknahm und Maroto im Oberbefehl bestätigte. Das machte den
legitimen König selbst bei seinen bisher treuesten Anhängern verächtlich. Er war nur noch eine Null im carlistischen Lager. Maroto aber trat in Unterhandlungen mit Espartero und schloß mit
ihm am 29. August 1839 zu Bergora einen Vertrag, wonach die
Basken ihre Fueros behalten, dagegen die Königin Isabella anerkennen sollten. Don Carlos hatte gleichwohl noch eine große Zahl
von Anhängern und blieb ihm in Navarra noch eine ansehnliche
Truppenmacht. Aber er war schon ganz entmuthigt und floh über
die Pyrenäen. Ludwig Philipp ließ ihn festnehmen und in Bourges in anständige Verwahrung bringen.

Noch behaupteten unabhängig von Maroto kleinere carlistische
Schaaren das Feld, aber ihr vornehmster Anführer Cabrera er-
krankte schwer am Typhus, der andere, b'Espanna, wurde von seinen eigenen Leuten im November 1839 ermordet, weil er ihnen zu
strenge Mannszucht hielt. Zwar ließ Cabrera sich in einer Sänfte
hintragen und die Mörder erschießen, aber er selbst erlag der
Uebermacht des thätigen General O'Donnel und mußte im
Sommer 1840 nach Frankreich flüchten. O'Donnel war ein Neffe
Ablsbals.

Espartero wurde zum Herzog de la Vittoria (Siegesherzog)
ernannt und die Regentin reiste mit ihrer Tochter unter dem Vorwand, Bäder zu brauchen, nach Barcelona, wo sie mit ihm zu-
sammentraf. Es handelte sich um die Fueros, deren Erhaltung der
Siegesfürst den Basken versprochen hatte, da im Gegentheil die
Cortes im Juni 1840 in dem neuen die Ajuntamientos (Magi-
strate) betreffenden Gesetze die Beschränkung der bisherigen Junten
beschlossen hatten. Espartero verlangte, die Regentin sollte das Gesetz nicht sanctioniren. Sie weigerte sich, da gab der General seine
Entlassung ein. Aber ein großer Aufstand in Barcelona zwang

die Regentin, sich allem zu fügen, was Espartero wollte. Kaum
hatte sie diese Gewalt erlitten, als sie nach Valencia entfloh, sich
hier unter den Schutz des O'Donnel stellte und das Ajuntamiento-
gesetz nachträglich doch noch sanctionirte. Das half ihr indessen
nichts, denn in Madrid selbst erhob sich das Volk in ihrer Ab-
wesenheit am 1. September und proclamirte sich der Magistrat als
provisorische Regierung. Die meisten Städte im Lande ahmten
das Beispiel nach und Espartero erklärte sich am 7. September
übereinstimmend mit der Tendenz dieser Insurrection. Nun blieb
der Regentin nichts übrig, als am 16. Espartero zum Chef des
Ministeriums zu ernennen, worauf er seinen Triumpheinzug in
Madrid hielt. Die Cortes wurden aufgelöst, das Gesetz zurückgenommen.

Marie Christine selbst legte hierauf am 12. October die
Regentschaft nieder, überließ sie bis zu den nächsten Cortes dem
Siegesherzog und verließ das Land. Zu diesem Schritte wurde sie
jedoch nicht bloß durch das Uebergewicht, welches ihr Espartero
hatte fühlen lassen, und durch gekränkten Stolz veranlaßt, sondern
auch durch Privatrücksichten. Sie hatte sich nämlich mit einem gemeinen Leibgardisten, Munnoz, heimlich trauen lassen und diese
mit Kindern schon gesegnete Verbindung setzte sie dem Spott und
tausend Verlegenheiten aus. Damals schon wurde sie der Habgier
beschuldigt, als habe sie den Staat um große Summen betrogen,
die ihr zur Ausstattung ihrer illegitimen Kinder dienen sollten.
Der Kronschatz, der ganz der jungen Isabella hätte bleiben sollen,
wurde von ihr getheilt. Sie begab sich nach Rom, wo sie vor
dem h. Vater wegen ihrer Verfolgung der Kirche in Spanien
Abbitte that, und begab sich dann nach Frankreich, um den Zeitpunct abzuwarten, wo sie als Instrument Ludwig Philipps Gelegenheit finden würde, auf's neue in die Geschicke Spaniens einzugreifen.

Durch die Flucht des Don Carlos waren die Servilen, durch
die der Königin Christine auch die Moderados entwaffnet, es blie-

ben nun nur noch die Progreffiften übrig, die fich auch allein bei
den neuen Corteswahlen betheiligten. Aber es trat gleich wieder
ein neuer Gegenfaß hervor, nämlich zwifchen den ältern, mehr gemäßigten Progreffiften und einer jungen Partei, die den Fortfchritt
in's Unendliche wollte. Espartero ftand an der Spiße der erftern.
Diefer General theilte mit den Liberalen den Haß und die Ver-
folgungsfucht gegen die Kirche, war auch nicht fcrupulös im Verfahren gegen die königliche Familie, befaß aber Herrfchfucht und
wollte den Ruhm haben, wie Sieger im Felde, fo Herfteller der
Ordnung im Frieden zu feyn. Begreiflicherweife wurde er von andern Generalen beneidet, die fich nun an eine andere politifche
Partei anfchloffen, bald an die jungprogeffiftifche, bald an die königliche, nur um den neuen Regenten zu ftürzen. Mit einem Wort,
Ehrgeiz und perfönlicher Neid der Generale begann als wefent-
licher Factor in die fpanifche Bewegung einzugreifen und den Prin-
cipienftreit der Parteien mehr in den Hintergrund zu drängen. Von
nun an erfolgten die Pronunciamentos d. h. revolutionären
Kundgebungen auf eine immer mißbräuchlichere Art. Wo man
irgend mit dem Gange der Regierung oder der Perfon der Regenten unzufrieden war, gleich pronuncirte fich eine Stadt oder eine
Garnifon. Man lärmte das Volk zufammen, ein Offizier, eine
Magiftratsperfon ritt auf die Straße und las eine revolutionäre
Erklärung ab, die bisherigen Behörden wurden geftürzt, eine neue
Junta eingefeßt ꝛc. Solche Demonftrationen, die früher doch nur
in wichtigen Krifen und einem Princip zu liebe gemacht worden
waren, jagten fich jeßt durch perfönliche Verheßung felbft in kleinen
und unbedeutenden Städten.

Am 8. März 1841 wurde Espartero als Regent von den neuen
Cortes beftätigt, zum Vormund der jungen Jfabella jedoch der
„göttliche" Arguelles ernannt. Um einer Meuterei zuvorzukommen,
löste der Regent im Anfang des Octobers die Garden auf; die
Meuterei brach aber dennoch aus. Die Generale Concha und Diego
Leon wollten die junge Königin entführen, aber fie wurden befiegt,

Leon erschossen, Concha entkam.   Ebenso scheiterten die Erhebungen
O'Donnels, der ebenfalls entkam, in Pampelona, und des Montes
d'Oca, welcher erschossen wurde.   Glücklicher war der junge Oberst
Prim, der den Regenten in den Cortes angriff und ihm eine hart=
näckige Opposition machte.   An der Spitze der jungprogreffiftischen
Opposition standen übrigens Olozaga und Cortino.   Espartero
hatte nur die Mehrheit, aber nicht die besten Talente für sich.
Auch schadete ihm seine falsche Stellung zur Königin, die als seine
Gefangene angesehen wurde.   Ludwig Philipp wollte, daß der fran=
zösische Gesandte Salvandy sich nur bei der jungen Isabella, nicht
beim Regenten beglaubige, und als Espartero es nicht zugab, mußte
Salvandy rasch wieder abreisen.   Auch an England fand der Regent
keine ausreichende Stütze, denn England wollte, daß keine Regie=
rung in Spanien je erstarke.

Eine päpstliche Allocution vom 1. März 1841, welche gegen
die kirchenräuberischen Gesetze in Spanien protestirte, wurde von
Espartero durch ein freches und höhnendes Manifest vom 30. Juli
beantwortet.

Am 15. November 1842 wagten die äußersten Progressisten
einen Aufstand zu Barcelona, dem aber das übrige Spanien nicht
nachfolgte, so daß Espartero, der sich an Ort und Stelle begab,
die Stadt durch ein Bombardement wieder zur Ordnung brachte.
Allein seine Härte gegen die Aufrührer und mehrere willkürliche
Maßregeln, die er auch sonst traf, mehrten die Opposition gegen
ihn, die ihn im Auslande auf alle Art verleumdete und schlecht
machte.   Er selbst hat wohl nicht daran gedacht, sich zum bleibenden
Herrn Spaniens aufzuwerfen; da seine Regentschaft ohnehin nur
bis zur Mündigkeitserklärung Isabellens im Jahr 1844 dauern
sollte und dieser Termin näher rückte, bereiteten sich die Parteien
darauf vor, ihn auszubeuten.   Die junge Königin, im Jahre 1843
erst dreizehn Jahre zählend, war ganz ungewöhnlich körperlich ent=
wickelt und ihre künftige Vermählung mußte hauptsächlich Zank=
apfel der Parteien werden.   Espartero war mit dem englischen Mi=

nisterium dahin einverstanden, daß Isabella mit einem nicht bour-
bonischen auswärtigen Prinzen vermählt werden sollte, um Spanien
für immer dem Hause Bourbon zu entwinden. England hatte dabei einen kleinen deutschen Prinzen im Sinne, wie sie auf die
Throne von Brüssel und Athen gesetzt worden waren, und würde
dann die Vormundschaft über denselben angesprochen haben. Ganz
anders dachte die Königin Mutter Christine, damals einverstanden
mit Ludwig Philipp. Sie wollte Spanien um jeden Preis dem
Hause Bourbon erhalten und Ludwig Philipp speculirte auf die
Hand, wenn nicht der aufgedunsenen und häßlichen Isabella, doch
auf die ihrer gesündern und schönern Schwester Luisa für einen
seiner Söhne. Oberst Prim, in den Aufstand von Barcelona verwickelt, war nach Paris entflohen und machte von hier aus starke
Umtriebe. Eine dritte Partei gruppirte sich um den Infanten
Franz de Paula, dessen ehrgeizige Gemahlin Luisa Carlotta
einen ihrer ·Söhne mit der jungen Isabella vermählen, dadurch
selbst Königin-Mutter von Spanien werden und ihre Schwester,
Marie Christine, für immer von Spanien fern halten wollte.
Der englischen Auffassung neigten sich die gemäßigten Progressisten, der französischen die Moderados, der dritten die äußersten
Progressisten zu, weshalb sich auch Franz de Paula ungenirt in
den Cortes auf ihre Bänke setzte.
Versuche, Espartero mit Olozaga und Cortino zu versöhnen,
mißlangen. Als der erstere die Mehrheit in den Cortes verlor,
löste er sie auf. Nun wieder Pronunciamentos in allen Provinzen.
Im Norden erschien Prim und streute das Geld Christinens mit
vollen Händen aus, um zunächst die spanischen Generale zu verführen. Zum Vorwand diente die angebliche Gefangenschaft Isabellens unter Espartero's Dictatur. Alle Parteien, was auch sonst
ihr Zweck war, wollten sich vor allen Dingen des Dictators entledigen. Sein General Cortinez, der Catalonien vertheidigen sollte,
ging zu Prim über. Nur Zurbano, der Prims ersten Angriff
überwältigt hatte, hielt sich noch treu. Aus Valencia wich Zabala,

in Granada capitulirte Alvarez, fast der ganze Norden und Westen Spaniens erhob sich. Espartero selbst brach am 21. Juni 1843 mit 8000 Mann von Madrid auf, um die Insurrectionen nach einander zu dämpfen und wandte sich zuerst gegen Valencia, hier aber landete am 27. Narvaez, pflanzte in der sehr moderaten Stadt offen die alte Fahne der Moderados auf und fand solchen Zuzug, daß er schon zwei Tage später mit einer beträchtlichen Streitmacht ausziehen konnte, am 3. Juli den Vortrab Espartero's unter General Enna bei Teruel schlug und rasch vor Madrid selbst rückte. Zugleich zog Prim mit Serrano aus Catalonien herbei, den tapfern Zurbano vor sich herjagend, dem nur Sloane beistand, während Espartero selbst, am Siege verzweifelnd, lediglich seine Person in Sicherheit zu bringen suchte und nach Süden entfloh. Zurbano und Sloane wagten noch eine Schlacht, um Madrid gegen Narvaez zu vertheidigen, bei Torejon de Ardoz, wurden aber geschlagen, der letztere gefangen, am 18. Nun zog Narvaez, dessen Heer jetzt 30,000 Mann zählte, triumphirend in Madrid ein. Espartero fand im Süden noch eine letzte Stütze an van Halem, mit dem er jedoch in Cadir zu Lande und zu Wasser eingeschlossen wurde. Sie entkamen mit wenigen Begleitern nur mit Mühe nach Puerto Santa Maria, wo sie sich auf ein englisches Schiff retteten, während ihre treuen Reiter die Verfolger abhielten und sich für ihren Feldherrn opferten, am 30. Juli.

Diese wunderliche Revolution, von den äußersten Progressisten in den Cortes angefangen, endete unerwartet mit dem Siege der Moderados und constitutionellen Royalisten. Narvaez war jetzt, was Espartero gewesen, militairischer Machthaber, aber ungleich loyaler als sein Vorgänger und mit der Politik Christinens und Frankreichs einverstanden. Prim wurde Gouverneur von Madrid und zum Grafen von Reus erhoben. Moderados wurden nach allen Provinzen als Gouverneure geschickt, aber wenn Madrid durch die Anwesenheit zahlreicher Truppen eingeschüchtert war, so trotzten doch die Progressisten in den Provinzen und es gab große Ver-

wirrung. Olozaga und die gemäßigtsten Progreſſiſten verſtändigten
ſich mit Narvaez, die extremen Progreſſiſten aber verbanden ſich
jetzt mit den alten Anhängern Eſpartero's, mit denen ſie kaum
noch in blutigem Kampfe gelegen, gegen Narvaez. Man nannte
dieſe neue Partei die der Ayacuchos. Sie pronuncirte ſich zuerſt in Barcelona, am 2. September. Prim wollte ſie bän-
digen, wurde geſchlagen, ließ aber die Stadt von der Citadelle
und von der See her wieder furchtbar bombardiren. Dennoch behaupteten ſich die Inſurgenten hier unter ihrem General Amettler.
Auch Saragoſſa empörte ſich und hielt Stand gegen den Regie-
rungsgeneral Concha.

Erſt als am 10. November die junge Königin Iſabella in
den Cortes für volljährig erklärt wurde und den Eid auf die
Verfaſſung leiſtete, zu welchem Zweck Olozaga's Partei mit Narvaez ſich vereinigt hatte, wich der leidenſchaftliche Zorn in den
Provinzen wieder einer neuen Hoffnung und der Aufruhr erloſch
allmählich, die inſurgirten Städte capitulirten nach einander.

Zum Lohn für ſeine Hingebung wurde Olozaga an die
Spitze des Miniſteriums geſtellt, allein ſeine Allianz mit den Moderados war zu unnatürlich, als daß ſie lange hätte dauern können. Schon am 30. November bekam er ſeinen Abſchied unter
Umſtänden, die kein reizendes Licht auf den Hof der jungen Königin
warfen. Er wurde, ohne allen Zweifel verleumderiſch, beſchuldigt,
er habe Zwang gegen Iſabellen angewandt, um ſie zu einer Unter-
ſchrift zu nöthigen. Es war aber ein ſchändliches Complott der
neuen Camarilla. Die Progreſſiſten waren nicht mit Unrecht heftig
erzürnt, Olozaga aber glaubte ſein Leben ſelbſt nicht mehr ſicher
und entfloh. Seine Partei unterlag in den Cortes.

Die moderate Camarilla glaubte nun, die Zeit ſey gekommen,
um die Königin Mutter aus ihrer Verbannung zurückzurufen, und
ſie wurde dazu feierlich durch eine Deputation eingeladen. Franz
de Paula beeilte ſich jetzt, ſeine intime Verbindung mit den Progreſſiſten abzubrechen und ſich Chriſtinens Freunden wieder zu nä-

herrn. Die Exaltation gegen das, für was man eben erst exaltirt gewesen, war so scandalös, daß der französische Gesandte, General Bresson, alle Hände voll zu thun hatte, sie zum Maaßhalten zu vermögen, weil Ludwig Philipps Regierung selbst wegen ihres Einflusses auf die jetzt herrschende Partei in Spanien durch die Scandale compromittirt wurde. Insbesondere bemühte er sich, den Prozeß niederzuschlagen, den man gegen Olozaga angefangen hatte und durch den allerlei Dinge zu Tage kamen, die der Camarilla nicht zur Ehre gereichten. England schickte jetzt gleichfalls einen neuen Gesandten, Sir Henry Bulwer, um dem französischen Einfluß die Waage zu halten, und das schöne Spanien wurde der Schauplatz der heillosesten Intriguen. Aber nicht ohne daß die Zuckungen der Revolution und einiges Blutvergießen immer fortgedauert hätten. Im Februar 1844 pronuncirten sich mehrere Städte im progressistischen Sinn, Allicante, Karthagena, Malaga, Murcia, jedoch wurde die Ruhe bald durch Regierungstruppen wiederhergestellt.

Am 29. Januar 1844 starb Luisa Carlotta, welche gehofft hatte, durch die Vermählung ihres Sohnes mit Isabellen Königin Mutter zu werden, ganz unerwartet schnell, und am 4. Febr. hielt ihre Schwester Marie Christine, als factische Königin Mutter, von Paris zurückkehrend ihren Triumpheinzug in Barcelona und am 23sten in Madrid. Am gleichen Tage starb daselbst der göttliche Arguelles. Die Wiederkehr Christinens und ihrer regentschaftlichen Leitung war längst von Narvaez, Prim ꝛc. in Paris mit Ludwig Philipp verabredet gewesen. Auch schien nichts natürlicher, als daß die unerfahrene Isabella von ihrer eigenen Mutter berathen würde. Das wurde von der Mehrheit der Spanier anerkannt und es bedurfte der ganzen Lüderlichkeit und Treulosigkeit der christinischen Verwaltung, um die Spanier auf's neue gegen die Mutter ihrer Königin in Zorn zu bringen. Christine begann damit, ihren Munnoz zum Herzog von Rianzarez und Grand von Spanien zu ernennen, und ihre hauptsächlichste Sorge war seitdem darauf gerichtet, dem Staate so viel Geld als möglich zu entziehen, um es

ben vielen Kindern, die sie von Munnoz hatte, zuzuwenden. Im
Uebrigen ließ sie Narvaez walten.

Narvaez hatte den besten Willen und große Energie. Er
war Spanier von echtem Blute, daher der Kirche hold. Nachdem
er in den guardias civiles eine Art Gensdarmerie geschaffen hatte,
deren treffliche Disciplin weit bessere Ordnung hielt, als man sie
bisher kannte, war sein Erstes, die verbannten Bischöfe zurückzurufen, eine Versöhnung mit dem heil. Stuhle anzubahnen, den von
den Cortes befohlenen verfänglichen Eid aufzuheben, den die Geistlichen bisher hatten schwören müssen, und den Verkauf der geistlichen Güter zu sistiren. Auch zügelte Narvaez die progressistische
Presse und fand die Cortes im October in ihrer Mehrheit seinem
System geneigt, so daß er auf gesetzlichem Wege eine Revision der
Verfassung von 1837 durchsetzte, welche die Macht der Cortes einschränkte und der Krone die ihr geraubten Prärogative zurückgab.
Dagegen protestirte nun Espartero in London und in Spanien selbst
brachen Verschwörungen aus. Der immer unruhige und ehrgeizige
Prim war darein verwickelt und wurde verhaftet, und Zurbano, der
zu Logronno pronuncirte, sammt Sohn und Schwager erschossen,
im Januar 1845. Inzwischen fuhren die Cortes fort, die liberalen
Gesetze der frühern Zeit umzuändern und alles in Spanien wieder
mehr royalistisch und kirchlich zu stempeln. Ein Abkommen mit
Rom im April konnte nicht zu Stande kommen, weil der Papst
mehr forderte, als Narvaez nach den Umständen glaubte leisten zu
können. Die Keckheit portugiesischer Blätter strafte Narvaez durch
strenge Kerkerhaft zweier ihrer Redacteure. Nach einer Reise, die
er mit Christine und ihren beiden Töchtern nach Barcelona und
dann nach Pampelona machte, wo sie Ludwig Philipps Söhne,
die Herzoge von Nemours und Aumale, empfingen und wo große
Heirathsumtriebe gemacht wurden, bekam er den Titel eines Herzogs von Valencia.

Allein seine Macht wurde durch Intriguen erschüttert. Sein
Hauptfeind war Salamanca, ein Geldspeculant, der schon lange

die spanischen Finanzminister theils benutzt und verführt, theils verdrängt hatte, indem es ihm gelungen war, gegen Vorschüsse, die er der Regierung in Nothzeiten gemacht, die wichtigsten Staatseinkünfte zu pachten. Je ärmer der Staat wurde, desto reicher Salamanca. Eine solche Schmarozzerpflanze hatte noch zu Spaniens Unglück gefehlt. Jetzt breitete sie sich frech und immer weiter aus. Und das konnte nicht anders seyn, denn überall wird in dem Maaße, wie die Kirche sinkt und verfolgt wird, die Börse Meisterin und Tyrannin. Wenn Christus vor Gericht steht und zum Kreuze geschleppt wird, schüttelt immer Judas Ischarioth den vollen Beutel. Das ist Naturgesetz in der Weltgeschichte. Ohne den Unglauben unsres Jahrhunderts wäre nie ein Rothschild aufgekommen, ohne den Kirchenraub in Spanien kein Salamanca. Der damalige Finanzminister Mons sah sich gezwungen, da jener Wucherer allein alle einträglichen Staatseinnahmen in Pacht hatte, die Steuern mit einer in Spanien unerhörten Strenge einzutreiben, was zu Aufläufen, selbst in Madrid, führte und der Regierung überhaupt Feinde weckte. Der progressistischen Opposition hatte sich unter dem Namen Puritanos eine zweite moderate Opposition zugesellt, welche in der Reaction nicht so weit, wie Narvaez, gehen, sondern die Verfassung rein bewahren wollte. Mit dieser nun verband sich Salamanca zum Sturze des Narvaez und erzeugte durch massenhafte Verkäufe spanischer Staatspapiere ein Sinken derselben, um die Regierung zu discreditiren. Zugleich gab es Verrath und Abfall im Ministerium selbst. Narvaez wurde zu dem Entschlusse gebracht, abzudanken, um das ganze Ministerium nachzuziehen und dann ein neues zu bilden, im Januar 1846, aber er konnte sich mit der Königin über die neuen Minister nicht einigen und blieb nun abgesetzt, indeß sie Miraflores, einen Moderado, an die Spitze eines neuen Ministeriums stellte. Zwar schon im März wurde Narvaez auf seinen hohen Posten zurückgerufen, weil Miraflores nicht Muth genug hatte, die immer widerspenstiger gewordenen Cortes aufzulösen, aber wenige Tage nachher gerieth Narvaez

in Zerwürfniß mit Christinen, wahrscheinlich wegen der Verheirathung der jungen Königin, wurde plötzlich entlassen, am 4. April,
und verließ Spanien sogleich.

Der neue Minister Isturiz gab der Presse wieder etwas mehr
Freiheit und besiegte einen Soldatenaufstand des Oberst Solis in
Gallicien. Solis wurde gefangen und erschossen. Er hatte sich erhoben für Don Enrico, den zweiten Sohn des Infanten Franz
de Paula, welcher damals sich viele vergebliche Mühe um die Hand
Isabellens gab, aber aus Spanien verbannt wurde. Ein anderer
annehmlicher Freier, Franz, Graf von Trapani, Sohn des Königs von Neapel, wurde von Narvaez begünstigt und hauptsächlich
seinetwegen wurde Narvaez selbst entfernt. Als dritter Freiwerber
meldete sich Karl Ludwig, Graf von Montemolin, Sohn des Don
Carlos, dem dieser sein Vater feierlich alle seine Rechte auf den
spanischen Thron abtrat. Eine Vermählung dieses Prinzen mit
Isabellen würde die Legitimität der Thronfolge am besten hergestellt
haben. Allein weder Frankreich, noch England duldeten diese Combination, die nur den nordischen Mächten günstig gewesen wäre.
Sollte denn doch ein Bourbon Isabellens Gemahl werden, so waren
nur Don Enrico und Graf Franz durch ihre körperliche und geistige
Befähigung dazu geeignet. Da nun aber Ludwig Phillpp durchaus Spanien für sein Haus gewinnen wollte, und es doch vor
den übrigen Großmächten nicht wagen durfte, die junge Isabella
mit einem seiner Söhne zu vermählen, brauchte er die Arglist,
Isabellen einen körperlich und geistig gleich schwachen und unfähigen Gemahl auszusuchen, nämlich den ältesten Sohn des Franz
de Paula, Francisco de Assis, dagegen aber ihre jüngere, ge-
sündere und schönere Schwester Luisa mit seinem Sohn, Anton,
Herzog von Montpensier, zu vermählen. Die Königin Mutter
Christine scheint in diesen nichtswürdigen Plan eingewilligt zu
haben, um im Namen ihrer Tochter selbst fortzuregieren, denn ein
Schwiegersohn von mehr Verstand und Kraft würde ihr bald die
Herrschaft über die Tochter und das Reich entwunden haben. Die

junge Isabella wollte den ihr aufgedrungenen Gemahl keineswegs haben. Auch hatte Narvaez sich dem Plane widersetzt, was ihm sehr zur Ehre gereicht. An der ganzen Intrigue waren nur Ludwig Phillipp und Christine betheiligt. England wurde in dieser Frage von Ludwig Phillipp getäuscht und auf eine beleidigende Weise betrogen. Er hatte sich im September 1845 mit der Königin Victoria, die ihn im Schlosse Eu besuchte, persönlich dahin verständigt, daß die Heirath Montpensiers mit Luisa nicht eher vollzogen werden sollte, bis Isabella Leibeserben haben würde. Im Vertrauen hierauf reiste der von England dazu ausersehene junge Prinz Leopold von Coburg, Neffe des belgischen Königs, im Frühjahr 1846 nach Spanien, um sich Isabellen als Bewerber anzutragen. Diesen hielt Marie Christine, im geheimen Einverständniß mit Ludwig Phillipp, mit freundlicher Geneigtheit hin, vereitelte aber den englischen Plan durch das fait accompli der gleichzeitigen Verheirathung Isabellens mit Francisco de Assis und Luisas mit Montpensier. Vergebens protestirte England, Ludwig Phillipp erwiderte, das Uebereinkommen von Eu sey durch Leopolds Bewerbung alterirt und ungültig geworden.

Die Doppelhochzeit wurde am 10. October vollzogen. Allgemein ging das Gerücht, Isabella sey gegen ihren Willen zu der ihr stets verhaßt gewesenen Heirath mit ihrem Vetter gezwungen oder, nach einem andern Bericht, durch „Orgien“ verführt worden. Gewiß ist, daß sie nach der Hochzeit ihren Gemahl nicht weniger mißachtete, wie vorher. Die Cortes stimmten ihrer Vermählung zu, nur gegen die ihrer Schwester erhob sich eine starke Opposition. Der Graf von Montemolin entwich damals aus Bourges und seine Anhänger standen in Catalonien auf, angeführt von Tristarz, der sich als kühner Guerillero gegen die Truppen der Königin bis ins folgende Jahr behauptete, endlich aber wieder verdrängt wurde.

England war in hohem Grade über Ludwig Phillipps Treulosigkeit erbittert, durchkreuzte aber seinen Plan und machte seine Hoffnungen zu nichte, indem Palmerston an Bulwer, dem englischen

Gesandten in Madrid, ein geschicktes Werkzeug fand, um die Königin Isabella nicht nur dem französischen Einfluß zu entziehen, sondern auch für eine legitime Nachkommenschaft derselben zu sorgen,
durch welche die Kinder Montpensiers die Aussicht auf die Thronfolge in Spanien verloren. Das alles wurde vermittelt durch den
bildschönen General S e r r a n o, den Abgott aller Spanierinnen,
der in das intimste Verhältniß zu der jungen Königin trat und
sie dahin zu bringen wußte, daß sie sich von ihrer Mutter losriß
und die Regierung selbst übernahm. Hatte sich nun die Mutter
bisher zu den Moderados gehalten, so hielt sich die Tochter begreiflicherweise an die Progressisten, die somit auf einmal wieder
ans Ruder kamen und an die sich die Puritanos anschlossen. Das
war vorlängst die englische Partei in Spanien gewesen.

Ein Versuch der Moderados, Serrano anzuklagen und zu entfernen, mißlang. Die Königin Mutter selbst reiste nach Paris,
um sich bei Ludwig Philipp neuen Rath zu holen. Unterdeß trat
Pacheco, bisher ein Puritano, an die Spitze des Ministeriums, in
welches jetzt zum erstenmal auch der Wucherer Salamanca sich ein-
stahl. Francisco, welcher den leeren Königstitel erhalten hatte,
aber Unterthan der allein regierenden Isabella blieb, wurde auf ein
Lustschloß entfernt, während Isabella selbst sich nur mit den Personen umgab, die ihr gefielen, und der altspanischen Hofetikette
gänzlich entsagend ein überaus lustiges, ja scandalöses Leben führte.
Als Francisco einmal im Juli 1847 in das königliche Schloß von
Madrid zurückkehrte, wurde er gleich wieder ausgewiesen.

Narvaez ließ sich von Christine und Ludwig Philipp bewegen,
nach Madrid zu gehen und den Versuch zu wagen, ob er die junge
Königin nicht bessern könne. Allein es mißlang ihm. Da Pacheco
selbst sich nicht länger compromittiren lassen wollte und abtrat,
wurde S a l a m a n c a die Seele des Ministeriums und die Lüderlichkeit erreichte nun ihren Gipfel. Salamanca befahl sogleich,
nicht nur mit dem Verkauf der geistlichen Güter zu beginnen, sondern auch sogar alle Gemeinbegüter in Spanien zu verkaufen, um

die leere Staatscasse zu füllen, wobei er selbst aber durch Specu-
lation das Beste gewinnen wollte. Kaum aber schien er im Amte
festzusitzen, als er plötzlich am 4. October gestürzt und Narvaez
an die Spitze des Ministeriums berufen wurde. Das kam daher,
weil Isabella des Serrano müde geworden war und sich dem Oberst
Gandara in die Arme geworfen hatte, einem Günstling des Narvaez
und der Moderados. Narvaez drang aber darauf, daß Isabella
wenigstens den äußern Anstand beobachte und brachte sie dahin,
den König Francisco wieder im Schlosse aufzunehmen. Auch Christine kehrte jetzt zurück. Salamanca wurde angeklagt und fiel vor
Angst in Ohnmacht, kam aber mit dem Schrecken davon, denn die
Anklage wurde niedergeschlagen, wahrscheinlich, um nicht andere
einflußreiche Personen zu compromittiren. Im Januar 1848 kam
endlich auch Espartero wieder nach Spanien und sehnte sich öffentlich mit Narvaez aus, zog sich aber, da er nicht der erste im Cabinet werden konnte und der zweite nicht seyn wollte, auf seine
Güter zurück. Narvaez blieb Meister der Situation.

Seine Mission war, Spanien in einer Zeit der tiefsten Zer-
rissenheit und Schmach zusammenzuhalten und wieder zu Ehren zu
bringen. Die ungeheure Schwierigkeit seiner Aufgabe zwischen den
beiden Königinnen, dem Parteihaß und den Intriguen des Aus-
landes entschuldigt die Flecken, die seiner Handlungsweise im Einzelnen ankleben. Im Ganzen war er der einzige wahre Mann,
den Spanien damals hatte, der einzige gute Genius seines unglücklichen Vaterlandes.

Das benachbarte Portugal war in dieser langen Zeit kaum
weniger von Parteiung zerrissen, wie Spanien. Auch hier standen
sich liberale und conservative Tendenzen und der regierenden Königin ein legitimer Usurpator gegenüber. Wie aber in Spanien der
französische Einfluß überwog, so in Portugal der englische.

Im Beginn des Jahres 1828 war (vgl. IV. S. 102) die unmündige Maria da Gloria, Tochter des Don Pedro, des Kaisers von Brasilien, von ihrem Vater zur Königin von Portugal ernannt worden und in ihrem Namen regierte seine Schwester Isabella. Dagegen aber protestirte sein jüngerer Bruder, der damals nach Wien verbannte Don Miguel, der sich nach dem alten Gewohnheitsrecht der männlichen Nachfolge als den allein berechtigten Thronerben ansah. Maria's Rechte wurden von England geschützt, Miguel hatte die nordischen Mächte hinter sich. Man versuchte ein Uebereinkommen. Don Pedro ließ sich gefallen, daß Miguel sich mit der jungen Maria verlobe und einstweilen für sie die Regentschaft übernehme. Zu diesem Behuf kam er von Wien nach Lissabon zurück und beschwur am 26. Februar die Verfassung, löste aber schon am 13. März die Kammern auf und erklärte die Charte Don Pedro's für erloschen. Ein Aufstand des Obersten Pereira zu Oporto im Mai zu Gunsten der Charte hatte anfangs guten Fortgang, aber da sich der Klerus und das Landvolk für Don Miguel und den alten Absolutismus erklärten, wagten die constitutionellen Insurgenten nicht, Lissabon anzugreifen, und ihre Häupter flohen nach England.

Am 17. Juni erklärte Don Miguel auch die von seinem Bruder verfügte Thronfolge für ungültig, sagte sich von jeder Verpflichtung gegen Don Pedro und Maria los und setzte sich als legitimer König mit absoluter Gewalt auf den Thron. Von nun an begann ein Schreckenssystem in Portugal, schlimmer als es in Spanien nach der zweimaligen Restauration Ferdinands VII. gewesen. Alle Liberalen, die nicht geflüchtet waren, schmachteten in Kerkern unter entsetzlichen Entbehrungen und Martern. Viele wurden hingerichtet. Der junge Tyrann freute sich an Grausamkeiten und übte seinen rohen Uebermuth selbst an den nächsten Verwandten, indem er z. B. öfters seine Schwester Isabella körperlich mißhandelte. Eine Verschwörung des General Moreira im Frühjahr 1829 wurde durch blutige Hinrichtungen bestraft, eine zweite ebenso in Oporto.

Als ein reicher Mann, Roma, des Liberalismus verdächtig, gerade die Hochzeit eines seiner Söhne feierte, ließ Don Miguel das Haus umzingeln und alle Gäste in die schmutzigen Kerker des Fort San Julian werfen, wo sein Günstling, Tellez Jordao, die Gefangenen hungern ließ und auf alle erdenkliche Art quälte, um ihnen Geld abzupressen. Don Miguel bewohnte mit seiner Mutter Carlotta, die sein Verfahren billigte, den Palast Queluz, nach welchem er seinen Liebling, einen ehemaligen Barbier, zum Herzog von Queluz ernannte. Aber die Mutter starb im Beginn des Jahres 1830.

Das englische Toryministerium gab sich viele Mühe, Don Miguel zur Vernunft zu bringen und war nicht abgeneigt, unter der Bedingung, daß er sich die englische Vormundschaft gefallen lasse, seine Rechte anzuerkennen. Aber er trotzte. Als Don Pedro 1829 die Azoren besetzen ließ, um von dieser Inselgruppe des atlantischen Meeres aus Portugal wiederzuerobern, war Wellington noch so gefällig gegen Don Miguel, daß er eine englische Flotte abschickte, um die Azoren zu bewachen, und die pedristische Bewegung zu hemmen. Als aber Miguel dennoch sich nicht fügen wollte, gab England ihn auf und im März 1830 durfte Don Pedro auf Terceira, einer der Inseln, eine Regentschaft für Portugal ernennen, an deren Spitze Palmella und Villaflor standen. Zugleich war der liebenswürdige junge Prinz August von Leuchtenberg, dessen Schwester Don Pedros Gemahlin war, bei einem Besuch in Brasilien veranlaßt worden, sich mit der jungen Maria zu verloben. Im folgenden Jahre 1831 wurde Don Pedro selbst durch eine Revolution genöthigt, die Krone von Brasilien seinem zarten Sohne Pedro II. zu überlassen, bekam aber eben dadurch Zeit und Lust, die Sache seiner Tochter in Portugal persönlich auszufechten, begab sich selbst nach Terceira und segelte von da mit einer wohlausgerüsteten Armee und Flotte ab.

Don Miguel erwartete ihn vor Lissabon, aber Don Pedro landete am 8. Juli 1832 zu Oporto, wo man ihn mit lautem

Jubel empfing. Miguel schickte ihm eine Armee entgegen und hielt
ihn das ganze Jahr hindurch in Oporto eingeschlossen. Erst als
der englische Abenteurer Napier an die Spitze der pedristischen
Flotte gestellt wurde und die miguelistische in einem Seesieg bei
Cap Vincent fast vernichtete, wurde es möglich, im Juli 1833 auch
eine Landarmee von Oporto aus einzuschiffen und gegen Lissabon
zu führen. Nach einem blutigen Gefecht, in welchem Telez Jordao fiel, räumte Don Miguel die Hauptstadt in der Nacht des
23. Juli und am 28. zog Don Pedro ein. Zwei Monate später
langte auch seine Tochter Maria aus London an. Nun trat zwar
der durch die Julirevolution vertriebene französische Marschall Bour-
mont an die Spitze der Miguelisten und wagte noch einen Angriff
auf Lissabon, wurde aber abgeschlagen, am 10. October. Dennoch
behauptete sich Don Miguel immer noch in der Provinz.

Da gleichzeitig auch Don Carlos in Spanien als Usurpator
auftrat und gemeine Sache mit Don Miguel machte, schlossen England und Frankreich mit den Königinnen von Spanien und Portugal am 22. April 1834 die schon erwähnte Quadrupelallianz,
welche die beiden Prinzen so entmuthigte, daß sie sich in einem
Vertrage zu Evoramonte am 26. Mai verpflichteten, der erstere
gegen einen Jahrgehalt, die pyrenäische Halbinsel zu verlassen. Don
Miguel ging nach Rom. Bald darauf, am 24. September, starb
Don Pedro, nachdem er die liberale Charte hergestellt hatte. Sofort vermählte sich seine Tochter Maria mit dem Prinzen August
von Leuchtenberg, im Januar 1835, aber auch dieser starb plötzlich an einer Erkältung schon am 28. März. Damals soll der
junge Prinz Louis Napoleon Lust bezeugt haben oder veranlaßt
worden seyn, um die Hand der erst 16jährigen Wittwe zu werben.
Allein dieser Plan kam nie zur Ausführung, da England ihr sogleich seinen Candidaten, den Prinzen Ferdinand von Coburg
zuführte, der damals erst 19 Jahre zählte, und mit dem sie sich
rasch vermählte. Sie behielt die Souverainetät, er bekam nur den
Titel König und ihre Ehe wurde mit sechs Kindern gesegnet.

Aber die Parteiwuth ruhte noch nicht. Kaum war das mi-
guellstische Extrem besiegt, als auch schon das entgegengesetzte demokratische hervortrat. Im September 1837 erhob sich eine Partei,
der die pedristische Verfassung zu gemäßigt war, für die von 1820
und zwang die Königin, diese Verfassung herzustellen. Das war
eine Bewegung gleich derjenigen der Progressisten in Spanien gegen
die Moderados; die siegende Partei aber hieß man seitdem die Septembristen. Doch gelang es 1838 die Verfassung zu amendiren
und namentlich das königliche Veto wiederherzustellen. Villaflor,
zum Herzog von Terceira erhoben, blieb die Seele der Regierung.
Inzwischen kamen immer noch Unruhen vor und 1844 wurde ein
Soldatenaufruhr unterdrückt. Doch erst 1845 erlebte Portugal
wieder eine größere Revolution. Sie wurde von den Miguelisten
begonnen und nachdem diese mit Hülfe der Demokraten geschlagen
waren, durch die Demokraten selbst fortgesetzt. Zwischen beiden
Extremen in der Mitte rath- und machtlos suchte die Königin auswärtige Hülfe nach und eine englische Flotte unter Parker leistete
dieselbe. Da die Truppen der Königin in mehreren Schlachten im
Laufe des Jahres 1846 siegten, verbanden sich endlich die Miguelisten mit den Septembristen unter Bandeira und Antes gegen die
Königin, aber der erstere wurde zur See von Parker geschlagen
und gefangen, der letztere capitulirte. Auch Spanien leistete der
Königin Maria Beistand, die nun in ihr Ansehen hergestellt wurde
und Saldanha zum ersten Minister erhob, 1847.

Im Ganzen war die Geschichte Portugals damals nur ein
blasseres Nachbild der spanischen. Der alte ländliche und kirchliche
Frieden wurde grausam zerstört und die neue liberale Bildung
konnt doch nicht einwurzeln. England allein hatte den Vortheil
davon indem es den ganzen Handel Portugals an sich riß.

Viertes Buch.

Kirchliche Erhitzungen in Deutschland.

—————

Nachdem durch Metternichs Geschick und unter der Mitwirkung Rußlands die politische Bewegung in Deutschland in den
dreißiger Jahren wieder unterdrückt worden war, warf sich die Gährung in das kirchliche Gebiet und traten auf einmal, was seit Jahrhunderten nicht mehr geschehen war, die großen Kirchenfragen in
den Vordergrund.

Fast unmerklich war die katholische Kirche wieder erstarkt. Die
Wiederherstellung des Papstes nach Napoleons Sturz, die unter
den Dornen des Hasses doch neu aufblühende Gesellschaft Jesu, die
Missionen in Frankreich, die Begünstigung der Kirche unter
Karl X., die Energie der klerikalen Partei in Belgien übten auf
Deutschland Einfluß und machten dem bessern Theil des deutschen
Klerus Muth, allmählig den unvermeidlich gewordenen Kampf so-
wohl mit der bisherigen Staatsomnipotenz, als auch mit dem Un-
glauben der Zeit aufzunehmen. Im katholischen Deutschland,
Oesterreich ausgenommen, war ein neuer kirchlicher Geist erwacht,
lehrten Möhler, Görres rc., wurde nach und nach die Jugend für
die heilige Sache der Kirche begeistert und nahm sich König Ludwig von Bayern ausdrücklich und im Sinne seiner berühmten
Ahnen derselben Sache an. Mehr aber als alles hat unstreitig

der Ekel und Abscheu, welchen die immer zunehmende Verwilderung im ungläubigen Lager erweckte, die katholische Bewegung gefördert. Der Unglauben des philosophischen Jahrhunderts war theils in der Hegel'schen Philosophie auf eine Spitze getrieben, von der nur noch ein Rückweg möglich war, theils durch die Schule und Presse so in's Breite verflacht und verseichtet, daß kein edleres Gemüth und kein höherer Geist diese Gemeinheit der Denkungsart länger aushalten konnte.

Noch ließ nichts die innerliche Erstarkung der katholischen Kirche in Deutschland ahnen, als sie sich in einem Streite mit der Staatsgewalt und zwar in Preußen plötzlich offenbarte. Dieser Streit ist auch insofern von hohem Interesse gewesen, weil sich an ihm zum erstenmal die Unnatur der Parität herausstellte. Die Staatsmänner des Wiener Congresses hatten die Bevölkerungen ohne alle Rücksicht auf Nationalität und Confession an die Dynastien vertheilt und man hat nur die Wahl, sie deßfalls entweder einer Verblendung anzuklagen, oder eine hinterlistige Absicht zu suchen. Wohl mag es seyn, daß die Metternich'sche und russische Politik absichtlich Preußen um seine natürlichen protestantischen Antheile in Sachsen, Ostfriesland, Ansbach und Bayreuth brachte und ihm dagegen die katholischen Rheinlande und Westphalen anhing, um es künftighin durch eine katholische Opposition zu beunruhigen und zu hemmen. Ganz eben so hatte man Bayern confessionell getheilt und dadurch für alle Zukunft geschwächt.

Die Anwesenheit junger altpreußischer, also protestantischer Beamten und Offiziere im katholischen Westen der Monarchie führte natürlicherweise viele Heirathen der erstern mit katholischen Mädchen, also gemischte Ehen herbei. In Bezug auf solche hatte der König bereits im Jahr 1803 für seine damaligen Provinzen ein Edict erlassen, wonach überall des Vaters Wille über die Religion seiner Kinder entscheiden solle. Die katholische Kirche dagegen mißbilligt die gemischten Ehen überhaupt und verlangt, wenn sie dennoch geschlossen werden, wenigstens die Erziehung der Kinder

im katholischen Glauben. Das brachte schon ein päpstliches Breve
von 1817 in Erinnerung und ein anderes von 1825. Auf das
letztere antwortete die preußische Regierung mit einer Erinnerung
an ihr Edict von 1803. Uebrigens unterhandelte man und Papst
Pius VIII. erließ am 25. Mai 1830 ein Breve, worin er nach-
gebend zugleich das Recht der Kirche reservirte in Sätzen, die einer
doppelten Auslegung fähig waren. Deshalb hielt es die Regierung
für rathsam, sich heimlich mit den Landesbischöfen zu. verständigen
und die letztern erklärten sich in einem Vertrage vom 19. Juni
1834 bereit, der Interpretation der Regierung und dem bisherigen
Staatsgesetze von 1803 gemäß zu handeln. Man hat beiden Theilen dieses heimliche Abkommen nachher bitter vorgeworfen, indeß
lag demselben wohl die gutgemeinte Absicht zu Grunde, einen offenen Bruch zwischen Kirche und Staat, Rom und Berlin, und allen
Scandal und große Aufregung zu vermeiden. Als im Sommer
1835 der Erzbischof von Köln, Graf Spiegel, starb, nahm sein
Nachfolger, Clemens August Droste zu Vischering, noch keinen
Anstand, sich auf das Uebereinkommen vom 19. Juni verpflichten
zu lassen. Mittlerweile aber verdammte der Papst die unter Spiegel auf der Universität Bonn herrschend gewordene Lehre des (1831
verstorbenen) Professor Hermes, der zwar dem katholischen Dogma
nicht entgegentrat, es aber der Vernunftkritik unterwarf. Und zwei
Jahre später im März 1837 beschwerte sich der Papst über das
geheime Abkommen vom 19. Juni. Durch diese Vorgänge fand sich
nun der neue Erzbischof bewogen, am 31. Oct. 1837 der Regierung
zu erklären, er könne sich fernerhin an jenes Abkommen nur so
weit binden, als es mit dem Breve von 1830 nicht collidire. Da
er nun auch dem Ansinnen, sein Amt niederzulegen, nicht entsprach,
machte die Regierung kurzen Prozeß und ließ ihn am 20. November aus Köln unter militairischer Begleitung nach der Festung Min-
den bringen.

Dieser Act erregte ungeheures Aufsehen. Die Stadt Köln
verhielt sich ruhig, aber unter allen Katholiken, nicht nur am Rhein,

herrschte tiefe Aufregung der Gemüther. Einigermaßen hing damit
zusammen, daß am 4. November König Ludwig von Bayern das
Ministerium Wallerstein entließ und durch das streng katholische
Ministerium Abel ersetzte. Am 10. December erklärte sich Papst
Gregor XVI. in einer Allocution sehr energisch für das im Erz-
bischof von Köln verletzte Recht der Kirche, und der preußische Ge-
sandte Bunsen mußte um so gewisser Rom verlassen, als er das
Berliner Cabinet über den Papst getäuscht und immer verheißen
hatte, derselbe werde nachgeben. Alle Zeitungen waren voll von
Artikeln über die „Kölner Wirren", eine Menge neuer kirchlicher
Blätter tauchten aus diesem Anlaß auf und Brochuren in unglaub-
licher Zahl, unter denen die kleine Schrift „Athanasius" von
Görres bei weitem die größte Wirkung hervorbrachte, denn sie
war im katholischen Geist mit Flammen geschrieben, wie früher der
rheinische Merkur. Im Allgemeinen zeigte sich in diesem großen
literarischen Kampfe, daß die katholische Partei über alle Erwartung stark und einig war, während ihre wenn auch noch so zahlreichen Gegner doch von den verschiedensten Gesichtspuncten ausgingen und die Vertheidiger der Regierung sich gern oder ungern
die Waffenbrüderschaft der jede Religion verhöhnenden, beschnittenen
oder unbeschnittenen Literaturjuden mußten gefallen lassen.

Am 30. Januar 1838 ahmte Erzbischof Dunin von Posen
das Beispiel des Kölners nach und erklärte seinem Klerus, er werde
fortan nur das Breve von 1830 in Fällen gemischter Ehen zur
Richtschnur nehmen. Da auch er nicht nachgab, wurde er 1839
nach Berlin gerufen und dort festgehalten, entkam aber nach Posen,
von wo man ihn am 6. October unter militairischem Geleit nach
der Festung Colberg brachte.

König Friedrich Wilhelm III. hielt den kirchlichen Sturm mit
unbeugsamer Festigkeit aus. In Köln wurde der friedsame Hüsgen
mit Zustimmung des Papstes Bisthumsverweser und jeder weitere
Conflict vermieden. In Posen dagegen kamen viele Fälle vor, in
denen der Klerus sich weigerte, gemischte Ehen einzusegnen. Sie

wurden nun einseitig von evangelischen Geistlichen eingesegnet. So blieben die Dinge unentschieden, während die äußere Ruhe, unbedeutende Aufläufe in Köln, Coblenz und Cleve ausgenommen, nirgends gestört wurde, die innere Gährung in den Geistern aber fortdauerte.

In dasselbe Jahr 1837 fiel die Vertreibung einiger hundert Zillerthaler aus Tirol. Dieselben waren protestantisch geworden und verlangten freie Religionsübung. Die Stände von Tirol erklärten sich dagegen (14. Mai) und der Kaiser hielt es, um Haß und Kampf im Lande zu verhüten, für gerathener, die Zillerthaler Protestanten in's schlesische Riesengebirge auswandern zu lassen, wo ihnen der König von Preußen eine neue Heimath angewiesen hatte. Auch dieser Handel machte viel böses Blut.

Die plötzliche Wiederkehr „mittelalterlicher" Dinge, hierarchischer Anmaßungen, erschien in jener Zeit und zumal in Preußen um so wunderbarer, als sich die Bildung hier schon längst über jede Kirche, auch die evangelische, hinweggesetzt hatte und es nicht Wenige gab, die in Prosa und Versen den Untergang des Christenthums überhaupt verkündeten. Ich habe früher schon den tiefen Verfall des Glaubens im protestantischen Deutschland geschildert. Durch die Union war die Orthodoxie erschüttert, der Glaubensinhalt zweifelhaft geworden. Die ältere Generation der Kirchen- und Schulmänner pflegte noch den seichtesten Rationalismus, während die sich besser dünkenden Söhne Hegels eine jüngere Aristokratie bildeten. Zwischen diesen großen Parteien, welche beide in der Vernichtung des positiven Christenthums wetteiferten, bildeten die Schüler Schleiermachers, die sich mehr dem Positiven näherten, doch nur eine schwache und schwankende Minderheit. In Sachsen übte der alte Rationalismus unter Ammon, Bretschneider, Röhr eine wahre Tyrannei, eben so in Baden unter Paulus. In Württemberg hatte sich die gelehrte theologische Schule des Prof. Baur ganz im Hegel'schen Geiste gebildet und aus ihr ging Dr. Strauß hervor, der 1835 in seinem berüchtigten „Leben Jesu" die Evangelten für Mythen, Volkssagen, Fischeranecdoten erklärte. Sein Buch wurde mit einem Sturm von Beifall bedeckt, überall gepriesen und verbreitet und veranlaßte eine unzählige Menge von populären Schriften, in denen die antichristliche Lehre der Jugend und den Ungebildeten vermittelt wurde. Im Jahre 1837 begann Arnold Ruge in Halle die „Halle'schen Jahrbücher", die er ein Paar Jahre später nach Leipzig verlegte, um von der preußischen Regierung weniger genirt zu seyn, ein Journal, in dem die junghegel'sche Partei ganz so offen wie Strauß den Schleier zerriß, den die Althegelianer über die wahre Tendenz ihres Meisters gedeckt hatten, und mit viel Talent und noch mehr Frechheit das Christenthum angriff. Das Jenseits sey eine Lüge, Gott existire nur in unserm eigenen Geist, jeder Geist sey dem andern gleich, daher Demokratie der allein wahre Staat 2c. Am feurigsten begann in diesem Sinne Feuerbach zu schreiben. Die Hegel'sche Philosophie, früher Schooßkind des Berliner Hofes, wurde auf einmal die Doctrin des politischen Radicalismus und gewann auf diese Weise eine neue und weite Verbreitung.

In der Schule herrschte derselbe Geist der Verwirrung. Dinter und Diesterweg beherrschten durch die Schullehrerseminare den ganzen Volksehrerstand und der letztere fanatisirte sich von Jahr zu Jahr tiefer in einen wahnsinnigen Haß gegen das Christenthum hinein. Seiner Meinung nach sollte die Kirche aufhören und es keine Priester mehr geben, aufgeklärte Schullehrer allein sollten das Volk zum Menschheitsideal erziehen durch Philosophie und Naturwissenschaft.

Natürlicherweise mußten sich die Juden einmischen, wo so großer Abfall vom Christenthum ihnen Straflosigkeit sicherte. Börne, ein Jude aus Frankfurt am Main, hatte in seinem tiefen Groll gegen Deutschland etwas Tragisches, während in Heine, einem Juden aus Hamburg, die ganze Frivolität und witzige Niederträchtigkeit Kotzebue's wieder zum Vorschein kam, gepaart mit dem giftigsten Haß gegen das Christenthum. Durch ihre wohlfeilen Sarkasmen gegen die deutschen Fürsten sicherten sie sich die Bewunderung der liberalen Opposition. Um bequemer über Deutschland schimpfen zu können, ließen sich beide in Paris nieder, wo sie gestorben sind. Aus ihren Nachahmern ging seit 1835 eine literarische Coterie hervor, die sich „das junge Deutschland" nannte und die „Rehabilitation des Fleisches" als das bezeichnete, was dem Christenthum entgegengesetzt werden müsse. Diese „Juden und Judengenossen" bemächtigten sich der Unterhaltungspresse. Ueberall tauchten Judennamen in der Literatur auf und durchzog den deutschen Dichterwald ein unausstehlicher Judengeruch.

Unter den ernsteren Dichtern äußerte sich der Schmerz über die getäuschten Hoffnungen der Nation, die Langeweile am Polizeistaat, das Mitgefühl für die unterdrückten Nachbarvölker in der Manier des Lord Byron und wurde als „Weltschmerz" oder „Europamüdigkeit" Mode. Andere waren unglücklich, weil sie ihre Eitelkeit nicht befriedigt fanden. Eine ästhetische Fraction der Hegelianer wollte das Christenthum durch einen „Cultus des Genius" ersetzen und vergötterte ausschließlich das Talent. Da war mancher, der nach Göthe's Tode (1832) dessen Stelle als erster Dichter der Nation einzunehmen trachtete. Immermann und Platen ärgerten einander deßfalls als Rivalen zu Tode. Lenau sog aus allen Sünden und Schmerzen der Zeit wie aus Blumen das Gift des Wahnsinns.

Die seit dem Frankfurter Attentat eingeschlummerte politische Aufregung erneuerte sich in demselben Jahr 1837, in welchem die kirchliche begann, durch den Umsturz der Verfassung in Hannover. Hier war nach dem Tode Wilhelms IV. von England dessen Bruder Ernst August, Herzog von Cumberland, den frühern europäischen Verträgen gemäß zum erstenmal als von England unabhängiger König inthronisirt worden. Dieser stolze Herr aber, ein altes Haupt der Tories, achtete sich nicht an die Verfassung des Landes Hannover gebunden und hob sie aus souverainer Machtvollkommenheit auf, am 1. November. An die Stelle dieser 1833 eingeführten

Verfassung wollte er die von 1819 setzen und ließ deshalb Neuwahlen ausschreiben. Nur sieben Professoren der Universität Göt-
tingen (Dahlmann, die beiden Brüder Grimm, Gervinus, Ewald,
Albrecht und Weber) protestirten, „weil es ihnen als Lehrern der
Jugend am wenigsten anstehen würde, mit Elben zu spielen." Sie
wurden sämmtlich abgesetzt, die Wahlen vollzogen, die Stände am
20. Februar 1838 versammelt. Nun bezweifelten aber die Deputirten (mit 34 gegen 24 Stimmen), ob die frühere Verfassung
rechtmäßig aufgehoben sey? und als der König sie heimschickte,
beschlossen noch 28 Mitglieder die Appellation an den deutschen
Bund. Auch der Magistrat von Osnabrück, den Bürgermeister
Stüve an der Spitze, die Stadt Hildesheim und mehrere Landge-
meinden protestirten. Die sieben Professoren wurden aus allen
Theilen Deutschlands mit Lorbeerkränzen überschüttet und erhielten
bald wieder ehrenvolle Anstellungen. In mehreren deutschen Kammern, von mehreren Juristenfacultäten wurde das Verfahren des
Königs von Hannover als rechtswidrig bezeichnet. Als der König
beim Bundestag namentlich über die Tübinger Facultät Beschwerde
führte, weil sie den Hannoveranern das Nothwehrrecht der Steuer-
verweigerung zuerkannt hatte, nahmen die Gesandten von Bayern,
Sachsen und Württemberg offen Partei gegen Ernst August. Obgleich nun alles blieb, wie es war, der Bundestag nicht einschritt,
der König von Hannover nicht nachgab, sondern mit seinem neuen
Minister Scheele unbekümmert um alle Oppositionen fortregierte,
so trug doch dieser Handel nicht wenig bei, die Loyalität der öffentlichen Meinung zu schwächen und das Ansehen sowohl der Sou-
veraine, wie der Constitutionen in den Mittelstaaten zu compromittiren. Das erstere, sofern drei Könige sich gegen den vierten
auf die Seite der Opposition stellten. Das andre, sofern bei allem
Geschrei für die Aufrechterhaltung einer beschworenen Constitution
die factische Verletzung derselben doch nicht gehindert wurde. Solche
Thatsachen, welche einen tiefen Eindruck zurückließen, muß man im
Auge behalten, um sich das Aufkommen einer demokratischen Partei

in Deutschland zu erklären, die weder von den Fürsten, noch auch von dem Liberalismus der Kammern etwas wollte. Damit hängt die sarkastische Aufnahme einer Aeußerung des damaligen preußischen Ministers von Rochow zusammen. Die Stadt Elbing in Preußen hatte eine Abresse für die sieben Göttinger erlassen und der Minister ihr diese Anmaßung in einem Rescript verwiesen, worin es wörtlich hieß, die Elbinger vermöchten in ihrem „beschränkten Unterthanenverstande" Regierungsmaßregeln gar nicht zu beurtheilen. Der Empfänger hing das Rescript unter Glas und Rahmen auf und alles strömte zu, es zu sehen. Ganz Deutschland lachte und Rochow hatte nur den Zopf hergehalten, um ihn sich abschneiden zu lassen.

Das Jahr 1840 wurde für Deutschland in vieler Beziehung bedeutsam. Wegen der ägyptischen Frage (vergl. oben S. 26) war Frankreich mit den andern Großmächten in Conflict gekommen und der damalige Chef des französischen Ministeriums, der kleine Thiers, drohte, wenn auch nur zum Scheine, mit einem europäischen Kriege. Daburch wurde der deutsche Bund allarmirt und die Bundesmilitaircommission aus ihrem langen Schlafe geweckt. Man sorgte für Kriegsbereitschaft, musterte in der Gegend von Mannheim das achte Armeecorps (Württemberger, Badener und Darmstädter) und ging endlich daran, die schon vor 25 Jahren beschlossene, noch fehlende Bundesfestung zu bauen. Weil aber in dieser langen Zeit das dafür bei Rothschild deponirte Capital durch die aufgelaufenen Zinsen verdoppelt worden war, entschied man sich, zwei Festungen, statt einer, zu bauen. Bisher hatte nämlich Oesterreich immer nur Ulm bauen wollen, wogegen aber Württemberg protestirte, weil der Feind muthmaßlich, je länger sich Ulm hielte, desto länger im Württemberger Lande liegen bleiben würde. Jetzt überließ man Preußen die Entscheidung und dieses schlug vor, Ulm zu bauen, aber auch zugleich Württemberg durch den Bau von Rastadt zu schützen. Beide Festungen sind seitdem wirklich gebaut worden, aber sehr langsam. Den französischen Rednern und Journalisten,

die damals einstimmig das linke Rheinufer wieder mit Frankreich
vereinigen wollten, antwortete ein junger Mann, Namens Becker,
mit einem Rheinliede, dessen Refrain war: „sie sollen ihn nicht
haben," nämlich den Rhein. Das trug ihm lauten Beifall und
Ehrengeschenke, namentlich vom König Ludwig von Bayern ein.
Doch waren andrerseits die liberalen Sympathien für Frankreich
in Deutschland so stark, daß der arme Dichter um seines treu gemeinten Liedes willen auch argen Spott erfuhr.

In demselben Jahr 1840 am 7. Juni starb König Friedrich
Wilhelm III. von Preußen und folgte ihm sein Sohn Friedrich
Wilhelm IV. War der Vater ernst, einsylbig, mürrisch gewesen,
so strahlte dagegen der Sohn von Geist, Beredtsamkeit und Heiter-
keit und weckte bei Jedermann die Erwartung großer Aenderungen
im bisherigen preußischen Systeme. Ich fasse zuerst die Seite seines
Wesens auf, die dem Gesammtvaterlande zugeneigt war. Der neue
Preußenkönig bewahrte den patriotischen Erinnerungen des Jahres
1813 warme Sympathien, hierin wetteifernd mit dem König Ludwig von Bayern, seinem Schwager. Er ließ alle noch verhafteten
s. g. Demagogen der dreißiger Jahre frei. Er berief sogleich
Boyen und den alten Arndt in die Aemter zurück, die ihnen seit
den Karlsbader Beschlüssen genommen waren, befreite den alten
Turnmeister Jahn von dem Zwange, in dem er bisher immer noch
zu Freiburg an der Unstrut hatte leben müssen, nahm auch den
durch das Wartburgfeuer bekannten Maßmann nach Berlin und
betheiligte sich lebhaft bei den Bundesverhandlungen in Bezug auf
die Vertheidigung Deutschlands und den Bau der Festungen. Mit
seinem persönlichen Freunde, dem Herrn von Radowitz, war er
schon als Kronprinz über manche Wünsche, eine bessere Einigung
des deutschen Bundes betreffend, einverstanden.

Indem er als deutscher Bundesgenoß die bisherige Einseitigkeit
und Engherzigkeit des preußischen Systems aufgab, that er dasselbe auch in den kirchlichen Fragen. Er ließ die Erzbischöfe von
Köln und Posen frei. Der erstere wurde nur ersucht, nicht mehr

nach Köln zurückzukehren und sich dem gütlichen Uebereinkommen
zu fügen, nach welchem der Papst den bisherigen Bischof von
Speier, Herrn von Geissel, für den Kölner Stuhl ernannte. Auch
wurde den Bischöfen in allen rein geistlichen Angelegenheiten der
freie Verkehr mit Rom gestattet. In aller Weise gab der König
zu erkennen, daß er seinen katholischen Unterthanen gerecht zu werden wünsche. In demselben Sinne machte er auch das an den Altlutheranern begangene Unrecht wieder gut und ertheilte denselben
nach so langer und grausamer Verfolgung zum erstenmal Religionsfreiheit. Da sammelten sich die Zersprengten wieder in Schlesien
und traten längst abgesetzte Pfarrer aus dem Dunkel des kleinen
Tagewerks, mit dem sie sich kümmerlich genährt, wieder auf die
Kanzel. Ein panischer Schrecken aber und eine Aufwallung tiefster
Erbosung ging durch die langen Reihen der bisher herrschenden
Partei des Unglaubens. Das Regiment der Hegelianer war zu
Ende. Der Christushaß galt nicht mehr als erste Bedingung der
Beförderung zu Lehrämtern. Einer je furchtbareren Opposition
sich der neue König in dieser Beziehung aussetzte, weil die unge-
heure Mehrheit der Gebildeten und selbst der Beamten der Ge-
wohnheit des Unglaubens verfallen war, um so mehr ist die
Festigkeit zu ehren, mit welcher er in einer langen stürmischen Re-
gierung den Glauben geschützt hat.

Eine zweite Opposition, stark, aber loyaler, fand er bei den
Constitutionellen, welche jetzt endlich das seit 1815 unerfüllt gebliebene Versprechen einer preußischen Reichsverfassung erfüllt sehen
wollten. Diese Opposition begann in Ostpreußen. Der König
reiste nach Königsberg, um sich hier in der Wiege der preußischen Souverainetät nach alter Sitte huldigen zu lassen. Aber drei
Tage vor der Huldigung überreichten ihm die ostpreußischen Provinzialstände unter dem Einfluß und Vorantritt des alten Patrioten Oberpräsidenten von Schön eine Bitte um die Reichsverfassung, am 7. September. Er antwortete ablehnend, weil er eine
Repräsentativverfassung für unzweckmäßig und gewagt halte und

den historischen Boden der ständischen Gliederung und Provinzial-
vertretung nicht verlassen wolle. Inzwischen hätte sich auch auf
diesem historischen Boden eine Reichsverfassung aufbauen lassen und
man konnte der französischen Atomistik mit ihren Wahlen nach Census
und Köpfen entbehren, ohne daß deshalb eine Gesammtvertretung
aller ständischen und provinziellen Interessen in einem Reichstage
in Preußen unmöglich gewesen wäre. Allein es gab hier noch ein
tiefer liegendes Hinderniß. Preußen war groß und mächtig geworden durch sein Cabinet, seine Armee, seine Bureaukratie, mit
einem Wort durch die Einheit des Willens und der Macht gegenüber der Zerfahrenheit des deutschen Reichs und dessen vielgliede-
rigem Organismus. Die Einheit und Macht Preußens konnte
nun kaum durch einen Reichstag vermehrt und gestärkt werden, in
welchem voraussichtlich die entgegengesetztesten liberalen und katholischen Oppositionen in die Staatsmaschine hemmend eingreifen
würden. Daher das Sträuben des Königs.

Inzwischen ging die Huldigung am 10. September in Königsberg vor sich und weckte großen Enthusiasmus, da der König
auf offenem Platz vor dem Volk eine feurige Rede hielt, worin
er gerecht und milde zum Wohl aller zu regieren gelobte und am
Schlusse sagte: „Bei uns ist Einheit an Haupt und Gliedern, im
Streben aller Stände. Aus diesem Geist entspringt unsre Wehr-
haftigkeit, die ohne Gleichen ist. So wolle Gott Preußen erhalten,
mannigfach und doch eins, wie das edle Metall, das aus vielen
Metallen zusammengeschmolzen doch nur ein einziges und edles ist,
keinem andern Rost unterworfen, als dem verschönernden der Jahrhunderte.“ Einen Monat später, am 15. October, empfing er die
Huldigung der übrigen Provinzen zu Berlin und hielt vom Balkon
des Schlosses aus abermals eine feurige Rede, worin er das Volk
beschwor, es möge ihm beistehen, „Preußen zu erhalten, wie es ist
und wie es bleiben muß, wenn es nicht untergehen soll.“ Er forderte ein Ja! vom Volk, das ihm die Umstehenden zuriefen; die
Entfernteren mußten, zumal da es in Strömen regnete, nicht gleich,

was vorging. Die Geschichte wird dem König das Zeugniß nicht versagen, daß er besser als irgend einer in der unermeßlichen Volksmenge die Zeit begriff und den Wendepunct in den Geschicken Preußens kommen sah.

Zunächst bildete sich die constitutionelle Opposition aus, die immer und immer wieder auf Reichsstände drang. Noch im Winter schrieb Schön „Woher und wohin?" und der Jude Jakobi „Vier Fragen", Flugschriften, in denen diese Tendenz möglichst kühn sich aussprach. Nachdem Schön als Verfasser obiger Schrift bekannt geworden, bekam er seine Entlassung. Der Magistrat von Breslau bat in einer Adresse um Reichsstände und der König ließ sich herab, persönlich zu antworten. Er hätte gern jeden belehrt und durch Ueberzeugung gewonnen. Im Uebrigen sprach er durch Berufung der Brüder Grimm nach Berlin und Dahlmanns nach Bonn nahezu eine Mißbilligung des unconstitutionellen Verfahrens in Hannover aus. In Hannover selbst kam damals, 1841, die neue Kammer nach der Verfassung von 1819 zusammen und das Land blieb ruhig, die größte Demüthigung liberaler Oppositionen, die in Deutschland bis dahin vorgekommen ist.

Obgleich der König von Preußen Rochow entließ und den Grafen Arnim an die Spitze des Ministeriums stellte, waren doch andre Ernennungen und Berufungen der immer mehr erstarkenden liberal-rationalistischen Opposition zuwider. So vor allem die Ernennung Eichhorns zum Kultminister, weil Eichhorn ganz auf den frommen Gedanken des Königs einging und der selbher (nicht ohne die ungeheuerste Mitschuld der Regierung) eingerissenen Entchristlichung des Volks endlich Einhalt thun wollte. So ferner die Berufung des Philosophen Schelling nach Berlin, wo er Hegel ersetzen und dessen bisherigen Einfluß verdrängen sollte. Die seit zwanzig Jahren herrschende Partei, im Besitz fast aller Kanzeln, Katheder und Pressen des Landes, wollte sich aber das Heft nicht entwinden lassen. Dem ernsteren Kampf ging Geplänkel vorher. Bruno Bauer, ein Privatdocent in Bonn, der als Vorkämpfer

der f. g. junghegelschen Schule gegen Hengstenberg auftrat und mit
der frechsten Zuversicht die Unhaltbarkeit des Christenthums und
die künftige Herrschaft des freien Menschengeistes verfocht, wurde
entfernt; ebenso Hoffmann von Fallersleben, Bibliothekar in Breslau, der in seinen „unpolitischen Liedern" die Regierung verhöhnt
hatte. Der ganze Verlag des Hamburger Buchhändler Campe, der
systematisch Preußen angriff, wurde verboten. Doch fehlte es der
antichristlichen Partei nicht an vornehmer Protection. Marheineke
vertheidigte Bruno Bauer und Alexander von Humboldt rühmte
das. Auch als Eichhorn das in seinen Anmaßungen immer mehr
vorschreitende Judenthum ein wenig in seine Schranken zurückweisen wollte, nahm sich Humboldt des letztern mit Eifer an. Der
königliche Leibarzt Schönlein beging die Taktlosigkeit, den jungen
revolutionären Dichter Herwegh, der unter andrem sang: „reißt die
Kreuze aus der Erden", beim König einzuführen. Zum Dank für
die Güte des Königs schrieb Herwegh nachher an denselben einen
unverschämten Brief und mußte aus Berlin, wo er eine reiche
Jüdin geheirathet hatte, ausgewiesen werden.

Unter so mancherlei Hofeinflüssen bekam Eichhorn einen überaus schweren Stand. Der König ahnte nicht, wie seine Güte mißbraucht, wie seiner frommen Absicht entgegengewirkt wurde. Eine
stillschweigende Verschwörung setzte allem, was von Eichhorn ausging, passiven Widerstand entgegen. Aus demselben Grunde wurde
Schelling in Berlin ignorirt, als überlebt und ganz bedeutungslos
nur belächelt. Der „Romantiker auf dem Thron" selbst entging
nicht medisanten Bemerkungen. Der Menge aber spiegelte man
Gefahren vor und warnte vor den Wölfen in Schafskleidern. Der
Verein zur Beförderung einer würdigen Sonntagsfeier wurde mit
einer wahren Wuth angegriffen und man schien es ganz natürlich
zu finden, daß der Sonntag nicht mehr geheiligt werden sollte.*)

*) Damals blieb die Jerusalemskirche in Berlin, obgleich zu ihrem
Sprengel 40.000 Seelen zählten, eines Sonntag Vormittags so leer, daß
nicht geprediget werden konnte.

Der Prozeß der s. g. Mucker in Königsberg kam der Opposition
trefflich zu Statten. Hier hatte ein pietistischer Prediger im Jahr
1837 vornehme Weiber verführt, und weil er ein Scheinheiliger
gewesen, sollten es nun auch Eichhorn, Hengstenberg und alle die
Männer seyn, die im preußischen Volk den alten Glauben erhalten
wollten. Schon im Sommer 1842 bildeten sich in Berlin zwei
Oppositionsvereine gegen Eichhorn, die „Berliner Freien" und
die protestantischen Freunde oder „Lichtfreunde" welche letztere
in dem Pastor Uhlich zu Pömmelte und dem dicken Pastor König
zu Anderbeck bald ihre populärsten Häupter fanden, Rationalisten
der allergemeinsten Sorte, Terroristen der Oberflächlichkeit. Sie
veranstalteten Versammlungen, die sich jährlich zu Köthen wiederholen sollten, aber auch anderwärts abgehalten wurden. Der Anfang war gemacht, die Bewegung pflanzte sich fort bis Breslau
und Königsberg. In sie griff eine andere von Süden her ein. Im
Herbst 1841 hatte Oberhofprediger Zimmermann in Darmstadt,
Herausgeber einer rationalistischen sehr populären Kirchenzeitung,
den Aufruf zur Unterstützung von Protestanten in katholischen Ländern erlassen, mit Bezugnahme auf eine von Großmann in Leipzig
bereits zu diesem Zweck gemachte kleine Stiftung, die auch das
Denkmal Gustav Adolfs auf dem Schlachtfelde von Lützen in Stand
hielt. Der Aufruf fand Anklang und führte zur Stiftung des
Gustav-Adolf-Vereins, dessen Name eine so feindselige Demonstration gegen den Katholicismus zu seyn schien, daß König Ludwig von Bayern den Verein in seinen Staaten verbot. Indirect
war der Verein auch eine Protestation gegen die „romantische"
Tendenz in der evangelischen Kirche. Der König von Preußen
nahm das Protectorat des Vereins innerhalb seiner Staaten an,
und doch beschuldigte man ihn kryptokatholischer oder wenigstens
anglicanischer Gesinnungen. Die Nachsicht, mit der er dem neugewählten Bischof von Trier, Arnoldi, als derselbe dem Staatsober-
haupte den Eid in vorgeschriebener Form nicht leisten wollte, diesen
Eid erließ, ärgerte die Opposition bitter. Als der König 1841

ten frommen Gedanken zur Ausführung brachte, gemeinschaftlich
mit England ein protestantisches Bisthum am heiligen Grabe zu
Jerusalem zu stiften und das Ernennungsrecht des Bischofs unter
der Bedingung erhielt, daß der Bischof dem anglicanischen Bekennt=
niß angehöre, ersann man sogleich die Verleumdung, der König
wolle die bischöfliche Kirche Englands in Preußen einführen.

Damals vollendete der König auch die Umgestaltung der Armee,
indem er die unförmlichen Tschakos und knappen Fracks abschaffte
und dem ganzen preußischen Heere kleidsame Helme und bequeme
Waffenröcke gab. — Das Frühjahr 1842 war sehr trocken, es gab
daher viele Brände, der schrecklichste aber war der in Hamburg,
der mehrere Tage und Nächte hindurch dauerte und ein Drittel der
großen Stadt verzehrte. Die Summe, die aus ganz Deutschland
zum Wiederaufbau freiwillig beigesteuert wurde, belief sich auf
mehrere Millionen.

Zum Hohn der deutschen Einheit, welche im Jahr 1840 durch
Beckers Rheinlied gepriesen wurde, ließ die Darmstädter Regierung
in der Nacht des 1. März 1841 eine kleine Flottille von Mainz
auslaufen und vor Biberich eine ungeheure Menge Steine in den
Rhein werfen, um diesen nassauischen Hafen unbrauchbar zu machen,
und zwar, weil der Hafendamm von Biberich angeblich die Schiff=
fahrt der Mainzer erschwert habe. Der Bundestag schritt gegen
diesen Scandal einmal energisch ein und die Steine wurden wieder
weggeschafft.

Um dieses widrige Bild deutscher Zwietracht zu verwischen
und es durch ein edleres zu ersetzen, genehmigte der König von
Preußen den Plan, wornach der große Kölner Dom ausgebaut
werden sollte, begab sich im Herbst 1842 selbst nach Köln, um
der Grundstein zum Weiterbau zu legen, und hielt bei diesem
Anlaß eine Rede für deutsche Einheit: „Dort werden sich die schön=
sten Thore auf der Welt erheben, mögen sie die Thore einer gro=
ßen und guten Zeit werden. Möge durch sie nie wieder die Un=
einigkeit einziehen. Der Geist, der diese Thore baut, ist der Geist

der teutschen Einigkeit und Kraft." Es waren hohe Gäste nach Köln gekommen, Fürst Metternich und Erzherzog Johann, die Könige von Württemberg und Holland, Vertreter derjenigen Interessen, die den preußischen am meisten gegenüberstanden, so daß die Mahnung zur Einheit hier um so mehr Bedeutung erhielt. Der Erzherzog brachte einen Trinkspruch bei der Tafel aus, worin er sagte, so lange Oesterreich und Preußen zusammenhielten, sey keine Gefahr für Deutschland und werde es feststehen wie seine Berge. Das wurde durch die Zeitungen entstellt, als habe er gesagt: kein Oesterreich, kein Preußen, nur ein einiges großes Deutschland! Worte, die seitdem von Mund zu Mund gingen und dem alten schlauen Johann einen unverdienten Ruhm einbrachten.

Im Spätherbst 1842 machte der König von Preußen den ersten Versuch einer gemeinsamen Sitzung sämmtlicher Ausschüsse aus den Provinzialständen, als Vorbild eines Reichstags. Derselbe blieb aber unpopulär, weil der Adel darin zahlreicher vertreten war, als Bürger und Bauern, und handelte auch von nichts Wichtigerem, als von Eisenbahnen, einem kleinen Steuererlaß und von der Privatbenutzung der Flüsse. Desto populärer waren im folgenden Jahre die einzelnen Provinziallandtage, in denen immer lautere Forderungen an die Regierung gestellt wurden. Die Absetzung Schöns hatte böses Blut in Ostpreußen gemacht, in Posen lärmten die Polen für ihre Nationalität fort, am Rhein verlangte man Oeffentlichkeit der Landtagsverhandlungen und wehrte der preußischen Strafgesetzgebung ab. Große Unzufriedenheit erregte das Mißlingen eines Versuchs der Ostpreußen, die Härte der russischen Grenzsperre zu mildern. Die Stadt Königsberg wandte sich wieder mit einer sehr energischen Adresse an den König, der gerade einen Besuch in St. Petersburg machte, und klagte bitter über die Hemmung des Handels und die vielen Willkürlichkeiten der Russen. Aber Rußland gab nur wenig und auch nur zum Scheine nach. Die Versicherung des Königs, Rußland sey Preußens bester Freund, mußte unter diesen Umständen die Wirkung verfehlen. Es war tief zu beklagen, daß die ungerechte und unvernünftige Opposition gegen die religiöse Richtung des Königs mit der wohlbegründeten Opposition gegen Rußland vermischt und verwechselt werden konnte.

Im Jahr 1844 mehrten sich die Symptome der Gährung im Volke, zumal unter den schwer gedrückten Fabrikarbeitern. In den Fabriken zu Elberfeld und Solingen enthüllten 1845 empörende Prozesse das schändliche „Truckſyſtem", d. h. die Gewohnheit schäbiger Fabrikherren, ihre unglücklichen Arbeiter nicht mit baarem Gelde, sondern mit Waaren auszuzahlen, welche sie nicht brauchen, welche sie zu hohen Preisen annehmen und zu niedern verkaufen müssen, so daß sie stets die Schuldner des Fabrikanten bleiben. In den menschenvollen*) Fabrikbezirken zu Bielau und Peterswalde in Schlesien brach ein furchtbarer Aufstand der Arbeiter aus, der nur mit Militärgewalt (4. Juni) unterdrückt werden konnte. Hunger und gänzliche Verwilderung hatten dazu geführt. Nirgends hatte die Entchriſtlichung tiefere Wurzeln im eigentlichen Volke geschlagen als hier. Alles schauderte vor dem Elend und vor der thierischen Wuth dieser Menschen und doch half ihnen niemand. Nur ein polnischer Mönch, Brzozowski, der damals durch Oberschlesien pilgirte und Missionspredigten hielt, gab ein großartiges Beispiel der Hülfe, indem er zu Beuthen, Oppeln, Cosel ꝛc. die katholische Bevölkerung dahin brachte, dem Branntwein zu entsagen. Mehrere hunderttausend Menschen bekehrten sich dazu und überall verschwanden die Juden, diese Pest des Landes, weil ihnen die Bauern keinen Branntwein mehr abkauften. Das wundervolle Wirken des Mönchs aber wurde von der herrschenden irreligiösen Partei absichtlich ignorirt, in jeder Zeitung verschwiegen. — Sechs Wochen nach der blutigen Unterdrückung des Arbeiteraufruhrs feuerte in Berlin selbst ein mit Recht abgesetzter, asotischer Bürgermeister,

---

*) Beide Dörfer zählten jedes 8—10,000 Arbeiter, das benachbarte Dorf Peilau sogar 12000.

Namens Tschech, zwei Schüsse auf den König ab, zum Glück ohne zu treffen. Obgleich er aus reiner Bosheit gehandelt, gab es doch Leute genug, die seine Hinrichtung als ein Martyrium ansahen. Seine Tochter wurde mit schamloser Ostentation gefeiert und bekränzt und dahin gebracht, die königliche Gnade, die für sie gesorgt hatte, mit undankbarem Hohn zurückzuweisen. Durch Handwerksgesellen wurden communistische Grundsätze von der Schweiz aus auch im Preußischen verbreitet. Die Polizei hob einige communistische Klubs in Berlin, im Hirschberger Thal in Schlesien 2c. auf.

Im August 1844 reiste der König zum dreihundertjährigen Jubiläum der Universität Königsberg, begleitet von Eichhorn. Gegen diesen machten aber die Professoren und Studenten unter den Augen des Königs eine verwegene Demonstration. Eichhorn hatte vor Kurzem vor der Dinter'schen Schullehrerbibel gewarnt, in welcher den jungen Volkslehrern systematisch der Glauben an die Göttlichkeit Christi ausgeredet wird. Diesen selben Dinter pries nun der Physiologe Burdach in seiner Festrede als Rector und stellte ihn und den Philosophen Kant als die Säulen der freien Wissenschaft dar, welche sich die Königsberger nun und nimmer würden nehmen lassen. Die Studenten jubelten und überbrachten dem Redner nachher zum Dank einen silbernen Becher. Als der König den Grundstein zum neuen Universitätsgebäude legte und dabei eine Rede hielt, betonte er die Worte „Licht" und „Vorwärts", legte sie aber nicht im Sinne der Lichtfreunde aus, sondern verstand unter dem Licht die innere Erleuchtung, von der er wünschte, sie möchte den durch die Zeitphilosophie Verfinsterten endlich wieder kommen. Seine Milde fand nur harte Herzen. Als er schied, wünschte man sich Glück, dem Minister ungestraft getrotzt zu haben. Am letzten Sonntag des Jahres 1844 sagte sich Pastor Rupp in Königsberg auf der Kanzel feierlich vom Glauben an die Dreieinigkeit los und wurde darum bewundert.

Aber in denselben Tagen des August, in denen die ärgerlichen Scenen in Königsberg vorfielen, ließ Arnoldi in Trier den h. Rock

ausstellen und in einer unermeßlichen Wallfahrt strömten die frommen Katholiken dahin, ihn zu sehen und ihm ihre Verehrung zu
bezeugen. Ein Fest des Glaubens an der französischen gegenüber
dem des Unglaubens an der russischen Grenze. Es begann am
18. August und währte bis zum 7. October, indem täglich neue
Schaaren von Wallfahrern ankamen und gingen. Aus allen um-
liegenden katholischen Ländern kamen ganze Dorfgemeinden, ihre
Pfarrer, ganze Provinzen mit ihren Bischöfen an der Spitze, unter
frommen Gesängen mit fliegenden Fahnen. Aus dem ganzen Rheinland und Westphalen, aus den Niederlanden, Lothringen, Frankreich. Täglich zogen die Pilger vor dem h. Rock vorüber in einem
ununterbrochenen Zuge, 1,100,000 Menschen, alle demuthsvoll und
andächtig. Die Ruhe und Ordnung wurde keinen Augenblick gestört, heiliger Friede ruhte auf dem unübersehlichen Volke. Am
Schluß hielt Bischof Wilhelm Arnoldi eine ergreifende Rede über
die Einheit der römischen Kirche, deren er sich in der That rühmen
durfte gegenüber der entsetzlichen Zerfahrenheit auf dem protestantischen Gebiete. In Königsberg, Berlin, Breslau, Halle leugnete
man den Geist Christi, seine Göttlichkeit, seine historische Persönlichkeit. In Trier beugten sich alle Kniee in Demuth vor der äußern
Hülle, vor dem bloßen Gewande des Heilands. Welche Roheit
der s. g. Bildung dort, und welche Zartheit der ungebildeten
Menge hier!

Die Begeisterung wirkte lange nach. Als am 17. Januar
1845 Bischof Arnoldi in Köln eintraf, um dem Kölner Erzbischof
Coadjutor v. Geissel bei der Consecration des Kölner Weihbischofs
Claessen zu assistiren, empfing sie ein Fackelzug der Kölner Bürger
von 4000 Fackeln, die der langen Procession der städtischen Behörden und Vereine unter rauschender Musik leuchteten. Der Volksjubel war ungeheuer. Um diese Zeit wurde auch in den Rheinlanden ein neuer katholischer **Karl Borromäusverein**
gestiftet mit dem Zweck, der Sündfluth schlechter Bücher und Zeitungen entgegenzuwirken.

Die Ausstellung des h. Rocks und das Zusammenströmen des
katholischen Volks in so erstaunlicher Menge überraschte alle, welche
dergleichen bei der herrschenden Aufklärung nicht mehr für möglich
gehalten hätten. Ein Gelächter gemischt mit einem Geschrei der
Wuth ging durch ganz Deutschland. Auch Belgien gerieth in
Aufregung. Nachdem der Großmeister der belgischen Maurerei,
Defacqz, eine Schrift „was will die Geistlichkeit?" gegen den gemäßigten Minister Nothomb geschleudert, worin er die Unverträg-
lichkeit des katholischen Geistes mit dem liberalen Fortschritt dargethan, begann die Kammer am 23. Januar einen stürmischen Angriff auf den Minister und überhäufte ihn mit Vorwürfen, er
allein verhindere den Sieg des Liberalismus unter dem Scheine des
Liberalismus; man würde mit den reinen Ultramontanen, wenn
sie hervorträten, besser fertig werden, er solle abtreten. Die Agitation dauerte fort. Am 11. Mai bei einem kleinen Straßenauf-
lauf in Brüssel schrie man „nieder mit den Jesuiten!" Auch
empfing Eugen Sue für seinen antijesuitischen Roman „der ewige
Jude" als Zeichen der Anerkennung von der Freimaurerloge zu
Antwerpen eine goldene Feder. Im Sommer glaubte Nothomb
dem Sturm weichen zu müssen und van de Weyer trat an seine
Stelle, aber nur um die conservative Politik unter liberalem Scheine
fortzusetzen. — In Deutschland wirkte das Trierer Ereigniß noch
weit aufregender. Augenblicklich spitzten sich hunderte von Federn,
um zu beweisen, der h. Rock sey unecht, das Ganze ein Pfaffen-
betrug 2c. Eine der gemeinsten Federn aber gewann den Preis.
Johannes Ronge, ein junger katholischer Geistlicher in Schlesien,
war im Jahr 1843 als Caplan in Grotkau suspendirt worden,
theils wegen Schmähschriften gegen die Breslauer Curie, theils
wegen „unschicklichem Aeußern" (Burschentracht) und „unwürdiger
Verrichtung der Amtshandlungen". Er lebte nun in dem berg-
männischen Hüttenwerk Laurahütte vom Unterrichtgeben und Zei-
tungsartikelschreiben, bis ihm die Kunde wurde vom großen Fest
in Trier. Da schrieb er wieder einen seiner gewöhnlichen Schmäh-

artikel für die sächsischen Vaterlandsblätter in Form eines Briefes
an den Bischof Arnoldi, worin er die Feier in Trier als crassen
Aberglauben verhöhnte. Und diesem in den ordinärsten Phrasen
geschriebenen Briefe wurde sogleich von der ganzen ungläubigen
Welt die ungeheuerste Wichtigkeit beigelegt, blos weil er von einem
katholischen Priester kam und es nun so aussah, als ob die katholische Kirche mit sich selbst in Zwiespalt gekommen wäre. Der
eitle und unfähige Jüngling, der eine solche Rolle zu spielen nie
geträumt hatte, wurde auf einmal auf den Schild gehoben. Es
regnete Adressen an ihn, begleitet von Ehrenbechern, Ehrenkränzen,
goldenen Federn und Dintenfässern, Einladungen und baarem Gelde.
Inzwischen wußte er noch nicht recht, wie er die Sache anzufangen
habe, als Czerski, katholischer Pfarrer in Schneidemühl (im
Posenschen), den es zu heirathen drängte, das lockende Beispiel
nachahmte, mit seiner Kirche öffentlich brach, aber die Stimmung
der Zeit rasch benutzte, um den Versuch einer **neuen Kirche**
zu machen, die sich der katholischen entgegensetzen sollte. Schon zu
Weihnachten 1844 verrichtete er die erste Taufe nach dem neuen
schnell improvisirten Ritus, und heirathete seine bisherige, von
ihm schwangere Geliebte. Die Neuerung erregte große Erbitterung
unter den guten Katholiken. Im April wurde Czerski's elterliche
Wohnung zu Skurziewo, als er darin übernachtete, von einem
Volkshaufen belagert. In Posen selbst konnte ihn nur die Militairmacht vor dem höchst erbitterten Volke schützen, am 29. Juli.
Mehrere Personen wurden in diesem Tumult verwundet.

In **Breslau** hatten die feurigen Predigten, die Domherr
Förster im Geist des großen Trierer Festes hielt, den Haß der
Rationalisten im höchsten Grade erregt. Professor Regenbrecht
daselbst trat mit Ostentation aus der katholischen Kirche aus und
schloß sich an die Neuerer, und am 23. Januar 1845 hielten die
Anhänger der neuen s. g. deutsch-katholischen Kirche unter
Ronge's Vorsitz ihre erste Versammlung in Breslau. Sie behiel-
ten die heil. Schrift als Grundlage und Inhalt des Glaubens und

zwei Sacramente, die Taufe und das Abendmahl bei, letzteres als
„sühnendes Gedächtnißmahl". Doch wie dieser Ausdruck, so waren
auch die meisten andern des Bekenntnisses auf Schrauben gestellt
und vor allem wurde sich die Prüfung des Glaubensinhalts durch
die Vernunft und die unbedingteste Freiheit der Forschung vorbehalten, wodurch die Annäherung an die in Breslau sehr zahlreichen
protestantischen Lichtfreunde und Hegelianer angebahnt war. Neben
Ronge trat noch ein anderer abgefallener Priester, Kerbler auf, der
sich nach Leipzig wandte. Ja Ronge selbst trachtete außerhalb
Schlesien sich einen größern Wirkungskreis zu erringen, weil er
merkte, das Ministerium werde ihm Czerski vorziehen.

Bei so bedenklichen Wirren in der schlesischen Kirche kam es
dem Breslauer Domcapitel darauf an, den erledigten fürstbischöf-
lichen Stuhl mit einem tüchtigen Manne zu besetzen und seine
Wahl fiel am 15. Januar 1845 auf den durch Geist und Charakter gleich ausgezeichneten (auch durch Schriften bekannten) Dom-
dechanten Diepenbrock in Regensburg, der anfangs Anstand
nahm, die schwere Bürde auf seine Schultern zu nehmen, aber von
der Kirche wie vom Staate gleich willkommen geheißen, sich endlich
dazu entschloß, am 8. Juni. Bald darauf aber trat noch Theiner,
der vor zwanzig Jahren mit seinem berühmten Bruder an der
Spitze des jungen schlesischen Klerus den Cölibat hatte aufheben
wollen, zu den Deutschkatholiken über. Die Regierung schwankte,
glaubte die Bewegung nicht gewaltsam hemmen zu können und zu
sollen, wollte sie aber auch nicht zu weit gehen lassen. Sie ertheilte Czerski die Erlaubniß zu seiner neuen Gemeindebildung am
20. April 1845, schränkte sie wieder ein am 17. Mai und erläu-
terte durch ein neues Rescript vom 8. Juni die Bedingungen der
Duldung.

Inzwischen pflanzte sich der Rongeanismus nach Sachsen fort.
Schon am 9. Februar gründete Robert Blum, Billeteur beim
Theater, aber ein Mann von großer Energie und Beredtsamkeit,
eine deutschkatholische Gemeinde in Leipzig, wo am 25. März be-

reits ein s. g. Concil von allen bisher gegründeten (19) Gemeinten abgehalten wurde. Hier wurde die Person Christi negvotirt,
von Czerski aber, um die preußische Regierung zu schonen, beibehalten. Ihm trat auch Theiner in einem neuen Concil zu Breslau bei, am 15. Aug. Ronge wollte eine Gemeinde in Halberstadt
gründen, bekam aber hier Prügel. In Süddeutschland nahm man
ihn besser auf. Zu Offenbach hielt sein Vorläufer Kerbler unter
großem Zulauf der Protestanten den ersten deutschkatholischen Gottesdienst. Dieß hatte zur Folge, daß sich am 1. Juni in Frankfurt am Main eine ähnliche Gemeinde bildete, als deren Pfarrer
Kerbler berufen wurde, und daß am 3. auch in Darmstadt ähnliches
geschah. Hier nahm sich der bekannte Dichter Duller der Sache
mit besonderm Eifer an. Gelockt durch diese Vorgänge kam nun
Ronge selbst und hielt in einem mit Blumen geschmückten Wagen,
gefolgt von etwa zwanzig Wagen aus Hanau und Offenbach, unter dem Jubel des Pöbels am 14. September seinen Triumpheinzug in Frankfurt am Main. Ihn begleitete der junge Hegellaner
Dowiat, ein Ostpreuße, der in seinen öffentlichen Reden der neuen
Religion eine entschieden hegelsche Richtung gab. Ronge selbst begnügte sich in seinen Predigten mit banalen Ausfällen gegen Rom
und war bereits so von Hochmuth geschwollen, daß er sich selbst
wiederholt den zweiten Luther nannte. Sein Anhang hatte ein
großes und allgemeines deutschkatholisches Concil nach Stuttgart
ausgeschrieben, auf den 15. September. Dahin eilte nun Ronge
mit Dowiat, Kerbler, Burkhardt (dem Vorsteher der Frankfurter
Gemeinde), Duller, dem Novellisten Heribert Rau ꝛc. Das ganze
Concilium hatte in einem kleinen Gartensaale auf der s. g. Silber-
burg Platz, obgleich Weiber und Mädchen dabei waren. Man
faßte hier den tollen Beschluß, daß bei allen Berathungen der
neuen Kirche Weiber und erwachsene Jungfrauen Sitz und Stimme
gleich den Männern haben sollten. Am Abend schwelgten die Con-
cilienmitglieder an der Wirthstafel, um, wie sie selbst sagten, bei
Wein, Forellen und Kalbsbraten Weltgeschichte zu machen. Sie

reisten nach Ulm, wo ihnen der ehrwürdige Münster eingeräumt wurde. Ronge ging aber aus Furcht vor dem nahen katholischen Bayern wieder zurück. Am 29. September empfing ihn in Mannheim Musik und Volksjubel und als ihm die Behörden weder eine Kirche noch Theater öffneten, nahm ihn der Deputirte Buchhändler Baſſermann ſammt ſeinem zahlreichen Gefolge in ſeinen feſtlich erleuchteten Garten auf, wo ihn die Häupter der liberalen badiſchen Oppoſition Itzſtein, Hecker, Matthy ꝛc. bewillkommten. Gleicher Jubel empfing Ronge in Worms, Offenbach, und als er zum zweitenmal nach Frankfurt kam, war ſein Empfang noch glänzender als das erſtemal. Tauſende erwarteten ihn und die Straßen waren mit Fahnen und Blumen geſchmückt. Aber man rief ihn ins badiſche Oberland ab, um die alten Feinde des Cölibats, Kuenzer ꝛc. zu begrüßen. Eben war zu Freiburg im Breisgau der Geſchichtsforſcher Heinrich Schreiber zu ſeiner Secte übergetreten. Das Conſtanzer Capitel verlangte Reformen, wodurch am ſicherſten der Abfall von der Kirche vermieden werden könne. Das Capitel des Linzgaus brachte wieder die Aufhebung des Cölibats zur Sprache. Eben ſo die Capitel von Stühlingen, Mosbach und Geiſingen. In Conſtanz drückte der Bürgermeiſter Hüttlin dem Erzbiſchof von Freiburg, als derſelbe auf einer Viſitationsreiſe dahin kam, am 9. Juli die Geſinnung der geſammten Bürgerſchaft als eine Weſſenbergiſche aus. Doch wurde Weſſenbergs Büſte, die von exaltirten Verehrern deſſelben unpaſſenderweiſe bei dieſem Anlaß zur Schau geſtellt worden war, durch einen Auflauf des gemeinen Volkes zerſchlagen, weil daſſelbe darin eine Verhöhnung des Erzbiſchofs zu ſehen glaubte. Als Ronge nun wirklich nach Conſtanz kam, mied ihn Weſſenberg und ſelbſt Kuenzer mißbilligte ſein Schisma. Der altkatholiſche Boden brannte unter Ronges Füßen. Er durfte nicht einmal einen öffentlichen Vortrag halten. Zwar ließ er auf dem nahen Schweizergebiet dicht an der Grenze eine Tribüne errichten und predigte in ſeiner Weiſe, hatte jedoch kein ſehr ausgewähltes Publikum und führte nur vor Neugierigen ein barockes Spectakel

auf, unterbrochen von wilden Drohungen und Schmähungen eines
fanatischen Haufens von katholischem Volke (am 18. October).
Da zog er ab, um nicht wiederzukommen.

Inzwischen hinterließ er doch im Badischen eine Nachwirkung.
Zittel trug in der Kammer auf allgemeine Religionsfreiheit an.
Die Mehrheit fiel ihm zu, aber aus dem Volke kamen Sturmpetitionen gegen die Motion. Die Aufregung wurde so groß, daß
ein offener Kampf der Parteien zu besorgen gewesen wäre, wenn
nicht die Regierung schnell die Kammer aufgelöst hätte. Mitten
in diese Gährung hinein warf Professor Gervinus in Heidelberg
eine Flugschrift, worin er von der deutschkatholischen Bewegung
die größten Hoffnungen für Deutschland hegte und nichts Geringeres von ihr erwartete, als die Auflösung der protestantischen, wie
der altkatholischen Kirche in diese neue Kirche des Geistes.

Inzwischen hatten die Reformatoren gerade durch ihre Rundreisen und gedruckten Reden ihre Unfähigkeit offenbart. Durch die
antichristliche und radicale Richtung, die sie genommen hatten,
waren ihnen die protestantischen Regierungen abgeneigt worden.
In Braunschweig, Darmstadt, Baden und Württemberg wurden sie
denselben Beschränkungen unterworfen, wie früher in Preußen. Eine
Menge protestantischer Stimmen erhoben sich gegen sie. Nicht nur
die gläubigen Protestanten wiesen entschieden solche ungläubige
Bundesgenossen zurück, sondern auch unter den politisch Liberalen
sahen bereits Viele ein, daß sie durch Gemeinschaft mit den Dissi-
denten mehr ihren Namen compromittiren, als etwas für ihre
Sache gewinnen würden. Die deutschkatholische Bewegung stockte.
Sie hatte nur wie eine Staubwolke durch Deutschland gewirbelt
und den Leuten Sand in die Augen gestreut.

In Sachsen war die Aufregung am heftigsten. Hier ging die
Thorheit so weit, daß auf die bloße Nachricht hin, in der katholischen Kirche zu Annaberg sey ein Altar dem Stifter des Jesuiten-
ordens geweiht und in ihm befinde sich eine Reliquie des heil.
Franz Xaver, das ganze Land allarmirt wurde und die Regierung

Mühe hatte, die lächerlichen Beschwerden darüber zu beschwichtigen.
Ein unglücklicher Zufall wollte, daß gerade jetzt der Bauplan zu
der ersten, den Altkatholiken schon vorher bewilligten Kirche in
Leipzig entworfen wurde, während die Regierung Anstand nehmen
zu müssen glaubte, den Deutschkatholiken eine protestantische Kirche
einzuräumen. Nun schrie alles und tobte. Man fiel auf den Wahn
einer jesuitisch gesinnten Camarilla, und der um Wissenschaft und
Kunst vielfach verdiente, stets durch edle Mäßigung ausgezeichnete
Bruder des Königs, Prinz Johann, wurde dabei Gegenstand der
unwürdigsten Verleumdung. Am 12. August kam Prinz Johann
als Chef der Communalgarde Sachsens auf einer Visitationsreise
auch nach Leipzig, um die dortige Communalgarde zu mustern. Da
brach die lang verhaltene Wuth aus. Schon bei der Musterung
wurde gerufen: es lebe Ronge! Als aber der Prinz im Hotel de
Prusse zu Nacht speiste, begann Pfeifen und Geheul und Stein-
werfen gegen das Hotel und die Ruhe konnte endlich nur durch
Militairgewalt hergestellt werden, wobei 7 Personen erschossen und
3 so schwer verwundet wurden, daß sie bald nachher starben. Weil
es bloße Zuschauer gewesen, wurde das Militair der Grausamkeit
beschuldigt und die Aufregung wuchs nach der Abreise des Prinzen.
Eine große Volksversammlung unterwarf sich jedoch dem Machtwort Robert Blums, der zur Mäßigung mahnte. Der König ließ
sich versöhnlich finden, eine lange Untersuchung endete ohne erheb-
liches Resultat und niemand wurde bestraft. Die Deutschkatholiken
blieben einstweilen geduldet.

Mittlerweile machten auch die protestantischen Lichtfreunde
gewaltigen Lärmen, vorzugsweise in Preußen. Als ihr kühnster
Vorstürmer bezeugte sich Pastor Wislicenus aus Halle in der
Köthener Lichtversammlung am 15. Mai 1844, indem er hier feierlich den christlichen Glauben abschwur und dem alten „ich glaube"
Satz für Satz ein „ich glaube nicht" entgegenstellte. Bald darauf
gab er eine kleine Schrift heraus „ob Schrift, ob Geist?" worin
er die heil. Schrift verwarf und nur dem Zeitgeiste folgen wollte.

Von diesem Zeitgeist waren fast alle Synoden angesteckt, die der König von Preußen am Schlusse des Jahres zusammenberief. Er meinte, die Mehrheit sey noch gläubig und werde die ungläubige Minderheit zügeln. Aber die Mehrheit der protestantischen Geistlichen war längst ungläubig. Auf der Synode zu Magdeburg waren nur 3 gläubige Christen gegen 4 Hegellaner und 11 Rationalisten. Auf der Synode zu Breslau brachen zwischen der noch gläubigen, oder scheingläubigen und der ganz ungläubigen Geistlichkeit eckelhafte Kämpfe aus. Auf einer großen Lichtversammlung in Halle im Februar 1845 wurde den Deutschkatholiken zugejubelt. Eben so in Lichtversammlungen zu Königsberg und Eisleben.

In Hengstenbergs Kirchenzeitung wagten nun einige fromme Pastoren den vielfachen Erklärungen zu Gunsten des Wislicenus andere entgegenzusetzen, in denen sie seine Lehre verwarfen und ihn selbst nicht mehr für einen christlichen Geistlichen anerkennen wollten. Das erregte wieder einen furchtbaren Sturm im Meere der ungläubigen Pastoren und Professoren, die sich beeilten, ihre Proteste zuerst in Breslau*) gegen Hengstenberg mit zahlreichen Un-

---

*) Im Breslauer Protest hieß es: „Mit stets wachsender Zuversicht ist seit Jahren innerhalb der evangelischen Kirche eine Partei hervorgetreten, welche, klein an der Zahl, bedeutend nur durch äußere Stützen, den freien, lebendigen Glauben fesseln will an die starren Dogmen und Formeln vergangener Jahrhunderte. Fern und fremd den lebendigen Entwickelungen der Zeit stellt sich diese Partei jenen gesunden, schönen Bewegungen, welche das kirchliche Leben der Gegenwart ergreifen und treiben, entschieden feindselig entgegen. Wir sind entschieden gegen die Anmaßung jener Partei, und erklären, unerschütterlich fest halten zu wollen an den großen Errungenschaften der Reformation und an dem Rechte der freien Forschung in der h. Schrift, an der unveräußerlichen, durch keine Macht zu verkümmernden Glaubens- und Gewissensfreiheit. Wir erkennen die unabweisbare Nothwendigkeit an, daß das tiefempfundene Bedürfniß nach einer Ordnung der Kirche, welche hinreichende Bürgschaft gewährt für die protestantische Freiheit der Individuen, befriedigt werde, daß jener Zustand der Gebundenheit aufgehoben werde, welche die evangelische Kirche hindert, sich des

terſchriften zu bedecken. So ganz war alle Scham von ihnen gewichen, daß ſelbſt die höchſten Geiſtlichen des Landes ſich an die
Spitze der Proteſte ſtellten, wie Conſiſtorialrath Schulz in Breslau, die Biſchöfe Dräſeke und Eylert, Hofprediger Sydow, Super-
intendent Schulz, auch Profeſſor Lachmann ꝛc. in Berlin. Ueberall
im Lande wurden die Proteſte nachgeahmt und in Lichtverſammlungen, die ſich von Tag zu Tage häuften, mit zahlreichen Unter-
ſchriften bedeckt. Endlich that ſogar der Magiſtrat von Berlin
einen kühnen Schritt und nahte dem Thron (am 2. October) mit
einer Abreſſe, in der er dem König geradezu erklärte, mit dem
alten Chriſtenthum ſey es zu Ende, die neue Aera des freien Gei-
ſtes beginne und der König werde hiemit aufgefordert, ſich an die
Spitze der neuen Geiſtesbewegung zu ſtellen, indem er ſchon jetzt
unbedingte Lehrfreiheit geſtatten und ſogleich eine aus Geiſtlichen
und Laien gemiſchte freigewählte Synode einberufen ſolle, um die
Verfaſſung der Kirche nach den Forderungen des Zeitbewußtſeyns
gänzlich umzuſchaffen. Bürgermeiſter Krausnik las ihm die Abreſſe
vor, die der König aber mit ungewöhnlicher Schärfe abſchlägig
beantwortete. Am 23. October reichte der Magiſtrat von Königsberg eine ganz ähnliche Abreſſe ein. In Breslau ſchwur Senior
Krauſe auf der Kanzel dem Chriſtenthum ab. Das Breslauer
Schullehrerſeminar war ſo gegen das Chriſtenthum fanatiſirt, daß
es gänzlich aufgelöst werden mußte.

Schwächer war die antichriſtliche Gährung in den übrigen
proteſtantiſchen Staaten. In Württemberg wurde der junge Tübinger Profeſſor Viſcher ſuspendirt, wegen einer Rede, in der er
das Chriſtenthum geläſtert hatte, 1845.

Der König von Preußen unterſagte die Lichtverſammlungen
und entfernte Wislicenus, Rupp, Schulz. Dräſeke und Eylert
gaben ſchwächliche Erklärungen von ſich, worin ſie nur ihre Feig-

_____

von der Wiſſenſchaft und dem Leben der Gegenwart getragenen Glaubens
bewußt zu werden.“

heit gegenüber der weltlichen Macht bezeugten, ohne ihre Sympathien für die Lichtfreunde aufzugeben. Diese letzteren, wie die
Deutschkatholiken, machten nun äußerlich keine Fortschritte mehr,
wurden aber auch nicht verfolgt und befanden sich in der etwas
seltenen Lage, daß mit wenigen frommen Ausnahmen die ganze
gebildete Welt für sie war, und sie doch weder die alte Kirche vertilgen, noch einen neuen Cultus aufbringen konnten. Die geheime
Ursache ihrer Schwäche lag in der Rücksicht auf die Bauern. Das
Landvolk war durch die Zöglinge der Schullehrerseminare noch
nicht genug unterwühlt, immer noch zu altgläubig. Man durfte
doch noch nicht wagen, die Kirche niederzureißen.

Der katholischen Einheit gegenüber dachte man in Preußen
an eine Erneuerung der protestantischen Einheit, wie sie im alten
Reich als corpus Evangelicorum bestanden. Am 5. Januar 1846
kamen geistliche Abgeordnete von 26 Staaten in Berlin zusammen,
die aber nicht das Geringste ausmachten. Auch nach zehnjährigem
Bestande haben sie bis heute nichts zu Stande gebracht außer
einem neuen Gesangbuchsentwurfe. Es war unmöglich, die Staaten in wichtigen Dingen zu einigen, und es wäre schlimm gewesen,
wenn man sich nur in den damals vorherrschenden Negationen geeinigt hätte. Der König von Preußen berief in demselben Jahr
noch eine Generalsynode seiner Landesgeistlichen nach Berlin, die
Mehrheit erwies sich unionistisch, aber auch hier wurde nichts ausgemacht.

In demselben Jahr 1846 wurde Preußen und Oesterreich gemeinschaftlich durch einen neuen Polenaufstand beunruhigt.
Mieroslawski, ein in Paris lebender polnischer Flüchtling, erschien
heimlich im Großherzogthum Posen und stellte sich an die Spitze
einer Insurrection, die aber im Keim erstickt wurde, indem am
14. Februar die Verschworenen in der Festung Posen sich verdächtig machten und alle verhaftet wurden. Besser gelang es der Insurrection in Krakau, wo durch einen Grafen Bobrowski und durch
die Beamten der patriotischen Gräfin Polocka alles vorbereitet war,

um Galizien zu allarmiren. Zwar merkte man auch hier früh=
zeitig, was vorging, und am 17. Februar rückten 1500 Oester=
reicher unter General von Collin in Krakau ein, allein die Ver=
schwornen in der Stadt, durch Zuzüge vom Lande verstärkt, be=
mächtigten sich des Schlosses, feuerten auf die Oesterreicher und
zwangen sie nach einem lebhaften Straßenkampfe, die Stadt wieder
zu verlassen, am 22sten. Die Behörden der kleinen Republik Kra=
kau hatten kein Ansehen mehr. Gorzkowski, der aus Paris kam,
proclamirte noch an demselben Tage die neue polnische Republik
und verkündete darin den Bauern die Aufhebung aller Frohnen und
Zinsen und ungemessener demokratischer Freiheit. Ein gewisser Tys=
sowski aber, abeliger Gutsverwalter, ein Mann von minder Ta=
lent als imponirender Gestalt, trat an die Spitze des Freistaa=
tes. Man erfuhr, daß ganze tolle Unternehmen sey in einer Ver=
sammlung der polnischen Verbannten zu Paris am 21. Jan. ver=
abredet worden und zwar hätte sich die aristokratische Fraction
diesmal der demokratischen gefügt und die Bauernemancipation zu=
gegeben, während Fürst Adam Czartoryski *) als künftiger König
von Polen bezeichnet wurde und andererseits ein vornehmer Pole
dem Kaiser Nicolaus unter der Bedingung, daß er die Revolution
in preußisch= und österreichisch Polen im panslavistischen Sinne ge=
währen lasse, zunächst Galizien anbot. Jedenfalls wollten die
Verschworenen Rußland schonen und ins Interesse ziehen, indem
sie nur mit Preußen und Oesterreich anbanden. Allein das ganze
Unternehmen scheiterte an den galizischen Bauern. Als die ver=
schwornen Edelleute im Kreise Tarnow die Bauern versammelten,
ihnen Freiheit verkündeten, sie aber zum Kampf gegen die öster=
reichische Regierung aufforderten, bezeugten die Bauern unerwarte=
ter Weise keine Lust. Einer aus ihrer Mitte führte das Wort

---

*) Am 7. März wurde diesem Fürsten von der polnischen Emigration
in Paris förmlich gehuldigt. Die österreichische Regierung aber ließ die in
Galizien liegenden Güter, die der Fürst aus Vorsicht seiner Gemahlin ab=
getreten hatte, dennoch mit Sequester belegen.

und ein polnischer Graf schoß ihm eine Kugel vor den Kopf, um
ihn zum Schweigen zu bringen und die Bauern zu erschrecken.
Diese aber erschracken nicht, sondern fielen über die Edelleute her,
mordeten ihrer 20 und verfolgten die übrigen, bis eine österreichische Schwadron aus Tarnow ankam. Dann führten sie die
gefangenen und verwundeten, wie auch die todten Edelleute auf
Wagen nach Tarnow und ihr Betragen wurde von den kaiserlichen
Behörden gelobt. Daß diese den Bauern 10 Gulden für jeden todt
oder verwundet abgelieferten Edelmann versprochen hätten, war
eine Parteiverläumdung, Thatsache aber ist, daß die Bauern in
ihrem Eifer fortfuhren und in wenigen Tagen Wagen auf Wagen
voll todter oder schwer mißhandelter Edelleute in Tarnow abliefer-
ten. Man zählte 100 todte und 400 noch lebende. Auch in mehreren andern Kreisen wurde dieses Beispiel nachgeahmt und der
Adel von den Bauern ausgeplündert, gefangen, gemordet. Ein
flüchtiger Herr von Boguß, dessen ganze Familie mit Nachbarn
und Verwaltern gemordet worden war, verlangte offen in einer
Bittschrift an den Kaiser Gerechtigkeit, betheuerte die Loyalität und völlige Unschuld seiner Familie und bezeichnete den alten
Bauer Jakob Szela als den Wütherich, der ohne Unterschied alle
Adeligen habe umbringen lassen. Diese Haltung der Bauern nun
war es, die jede Hoffnung der Verschwornen zu nichte machte.
Sie flohen. Die Oesterreicher rückten schon am 3. März wieder
in Krakau ein. Es kostete mehr Mühe, die loyale Hitze der Bauern
als den Aufstand selbst zu unterdrücken. Am 13. April verkündete
der Kaiser den Bauern in Galizien die Befreiung von den Robo-
ten, also ungefähr dieselbe Emancipation, die ihnen Gorzkowski zugesichert hatte. Die nordischen Mächte kamen überein, die kleine
Republik Krakau dem österreichischen Kaiserstaat einzuverleiben,
um ferneren Umtrieben von dort vorzubeugen. Das wurde am
6. November vollzogen, trotz des heftigen Widerspruchs von Seiten
Palmerstons. Frankreich wagte nicht, die drei Mächte deshalb anzugreifen und war auch wegen der spanischen Heirath mit England

gespannt. Aber sowohl französische als englische Blätter nahmen
Act von diesem „Bruch der Verträge von 1815" und sagten vorher, die Westmächte würden ähnliche Brüche zu ihrem Nutzen künftig nicht mehr scheuen.

Immer noch von dem Principe der ständischen Gliederung
nicht lassend, glaubte der König von Preußen doch dem Dringen
nach Reichsständen in der Art nachgeben zu sollen, daß er wie
früher schon die Ausschüsse, so jetzt die sämmtlichen Mitglieder aller
Provinzialstände zu einem vereinigten Landtage nach Berlin
berief, am 3. Februar 1847. Niemand zweifelte, daß somit die
constitutionelle Bahn betreten sey, und der Jubel war groß, wenn
gleich eine Opposition noch das „Annehmen oder Ablehnen" in
Frage stellte, sofern das königliche Patent doch noch keine eigentliche Repräsentativverfassung im Sinne des Versprechens von 1815
bewilligte. Der Landtag wurde am 11. April in Berlin eröffnet
und der König sagte ausdrücklich: er werde nimmermehr zugeben,
daß sich zwischen ihn und das Land ein geschriebenes Blatt (eine
Charte) gleichsam als zweite Vorsehung eindränge. Ferner beklagte er sich über den Geist der Auflockerung zum Umsturz, schmach-
voll für die deutsche Treue und preußische Ehre, und endlich die
große Opposition des Unglaubens abwehrend, rief er mit Begeisterung aus: ich und mein Haus wollen dem Herrn dienen! Allein
die Opposition kehrte sich nicht an diese schönen Worte, sondern
setzte sich gleich in der Errungenschaft des vereinigten Landtages
fest, um mit vereinter Kraft auf ihre Zwecke hinzuarbeiten, und
antwortete dem König mit einer von dem Crefelder Fabrikanten
Beckerath aufgesetzten Adresse, worin sie die Rechte der künftigen
Repräsentativverfassung reclamirte und verwahrte. Unter den Rhein-
ländern glänzten die Redner Camphausen von Köln und Hansemann
von Aachen, unter den Westphalen Freiherr von Vincke, unter den
Altpreußen Herr von Auerswald und Milde von Breslau. In der
Vermittlerrolle zeichnete sich Graf Arnim aus. Der König blieb
bei seinem Patent stehen und ließ sich von der Adresse nicht hin-

reißen, aber neue auf ihn gebaute Hoffnungen wurden damals geweckt durch eine merkwürdige Schrift des General von Rabowitz,
eines dem König persönlich engvertrauten Mannes, der Preußens
Mission in einer innigen Verschmelzung der specifisch preußischen
und der deutschen Gesammtinteressen und in einer dadurch motivir-
ten Bundesreform erkannte.

Auch in Oesterreich mehrten sich die Symptome constitutioneller Tendenzen. Hauptsächlich in Ungarn erstarkte die Reichs-
tagsopposition, deren Haupt in den dreißiger Jahren noch Deak
war, sofern weder der alte Palatinus, Erzherzog Joseph, noch der
junge Kaiser Ferdinand und Metternich die Gefährlichkeit derselben
zu ahnen schien. Nach Josephs Tode wurde sein Sohn Stephan
Palatin und der Kaiser selbst kam nach Ungarn, um sich als Ferdinand V. zum König krönen zu lassen, bei welchem Anlaß er
nicht mehr eine lateinische, sondern eine ungarische Rede hielt, 1847.
Dadurch steigerte er nur den Uebermuth der Magyaren, die ihre
Sprache allen in Ungarn lebenden Slaven, Deutschen und Wallachen aufdringen wollten, und zugleich die Unabhängigkeitsgelüste.
Damals war Ludwig Kossuth bereits das einflußreichste Mitglied
der Opposition geworden und der gefürchtetste Redner. Mit ihm
vereint wirkte die periodische Presse, wirkten Dichter und enthusias-
mirte Damen, in Ungarn den Deutschenhaß zur Mode zu machen,
wie gleichzeitig in der Lombardei und Venedig. — Aber auch in
Böhmen regten sich zum erstenmal die Stände. Im Jahr 1847
erklärten sie sich gegen die Censur, ließen ihre eigenen Verhandlungen drucken und vertheidigten gegen die Regierung ihr Steuer-
bewilligungsrecht. Sogar in Deutschösterreich wurde das bisherige
tiefe Schweigen der Postulatenlandtage unterbrochen. Vor den
niederösterreichischen Ständen verlangte Graf Breuner die Theilnahme von bürgerlichen Abgeordneten bei Berathung der Steuern.
Auch kam hier schon die Ablösung der Feudallasten und eine Reform des Unterrichtswesens in Frage.

Damals wurden immer mehr Eisenbahnen in Deutschland

angelegt, aber nicht nach einem übereinstimmenden Plane. Insbesondere in den südwestlichen Mittelstaaten liefen die Interessen
auseinander und hemmte man sich gegenseitig. Auffallenderweise
baute Oesterreich wenig und spät, nachdem Preußen schon viel mehr
gebaut hatte, weshalb die Bahn von Paris nach Wien in weitem
Bogen durch Norddeutschland führte. Friedrich List, aus seiner
Verbannung in Amerika zurückgekehrt, bemühte sich vergebens, in
den gesammten Eisenbahnbau Deutschlands Plan und Einheit zu
bringen, wie auch Schutzzölle als Repressalien des deutschen Handels gegen England durchzusetzen. Verkannt und verlassen von
seinen Landsleuten gab er sich 1846 selbst den Tod, zu Kufstein
in Tirol.

In dieser Zeit begannen auch neue verhängnißvolle Verwicklungen an der dänischen Grenze. Die Herzogthümer Schleswig
und Holstein waren nach und nach an die Könige von Dänemark
gekommen, behaupteten aber noch ihre uralten Privilegien, darunter die gemeinschaftliche Ständeversammlung die Hauptsache war,*)
Unglücklicherweise hatte das ungeschickte Messer der Diplomaten am
Wiener Congreß nur Holstein mit Lauenburg zum deutschen Bunde
gezogen, ein Umstand, den die dänisch-russische Politik benutzte,
um das alte Band zwischen Schleswig und Holstein gänzlich zu
lösen. König Friedrich IV. von Dänemark hatte die von den vereinten Ständen von Schleswig und Holstein 1831 bestrittenen
Provinzialstände im Jahr 1834 dennoch in der Art eingeführt,
daß in jedem der beiden Herzogthümer ein besonderer Landtag bestehen sollte, wie auch im übrigen Dänemark einer für die dänischen Inseln, der andere für Jütland. In Schleswig wünschte die
deutsche Mehrheit den früheren Verband mit Holstein festzuhalten
eine dänische Minderheit dagegen beschwerte sich 1838 über die
Herrschaft der deutschen Sprache in ganz Schleswig und verlangte

---

*) König Christian I. hatte bei seiner Wahl den Ständen den Eid
geleistet: „dat se bliven ewich tosamende ungedeelt."

für die rein dänische Bevölkerung Abwehr derselben. Im Jahr
1839 starb der alte König und ihm folgte sein Großneffe, Chri=
stian VIII, der damals schon 54 Jahre zählte und dessen einziger
Sohn Friedrich keine Nachkommenschaft versprach. Nun machte sich
Herzog Christian von Schleswig=Holstein=Sonderburg=Augustenburg
Hoffnung auf die Thronfolge, die ihm nach deutschem Recht als
dem nächsten männlichen Agnaten in Holstein und Schleswig auch
zukam, nicht aber in Dänemark nach dänischem Recht der nähern
weiblichen Thronfolge, und unterstützte deshalb aus allen Kräften
die deutsche Partei in den Herzogthümern. Die Provinzialstände
beider verlangten daher 1842 abermals dringend ihre Verschmel=
zung, wobei Advokat Beseler in Schleswig besonders thätig war.
Dagegen trug Ussing im dänischen Landtage von Roeskild darauf
an, der König solle die Untheilbarkeit des dänischen Gesammtstaa=
tes erklären, 1844. Rußland unterstützte diese Politik. Rußland
hat ein dringendes Interesse, daß sein Einfluß in Dänemark
herrsche, weil der Sund der Schlüssel zur Ostsee ist, auf den es
die russische Politik eben so scharf abgesehen hat, als auf die Dar=
danellen, den Schlüssel des schwarzen Meeres. Zudem vermählte
sich Landgraf Friedrich von Hessen (welcher als nächster Agnat der
hessischen Kurfürsten beim Mangel legitimer Erben in Kurhessen
sowohl dieses Land als auch, sofern Christians VIII. Schwe=
ster Charlotte seine Mutter, Gemahlin seines Vaters Wilhelm
war, nach dänischem Recht der weiblichen Nachfolge auch Däne=
mark erben sollte) im Jahr 1844 mit der Großfürstin Alexandra,
der Tochter des Kaisers Nicolaus, wodurch Rußland selbst ein
nahes Erbrecht auf Dänemark gewann. Nun brauste der deutsche
Patriotismus in den Regionen auf, wo nichts entschieden wird.
Die ohnmächtigen Stände von Holstein erließen am letzten Abend
des Jahres 1844 eine kraftvolle Adresse an den König. Die ohn=
mächtigen Stände von Braunschweig und Baden empfahlen, die
deutsche Sache an der Elbe zu unterstützen. Bei einem großen
Sängerfest in Würzburg 1845 wurde die schleswig = holsteinische

Fahne entfaltet und begeistert „Schleswig-Holstein meerumschlungen"
gesungen. Von der ohnmächtigen deutschen Presse wurde die gute
Sache bestens unterstützt, aber während Deutschland sang und
schwazte, schritt der Dänenkönig, von Rußland getrieben, zur That,
und erließ 1846 den berüchtigten **offenen Brief**, worin er das
dänische Recht der weiblichen Thronfolge auf den Gesammtstaat
Dänemark, also auch auf die Herzogthümer Schleswig und Holstein ausdehnte und mit einem Federstrich die deutschen Hoffnungen durchschnitt. Man glaubte damals allgemein, Kaiser Nicolaus
lege nicht blos auf den Sund, sondern auch auf Holstein insofern großen Werth, als wenn erst ein russischer Prinz auf dem
dänischen Thron säße, derselbe auch wegen Holstein Sitz und
Stimme am deutschen Bundestag habe und die Geschicke Deutschlands noch viel unmittelbarer als bisher von Rußland gelenkt werden würden.

Die Deutschen mußten alles Nationalgefühls baar gewesen
seyn, wenn sie dem russischen Plan nicht wenigstens einen moralischen Widerstand entgegengesetzt hätten, aber sie begingen den
Fehler, allzu tumultuarisch aufzutreten, die natürlichen Rechtswege
durch Agitationen und Massenaufgebote zu überschreiten und namentlich die durchaus verschiedenartigen Rechte Schleswigs und
Holsteins zu vermengen. In Bezug auf beide stand dem deutschen
Bund nur zu, das Erbrecht der deutschen Agnaten zu wahren; aber
in Bezug auf Holstein allein stand ihm auch zu, dessen Trennung
als deutsches Bundesland vom dänischen Gesammtstaat und eine
Verbindung des einen mit dem andern ausschließlich durch Personalunion zu verlangen. Nicht in Bezug auf Schleswig. Wenn
nur den deutschen Agnaten das Erbrecht in Schleswig gesichert
blieb, ging Schleswigs jeweilige Verfassung und Verwaltung den
deutschen Bund nichts an. Die deutsche Agitation für die Herzogthümer setzte aber voraus, einem gelte, was dem anderen. Mit
dem damals überall gesungenen Liebe „Schleswig-Holstein meerumschlungen" täuschte man sich über die europäischen Verträge. In-

dem von den liberalen Kammeroppositionen, von der Presse, in Adressen, sogar von den zu rein wissenschaftlichen Zwecken sich jährlich vereinigenden Germanistenversammlungen für Schleswig-Holstein agitirt wurde, und man in Holstein sogar große Volks-versammlungen zu halten anfing (die erste am 20. Juli zu Neu-münster), that man nicht gerade das, wodurch der damalige noch von Metternich inspirirte Bundestag angenehm berührt wurde. Gleichwohl nahm der Bundestag keinen Anstand, auf die Beschwerde der holsteinischen Stände am 17. September zu antworten, er ver-sehe sich, „daß die Rechte Aller und Jeder, zumal die des deutschen Bundes und der erbberechtigten Agnaten würden gewahrt werden." König Ludwig von Bayern gab öffentlich die wärmsten Sympathien für Schleswig-Holstein kund und die Agitation hörte keineswegs auf. Eine zweite große Volksversammlung zu Nortorf in Holstein am 14. September wurde durch dänisches Militair auseinanderge-trieben. Die Stände in Schleswig, Beseler an der Spitze, pro-testirten ganz im Sinne der Holsteiner gegen die Regierung und die Mehrheit verließ den Sitzungssaal, als die Regierung ihre Vorschläge zurückwies, im October. Die Ruhe wurde indeß nicht weiter gestört und die ganze Angelegenheit blieb, wie sie war, bis am 20. Januar 1848 der König starb, ihm sein Sohn Friedrich VII. nachfolgte und wenige Tage später die große Revolution in Frank-reich ausbrach.

Die badische Kammer begann damals eine immer auffallen-dere Rolle zu spielen. Ihre Koryphäen Rottek und Welker hatten durch das „Staatslexikon" die liberale Doctrin weit und breit unter das Volk gebracht. Rotteks Weltgeschichte wurde in unzählbaren Exemplaren selbst unter den Handwerksgesellen ver-breitet, auch die Commis-Voyageurs machten damals in liberaler Politik wie in einem Handelsartikel. Zwei badische Abgeordnete, der alte v. Itzstein und der junge Hecker, reisten 1845 nach Preu-ßen, um sich mit der ostpreußischen Opposition in Verbindung zu setzen, wurden aber aus Berlin ausgewiesen. Ein anderer, Basser-

mann, nahm sich insbesondere der Deutschkatholiken an. Die von
Gervinus in Heidelberg gegründete „Deutsche Zeitung" wurde das
Organ der deutschen Doctrinäre. Weiter noch als diese wollte
Hecker gehen, in Verbindung mit dem Russen von Struve, der
zu Mannheim in seinem „Zuschauer" schon republikanische und socialistische Ideen verbreitete. Am 12. September 1847 hielten diese
beiden eine Versammlung Gleichgesinnter in Offenburg ab, worin
sie constitutionelle Forderungen stellten, wie Preßfreiheit, Vereinsrecht, Geschwornengerichte, Lehrfreiheit, gleiche Berechtigung aller
Culte ꝛc., patriotische, namentlich Vertretung des Volkes beim
Bundestage, und demokratisch-socialistische, wie allgemeine Volksbewaffnung, Selbstregierung des Volks, Abschaffung aller Vorrechte, eine progressive Einkommensteuer und Garantie der Arbeit,
das eigentliche Programm der späteren Revolution. Durch dieses
Vorschreiten der äußersten Linken sahen sich die gemäßigten Constitutionellen veranlaßt, im October eine Zusammenkunft von Notabilitäten aus verschiedenen deutschen Kammern, welche der alte
Itzstein nach Heppenheim berufen hatte, gutzuheißen und zu beschicken. Derselben wohnten auch Hansemann und Mevissen als
Mitglieder des vereinigten Landtags in Preußen bei. Man beschloß, mit vereinigten Kräften und übereinstimmend alles zu thun,
um auf verfassungsmäßigem Wege zu dem zu gelangen, was in
Deutschland noch fehlte, um aus dem Repräsentativsystem eine
Wahrheit zu machen. Gegen den Vorschlag aber, eine Volksvertretung auch beim Bundestage zu verlangen, erklärte sich Heinrich von Gagern aus Darmstadt aus einem sehr richtigen
Grunde, weil der Executivgewalt im deutschen Bunde die einheitliche Spitze fehle und ein Reichstag ohne Kaiser nicht wohl durchführbar sey.

Mancherlei Bewegung zeigte sich auch schon in den Massen.
Der Turnverein in Offenbach mußte wegen demokratischer Wühlerei
aufgelöst, eine Volksversammlung in Donaueschingen untersagt
werden. Aus der radikalen Schweiz wurden Brandschriften in

Menge, besonders communistischen Inhalts, unter den deutschen Handwerkern verbreitet. Dazu kam ein Hungerjahr, hauptsächlich veranlaßt durch die Kartoffelkrankheit, die sich über den ganzen Welttheil verbreitete. Das Brod wurde außerordentlich theuer und im Frühjahr 1847 brachen an vielen Orten Theuerungsunruhen aus, welche die Proletarier doppelt empfänglich machten für die revolutionäre Verführung. So in Breslau, Halle, Stettin, Posen, vielen Orten in Böhmen, in Ulm, Tübingen. Der König von Württemberg selbst war in einem Theurungsauflauf zu Stuttgart am 3. Mai, den er durch gütiges Zureden stillen wollte, Steinwürfen ausgesetzt. Die Frechheit im gemeinen Volke nahm auffallend überhand. Auch die Presse wurde immer rücksichtsloser und ergriff in ihrer ungeheuren Mehrheit für den Radicalismus in der Schweiz Partei. Eine revolutionäre Schwüle lag in der Luft, die einen nahen Ausbruch wilder Volkselemente erwarten ließ.

Der treffliche König Ludwig von Bayern erlag damals dämonischer Bezauberung durch die spanische Tänzerin Lola Montez. Diese schöne Furie kehrte in München alles zu unterst und oberst, stürzte das Ministerium Abel, welches sich ehrenwerth weigerte, ihre Erhebung zur Gräfin von Landsberg zu unterzeichnen, und brachte den König dahin, ein neues Ministerium nach ihrem Sinn zu ernennen, wozu sich Zu Rhein und Maurer hergaben, am 13. Februar 1847. Hierauf wurden sieben katholische Professoren der Universität München abgesetzt, der Redemptoristenorden aufgehoben und ein entschieden kirchenfeindliches System angekündigt. Studenten und Volk brachten dem abgesetzten Professor von Lasaulx ein Ständchen und der Lola ein Pereat, wogegen das Militair einschritt. Hatten die Aufgeklärten und Fortschrittsmänner bisher das Ministerium Abel jesuitischer Grundsätze beschuldigt, so scheuten sie sich jetzt nicht, selber dem jesuitischen Grundsatz „der Zweck heiligt das Mittel“ zu huldigen und ließen sich die Lolawirthschaft gern ge-

fallen; die Spanierin war keck genug, sich zur Patronin der Frei-
sinnigkeit aufzuwerfen. Es währte daher noch lange, bis die sittliche Opposition gegen sie Kraft gewann. Im November trat das
bisherige Ministerium ab und ein noch liberaleres, den Fürsten
von Oettingen = Wallerstein und Bercks an der Spitze, vom Volk
das „Lolaministerium" genannt, übernahm die Geschäfte. Im Winter
bildete sich die Lola ein Gefolge von lüderlichen Studenten (die
s. g. Alemannia), mit denen sie lärmend durch die Straßen zog
und des Nachts Orgien feierte. Im Anblick dieser Scandale starb
der alte ehrwürdige Görres am 29. Januar 1848, und an seinem
Grabe erst erwachte der Zorn der Jugend und des Volkes. Als
die Lola wagte, seinem Leichenbegängniß zuzusehen und dabei Zeichen der öffentlichen Verachtung empfing, drohte sie mit der Reit-
peitsche, sie werde die Universität schließen lassen. Die von den
Studenten beabsichtigten Feierlichkeiten am Grabe des geliebten
Lehrers wurden am 3. und 6. Februar verhindert. Da am 7.
brauste die Jugend auf, von Volksmassen unterstützt, und keine
Alemannen durften sich auf der Straße sehen lassen, ohne mißhandelt zu werden. Mit gewohnter Kühnheit stürzte nun Lola
selbst auf die Straße, um sich ihrer Lieblinge anzunehmen, gerieth aber unter die Fäuste der Metzger und Brauer und nur ihr
Geschlecht und ihre Schönheit entwaffnete die Wuth der Menge.
Sie wurde in eine Kirche gerettet. Truppen reinigten hierauf die
Straßen und noch am gleichen Abend wurde die Universität geschlossen. Nun aber sammelten sich an den folgenden Tagen die
Bürger Münchens und drohten mit einer Sturmpetition. Auch
die Reichsräthe machten dem König Vorstellungen. Da bewilligte
er am 11. die Wiedereröffnung der Universität. Die Lola entfloh
in dem Augenblick, als man ihr Haus bereits stürmte und auch
die Alemannen verschwanden. Aber das Spiel war noch nicht zu
Ende. Dem Grafen Arco = Valley, der aus Freude über Lola's
Entfernung 5000 Gulden den Armen schenkte, wurde der Hof ver-

boten. Sie selbst blieb noch in der Nähe, um wiederzukommen. Die neuen Tumulte aber, die sie in München hervorrief, griffen schon in den allgemeinen Sturm der deutschen Märzrevolution ein. Lola Montez war kein gewöhnliches Weib. In ihrer reizenden Gestalt, süßverlockend und frech abschreckend, erblickten wir ein dämonisches Spiegelbild der Revolution, dieser selbst vorangaukelnd.

Fünftes Buch.

Der Sonderbundskrieg und Pius IX.

Die kleine Demüthigung, welche die Schweiz durch den französischen Gesandten erlitten, war bald verschmerzt, da Ludwig Philipp sich in einer Hauptsache, der kirchlichen Frage, den Schweizer Radicalen geneigt zeigte und den Papst ersuchte, sich in Bezug auf die Beschlüsse der Badener Conferenz mit der Eidgenossenschaft zu vertragen. *)

Die Kirchenverfolgung schritt nun immer weiter vor. Im August 1837 wurde die katholische Minderheit im Canton Glarus von der reformirten Mehrheit mit Waffengewalt unterdrückt und eine neue Verfassung erzwungen, das uralte Kloster Pfäffers aufgehoben. Im Jahr 1838 sollte der Streit der Klauenmänner gegen die Hornmänner benutzt werden, um im Canton Schwyz den Radicalismus einzuführen. Die ärmeren Landleute, die nur kleines Vieh mit Klauen hielten, konnten die Allmandweide nicht in dem Maaß benutzen, wie die reichen, welche großes Vieh mit Hörnern besaßen, verlangten daher eine Ausgleichung und Entschädigung von den Reichen. Es kam deshalb bei der Landgemeinde zu einer

----

*) v. Tillier, Geschichte der Eidgenossenschaft I. 337 nach Actenstücken.

großartigen Prügelei, in welcher die Hornmänner siegten. Der
damals radicale Vorort Luzern wollte gleich einschreiten, aber Zürich
war besonnener und verhinderte es. In demselben Jahre wurde
die Schweiz abermals durch französische Forderungen allarmirt, indem Ludwig Philipp die Ausweisung Ludwig Napoleons verlangte.
Ich werde bei der Geschichte Frankreichs darauf zurückkommen. Die
gemäßigten Schweizer waren zur Nachgiebigkeit geneigt, als Frankreich bereits Truppen an die Grenzen schickte, nur die exaltirtesten
Radicalen wollten den Kampf aufnehmen. Ludwig Napoleon machte
der Sache ein Ende, indem er freiwillig ging, aber die Radicalen
rühmten sich nun doch, nicht nachgegeben zu haben und wurden
immer trotziger. In Bern wichen die Brüder Schnell, die in diesem Handel für Mäßigung gewesen, in zu großer Empfindlichkeit
dem Einfluß der exaltirten Radicalen und Neuhaus kam hier ans
Ruder.

In Zürich hielt man bisher immer noch politische Mäßigung
ein und setzte dem radicalen Uebermuth Schranken, aber im Haß
gegen Christenthum und Kirche ging man hier weiter als anderswo. In ersterer Beziehung wurde Melchior Hirzel, damaliges
Staatsoberhaupt in Zürich, von seinen Collegen zurückgehalten, in
der zweiten Beziehung aber ließ man ihn gewähren. Er setzte nun
seine ganze Hoffnung auf die Zukunft und wollte die jüngere Generation zum unbedingten Fortschritt und zur neuen Religion des
freien Geistes erziehen lassen. Schon war Scherr Lenker des Schul-
wesens in Zürich, jetzt sollte auch noch der große Christusleugner
Dr. Strauß als Professor der Dogmatik und Kirchengeschichte
nach Zürich berufen werden, um, wie Hirzel in einer öffentlichen
Rede verkündete, eine neue Aera zu beginnen und Zürich zum Ausgangspunct einer neuen Reformation zu machen, die noch ungleich
großartiger werden sollte, als die des Zwingli gewesen. Die Berufung erfolgte im Januar 1839, allein bald zeigte sich solche Aufregung im christlichen Volke, daß man die Berufung sistirte und
im März den Dr. Strauß, ehe er noch gekommen war, in Ruhe-

stand versetzte mit einer Pension von 1000 Schweizerfranken, die er auch annahm. Damit war aber das christliche Volk noch nicht beruhigt. Es forderte Bürgschaften für seinen Glauben und daß Scherr entfernt werde, der die Jugend des Landes systematisch in den Schulen entchristlichte, Bibel und Katechismus verwerfend. Ein s. g. Glaubenscomité, Hürlimann und Rahn an der Spitze, formulirte die Beschwerden des Volks. Die radicale Regierung wollte das Comité in Anklagestand versetzen, ließ sich aber durch eine imposante Volksversammlung in Kloten abschrecken, benahm sich feig und wurde, als sich das Gerücht verbreitete, sie suche bewaffnete Hülfe bei den radicalen Cantonen, durch eine allgemeine Erhebung gestürzt. In der Nacht auf den 6. September ließ Bernhard Hirzel, Pfarrer zu Pfäffikon, zuerst die Sturmglocke läuten, die bald im ganzen Lande wiedertönte, und von allen Seiten bewegte sich das fromme Landvolk, geistliche Lieder singend, „ein betender Aufstand", gegen Zürich. Die Regierung benahm sich kopflos, ihre wenigen Truppen wichen nach einem kurzen Gefecht, in welchem der Regierungsrath Dr. Hegetschweiler, ein ausgezeichneter Naturforscher, erschossen wurde, indem er gerade Frieden stiften wollte. Die Regierung mußte dem Sturme weichen, die Sieger aber behielten die gemäßigten Mitglieder derselben bei und ersetzten die geflohenen durch christlich gesinnte Männer, wie Muralt, Hürlimann zc. Melchior Hirzel hatte für immer alle Bedeutung verloren, Scherr verlegte seine Wirksamkeit in den radicalen Thurgau. Dr. Keller entsagte dem Radicalismus gänzlich und ließ sich zu Berlin im preußischen Staatsdienste placiren.

Hatte der Radicalismus Zürich eingebüßt, so gewann er dagegen in diesem Jahre die Oberhand in Wallis. Hier wurden die conservativen, vorzugsweise deutschen Oberwalliser von den radicalen, vorzugsweise welschen Unterwallisern, deren Haupt Barmann war, damals übervortheilt. Auch in Tessin kam eine radicale Partei unter Franscini empor und stürzte die alte Regierung, 1839. Im folgenden Jahre trat der gesetzliche Termin der Verfassungsrevision (nach 10 Jahren) in Solothurn und Aargau ein und in beiden Cantonen siegte der Radicalismus, der hauptsächlich auch auf Bern trotzte, weil hier 1841 Neuhaus zum Schultheißen, und sofern Bern gerade Vorort war, auch zum Präsidenten der Tagsatzung erhoben wurde. Dieser Mann von durchaus französischer Erziehung brachte eine Treulosigkeit in die höchste Verwaltung der Eidgenossenschaft, wie sie bisher noch nicht vorgekommen war. Als die katholische Minderheit des Volks im Aargau durch die neue Verfassung die Parität aufs schändlichste verletzt sah und das s. g. Bünzener Comité Maßregeln dagegen berieth, ließ die Regierung die Mitglieder des Comité im Kloster Muri verhaften. Das katholische Landvolk litt es nicht, befreite die Gefangenen und nahm den Regierungscommissair Waller selbst in Verhaft, 10. Januar 1841. Aber schon am andern Tage stand nicht nur die ganze Streitmacht der reformirten Aargauer unter den Waffen, sondern am 12. rückten auch Berner Truppen ins Aargau ein, welche Neuhaus im Parteiinteresse der Aargauer Radicalen abschickte, ohne daß wirkliche Noth es erfordert hätte. Vergebens mahnte Zürich zur Mäßigung, am 13. Januar war der ganze katholische Theil des Aargau (die s. g. freien Aemter) mit 15,000 Mann reformirter Truppen überschwemmt, welche Frei-Herosé von Aarau anführte, und die sich jeden Uebermuth erlaubten, besonders schändlichen Unfug in den Kirchen trieben. An dem gleichen Tage wurde im großen Rath zu Aargau auf Antrag des Seminardirektor Keller der tumultuarische Beschluß gefaßt, sämmtliche Klöster im Aargau aufzuheben. Mit der Ausführung aber eilte man so, daß Frei-Herosé am 25. Januar bereits dem Abt von Muri erklärte, binnen zweimal 24 Stunden dürfte kein Mönch mehr im Kloster seyn. Kloster Muri war uralt und reich begütert, auch Wettingen an der Aar, minder die andern Klöster.

Der Vorort Bern hatte in diesem Fall allen Rechten zuwider parteiisch gehandelt und nicht etwa blos die Autorität der Regierung im Aargau herstellen, sondern auch durch Anwesenheit seiner

Truppen die Aufhebung der Klöster bewirken helfen. Dagegen erhoben nun die katholischen Urcantone und selbst die Stadt Basel Protest. Desgleichen Rom und auch Oesterreich, weil Muri eine Stiftung der Habsburger war. Metternich ließ in seiner Note an die Schweiz einfließen, wenn sie die Rechte anderer nicht achte, werde ihr eigenes Recht gefährdet. Aber indem Neuhaus die Tagsatzung am 15. März zum erstenmal, seit die Eidgenossenschaft bestund, in französischer Sprache eröffnete, gab er zu verstehen, die Schweiz könne sich, wenn sie von Oesterreich bedroht werde, immerhin auf französischen Schutz verlassen. Die Mehrheit der Tagsatzung dachte indeß billig genug, erklärte die Aufhebung der Aargauer Klöster für dem 12. Artikel des Bundesvertrags, der die Rechte der Kirchen gewährleistet, zuwiderlaufend, und forderte Aargau zur Einstellung seiner Verfügung auf. Aber Aargau trotzte und bequemte sich nur, ein Paar arme Nonnenklöster fortbestehen zu lassen.

Mittlerweile wurde auch die Verfassungsrevision in Luzern vorgenommen und am 1. Mai durch eine Mehrheit von 17,000 gegen 1600 Stimmen eine neue Verfassung und eine neue Regierung eingeführt, in welcher wie in Zürich die Glaubenspartei siegte. Denn lange schon war dem katholischen Volk das Treiben der radicalen Regierung, die Berufung Scherrs, die Errichtung von Schulen in seinem Sinn, das Verbot an die geistlichen Orden, Schulen zu halten zc. zuwider geworden. Ein tüchtiger Bauer, Leu von Ebersol, stand an der Spitze des Volks und trat jetzt in die Regierung ein. Mit ihm Sigwart-Müller, der bisher zu den Radicalen gehalten, jetzt aber sich bekehrte. In dieselbe Zeit fällt der Uebertritt Hurters, der als Antistes in Schaffhausen Vorstand der reformirten Geistlichkeit gewesen, zum katholischen Glauben, eine Conversion, die ungeheures Aufsehen erregte und den Haß der Radicalen gegen die katholische Kirche noch mehr entflammte. Wegen der Klöster wurde fortgetagt, protestirt, gemahnt, aber Aargau trotzte fort.

Der Radicalismus erfocht neue Siege in Genf, wo er durch mehrere Aufstände die Regierung erschütterte, seit 1841, unterlag aber in Wallis, wo Barmann mit den Jungschweizern von den Oberwallisern zurückgeschlagen und vertrieben wurde, 1844. Nach dreijährigen nutzlosen Unterhandlungen wegen der Aargauer Klöster beschlossen die Radicalen, die sich jedenfalls der Mehrheit sicher hielten, noch kühner und gewaltthätiger voranzugehen. Die vier-hundertjährige Feier der Schlacht bei St. Jakob brachte auf dem Schlachtfelde, unfern von Basel, eine ungeheure Volksmenge zu-sammen, bei der die radicale Farbe entschieden vorherrschte, am 30. Juni. Hier wurde die Fahne der Walliser beschimpft und die Abgeordneten dieses Cantons zur Flucht gezwungen. Hier reifte auch der Plan, durch Freischaaren mit Gewalt durchzusetzen, wozu man bei der Uneinigkeit der Stimmen auf der Tagsatzung durch keinen legalen Beschluß gelangen konnte. Brenner, ein Schü-ler Wilhelm Snells, verhöhnte in offener Rede den „papierenen Bund", der nicht die wahre Eidgenossenschaft sey. Kurz vorher (im Mai) hatte Seminardirector Keller in Aarau, weit entfernt, die Klosteraufhebung zu bereuen, vielmehr den weitern Antrag auf Vertreibung aller Jesuiten aus der Eidgenossenschaft gestellt. Die-ser Fanatismus reizte nun die Luzerner, am 12. September die Berufung der Jesuiten in ihre Stadt zu beschließen. Die Jesuiten waren nichts Neues in der Schweiz, zu Freiburg bestand schon lange eine großartige Erziehungsanstalt derselben und auch in Schwyz hatten sie sich niedergelassen. Aber sofern Luzern Vorort war, bildete man sich ein oder gab wenigstens vor, die Jesuiten könnten von hier aus einen viel gefährlicheren Einfluß üben. Die Jesu-itenfurcht war hier eben so lächerlich, wie in Sachsen, aber sie war nicht aufrichtig gemeint, sondern sollte nur den Absichten der Ra-dicalen dienen. Man wußte wohl, wie ganz ohnmächtig der arme Orden war, aber man machte ein ungeheuerliches Schreckbild aus ihm, um alle bisher billig Denkenden, Ruhigen und Gemäßigten gegen die katholische Partei aufzuhetzen und die Aargauer Klosterfrage über der neuen Jesuitenfrage ganz vergessen zu machen. Klug war die Berufung der Jesuiten nach Luzern in diesem Augenblick nicht, weil sie die Antipathie aller Reformirten gegen sich haben mußte. Sie bewirkte gleich einen Umschlag im Canton Zürich, wo der conservative Bluntschli dem liberalen (wenn auch nicht radicalen) Zehender in der Regierung weichen mußte. Sehr viele, die gern das Recht der Katholiken ferner unterstützt hätten, ließen sich vom Namen des Jesuitismus abschrecken und zogen sich von nun an zurück.

Auch die auswärtigen Mächte* tadelten die Jesuitenberufung. Ludwig Philipp wollte seine wachsende Unpopularität nicht noch dadurch vermehren, daß er sich der Jesuiten annahm. Auch Oesterreich mißbilligte die unzeitige Maßregel. Diese Stimmung im Ausland gab den Radicalen Muth, kühner voranzugehen.

Eine radicale Minderheit in Luzern, den Arzt Dr. Steiger an der Spitze, wagte am 7. December einen Aufstand, der aber im Keim erstickt wurde, indem sich die Verschworenen in einem Wirthshaus überfallen ließen und die Freischaaren unter dem Aargauischen Regierungsrath Waller, die von außen einbringen sollten, an der Emme zurückgeschlagen wurden. Vorort und Tagsatzung schienen zu schlafen. Trotz den gerechten Klagen Luzerns dauerte das Wühlen und Aufhetzen, nur um noch zahlreichere Freischaarenzüge zu veranlassen, unter den Augen des Vororts Bern fort, an dessen Stelle erst im neuen Jahr Zürich Vorort wurde. Schon am 15. December beriefen die Radicalen große Volksversammlungen nach Frauenbrunnen (im Berner Gebiet) und Zofingen, wo ein allgemeiner und offensiver Widerstand gegen die Jesuiten beschlossen und ein Centralcomité ernannt wurde, um die Volksmassen zu leiten. Es war eine helvetische Centralregierung in spe. Seminardirector Keller war ihr erster Präsident. Allein da der Bund in der Mäßigung des Cantons Zürich Hindernisse fand, so beschloß man, sich hauptsächlich an Bern anzulehnen und die Zofinger traten vor den Frauenbrunnern zurück, unter denen nur Ochsenbein eine triste

Berühmtheit erlangt hat. Dieser Ochsenbein übernahm die militairische Leitung des Bundes und in wiederholten, rasch auf einander
folgenden Volksversammlungen, so wie durch die Presse wurde der
große Freischaarenzug auf das Frühjahr vorbereitet. So zu Inns
(29. December), Langenthal (5. Januar 1845), Sumiswalb (12. Januar), Herzogenbuchsee, Liestal und Hunzenschwyl (19. Januar),
Wimmis, Zweisinnen, Dachsen. Die Luzerner Flüchtlinge schrieben
offen an ihre Landesregierung, sie würden bald mit vielen Gästen
wiederkommen. Luzern beschwerte sich über die Regierung des Aargaus, unter deren Augen die Freischaaren sich bildeten. Der Vorort
Zürich frug auch deshalb offiziell bei Aargau an, berief eine außerordentliche Tagsatzung und erließ ein Kreisschreiben (22. Januar),
worin er die dem Vorort ziemliche Mäßigung so gut als möglich
mit den Sympathien der wieder in der Züricher Regierung herrschend gewordenen radicalen Partei auszugleichen suchte. Aber
solche Vermittlungen konnten dem einmal kühn gewordenen Radicalismus nicht mehr gefallen und die große Volksversammlung zu
Unterstraß (26. Januar) bereitete die Sitzung des Züricher großen
Rathes (4. Februar) vor, in welcher die gemäßigtere Meinung mit
95 gegen 105 von der radicalen beseitigt wurde. Eben so wurde
im Canton Waadt die bisherige gemäßigte Regierung abzutreten
gezwungen (13. Februar) und Druey trat an die Spitze der neuen
schroff radicalen Regierung.

Die Luzerner verbarben ihre gerechte Sache durch die Härte
und Kleinlichkeit, mit der sie alle Verschworenen oder nur Ver-
bächtigen verfolgten und hunderte von Menschen einkerkerten und
inquirirten. Das schadete ihnen sehr in der öffentlichen Meinung,
obgleich sich ihr Verfahren aus Furcht vor dem sie überall um-
lauernden Verrath erklären läßt. Sie wollten sich nicht zum zweitenmal in ihrer eignen Stadt überfallen lassen. Uebrigens riefen sie
den alten General von Sonnenberg aus dem neapolitanischen
Dienst zurück, um ihm den Oberbefehl über ihre Truppen im Fall
eines neuen Angriffs zu geben und erboten ihre katholischen Mit-

stände zum Aufsehen. Wenn man erwägt, daß die Freischaaren
jeden Tag angekündigt wurden, daß Luzern und die Urcantone
schon wochenlang vor dem wirklichen Angriff durch falsche Gerüchte
allarmirt und dann von den radicalen Blättern ausgelacht wurden,
so muß man ihren Zorn entschuldigen.

Die Tagsatzung versammelte sich am 4. Februar 1845. Auf
ihr führten die katholischen Cantone eine würdevolle Sprache, wurden aber nur verhöhnt. Die gemäßigte Partei schmolz immer mehr
zusammen, da sie sich außer Stande sah, die Freischaaren ernstlich
zu verhindern, so lange Luzern nicht die Jesuiten aufgab. Erst
am 20. März beschloß die Tagsatzung ein Verbot der Freischaaren,
that aber nichts, um sie wirklich zu hindern. Die Starken wollten,
die Schwachen konnten sie nicht hindern.

Nachdem das Comité am 26. März einen Aufruf erlassen,
sammelten sich die Freischaaren, großentheils geregelte Milizen aus
dem Aargau, Bern, Solothurn und Baselland, angeführt von
Ochsenbein und von dem Aargauer Regierungsrath Rothpletz. Die Berner nahmen aus dem Schloß Nidau 2, die Solo-
thurner aus dem Schlosse Lipp 1, die Aargauer aus der kleinen
Festung Aarburg 4 schwere Geschütze mit. Obgleich alles unter
den Augen der Regierungen geschah, rührte sich doch niemand, das
Verbot der Tagsatzung geltend zu machen. Am 30. März rückten
zwei große Colonnen unter jenen beiden Befehlshabern vor Luzern.
Rothpletz kam glücklich über die Emme und drang in der Nacht
bis in die Vorstadt ein, wagte aber nicht, weiter vorzugehen und
wurde am andern Morgen von Sonnenberg mit überlegener Macht
angegriffen und zurückgeschlagen. Ochsenbein fand sich in der Nacht
nicht zurecht, eine Abtheilung seiner Colonne unter Villo wurde
an der Emme von Schwyzern zurückgeschlagen. Am Morgen suchte
Ochsenbein ihn und Rothpletz vergebens auf der Hochebene von
Littau und hielt sich allein für zu schwach, zumal rings um ihn
schon der Luzerner Landsturm plänkelte. Er befahl also den Rückzug, der bald in eine regellose Flucht ausartete zum Verderben der

Einzelnen, die nun viel leichter von den Luzerner Bauern erschlagen
oder gefangen wurden. Allo entkam mit dem Rest seiner Schaar
über Surfee. Rothplez wurde, nachdem seine Colonne sich aufgelöst, mit wenigen Gefährten nahe am Ufer der Emme gefangen.
Der Haupttheil seiner Colonne mit den Kanonen entfloh nach Mal-
ters; als sie hier ankamen, war es schon wieder Nacht geworden,
ein quer über die Landstraße gestellter Heuwagen hielt die Kanonen
auf und aus Häusern und Gärten schossen die Luzerner Bauern auf
die Freischärler, die hier alle gefangen wurden. Im Ganzen verloren die Freischaaren 104 Todte, eine unbestimmbare Zahl von
Verwundeten, Kanonen, Munitionswagen und Gepäck sammt 1785
Gefangenen, unter denen Oberst Rothplez, drei Oberstlieutenants,
zwei Majore. Die Luzerner und ihre Verbündeten hatten nur 8
Todte und 21 Verwundete.

Dieser schöne Sieg des Rechts erregte unter denen, die so gröb-
lich dem Unrecht geholfen, anfangs tiefe Bestürzung, dann grenzen-
lose Rachlust. Aber die Radicalen hielten ihren Ingrimm zurück,
bis die Gefangenen ausgelöst seyn würden. Am 5. April versammelte sich die Tagsatzung, die so wenig ihre Schuldigkeit gethan
hatte, abermals in Zürich. Hier erschien Sigwart-Müller als
Gesandter von Luzern und sprach entrüstet „von den treulosen Regierungen, die solche Horden gegen einen eidgenössischen Mitstand
gesendet, sie mit Waffen und Munition versehen, ihr Milizoffiziere
als Anführer gegeben. Im Hofe des Regierungsgebäudes zu Luzern stehen jetzt die Kanonen aus dem Zeughause des Aargaus.
Und auch ein Berner Geschütz. Hatte das stolze Bern, das auf
40,000 Bajonette pocht, nicht so viel Kraft, einen Freischaarenzug
zu verhindern?" Er forderte Bestrafung der Schuldigen, zunächst
Entlassung der eidgenössischen Offiziere, die unter den Freischaaren
gedient. Aber man hielt ihn hin. Man marktete nur um das
Lösegeld der Gefangenen, das endlich zu 200,000 Franken für Aargau, 70,000 für Bern, 35,000 für Baselland, 20,000 für Solothurn und 25,000 für die übrigen Cantone festgestellt wurde. So-

dann sollten Luzerns Bundesgenossen für ihre Ausrüstung 130 bis
150,000 Franken bekommen. So der Vertrag vom 25. April, worauf alle Gefangenen frei hinziehen durften mit Ausnahme der
Luzerner Insurgenten, unter denen Dr. Steiger zum Tode verurtheilt, aber mit List aus dem Kerker befreit wurde. Unmittelbar
nachher, im Juni, zogen die ersten Jesuiten in Luzern ein. Aber
Leu von Eberfol, der sie berufen, wurde in der Nacht des 20. Juli
in seinem Bett, während er schlief, von Jakob Müller erschossen,
einem schlechten Subject, welches Privatrache an ihm üben wollte,
sich aber auch von Parteimännern zu der Unthat verführen ließ.
Derselbe wurde hingerichtet. Die übrigen Luzerner Insurgenten
wurden zum Theil hart mit Gefängniß, die Reichen mit Geldstrafen belegt.

Eine wahre Sühne erfolgte nicht. Die Radicalen trachteten
nur, neue Kräfte zu sammeln, um Rache zu üben. Daß sie keineswegs bloß den Jesuitismus und die katholische Kirche anfeindeten,
sondern auch den reformirten Glauben haßten, hatte schon der Eifer
für Strauß dargethan, und wurde aufs neue bewährt durch die
rücksichtslose Verfolgung der reformirten Geistlichen im Canton
Waadt. Hier hatte sich der Advocat Druey zum Dictator aufgeworfen, trotz eines kropfartigen Halsauswuchses ein glänzender
Redner, ein blasirter Roué in der Maske des cynischen Volkstribunen, ein genialer Schalk, der alle Menschen auslachte mit der
Prätention, für das Wohl der Menschen zu glühen, eine der selt-
samsten Ausgeburten des Schweizer Radicalismus, jedenfalls mehr
Franzose als Deutscher. Diesem „lustigen Teufel" fiel es ein, sich
an der Angst der Frommen zu ergötzen. Zuerst hetzte er den radicalen Pöbel gegen die s. g. Momiers (Pietisten) und das Feldgeschrei war: à bas les Jésuites, à bas les Momiers, à bas les
Chrétiens! bald aber ging er weiter. Als er sämmtlichen reformirten Geistlichen des Cantons befohlen, die neue Verfassungsurkunde von der Kanzel zu verlesen und die meisten sich weigerten,
die heilige Stätte zu seinen politischen Demonstrationen herzuleihen,

befahl er die Absetzung der Widerspenstigen. Zweihundert Geistliche traten zusammen (11. November), verlangten Trennung der
Kirche vom Staate und errichteten, da ihnen die Kirchen geschlossen
wurden, s. g. oratoires zum Privatgottesdienst. Aber Druey ließ
ihre frommen Versammlungen durch den Pöbel auseinanderjagen,
setzte alle renitenten Pfarrer ab und dafür die unfähigsten Subjecte ein, oder schmolz mehrere Pfarreien in eine zusammen. Mit
gleichem Hohn trieb er die berühmten Männer aus der Akademie
von Lausanne, namentlich Monnard, der Schutz in Preußen fand.
Nirgends regte sich in der reformirten Schweiz eine Sympathie
für die verfolgten Prediger. Nur Bluntschli sprach einen herben
Tadel aus, als aber Druey sich darüber frech beschwerte, erklärte
der Stand Zürich, Bluntschli habe nur seine Privatmeinung ausgesprochen. Druey fuhr also lustig fort und die Excesse des von
ihm behandelten Pöbels gegen die Frommen wiederholten sich überall, wo diese sich versammelten. Zu Schallens wurden sogar die
Diakonissen aus dem Spital verjagt. Dagegen durfte der Commu-
nist Treichler in Lausanne öffentliche Vorträge halten und Marr,
ein Schauspielersohn aus Leipzig, in einem Journal den Grundsatz
aufstellen: Atheismus ist der Anfang der Humanität. Die Communisten waren damals in der französischen Schweiz sehr thätig.
Ihre Lehre, Gemeinschaft der Güter, Theilung der Arbeit, war in
Frankreich von Fourier ausgebildet worden und hatte sich besonders
im Handwerkerstande verbreitet. Ihr vornehmster Anhänger unter
den Deutschen war der preußische Schneidergesell Weitling, der
damals seine merkwürdigen Bücher gleichfalls in der Schweiz schrieb.
In Bern und Zürich bestanden wie im Waadtland communistische
Druckereien, von wo Brandschriften aller Art ausgingen, unter
andern eine wohlfeile Volksausgabe von Feuerbachs „Religion der
Zukunft", in welcher die gänzliche Ausrottung des Christenthums
als das Ziel bezeichnet war.

Daß die Feinde der katholischen Kirche auch zugleich die der
evangelischen wurden, ist sehr beachtenswerth. Weder die Deutsch-

katholiken wollten, indem sie die alte Kirche verließen, Protestanten werden, noch die Schweizer Radicalen, indem sie gegen die Jesuiten zu Felde zogen, die Bundesgenossenschaft der gläubigen Zwingllaner und Calvinisten annehmen. Die radicale Opposition wandte sich von allen Kirchen zugleich ab.

Im Canton Bern wurde im Februar 1846 Neuhaus entfernt. Derselbe hatte bei dem Freischaarenzug im Sinne der Radicalen nicht genug Energie bewiesen, immer noch zu viel gezögert und auf die Tagsatzung Rücksicht genommen. Die Radicalen wollten ganz freie Hand haben und brohten ohne weiteres den Schuldigsten ihrer Partei, das Haupt der Freischärler den offenen Elb- und Friedensbrecher zum Schultheiß von Bern und somit, wenn Bern Vorort wurde, zum Haupt der Eidgenossenschaft zu erheben. Wessen hatten sich die katholischen Cantone zu versehen, wenn Ochsenbeins Erhebung durchging, zu der schon alles sich vorbereitete, da er das große Wort im Verfassungsrathe führte!

Nichts war natürlicher, als daß die sieben katholischen Orte Luzern, Schwyz, Uri, Unterwalden, Zug, Freiburg und Wallis, sich neuer Angriffe von Seiten der Radicalen versahen und sich demnach zu einer gemeinschaftlichen Vertheidigung verbanden. Es geschah heimlich, aber bald verbreitete sich die Kunde davon und augenblicklich wurde dieser s. g. Sonderbund von den Radicalen als ungesetzlich und bundeswidrig bezeichnet, obgleich sie selbst früher das bekannte Siebener Concordat geschlossen ·hatten. Die armen katholischen Cantone, die sich nur zur Nothwehr verbunden, wurden jetzt als Angreifer, das unschuldige Lamm vom Wolfe als Räuber und Mörder angeklagt. Der Kriegsrath der sieben katholischen Orte constituirte sich am 20. September.

Am 7. October wurde Genf nach wiederholten radicalen Erschütterungen durch eine blutige Revolution dem Radicalismus erobert. Es gab Barrikaden, die aufständische Vorstadt St. Gervais wurde von den Regierungstruppen beschossen, aber James Fazy zeigte an der Spitze der Bewegung mehr Energie, als die alte Regierung, die sich sofort auflöste. Druey und Ochsenbein hatten hier mitgewirkt. Dagegen wurde ein Aufstandsversuch im Canton Freiburg, der von Murten ausging, am 6. Januar 1847 unterdrückt. Die Berufung des Dr. Zeller, eines Gesinnungsgenossen von Strauß und gleichfalls von Tübingen, an die Universität Bern sollte eine Genugthuung seyn für die Niederlage der „Strußen" in Zürich, allein sie verlor alle Bedeutung, da Zeller sich vom politischen Radicalismus fern hielt und auch Bern bald wieder freiwillig verließ. Als gläubige Prediger in Bern sich gegen Zeller's Berufung geäußert hatten, wurden sie mit scharfen Geldstrafen belegt.

Mit Neujahr 1847 wurde Bern Vorort, aber Funk als Schultheiß und Präsident der Tagsatzung vorgeschoben und Ochsenbein trat erst am 1. Juli als solcher ein, um von diesem Moment an Schlag auf Schlag gegen die katholische Partei zu führen. Seine Zurückhaltung in der ersten Hälfte des Jahres war darauf berechnet, die Gegner und die auswärtige Diplomatie noch in täuschende Ruhe einzuwiegen. Denn die großen Mächte suchten fort und fort das Feuer in der Schweiz zu dämpfen, aber sie waren nicht einig. Oesterreich versprach dem Sonderbund, es werde nie zugeben, daß die sieben Cantone ihre Selbständigkeit einbüßten, und lieh ihm die kleine Summe von 100,000 Gulden; aber England trat ganz offen für die Radicalen auf, seitdem Palmerston an's Ruder gekommen war. Frankreich wußte nicht recht, wie es sich verhalten sollte zwischen den Extremen und war auch zu viel mit sich beschäftigt. Ochsenbein durfte wagen, dem französischen Gesandten, Graf Bois le Comte, auf seine Mahnungen eine scharfe und abweisende Antwort zu geben. Die Schweizer Radicalen waren von England gut berathen und durchschauten alle damaligen Schwächen der Großmächte, daher ihre rücksichtslose Kühnheit. Man konnte damals noch nicht wissen, ob nicht Metternich wirklich dem Sonderbunde Hülfe leisten würde; aber die Schweizer Radicalen handelten so, als ob das gar nicht möglich wäre. Daß sie sich in dieser

Berechnung nicht täuschten, gereicht dem Fürsten Metternich zum Vorwurf. Dieser erfahrne Staatsmann mußte wissen, daß, wenn er den Sonderbund nicht schützen konnte oder wollte, damit der Bankerott seines politischen Systems und seiner Macht vor ganz Europa erklärt war. Am 1. Juli wurde Ochsenbein Bundespräsident, am 5. eröffnete er die Tagsatzung und am 20. wurde in derselben durch Mehrheit beschlossen, der Sonderbund sey mit dem Bundesvertrag unvereinbar, mithin aufzulösen. Die Gesandten der sieben Orte protestirten feierlich. Von nun an wurde Schritt vor Schritt die Mißhandlung der katholischen Schweiz von der reformirten Mehrheit auf der Tagsatzung unter dem Schein der Gesetzlichkeit fortgesetzt. Im August wurden alle Offiziere der sieben Orte aus dem eidgenössischen Dienste gestrichen, im September die Vertreibung der Jesuiten aus der ganzen Eidgenossenschaft, die Vollziehung der Execution am Sonderbund beschlossen. Kern von Thurgau verfaßte die gleißnerische Proclamation, durch welche dieser Schritt motivirt wurde. Es war die Sophistik der Gewalt gegen das Recht. Der Sonderbund war mit besserem Recht geschlossen worden, als das Siebener Concordat, nämlich bloß zur Nothwehr. Die Berufung der Jesuiten, eine rein katholische Sache, ging die reformirten Cantone gar nichts an. Die schwer angegriffene katholische Minderheit, die lediglich ihr gutes Recht vertheidigen wollte, als Friedestörer anzuklagen, war Hohn. Daß der Freischärler Ochsenbein Präsident des Schweizerbundes werden und jetzt über Luzern zu Gericht sitzen durfte, eine Umkehr aller Rechtsbegriffe. Zudem waren es gerade die katholischen Cantone, welche die Cantonalsouverainetät nach dem von allen europäischen Mächten garantirten Bundesvertrage von 1815 aufrecht erhalten wollten, während die radicalen Cantone bei ihrem Angriff auf den Sonderbund nichts anders bezweckten, als Vernichtung der Cantonalsouveränetät, Zertrümmerung des bisherigen Bundes und Herstellung eines neuen mit einheitlicher Spitze. Sie handelten also mit bewußtem Truge, wenn sie auf Grund und im Namen des noch bestehenden Bundes zu richten die Miene annahmen. Derselbe Trug waltete in den Versprechungen vor, durch welche sie einen großen Theil der Katholiken gewinnen wollten, vom Sonderbund abzufallen. Den katholischen Cantonen wurde nämlich in gedachter Proclamation ihre politische Selbständigkeit und ihrer Kirche voller Schutz gesichert, nur Auflösung des Sonderbundes und Entfernung der Jesuiten verlangt. Aber man hatte damals schon die Absicht, die Cantonalsouverainetät nicht bestehen zu lassen, und wie wenig die Radicalen geneigt waren, die katholischen Kirchen und Geistlichen zu schonen, bewiesen sie bald nachher mit der That.

Sofort wurden die Rüstungen zum Kriege vorgenommen und von der Tagsatzung der Genfer Dufour zum General und Oberbefehlshaber sämmtlicher Executionstruppen ernannt. Dieser alte Soldat Napoleons kannte seine Leute. Nur durch eine ungeheure Mehrheit hoffte er den Sonderbund erdrücken zu können und auch das nur, nachdem er die ungeübten Milizen wenigstens sechs Wochen lang würde dressirt haben. Er nahm sich also Zeit und ließ gegen 100,000 Mann aufbieten, welche tüchtig exerciren und manövriren mußten. Im Kriegsrathe des Sonderbundes war so viel Besonnenheit und Methode nicht zu finden. Mancher zwar gab den einzig vernünftigen Rath, die Begeisterung des katholischen Volks zu benützen und rasch anzugreifen, ehe noch Dufour seine Leute alle versammelt und eingeübt hätte. Allein die Mehrheit wollte sich auf bloße Vertheidigung beschränken. Zum General wurde nicht mehr Sonnenberg gewählt, sondern Salis-Soglio, der unter Wrede gegen Napoleon und später in den Niederlanden gedient hatte und ein Reformirter aus Graubündten war. Gewiß ein seltsamer Mißgriff, an die Spitze eines katholischen Glaubensheeres einen Reformirten zu stellen. Auch der berühmte „Landsknecht", Fürst Friedrich von Schwarzenberg, Sohn des Feldmarschalls, der nach Luzern gekommen war und dem man den Oberbefehl angeboten, trug dadurch, daß er denselben ablehnte und überhaupt die

Kräfte des Sonderbundes für unzureichend erklärte, nicht wenig
dazu bei, den Muth herabzustimmen. Ein verhängnißvoller Widerspruch in beiden Lagern. Die ungerechte Sache fand einheitliche
Leitung unter einem klugen Kopf, die gerechte kam in schwache
Hände uneiniger Führer. Obgleich der Sonderbund nur den vierten
Theil so viele Streiter aufbrachte, wie die radicale Schweiz, so
hätte er doch bei raschem und einigem Handeln Erfolge erringen
und den Gegnern lange trotzen können, wenn ihm ein kriegerisches
Haupt nicht gefehlt hätte.

Zwar eröffneten die Sonderbundstruppen den Feldzug, indem
sie am 3. November das Hospiz auf dem St. Gotthard besetzten
und am 10. einen Einfall ins Aargau machten. Aber beide Expeditionen entsprachen der Erwartung nicht. Zwei Lieutenants, die
vom Hospiz aus recognoscirten, wurden aus einem Hinterhalt von
den Tessinern erschossen, eine schlimme Vorbedeutung. Die ins Aargau eingefallenen Truppen überraschten 45 Mann in einem Dorfe,
und nahmen sie gefangen, wurden aber von Salis wieder zurückgezogen, wie lebhaft man ihm auch die Vortheile der kühnen
Offensive vorstellte.

Man wußte, Dufour werde zuerst über das völlig isolirte Freiburg herfallen. Ein Attaché der französischen Gesandtschaft holte
von dort die Jesuitenschüler ab und rettete sie bei Zeiten über die
Grenze. Freiburg wurde von Oberst Maillardoz in ziemlich guten
Vertheidigungsstand gesetzt und das Volk war muthig, aber als
von Luzern her keine Hülfe kam und auch die Walliser durch die
Waadtländer an einer Hülfeleistung verhindert wurden und Dufour
mit 25,000 Mann und vielem Geschütz gegen die Stadt heranzog,
war er gegen solche Uebermacht zu schwach. Nach einem unbedeutenden Gefechte entschloß sich die Regierung zu capituliren, um die
Stadt vor Sturm und Plünderung zu retten. Das bewaffnete
Volk war wüthend und ließ sich nur schwer überreden, daß die
Capitulation das kleinere Uebel sey. Sie wurde am 14. November
vollzogen. Obgleich nun Dufour Schonung der Personen und des

Eigenthums zugesichert hatte, übte doch die radicale Soldateska
schändlichen Unfug, mißhandelte viele Personen, unter andern den
Chorherrn Bulleret, plünderte viele Häuser, vor allen das schöne
Jesuitencollegium, in dem alles gestohlen oder zertrümmert wurde,
und terrorisirte Tage lang fort. Eben so übel wurde auf dem
Lande gehaust, ein Caplan Duc muthwillig erschossen. Dufour
klagte bitter, die Aufführung seiner Truppen sey eine Schande, „die
er einer verlornen Schlacht gleichsetze," allein er hatte keine Macht,
irgend jemand zu bestrafen. Der Mörber Ducs rühmte sich seiner
That nachher noch öffentlich zu Bern. Auch hinderte Dufour nicht,
daß unter seinen Bajonnetten ein Haufe des elendesten Gesindels im
Theater eine neue Verfassung und Regierung des Cantons Freiburg schuf.

In denselben Tagen machten die Sonderbundstruppen vom
Hospiz aus einen Angriff auf die Tessiner, welche feig davonflohen,
und kamen bis Giornico, am 20. November, wurden aber wieder
zurückgerufen, weil die Walliser ausblieben, mit denen sie sich hätten vereinigen sollen. Damals kam auch der „Landsknecht" wieder nach Luzern, rieth dringend vom Kampf gegen die sichtbare
Uebermacht ab und empfahl eine Capitulation. Dazu wollte man
sich aber im Kriegsrath doch noch nicht entschließen und beharrte
bei der Defensive, opferte aber wie Freiburg, so auch Zug auf,
denn dieser kleine Canton mußte, als er von Dufour überzogen
und von Salis nicht unterstützt wurde, sich unter Bedingungen
ergeben.

Jetzt erst zog Dufour das Netz um Luzern zusammen und griff
das Hauptheer des Sonderbundes, das sich bei Gislikon verschanzt hatte, am 23. mit ungeheurer Uebermacht an. Das Ge-
secht dauerte nicht lange und war trotz des lauten Kanonirens nicht
sehr blutig, denn es fielen nur 34 auf Dufours, nur 12 auf Salis Seite, aber Salis selbst wurde verwundet und damit erlahmte
der Oberbefehl. Die Ueberzeugung, man sey zu schwach, bemächtigte sich immer mehr der Sonderbundstruppen, die sich auf Luzern

und über den See ins Innere der Alpen zurückzogen. Die Luzerner Regierung floh davon, der Stadtrath allein blieb als zuständige Behörde zurück und nahm in Gemeinschaft mit Salls die von Dufour angebotene Capitulation an. Auch diesmal wurde wieder Sicherheit der Personen und des Eigenthums versprochen. Oberst Elgger, der allein noch kämpfen wollte, mußte sich nun auch zurückziehen. Die Häupter des Sonderbunds, die Jesuiten von Luzern (darunter der als Missionsprediger nachher berühmt gewordene P. Roh) flohen nach Italien. Die Urcantone Schwyz, Uri und Unterwalden, so wie auch Wallis nahmen Capitulationen an und der Krieg war zu Ende.

Einen so schmählichen Ausgang nahm der Sonderbundskrieg, ein Krieg fast ohne Schlachten. Die Schweiz hatte dabei wenig Menschen, aber viel Ehre verloren. Der Radicalismus hatte die altschweizerische Treue in der Wiege der Eidgenossenschaft erwürgt.

In Luzern wurde sogleich eine neue radicale Regierung eingesetzt, an deren Spitze Steiger trat, um schonungslose Reaction zu üben, wie in Freiburg. Die Mitglieder der alten Regierung und alle besonders compromittirten Freunde des Sonderbunds wurden verfolgt, eingekerkert, ihr Vermögen confiscirt und die Klöster aufgehoben. Das uralte, reiche Kloster St. Urban fiel um ein Spottgeld einer Kreatur Steigers zu. Auch in Wallis kam eine radicale Regierung unter Barmann auf, der die Klöster einzog und sich sogar nicht schämte, die menschenfreundlichen Mönche aus dem berühmten Hospiz von St. Bernhard zu vertreiben. In den Urcantonen fügte man sich den Gewaltmaßregeln des Bundes, doch drang hier wenigstens der Radicalismus nicht in die Regierungen ein.

Die Sonderbundscantone mußten die Kriegskosten tragen und schon am 20. December vorläufig 1 Million Franken abzahlen, der Canton Neuenburg, weil er neutral geblieben war, 300,000 Fr., Appenzell-Innerrhoden aus gleichem Grunde 15,000.

Frankreich, Oesterreich, Preußen und Rußland reichten am 18. Januar 1848 eine gemeinschaftliche Note bei der Tagsatzung ein, worin sie erklärten, sie sähen den Schweizerbund so lange „als nicht in regelmäßiger und vertragsmäßiger Lage an", bis die überwältigten Cantone wieder ihre volle Unabhängigkeit haben würden. Kern erklärte dagegen ganz unbefangen, die betreffenden Cantone seyen ja frei und unabhängig geblieben, die neuen Regierungen, in Freiburg und Luzern seyen aus freier Wahl hervorgegangen ꝛc. Der muthwillige Druey verachtete solche Sophistereien und dankte den Großmächten ironisch für ihr Wohlwollen, d. h. er gab ihnen zu verstehen, so lange ihr blos Noten und keine Armeen schickt, brauchen wir euch nicht zu fürchten.

Dies war die Sachlage in der Schweiz unmittelbar vor den in Frankreich ausbrechenden Februarstürmen.

———————

Auch Italien sollte um diese Zeit wieder heftig aufgeregt und in die Bewegung hineingerissen werden, die unaufhaltsam einer neuen großen europäischen Revolution entgegenführte. Im Jahr 1838 ließ sich Kaiser Ferdinand I. feierlich in Mailand zum Könige der Lombardei und Venedigs krönen. In demselben Jahre räumten die Franzosen Ancona. Der Frieden Italiens schien gesichert. Inzwischen betrieb der jüngere Lucian Bonaparte, Prinz von Canino, nach dem Muster der deutschen Naturforscherversammlungen eine dergleichen italienische, die 1839 wirklich zu Pisa zusammentrat, unter wissenschaftlicher Maske die Idee der Einheit Italiens verfolgend. Um den Einfluß des Prinzen zu schwächen, begünstigte Großherzog Leopold von Toscana die Versammlung und berief eine zweite 1841 in seine Hauptstadt Florenz ein, wo Galilei's Standbild eingeweiht wurde. Der Papst mißbilligte diese scheinheilige Agitation und warnte.

Der junge Mazzini, dessen schon gedacht wurde (Theil IV. S. 399), arbeitete im Stillen für die künftige Befreiung Italiens von der Fremdherrschaft. Der von ihm gegründete Geheimbund nannte sich das junge Italien. Beim Einverständniß Frankreichs mit den nordischen Mächten war nichts zu unternehmen. Nur mit England war Mazzini damals schon in Verbindung, um nach Umständen der englischen Politik in Italien zu dienen. Als 1840 ein Bruch zwischen Frankreich und den andern Mächten drohte, regte sich auch sogleich das junge Italien und obgleich der europäische Friede ungestört blieb, ließ sich doch das Feuer der Mazzinisten nicht mehr zurückhalten und 1843 wagten die beiden Söhne des österreichischen Contreadmirals Bandiera, die sich nebst andern in der österreichischen Marine angestellten Italienern hatten verführen lassen, eine Landung und einen Aufstand in Calabrien. Aber sie wurden geschlagen und erschossen. Eine andere Bande, die 1845 im Kirchenstaate aufstand, wurde durch Toscana durchgelassen und entkam. Ungleich wirksamer war die Presse. Durch sie wurde fortwährend die Jugend für die Befreiung und Einheit Italiens begeistert, von den Schmerzensliedern des Grafen Leopardi und den Kerkererzählungen des Silvio Pellico an bis zu den letzten Schriften Balbos, Azeglios, Giobertis 2c.

Der greise Papst Gregor XVI. starb bald nach seiner merkwürdigen Unterredung mit dem Kaiser Nicolaus, am 1. Juni 1846, und das Conclave wählte zu seinem Nachfolger den noch jungen Cardinal Mastai-Ferretti, der sich Pius IX. nannte, zum erstenmal nicht unter österreichischem Einfluß. Bei der Illumination, die man ihm veranstaltete, blieb der venetianische Palast (wo der österreichische Gesandte wohnte) dunkel. Der Papst aber begann seine Regierung sogleich mit Gnadenacten, Ertheilung von Amnestie, Absetzung aller unpopulären Beamten, größerer Befreiung der Presse, aber seine Milde wurde mißbraucht. Man dankte ihm, gab ihm Feste, veranstaltete große Aufzüge zu seiner Ehre mit fliegenden Bannern und erstickte ihn gleichsam in Lorbeern. E viva

Pio nono! wiederhallte es durch ganz Italien. Aber man erwies ihm so viel Liebe nur, um ihn zum Werkzeug des jungen Italien zu machen. Wider seinen Willen sollte er das Haupt dieser Partei werden. Schon 1843 hatte Gioberti in einer eigenen Schrift behauptet, Italiens Einheit und Unabhängigkeit könne nur durch den Papst erreicht werden. Obgleich nun die Mazzinisten den Papst beseitigen und aus Italien eine Republik machen wollten, schoben sie doch jetzt den Gioberti'schen Plan vor, um sich des Papstes einstweilen zu ihren Zwecken zu bedienen und ihn nachher wieder fallen zu lassen. Der Klub circolo Romano in Rom setzte sich das zur Aufgabe und ließ den Papst mit Liebkosungen und immer wiederholtem Volksjubel unvermerkt auf der schiefen Bahn vorwärts treiben. Ein Mann aus dem Pöbel, Brunelli, genannt Ciceruachio, dirigirte die Massen im Sinne des Klubs, und trotzte dem Papst unter der Maske der Dankbezeugung und immer wiederholter Huldigung eine Concession nach der andern ab. Da bewilligte der Papst die Einberufung von Vertrauensmännern zu einer Art von Parlament, endlich auch die guardia civica, d. h. die Bewaffnung des Volks, seiner gefährlichen Gegner selbst. Eben so ging er auf den Gedanken eines italienischen Zollvereins ein, welcher die politische Einheit Italiens anbahnen sollte. So verlief das Jahr 1847 in stetem Jubel. Am Ende desselben kam Lord Minto in Rom an, um Mazzini's Plan durch die Autorität Englands möglichst zu unterstützen. Denn das Londoner Ministerium, Lord Palmerston an der Spitze, war seit der spanischen Heirath mit Frankreich zerfallen, fürchtete dessen Union mit den nordischen Mächten und begann überall das Feuer der Revolution zu schüren, um sie als Bundesgenossin gegen die Continentalmächte zu benutzen.

Oesterreich warnte den Papst vergebens, handelte aber selbst, als die Bevölkerung von Ferrara schwierig zu werden anfing. Diese Festung war gemäß den Tractaten von 1815 von Oesterreichern besetzt, die, um den Insulten der Ferraresen zu begegnen,

Verstärkungen an sich zogen und nicht blos die Festung, sondern
die ganze Stadt besetzten. Das wurde von der aufgeregten Partei
in Rom als ein Eingriff in die Rechte des Papstes angesehen und
Pius IX. ließ sich damals wirklich überreden, gegen Oesterreich zu
protestiren und Kriegsrüstungen zu machen. Auch Leopold II. von
Toscana, der früher schon den Mazzinisten zu viel nachgegeben,
wurde jetzt auf dieselbe Art, wie der Papst, unter lauter Liebkosungen gezwungen, Bürgergarden, Unabhängigkeit der Schule von
der Kirche und Reformen aller Art zu bewilligen. Eben so äng-
stigte man den Herzog Karl von Lucca, welcher daher sein kleines
Land lieber an Toscana abtrat. Diese Abtretung sollte vertrags-
mäßig erst erfolgen, wenn Marie Louise von Parma gestorben seyn
würde, in welchem Fall die bourbonische Linie Lucca's in Parma
succediren, Lucca selbst aber an Toscana fallen sollte. Toscana
ergriff Besitz, einen kleinen Theil von Lucca aber belegte der Herzog von Modena, der österreichische Truppen zu Hülfe gerufen
hatte. Der Streit wurde ausgeglichen, indem Marie Louise am
18. December 1847 starb und nun der Vertrag zum einfachen
Vollzug kam.

Damals rührte sich auch Karl Albert von Sardinien, ver-
kündigte im October mehrere liberale Reformen, schloß im November mit Rom und Toscana einen Zollverein und stützte sich
andrerseits auf die radicale Schweiz, so daß Oesterreich von dieser
Seite mehr noch als in Ferrara bedroht war. Die Bewegung ergriff aber auch den Süden Italiens. Am 12. Januar 1848 brach
ein Aufstand in Palermo, am 29. einer in Neapel aus und
König Ferdinand II. gab eine Verfassung. Dasselbe versprachen
nun auch Karl Albert und Leopold von Toscana, im Anfang des
Februar. Karl Albert wurde gewaltsam durch sein Volk aus seiner bisherigen Zurückhaltung herausgerissen. Man ließ ihm nur
die Wahl, durch die Revolution unterzugehen, oder sich derselben
anzuschließen, und man schmeichelte ihm mit der Hegemonie in Italien, wie man eben damit dem Papst schmeichelte, um einen wie

ben andern nur zum Werkzeug des Mazzinismus zu machen. Karl
Albert war eifersüchtig auf die Popularität des Papstes. Um ihn
aber zu überzeugen, daß man von der Kirche nichts wolle, improvisirte man in Turin, wie in der Schweiz, eine Jesuitenhetze und
vertrieb die armen Väter auch von dort.

Sogar das österreichische Italien war vom Mazzinismus unterwühlt. Vergebens behandelte die österreichische Regierung die
Lombardei wie ein Schooßkind und gewährte ihr alles auf Kosten
ihrer übrigen Kinder. In Italien allein wurde das häßliche österreichische Papiergeld ausgeschlossen und wurde alles in Silber bezahlt. Die Dienstzeit der italienischen Soldaten war kürzer, als
die aller andern Provinzen. Der tiefgesunkene Wohlstand Venedigs war wieder gehoben, weil es zum Freihafen erklärt und eine
prachtvolle Brücke zum Festland hinüber gebaut wurde. Mailand
erstickte gleichsam in seinem Wohlstand und hatte nie vorher so
geblüht. Für die Bildung war gesorgt durch Schulen und Universitäten. Fast alle Staatsdiener waren geborene Italiener. Aber
die Wohlthaten der österreichischen Verwaltung wurden von einem
Nationalhaß mißkannt, der durch nichts zu überwinden war. Die
Exaltation hatte von Jahr zu Jahr zugenommen. Schon wurde den
Streitkräften, welche Oesterreich in der Lombardei und Venedig aufgestellt hatte, keck ins Angesicht getrotzt. Vom Neujahr 1848 an
sollte hier niemand mehr Cigarren rauchen, um den Staat der
großen Einkünfte von Tabak zu berauben und um mit den stets
rauchenden österreichischen Soldaten Händel anzufangen. Diese Demonstration sollte für Italien werben,. was einst der Krieg gegen
den Thee in den englischen Colonien von Nordamerika. Das Manifest Mazzini's, worin er den Tabakskrieg befahl, wurde in dem
Blatt Felsineo zu Bologna abgedruckt. Darin heißt es, die Revolution sey überall verbreitet, auch der Löwe von San Marco
(Venedig) brülle schon, die hunderttausend österreichische Bajonnette
seyen „wie von Geistergewalt überwunden". Das Feldgeschrei
wurde l'Italia libera! viva Pio nono! morte ai Tedeschi! Vom

Neujahr an wurde in allen Städten jeder Umgang mit Oesterreichern abgebrochen, durfte ihnen in keinem Wirthshaus mehr ein
Glas Wein gereicht werden und wurde jeder Mann und jedes
Weib, das mit Deutschen umging, der öffentlichen Beschimpfung
Preis gegeben. Schon am Neujahrstage begann der Pöbel von
Mailand jedem deutschen Soldaten die Cigarre aus dem Munde zu
schlagen, was in den folgenden Tagen öfters zu blutigen Einzelkämpfen führte. Aus derselben Ursache kam es am 7. Februar auf
den Universitäten Padua und Pavia zum Kampf zwischen Studenten und Soldaten. Am 15. tumultuirte das Volk in Bergamo.
In Venedig erschienen alle Damen im Theater in den drei italienischen Farben. Hier wurde der radicale Advokat Manin verhaftet.
Im Allgemeinen aber übte die österreichische Regierung eine Nachsicht, welche die Frechheit der Lombarden immer mehr herausfor-
derte. Da den Soldaten streng befohlen war, von den Waffen
keinen Gebrauch zu machen, außer wenn sie dazu commandirt waren,
wurden sie von den Kindern auf der Gasse verhöhnt und es begannen
Mordanfälle auf die Einzelnen, so in Mailand auf den Offizier,
Grafen Thun. Trotz aller Verbote tauchten die drei Farben und
der graue und spitze Calabreserhut, das Kennzeichen der Mazzinisten,
überall auf.

Alles das noch vor dem Ausbruch der Revolution in Frankreich. Ueberall hatte Lord Minto die Hand im Spiel. Den alten
Streit zwischen Sicilien und Neapel zu schlichten und beide in
einer neuen liberalen Verfassung zu versöhnen, machte sich Minto
im Auftrage Palmerstons zur besondern Aufgabe und eben so die
Aufhetzung Karl Alberts gegen Oesterreich. Palmerston, den man
seitdem Lord Feuerbrand nannte, war der moralische Urheber
der italienischen Revolution, ohne ihn hätte Mazzini nichts ausrichten können. Am 15. Februar hielt Lord Palmerston im
Unterhause eine feurige Rede zum Lobe der italienischen Erhebung, versicherte die neuen Verfassungen, den neuen Zollverein,
überhaupt den „Fortschritt" daselbst, d. h. die Revolution, seiner

wärmsten Sympathien. „Ein neuer Tag," rief er, „steigt auf in
Italien."

Man erkennt aus den Vorgängen in Italien, der Schweiz und
Deutschland, daß eine große Revolution sich vorbereitete, die ihren
Feuerheerd nicht ausschließlich in Frankreich hatte. Vielmehr wurde
die revolutionäre Partei in Frankreich diesmal von den Bewegun=
gen im übrigen Europa unterstützt und der Ausbruch des radicalen
Vulkans begann außerhalb Frankreichs zuerst, wenn er auch über
Frankreich den breitesten Lavastrom ergoß.

———————

Sechstes Buch.

Ludwig Philipps Abnutzung.

Der kluge Mann, der alle andern abnutzte, merkte nicht, daß er sich selbst abnutze.

Ludwig Philipp befand sich im Herbst 1836 auf der äußersten Höhe, die zu erreichen ihm das Schicksal vergönnte. Europa war mit ihm versöhnt, die legitime, wie die radicale Partei überwunden. Gleichsam zum Ueberfluß, zum Scherz lieferte ihm das Glück auch noch das Haupt der bonapartistischen Partei aus. Aber es war das Glück des Polykrates.

Der junge Ludwig Napoleon hatte nach seiner Flucht aus Italien (Theil IV. S. 407) größtentheils bei seiner Mutter, der Königin Hortense, auf ihrem Schloß Arenenberg in Thurgau zugebracht. Am 30. April 1830 empfing er vom Canton Thurgau das Ehrenbürgerrecht, einfach als einen Dank für die mannichfachen Wohlthaten, die seine Mutter den Armen der Gegend erwies. Er dankte echt napoleonisch mit zwei Kanonen, die er dem Canton verehrte. In der Artillerieschule zu Thun genoß er den Unterricht Dufours und wurde selbst zum Capitain der Artillerie im Canton Bern befördert. Er war, ohne die Freuden der Jugend zu versäumen, ernst und nachdenklich. Seine Mutter nannte ihn einen „sanften Starrkopf" (doux entêté). Schon 1832 schrieb er „po-

Itlische Träume" und in den folgenden Jahren Betrachtungen über die politischen und militairischen Zustände der Schweiz, auch ein Handbuch der Artilleriewissenschaft (1835). Das alles verrieth, daß er seines großen Oheims nicht unwürdig seyn wollte. Der Haß, den Ludwig Philipp auf sich gezogen und die Illegitimität seiner Regierung überhaupt konnten nun wohl auch die Schilderhebung eines Napoleoniden entschuldigen. Man braucht nicht vorauszusetzen, Ludwig Napoleon habe sich eingebildet, sein Versuch werde ihm gleich aufs erstemal gelingen. Es konnte ihm genügen, auch im Fall des Mißlingens wenigstens die Augen der Welt auf sich gelenkt und den zahlreichen Feinden Ludwig Philipps den Mann bezeichnet zu haben, auf den sie künftig ihre Hoffnungen bauen sollten. So erklärt sich das alle Welt damals überraschende Attentat von Straßburg. Ludwig Napoleon begab sich heimlich nach dieser Stadt, wo Oberst Vaudrey und andre Personen alles für ihn vorbereitet hatten und ließ sich früh am Morgen des 30. October 1836 als Kaiser ausrufen. Ein Theil der Truppen fiel ihm zu, der Präfect und General Virol wurden verhaftet, aber die Mehrheit der Truppen wollte nichts von dem Aufstande wissen und nahm die Verschwornen gefangen.

Ludwig Philipp war nur unangenehm überrascht, als man ihm den Prinzen nach Paris brachte, und nahm keinen Anstand, ihn sogleich wieder frei zu lassen, da er sich für immer lächerlich gemacht habe, also auch nicht mehr gefährlich sey. Dies war die Meinung Ludwig Philipps und als der beschämte Prinz, der nicht in die Schweiz zurückkehren durfte, sondern nach Amerika eingeschifft wurde, auf dem atlantischen Ozean fortschwamm, hätten ihm gewiß nur wenige Stimmen in Europa eine große Zukunft zugestanden. Aber er blieb ungebeugt und vertraute seinem Sterne. Als er erfuhr, seine Mutter sey aus Kummer um ihn schwer erkrankt, kehrte er noch im Jahr 1837 aus Amerika wieder zurück und begab sich über England in die Schweiz.

Unterdeß waren seine Straßburger Mitverschwornen von den

Affisen sämmtlich freigesprochen worden, am 18. Januar 1837. Ein Act der Volksjustiz, in welchem die Entscheidung zwischen zwei Dynastien ausgesprochen lag. Welcher Trost für den jungen Napoleon, wenn eine französische Jury wagte, die für unschuldig zu erklären, welche das Napoleonische Kaiserreich an die Stelle des Bürgerkönigthums setzen wollten. Von diesem Zeitpunct an gewann die Opposition wieder Kraft, auch in der Kammer.

Ludwig Philipp hatte seinem Sohn, dem Herzog von Nemours, bei dessen Vermählung mit der Prinzessin Victoria von Coburg die reiche Domaine Rambouillet und eine Million Franken als Brautgeschenk zugedacht, aber die Kammer verweigerte sie, 7. März 1837, wobei zu Tage kam, daß die Einkünfte von Rambouillet betrügerisch viel zu niedrig waren angeschlagen worden. War es schon beschämend für den Bürgerkönig, daß ihm seine Forderung abgeschlagen wurde, so noch vielmehr die Aufdeckung seines schmutzigen Geizes und seiner kleinlichen Kunstgriffe. Die für den Herzog von Orleans und für die Königin der Belgier verlangten Heirathsgelder wurden von der Kammer genehmigt. Damals war auch wieder ein Schuß auf den König gefallen, der Mörder (Meunier) wurde aber nicht hingerichtet, sondern nur deportirt. Den üblen Eindruck der Kammerdebatten verstärkte Cormenin durch einen sehr ausführlichen Nachweis der ungeheuren Reichthümer des Hauses Orleans. Der König hatte zu seinem Erbe, dem reichsten in Frankreich, noch alle Besitzungen Karls X. und Condés hinzugefügt, machte daneben große Geldgeschäfte, war auf dem Thron ein Nebenbuhler oder Associé Rothschilds und bettelte noch der Nation Schenkungen für seine Kinder ab. Nichts hat dem König in der öffentlichen Achtung mehr geschadet. Damals machte Guizot mit den Doctrinärs große Anstrengungen, das Ministerium Molé zu stürzen, aber Thiers nahm sich des letztern an und setzte nicht nur die Bewilligung der „geheimen Fonds", sondern auch eine Amnestie für die politischen Gefangenen durch, im April. Dieses Parteigetriebe schwächte das moralische Ansehen der

Kammer, wie das des Königs schon geschwächt war. Grundsätze
galten nur noch als Nebensache und Mittel zum Zweck, der Zweck
war für die großen Redner nur noch die Macht und der Vortheil,
im Ministerium zu sitzen.

Die Hochzeit des Herzogs von Orleans mit der mecklenbur-
gischen Prinzessin Helene wurde am 30. Mai gefeiert.
Bis zum December sollte eine neue Kammer gewählt werden.
In Paris constituirte sich demnach ein Centralausschuß, welcher die
Wahlen im ganzen Lande leiten sollte, und Arago's Energie gelang es, in demselben die Spitzen aller Oppositionen in der Art
zu vereinigen, daß selbst Republikaner hineinkamen. Der König
durfte sich daher wenig Gutes von den neuen Wahlen versprechen,
blieb aber guter Dinge und verließ sich auf seine alte Praxis, mit
den Parteien zu spielen und eine nach der andern abzunutzen, indem er die jeweilig stärkste nur ins Ministerium zu berufen brauchte,
um sie wieder mit den andern zu verfeinden und dadurch zu schwächen.
Ueberdieß ließ er in Algerien mit großer Kriegsmacht gegen Con-
stantine operiren, um durch die Eroberung dieses gefürchteten
Platzes seine Fahne mit neuem Ruhme zu krönen, hierin Karl X.
Beispiel nachahmend, der vor der Kammereröffnung im Jahr 1830
sich mit der Glorie der Eroberung von Algier umgab. General
Damremont erstürmte wirklich am 13. October die sehr feste Berg-
stadt, von der sich ein Theil der Einwohner mit Weibern und
Kindern die Felsen hinunterstürzte. Damremont fiel, sein Nachfolger
Valée wurde zum Marschall ernannt; auch General Lamoricière
hatte sich hier sehr ausgezeichnet. Die Hauptscenen dieses Kampfes
wurden nachher von Horace Vernet für die große historische Galerie
von Versailles gemalt und durch Lithographien vervielfältigt, um
sie durch ganz Frankreich anschaulich und populär zu machen. Während des Winters schickte der König auch eine Expedition nach
Haytl und ließ die Negerregierung daselbst zwingen, die rückstän-
dige Entschädigung für die einst von dort vertriebenen Pflanzer
mit 90 Millionen Franken in Fristen zu bezahlen.

Im Frühjahr 1838 (14. Mai) starb der alte Talleyrand. Nachdem er allen Herren gedient und alle verrathen hatte, wandte er sich in seinen letzten Tagen wieder zu der Kirche, der er als Bischof zuerst untreu geworden war, zurück und starb als gläubiger Katholik. *) Sofern er sich immer nur zu derjenigen Macht bekehrt hatte, von der er voraussah, sie werde bald die herrschende werden, deutete seine letzte Conversion an, die Kirche werde zu großen Erfolgen gelangen.

Die neuen Wahlen waren nur den Doctrinairs und Legitimisten ungünstig gewesen, die Republikaner hatten einigen Zuwachs erhalten. Die Mehrheit aber war zwischen den unbedingten Regierungsmännern und den bedingten Oppositionsmännern getheilt, welche letztere eben nur so lange opponirten, bis sie die Ministerstellen erobert hatten. Der König war deshalb ganz ohne Sorgen. Er versuchte sogar, der zweiten Kammer einen mehr monarchischen Anstrich zu geben, indem er für die Deputirten Uniformen einführen wollte; allein „der schwarze Frack siegte". Die Verhandlungen betrafen zunächst große Geldfragen, die Eisenbahnbauten, die in der Kammer in Vorschlag gebrachte Zinsreduction und die Unterschleife hoher Beamten, wobei wieder Corruption aller Art zu Tage kam. Die Eisenbahnen wurden begünstigten Gesellschaften überlassen, welche schlecht bauten, unfähige Subjecte anstellten, die schwersten Unglücksfälle verschuldeten und überdies das Publicum prellten. Durch Schmutz und Unbequemlichkeit waren die Reisenden gezwungen, das höchste Fahrgeld zu bezahlen, um die einzig erträglichen Plätze zu bekommen. Zudem verfielen die Eisenbahnunternehmungen dem heillosesten Actienschwindel. Der Polizeipräsident Gisquet wurde angeklagt, Geld erpreßt oder als Bestechung angenommen zu haben, wo er hätte als Beamter einschreiten sollen. General Bugeaud wurde greulicher Unterschleife in

---

*) Ludwig Philipp besuchte ihn auf seinem Schmerzenslager (er hatte schon den Brand) und frug ihn, „ob er sehr leide?" „Ja." antwortete Talleyrand, „wie ein Verdammter." „Schon?" frug der König.

Algier beschuldigt. Alles umsonst, kein Schuldiger wurde gestraft. Auch gegen die Zinsreduction eiferten alle Capitalisten und das Ministerium des „königlichen Wucherers" am meisten, die Deputirtenkammer bestand darauf, aber die Pairskammer sorgte dafür, daß sie nicht durchging. Der Staat schien nur noch um der großen Geldmänner willen da zu seyn. Wer Geld zu machen verstand, ob mit Recht oder Unrecht, dem reichte Frankreich damals die Palme.

Im August 1838 verlangte Ludwig Philipp von der Schweiz die Ausweisung Ludwig Napoleons, der seiner sterbenden Mutter in Arenenberg die Augen zugedrückt hatte (5. October 1837) und seitdem wieder dort lebte. Die Schweiz weigerte sich, ihren „Mitbürger" auszutreiben. Der Thurgau namentlich, dessen Ehrenbürger der Prinz war, protestirte. Genf und Waadt machten sogar schon Rüstungen und Dufour begann die erstere Stadt zu befestigen, als sich französische Truppen an der Grenze zeigten. Allein Ludwig Napoleon sah sich als französischen Prinzen an und nicht als Schweizer Bürger. Er legte besonderen Accent darauf, daß er nur Ehrenbürger und nicht wirklicher Bürger der Schweiz sey, weil er nichts anderes als Franzose seyn und bleiben wolle. Als Schweizer würde er kein Recht mehr auf den französischen Thron gehabt haben. Deßhalb schnitt er den ganzen Streit ab und erklärte am 29. September 1838, er werde freiwillig die Schweiz verlassen. Diese Entschließung wurde ihm nicht etwa abgedrungen, um der Schweiz aus einer Verlegenheit zu helfen, sondern sie lag in seinem eigenen Interesse. Er begab sich nach London.

Der Prinz von Joinville mußte damals eine Seeerpedition begleiten, um die verletzten Interessen Frankreichs an den Küsten von Merifo und Buenos-Ayres durch eine Blokade zu wahren. Alles, was Ludwig Philipp wollte, setzte er auch durch, in der äußern wie innern Politik. Er that sich daher in der Rede, mit welcher er am 17. December 1838 die Kammern wieder eröffnete, auf die Situation ungemein viel zu Gute und rühmte sich, die Wohlthaten der Freiheit mit der Stabilität vereint zu haben, welche die Stärke der Staaten bedinge. Aber den kleinen Thiers ärgerte diese Selbstgefälligkeit des Königs, und am meisten, daß er, Thiers, entbehrlich geworden sey. Der kleine Held des Ge- schwätzes wollte sich nun um jeden Preis wieder wichtig machen und intriguirte in der Kammer mit dem unermüdetsten Eifer, bis er eine Mehrheit gewann für eine oppositionelle, dem König sehr mißfällige Adresse. Hier fehlte jedes politische Princip, es galt nur den persönlichen Neid und die Buhlerei um das Ministerium. Als die Adresse durchging, dankte das Ministerium Molé ab, am 22. Januar 1839. Es ließ sich zwar durch den König noch ein- mal zurückhalten, indem derselbe die Kammer auflöste, da aber die neuen Wahlen wieder antiministeriell ausfielen, nahm es definitiv seine Entlassung, im März. Die Ministerkrise dauerte diesmal lange, weil der König und Thiers gegen einander intriguirten. Marschall Soult sollte Ministerpräsident werden, glaubte aber die kleine Schmeißfliege (le petit foudriquet, Thiers) nicht entbehren zu können und lud ihn ein, Thiers aber spielte den Spröden. Nun setzte der König ein Ministerium Montebello ein.

Dieses nichtswürdige Treiben der Machthaber ermuthigte die Republikaner, eine neue Erhebung zu wagen. Ihre geheime Ge- sellschaft unter dem Namen société des familles, geleitet von Blan- qui und Barbès, bemächtigte sich am 12. Mai des Stadthauses und warf Barrikaden auf, wurde aber schnell besiegt und jetzt ließ sich Soult bewegen, an die Spitze des Ministeriums zu treten. Sein Degen wurde allezeit in die Waagschale gelegt, wo Gefahr drohte.

Damals begannen die neuen Verwicklungen im Orient. Frankreich neigte sich auf die Seite Aegyptens. Palmerston machte aber mit Ludwig Philipps Cabinet nicht die geringsten Umstände. „Der König der Franzosen," sagte er, „wird nie einen kräftigen Entschluß fassen. So lange er regiert, dürfen wir alles wagen."

Niemand freute sich über diese neue Verlegenheit des Königs mehr,
als wieder der kleine Thiers, durch dessen eifrige Intriguen auch
wieder das neue Ministerium gestürzt wurde. Indem nämlich dasselbe die leidige Dotation für den Herzog von Nemours auf's
neue vorbrachte, blieb es in der Minderheit und dankte ab, am
13. Mai 1840. Nun hatte der König Proben genug, daß er keine
Kammermehrheit und mithin auch kein haltbares Ministerium bekommen würde, so lange der intriguante Thiers nicht wollte. Er entschloß sich daher, endlich dessen Eitelkeit zu befriedigen, und stellte
ihn an die Spitze des neuen Ministeriums, natürlicherweise unter
dem Vorbehalte, ihn blos auszunutzen und nächstens wieder wegzuwerfen. Thiers ließ sich von ihm versprechen, das Ministerium
walten zu lassen und nicht mehr persönlich dazwischen zu fahren,
eine Art von Tractat zwischen Herrn und Diener, welche das Unlautere des ganzen Verhältnisses ausdrückte. Kaum saß nun, um
im Style des Märchens zu reden, die kleine Fliege dem König
auf der Nase, so fing sie auch gleich schrecklich zu brummen und
zu renommiren an. Das war der Kriegslärm, der uns Deutsche
allarmirte und Beckers Rheinlied „sie sollen ihn nicht haben" veranlaßte. Es war dem Herrn Thiers gar nicht Ernst. Er war
immer nur ein Maulheld. Seine Drohungen hatten nur den Zweck,
die Blicke von da, wo sich Frankreich wirklich feig zurückzog, nämlich vom Orient abzulenken nach dem Rhein, wo es scheinbar den
Krieg vorbereitete. Ueberdieß diente die Verstärkung der französischen Armee zur bessern Zügelung der Parteien in Frankreich
selbst. Damit hing die Befestigung von Paris zusammen.
Unter dem Vorwand, daß, wenn es zum Kriege komme, Paris
besser als 1814 und 1815 gegen einen feindlichen Angriff geschützt
werden müsse, ließ der König rings um die Hauptstadt Forts anlegen, wobei sein eigentlicher Zweck war, die Pariser Bevölkerung, wenn sie etwa wieder einmal aufstehen wollte, im Zaume
zu halten.

Sogar Napoleons großer Name wurde damals mißbraucht,

um den Schein kriegerischer Begeisterung zu vermehren. Thiers
rieth dem Könige, die Gebeine Napoleons von St. Helena zurück-
zubringen und dem Wunsch des Hingeschiedenen zufolge an den
Ufern der Seine beisetzen zu lassen. Indessen kann Ludwig Philipp auch wohl selbst auf diesen sinnreichen Gedanken gekommen
seyn, denn sich mit fremden Federn zu schmücken und mit wohlbe-
rechneten Schauspielen einen ihm nützlichen Effect zu erzielen, war
er längst gewöhnt. Gerade während der damaligen orientalischen
Verwicklung glaubte er mit der Erinnerung an den ersten Feldherrn der Welt und seine große Armee Europa imponiren zu sollen.
Er schickte also seinen jungen Sohn, den Prinzen von Joinville,
mit einer Fregatte nach St. Helena ab, um die illustre Leiche ab-
zuholen, nachdem er die Erlaubniß dazu von England erbeten und
erhalten hatte.

Der junge Louis Napoleon hatte nicht Unrecht, mit der
Begeisterung und allgemeinen Huldigung, die man in Bezug auf
einen großen Obeim zur Schau trug, seine und der Napoleoniden
Verbannung vom französischen Boden in Widerspruch zu finden.
Die Gelegenheit, sich den Franzosen in Erinnerung zu bringen,
konnte nicht günstiger seyn. Er wiederholte daher den Versuch von
Straßburg und landete von England aus mit wenigen Begleitern,
unter denen Graf Montholon der vornehmste war, am 4. August
zu Boulogne mit einer Proclamation, in der er sich zum Kaiser
ausrief und Thiers zu seinem Minister ernannte. Allein die Truppen ließen sich nicht verführen, der Prinz mußte sich von Kugeln
verfolgt, auf ein Boot flüchten, das aber im Meere umschlug.
Fast wäre er ertrunken, doch zog man ihn heraus, um ihn abermals in Ludwig Philipps Kerker auszuliefern. Der kleine Thiers,
so sehr er sich geschmeichelt fühlte, daß Napoleon ihn mit dem
Ministerium hatte bedenken wollen, stellte sich entrüstet darüber und
nahm die verächtlichste Miene von der Welt an. Wie? rief er,
ich hätte mich dazu hergeben sollen, Minister eines Menschen zu
werden, der sich wie eine Ente im Teich angeln läßt? Der Prinz

wurde nach Paris gebracht und vor den Pairshof gestellt. Er
vertheidigte sich selbst im Sinn der „napoleonischen Ideen", die er
kurz vorher in England herausgegeben hatte. Seine Voraussetzung
war die richtigste von der Welt: wenn ihr Franzosen den Oheim
vergöttert, so könnt ihr unmöglich den Neffen vergessen. Wenn
ihr euren König verachtet, so bietet sich auch kein besserer Ersatz-
mann dar, als der eures großen Kaisers würdig und sein directer
Erbe ist! „Obgleich von Waffen umgeben und ein Angeklagter
kenne ich doch diese Hallen von meiner ersten Kindheit her. Ich
bin auf den Stufen des Thrones geboren. Die Abstimmung eines
ganzen Volkes hat meine Familie auf diesen Thron erhoben. Alles,
was seitdem geschehen, ist ungesetzlich. Mein Oheim verlor den
Thron, weil er kein Dorf von Frankreich abtreten wollte. Mein
Vater hat seinen Thron in Holland aufgegeben, weil er nicht mehr
im Stande war, die Interessen dieses Landes mit denen Frankreichs
zu vereinigen. Sie haben der Ehre und dem Interesse Frankreichs
alles geopfert. Nicht einen Augenblick habe ich diese Lehren vergessen. Ich habe mich mit der Ehre und dem Interesse Frankreichs
identificirt und kein Unglück wird mich davon abbringen oder nieder-
beugen." Niemand begriff damals den Adel dieser Worte. Der
geistvolle Berryer übernahm Napoleons Vertheidigung vor den
Pairs; indeß wurde der verwegene Jüngling, wie nicht anders zu
erwarten war, verurtheilt und nach dem Schlosse Ham gebracht,
um unschädlich gemacht zu werden. In der ganzen Welt wurde
über den Trotzkopf gelacht, der zweimal so unvorsichtig in sein
Unglück hineingetappt war. Aber auch dieses zweite Mißgeschick
und die Aussicht auf eine lange Gefangenschaft beugte ihn nicht.
Ham wurde, wie er selbst sagte, seine Universität, auf der er sechs
Jahre lang unausgesetzt studirte, wo er fortfuhr, Brochuren und
Bücher zu schreiben, von wo aus er sich mit französischen Partei-
häuptern (Louis Blanc, Odilon Barrot 2c.) in Verbindung setzte,
kurz wo er sich für die Rolle eines Staatsoberhaupts vorbereitete.
Die Donquixoterie des kleinen Thiers wurde überall als solche

erkannt. Niemand in der Welt fürchtete sich vor seinen Drohungen oder glaubte an deren Ernst. Wollte sich Ludwig Philipp nun mit guter Manier aus dem orientalischen Handel herausziehen, in dem alle vier Großmächte gegen ihn waren, so mußte er es mit neuen Allianzen versuchen. Mit arger List trieb er das hinter dem Rücken des von ihm verachteten Thiers. Sein geheimer Agent in Wien, Herr von St. Aulaire, kartete mit dem Fürsten Metternich eine französisch=österreichische Allianz um den Preis ab, daß es ihm gelänge, das Whigministerium in England zu stürzen, wozu Guizot, als Ludwig Philipps Gesandter in London, das Seinige thun sollte. Aber der Plan scheiterte nicht sowohl an der Festig=keit, mit der Lord Palmerston sein Ministerium behauptete, als an der Contremine Rußlands. Kaiser Nicolaus hatte vor nichts so große Besorgniß, als vor der Allianz eines neuen Toryministe=riums mit Metternich und Ludwig Philipp. Das westliche Europa war ihm nicht gefährlich, so lange darin noch der Zwiespalt con=servativer und liberaler Ministerien vorherrschte. Waren sie alle conservativ, so traten die Principienfragen in den Hintergrund und es blieben nur reine Interessen übrig, die sich alle gegen Rußland vereinigen mußten. Deßhalb strengte Nicolaus seine Diplomaten an, das Project zu vereiteln, und schob namentlich auch Preußen vor, dem eine französisch=österreichische Allianz begreiflicherweise am meisten zuwider seyn mußte.

Ein letzter Versuch Ludwig Philipps, den Sultan durch den französischen Botschafter, Grafen Walewski, zur Annahme einer Vermittlung zu bewegen, die eine vollständige Nachgiebigkeit und Unterwerfung Aegyptens enthielt, oder wenigstens als von Frank=reich ausgegangen, dessen diplomatische Ehre gerettet haben würde, mißlang ebenfalls, sofern die übrigen Großmächte ihm zuvorkamen und mit dem Sultan früher abschlossen. Da sich nun Ludwig Philipp auf diese Weise überall auf die Finger geklopft sah, wo=hin er sie immer heimlich ausgestreckt hatte, ergab er sich in sein Schicksal. Der kleine Schreier Thiers war somit überflüssig ge=

worden und diente nur noch, daß ihm alle begangenen Sünden aufgeladen werden konnten. Am 17. October schoß abermals ein Mörder, ein gewisser Darmès, auf den König, ohne ihn zu treffen. Das lenkte die Aufmerksamkeit von der Demüthigung im Orient etwas ab. In diesen Tagen beauftragte der König Guizot mit der Bildung eines neuen Cabinets und jagte Thiers fort, am 29. October.

Als Chef des neuen Ministeriums mußte wieder der alte Marschall Soult figuriren, aber seine Seele war G u i z o t. Die erste unangenehme Erbschaft, die derselbe von seinem Vorgänger übernahm, war der Sarg des großen Napoleon, den Thiers schänd- lich zu einem Theaterstreich hatte entweihen wollen, der jetzt jeden- falls zu spät und höchst ungelegen kam, der aber doch da war und vor dem man mit bitterem Groll im Herzen sich beugen und ge- rührt erscheinen mußte. Den Schatten des großen Kaisers konnte wahrlich nichts mehr ehren, als diese Demüthigung seiner Feinde. Am 15. December 1840 wurde die vom Prinzen von Joinville glücklich über Meer gebrachte L e i c h e N a p o l e o n s in Paris ein- gebracht. Es war ein heller, aber eiskalter Wintertag; der Hauch Guizots wehte, wie die Pariser sagten, über des Kaisers Sarg. Aber eine unermeßliche Volksmenge war versammelt. Das schwarze Schiff kam die Seine herauf „wie ein schwarzer Adler in geister- hafter Majestät". Man empfing ihn mit hunderttausendstimmigem Jubelruf: vive l'empereur! In langem feierlichem Zuge wurde der hohe Katafalk, dem die Letzten der großen Armee in ihren alten Uniformen folgten, durch den Triumphbogen de l'Etoile getragen und in Gegenwart des Königs im Hotel der Invaliden beigesetzt. Allgemein war der Kaiserruf, eine Compagnie war beim Vorüber- zug des Sarges unwillkürlich in die Knie gesunken. Viele dräng- ten sich herbei die Decke des Leichenwagens zu küssen. Hin und wieder tönte wildes Geschrei: à bas Guizot! à bas les traitres! à bas les Anglais! Doch wurde die Ruhe nicht gestört. Man be- greift kaum, wie es möglich war, daß der König nicht gleich an-

fangs gemerkt hatte, welche Thorheit er beging, indem er den
Schatten des großen Kaisers heraufbeschwor und einen neuen großen Schwung in die Partei deffen brachte, den er in Ham gefangen hielt.

Unter Guizot stellte Frankreich alle freundschaftlichen Beziehungen zu den auswärtigen Mächten wieder her. In England
wurden ihm sogar die auffallendsten Schmeicheleien gemacht; derselbe Palmerston, den er hatte stürzen wollen, erhob ihn bis in
den Himmel. Das geheime Motiv dieser öffentlichen Lüge war ein
Plan, den Kaiser Nicolaus durch den König der Belgier und durch
den Grafen Molé in Paris empfehlen ließ. Rußland wünschte sich
mit Frankreich zu alliiren, dann würden sie beide Alleinherren des
Mittelmeeres seyn und könnten die Engländer ausschließen. Man
ersieht hieraus, wie unzufrieden Rußland mit dem Ergebniß des
letzten Krieges war und wie zäh es seinen Plan im Orient verfolgte. Wenn Molé die Mehrheit in der zweiten Kammer erlangt
und wenn ihn nicht die Pairskammer im Stich gelassen hätte,
würde er Minister geworden und dann die russische Allianz zur
Reife gediehen seyn. Aber er unterlag.

Das Volk gelangte natürlich zu keiner Einsicht in die diplomatischen Intriguen jener Zeit, aber es witterte doch etwas vom
Verrath, vom Lügengeiste in den höchsten Regionen. Da wurde
ein älterer Verrath documentirt. Man hatte Briefe Ludwig Philipps vom Jahr 1830 entdeckt und drucken lassen, worin er sich
gegen England verpflichtet hatte, die Zusagen Karls X. in Betreff
Algiers einzuhalten, direct im Widerspruch mit seinen damaligen
öffentlichen Aeußerungen. Da war nun ein Theil der Pariser
Bourgeoisie so ehrlich oder so boshaft, eine förmliche Deputation
an die Kammer zu senden, die am 22. März 1841 laut erklärte:
„Es sind dem Könige Briefe beigemessen worden, welche der Aus-
bruck der feigsten und niederträchtigsten Verrätherei seyn würden.
Die Justiz hat die Zeitung freigesprochen, welche sie abdrucken ließ.
Die Minister haben auf die Anschuldigung nur mit schwankendem

Leugnen geantwortet. Das öffentliche Bewußtseyn forbert eine Untersuchung." Wie entzog sich nun Guizot dieser schrecklichen Forderung? Er verständigte sich mit den Freunden der ältern Dynastie und erklärte mit eiserner Stirne vor der Kammer, es sey niemals in Betreff Algiers eine Verbindlichkeit gegen England eingegangen worden. Hierauf vertheidigte der Herzog von Valmy die Regierung Karls X. in derselben Richtung. Guizot aber betheuerte ihm, er habe die vorige Regierung gar nicht angreifen wollen. Da brach alles in lautes Gelächter aus und von den Briefen war nicht mehr die Rede.

Eine neue Demüthigung erlebte die Regierung in Bezug auf das Durchsuchungsrecht zur See und auf Otaheiti. In beiden Fällen mußte sie England wieder nachgeben, nachdem sie anfangs mit Selbständigkeit geprahlt hatte.

Da von oben herab gar keine sittliche Macht mehr auf die Gemüther wirkte, und mehr und mehr der furchtbare Contrast des nach oben hin sich anhäufenden Reichthums mit der unten zurückbleibenden Armuth auffiel, kamen neue und wunderbare Erscheinungen in den niedrigsten Schichten des Volkes zu Tage. Die große politische Frage der Zeit gestaltete sich unvermerkt und in dem Maaße, in welchem sich der „vierte Stand" dabei betheiligte, zu einer socialen. Die Arbeiter und die Armen hingen sich an das Ideal des Communismus. Derselbe war aus dem System St. Simons hervorgegangen, durch Fourier noch weiter ausgebildet worden und fand jetzt noch fanatischere Vertreter, welche durch die Presse und durch geheime Gesellschaften unmittelbar auf die Proletarier wirkten. Grundgedanke war der Kampf der Armen gegen die Reichen, gleiche Vertheilung der irdischen Güter. Cabet gab 1840 seine „Reise nach Icarien" heraus, worin er das Ideal einer Republik darstellte, in welcher es kein Privateigenthum gab, sondern Arbeit und Genuß unter alle gleich vertheilt waren. Ihm folgte Proudhon mit einer Brandschrift „gegen das Eigenthum",

worin er jedes Privateigenthum als Diebstahl, als Raub an der
Gesellschaft charakterisirte. Praktischer als alle seine Vorgänger
faßte der talentvolle Louis Blanc die Frage auf, indem er in
einem berühmt gewordenen Werke über die „Organisation der
Arbeit" im Jahr 1841 nicht mehr verlangte, als Gelegenheit zur
Arbeit und zum Verdienst für alle, welche arbeiten können. Das
schien billig und eine keineswegs übertriebene Forderung an den
Staat zu seyn, der gerade damals unter Ludwig Philipps Re-
gime ausschließlich nur die großen Capitalisten und Geldspeculan-
ten begünstigte. Man unterschied diese mildere Auffassung der
Frage, die nur ein besseres und natürlicheres Arrangement in der
Gesellschaft verlangte, unter dem Namen des Socialismus von
dem alles Eigenthum aufhebenden und alles gleich machenden Communismus.

Als der Finanzminister Humann 1841 eine neue Volkszäh-
lung vornahm, um die Vertheilung der Personensteuer zu ordnen,
aus welchem Anlaß viele zur Steuerpflicht gezogen wurden, welche
sich derselben bisher entzogen hatten, wurden die ärmeren Classen
überall schwierig und wirkte auf diese Bewegung die Verbreitung
socialistischer Ideen ein. In Toulouse trat die Nationalgarde dem
Pöbel bei und verjagte den Präfecten Mahul. Aber Guizot ließ
durch Duval die Ruhe herstellen und schonungslose Gewalt üben.
In der verarmten Auvergne stand das Landvolk in Masse auf und
lieferte dem Militair Gefechte. In Paris selbst gab es einen republikanischen Aufstand, in welchem auf den jungen Herzog von
Aumale geschossen wurde, und dessen Rädelsführer der fanatische
Socialist Quenisset war, am 11. September. Aber die Regie-
rung behielt mit ihrer überlegenen Militairmacht überall die
Oberhand.

Im folgenden Jahre ereignete sich ein furchtbares Unglück
zwischen Paris und Versailles, indem der Bahnzug auf der Eisenbahn aus den Schienen gerieth und gegen 100 Menschen theils

umkamen, theils schwer verwundet wurden. *) Unter den Todten befand sich der berühmte Weltumsegler Admiral Dumont d'Urville. Das war am 8. Mai. Einen Monat später traf auch den König ein herbes Mißgeschick. Am 13. Juni 1842 scheuten die Pferde am Wagen des Herzogs von Orleans, er wollte hinausspringen, fiel aber auf den Kopf, kam nicht wieder zur Besinnung und starb in wenigen Stunden. Er hinterließ zwei junge Söhne, Ludwig Philipp, Graf von Paris, und Robert, Herzog von Chartres. Der König bestimmte für den Fall seines eigenen Todes während der Minderjährigkeit des Grafen von Paris seinen zweiten Sohn, den Herzog von Nemours, zum Regenten und die Kammern willigten ein.

Seitdem genoß der König einige Jahre gute Ruhe. Es war die Windstille vor dem Sturm. Das „herzliche Einverständniß" (entente cordiale) mit England wurde gepriesen. Der König reiste 1844 nach London und empfing von der Königin den Hosenbandorden. Der Prinz von Joinville heirathete eine Prinzessin von Brasilien. In Görz starb in demselben Jahr der Herzog von Angoulème und der junge Graf von Chambord bewarb sich vergebens um die Hand einer neapolitanischen Prinzessin, die ihm der junge Herzog von Aumale vorwegnahm. In Algier ging alles wohl. General Bugeaud führte das System der Razzias ein, d. h. er ahmte die Araber in Raubzügen nach, bei denen das feindliche Gebiet einfach ausgeplündert, ausgebrannt und ausgemordet wurde. Jede erdenkliche Grausamkeit und Unmenschlichkeit wurde von bei-

---

*) Es war Sonntag und die überfüllten Züge fuhren zu rasch. Zwei Locomotive hinter einander stürzten um, die Kohlen der vordern geriethen in Brand; die Personenwagen fuhren mit Blitzesschnelligkeit nach, zerbrachen an den vordern und häuften sich, indem sie sogleich in Brand geriethen, thurmhoch über den vordern und den Locomotiven an, alle darin befindlichen Menschen verbrannten und ließen keine Spur mehr zurück. Dumont d'Urville und seine Familie verschwanden wie ein Nichts. Physiker staunten über die noch nie dagewesenen Effecte schneller Verbrennung.

ben Seiten geübt. Da sich Abbel Kaber, der moderne Jugurtha, auf Marokko stützte und von dort seine schwächer werdenden Kräfte ergänzte, zog Bugeaud auch gegen das Kaiserthum Marokko, besiegte das Heer desselben in der Schlacht bei Isly (14. August) und erzwang den Frieden. Er wurde dafür zum Marschall und Herzog von Isly ernannt und seiner Unterschleife und Räubereien nicht weiter gedacht. *)

Paris und Frankreich blieben in diesen Jahren merkwürdig ruhig. Die Forts um Paris her waren ausgebaut und wurden armirt. Die Deputirtenkammer wetteiferte in ihrer Mehrheit nur, vom Staate persönliche Vortheile zu ziehen. Ein großartiges Be-stechungssystem war es allein, was den Thron Ludwig Philipps vor einem neuen Aufschwung der Opposition schützte. Im Jahr 1844 wagte ein ehrlicher Mann vorzuschlagen, die Deputirten sollten sich beim Eisenbahnactienhandel nicht betheiligen, aber man wies den Antrag von der Hand. Der Schwindel in diesen Actien war eine Hauptquelle des Gewinnes für die, welche ins Geheimniß der Börse eingeweiht wurden.

In demselben Jahr, als der Staat wieder Geld brauchte, ver-langte Garnier Pagès in der Deputirtenkammer, man solle sich an den Patriotismus wenden und eine Nationalanleihe contrahiren; aber dabei ließ sich nichts gewinnen. Die bestochene Kammer unter-stützte den König, und das Haus Rothschild lieh nun dem Staat 200 Millionen zu 84. Außer den 16 Procent, die Rothschild hier gewann, mußte er als Herr der Börse auch alsbald eine Hausse zu bewirken und die Obligationen wieder mit Gewinn zu verkaufen. Dazu wurde ihm auch die Eisenbahn von Paris nach Brüssel

---

*) Aufs bitterste spottete der National über die Prahlerei Ludwig Phi-lipps mit diesem Siege, in welchem nach Bugeauds eigenem Bericht die Franzosen nur 27 Todte verloren und als Trophäe nur den Sonnenschirm des commandirenden maroccanischen Prinzen aufzuweisen hatte. „So viel Lerm um einen Sieg über eine Horde Barbaren! Und einen solchen Sieg wagt ihr neben Austerlitz, Jena und Wagram zu stellen!"

(Nordbahn) überlassen, die großen Gewinn abwarf und mit deren Actien er die Minister und einflußreichsten Deputirten und Zeitungs= redacteure bestach. Die Lüderlichkeit, mit welcher die Bahn gebaut, unfähige Menschen dabei angestellt wurden ꝛc., veranlaßte schwere Unglücksfälle. Bei einem der größten Unglücksfälle 1847 war die Bevölkerung so empört, daß die Bahnhöfe durch Truppen von Arras, Douai und Valenciennes besetzt werden mußten. Man klagte vor Gericht und die Presse war empört, aber die Schuldi= gen strafte kein Gericht. In dieser Art waren alle großen Capi= talisten und Actiengesellschaften begünstigt, z. B. die Darleiber zu den Canalbauten, während für das gemeine Volk nichts geschah. Insbesondere klagte man über die hohe Salzsteuer, über die hohe Abgabe vom Weinbau, aber alle solche Klagen fanden in der Kammer und im Ministerium taube Ohren. — Damals steckte der Mammonsdienst des Hofes die halbe Bevölkerung von Paris an. Alles ging auf die Börse um zu speculiren. Der Staat ließ es, kann nur dabei gewinnen, wenn in Staatspapieren speculirt wird, denn diese erhalten dadurch desto mehr Credit. Der Jude aber hielt die Waagschalen und die einfältigen Pariser hingen sich wie Bienenschwärme als Haussiers oder Baissiers an beide an, um ihnen beide zur Beute zu werden. Die Gier nach Gewinn veran= laßte neben dem gewöhnlichen Speculiren auf hohe oder niedere Course noch insbesondere das Terminspiel, d. h. Wetten, wie die Course an einem gewissen Datum stehen würden, so daß dem Ge= winnenden die Differenz zwischen dem Stand der Course zur Zeit der Wette und dem zur Zeit des Termines ausbezahlt werden mußte.

In der Stille und Schwüle jener Zeit sammelten sich Ge= witterwolken, deren erster Blitz die Jesuiten treffen sollte. Der Orden war aus Frankreich verbannt, hatte sich aber heimlich wie= der eingefunden. Ein Jesuit, Ravignan, war durch seine herr= lichen Predigten in der Notredame=Kirche von Paris höchst populär geworden und auch bei der vornehmen Welt in die Mode gekommen. Das rührte den alten Jesuitenhaß auf. Im Anfang des Jahres 1845 fing der Minister des öffentl. Unterrichts, Villemain, mitten im Ministerrath plötzlich an, irre zu reden, wüthete gegen die Jesuiten, beschuldigte sie, ihn vergiftet zu haben und stürzte sich aus dem Fenster, kam jedoch mit dem Leben davon. Er war ein alter Voltairianer und das böse Gewissen hatte ihn mit Furcht bethört. Sein Nachfolger Salvandy war kaum ernannt, im Februar, als 9 Erzbischöfe und 31 Bischöfe Frankreichs, voran der Cardinal-Erzbischof Bonald in Lyon, sich gegen das vom alten Dupin am Ende des Jahres 1844 herausgegebene „Kirchenrecht" erhoben und die darin angefochtenen Grundsätze der gallicanischen Kirche verwarfen; der König war durch diese Anmaßung des Klerus sehr überrascht und ließ durch den Justizminister Martin deren Hirtenbriefe als Eingriffe in das Richteramt, das nur dem Staat gebühre, zurückweisen. Nun begann von der ungläubigen Seite große Jesuitenhetze. Eugen Sue schrieb den „ewigen Juden" hauptsächlich zur Schmach der Gesellschaft Jesu. Am Collège de France brachen die Professoren Michelet und Edgar Quinet in maßlose Beschimpfungen des Ordens aus. Dazu kam, daß der Kassier des Ordens, Affenaör, den Vätern 300,000 Fr. entwendete und deshalb vor Gericht gezogen wurde, ein Prozeß, der nicht etwa den armen Jesuiten zu ihrem Rechte verhalf, sondern zu neuen und wüthenden Beschimpfungen des Ordens benutzt wurde. Vergebens machten Berryer und Montalembert darauf aufmerksam, daß die Jesuiten ja völlig unschuldig an der Niederträchtigkeit ihres Kassiers und daß sie die Verletzten, nicht die Schuldigen seyen. Die Kammer, das Ministerium mischte sich ein und die Jesuiten wurden nicht nur aufs neue ausgewiesen, sondern Ludwig Philipp erwirkte auch durch seinen Botschafter Rossi in Rom, daß der Papst selbst den Jesuiten untersagte, fernerhin als Corporation in Frankreich aufzutreten, 1845.

Die damalige Schwüle brütete noch andere Gewitter aus. Unter der äußeren Ruhe, die in Frankreich herrschte, verbarg sich eine unbefriedigte Leidenschaft, die auch da krankhaft glühte, wo sie eigentlich kein Ziel hatte. Die unterdrückten Republikaner, Communisten, hungernde Proletarier, welche die Corruption in den oberen Regionen mit Wuth ansahen, wußten, was sie wollten. Ebenso die Bonapartisten und Legitimisten. Aber auch unter den Classen, die von Ludwig Philipp begünstigt in Ehre und Wohlleben schwelgten, wurde die Unzufriedenheit wie eine Modesache getrieben und einer künftigen Revolution geschmeichelt. Ludwig Philipp, der die Leute nur zu seinen Zwecken benutzte, hatte keine wahren Freunde. Viele, die er begünstigte, kokettirten, nach dem Beispiel von Thiers, mit der Revolution. Zudem machte das Bürgerkönigthum den geistreichen Parisern schreckliche Langeweile. Daher die Ueberhandnahme der Lüderlichkeit in einer vorher kaum gekannten Ausdehnung, wozu auch die Verwilderung der aus Algier heimgekehrten Soldaten beitrug. *) Die Einholung der Leiche Napoleons hatte die großen Bilder der Vergangenheit aufgefrischt. Man wollte wieder Thaten, die bürgerliche Einfachheit durch etwas Geniales unterbrochen sehen. In Ermangelung von etwas Großartigerem weidete man sich einstweilen an den gräßlichen Prozessen, welche die gazette des Tribunaux täglich in ihren Nummern brachte. Ja man freute sich an den Früchten der tiefsten Entsittlichung; es lag doch Poesie im Verbrechen. Dem Vergiftungs-

---

*) In allen Winkeln von Paris wurden damals obscöne Tänze Mode, wie sie unter den verderbten Türken und Arabern schon längst üblich sind. Um wenigstens das Aeußerste von Schamlosigkeit zu verhindern, mußte sich Polizei dabei einfinden. Aber die Wollust diente, wie damals alles in Frankreich, dem Mammon. Keine Liebe, keine leidenschaftliche Hingebung mehr, sondern alles nur um Geld! — Das größte Spitzbubengenie im damaligen Paris war Vidocq, der vom Galeerensklaven zum Polizeioffizianten avancirte, aber 1843 wieder wegen Spitzbubereien verhaftet werden mußte. Seine Memoiren lassen in die tiefsten Höhlen des Verbrechens und der Schande blicken.

proçeß der Dame Lafarge *) folgten viele andere nach, ſich über-
bietend an Gräßlichkeit. Man ſah in einen Abgrund von geſell-
ſchaftlicher Corruption hinein und am meiſten bei den Reichen.
Dieſe Eindrücke wurden von den Dichtern aufgenommen und ausgebeutet, bewußt oder unbewußt aber das „rothe Geſpenſt" der künftigen Revolution als letzte Rächerin der mit ſo vielem Fleiß aus-
gemalten Verbrechen bezeichnet.

Victor Hugo, der damals für Frankreichs größten Dichter
galt und ben der König 1845 zum Pair erhob, malte in ſeinen
tragiſchen Werken durchgehends nur haarſträubende Verbrechen und
gewöhnte das Pariſer Parterre an den Anblick des Scheußlichſten
und Unnatürlichſten in der menſchlichen Geſellſchaft. Er ſelbſt war
ein Kind der Modelaſter und wurde unmittelbar, nachdem ihn der
König zur Pairswürde erhoben, wegen Ehebruchs mit der Frau
eines Malers öffentlich angeklagt. Eine geſchiedene Madame Du-
devant, welche als Mann gekleidet umherging, wie ein Mann
lebte, Tabak rauchte 2c., ſchrieb unter dem Namen George Sand
damals Romane, die von Frankreich und ganz Europa bewundert
und verſchlungen wurden, in denen aber ebenfalls nur die abſcheu-
lichſten Sünden und Verbrechen mit Vorliebe ausgemalt waren und
unverholen die revolutionärſten Grundſätze ausgeſprochen wurden,
die ganze Geſellſchaft tauge nichts, habe ſich überlebt, müſſe von
Grund aus umgeformt werden, das Hauptübel aber ſey der Zwang
der Ehe, die Ehe müſſe gänzlich abgeſchafft werden. Das wärmſte

---

*) Marie, Tochter des Oberſten Capelle von einer natürlichen Tochter
der Frau von Genlis, hatte ihren Gatten Lafarge, Beſitzer eines Eiſen-
hammers. vergiftet und früher ſchon einmal einen bedeutenden Diamanten-
diebſtahl begangen. Sie wurde zu lebenslänglicher Zwangsarbeit verurtheilt. Während des Prozeſſes 1840 glich der Aſſiſenhof zu Brives einem
Ballſaal. Eine Menge Pariſer Damen waren dahingeſtrömt, der Saal
duftete von Wohlgerüchen und die Huiſſiers ſervirten Zuckerwaſſer. Auch
George Sand war gekommen mit ihrem gewöhnlichen Gefolge von Lions.
Die Lafarge wurde wie eine Heldin gefeiert und bekam unzählige Zuſchriften.

Interesse aber widmete sie dem „vierten Stande“, dem Proletariat, dem sie auf alle Weise schmeichelte, während sie die reichen Classen verdammte. Eugen Sue, ein Literat, der in einem mehr als fürstlichen Luxus schwelgte, warf sich gleichwohl auch zum Vorkämpfer des Proletariats auf, schilderte dessen Noth, entschuldigte und rühmte dessen aus der Noth entsprungene Verbrechen, stachelte alle seine revolutionären Leidenschaften auf, hetzte es gegen die Kirche, gegen alles Bestehende in Staat und Sitte und wurde nicht etwa blos von diesem Proletariat, sondern auch von der vornehmen Welt gelesen und bewundert.*) Drei seiner Werke waren besonders charakteristisch und machten Epoche in Frankreich. Seine „Geheimnisse aus Paris“ provocirten die sociale Revolution und rechtfertigten im Voraus alles, was die Proletarier zu ihrer Rache etwa thun könnten, wenn die erwartete große Revolution ausbrechen würde. In seinem „ewigen Juden“ reizte er seine Leser zum giftigsten Haß gegen die Kirche. Endlich war sein „Martin“ eine Schule der Unzucht. Nichts ist bezeichnender für die Zeit, als daß dieser Sue in Frankreich vergöttert wurde, daß ihm fabelhafte Summen für seine Bücher bezahlt wurden, daß er in die Akademie gewählt werden sollte, daß seine Schriften auch durch Uebersetzungen im übrigen Europa verbreitet und allgemein gelesen und gepriesen wurden. An diese Koryphäen der damaligen französischen Modeliteratur reihten sich noch viele andre an, deren Dichtungen in demselben Geiste nur auf Darstellung des Gräßlichen, auf Verführung zu Wollust oder Grausamkeit, auf Erhitzung der Leidenschaften, Erweckung von Haß gegen Sitte und Religion und gegen die bestehende Gesellschaft ausgingen.**) So Balzac, Paul de Kock, Alexander Dumas, Soulié 2c.

---

*) Die Freimaurerloge „Beharrlichkeit“ in Antwerpen überschickte ihm feierlich eine goldene Feder.

**) Die Lelie der Sand und der ewige Jude von Sue sind Arsenale des Unglaubens. Im Juden und seiner Familie wagt Sue sogar das gute Princip darzustellen gegenüber dem in die katholische Kirche übergetragenen bösen Principe. In seinen sieben Todsünden vertheidigt E. Sue die Sünde

Dem entsprach auch der Charakter der Malerei und der zahllos verbreiteten Lithographien.

---

gegen das Christenthum und spottet des letztern. In der divine épopée von Soumet (1840) wird Christus selbst auf eine kaum glaubliche Weise verhöhnt und sättigt sich der Haß, den der Dichter gegen ihn empfindet, in der Erfindung der scheußlichsten Martern, die er ihm als Gefangenen in der Hölle anthun läßt. Die Phantasie der Dichter schwelgt in Bildern der Unzucht und Grausamkeit. Gerade die berühmtesten, z. B. Hugo, Sue, Sand sind darin die größten Meister. Hugo's Lucrezia Borgia buhlt mit ihrem Vater, Bruder und Sohn und begeht ungeheure Verbrechen, das ganze Drama schwimmt in Unzucht und Mord. E. Sue's Romane häufen die gräßlichsten Criminalfälle. Wie die Dichter in Schilderungen grausamer Angst schwelgen, zeigen Hugo's „letzte Augenblicke eines Verurtheilten", die Schilderung einer im Kerker dem Henkerbeil entgegenschmachtenden Schwangern von de Vigne. Gautier schreibt ganze Gespräche der Leichen mit den Würmern im Sarge 2c. Don Paez (von Alfred de Muffet) er= würgt seine Geliebte in der feurigsten Umarmung. Eben so Anatolus (von Janin). Entehrt wird eine Blödsinnige (von G. Sand), eine Blinde (Sou= lié). Einer verstopft das Leck eines Schiffes mit der Leiche seiner Gelieb= ten (derselbe). Ein Graf, der sein Geld mit einer Maitresse verschwelgt, will sich mit ihr im Kusse vergiften, sie speit ihm aber das Gift in den Mund und entwischt (E. Sue). Einer hat die Tochter geschwängert und buhlt eben mit der Mutter, während die Tochter im Nebenzimmer nieder= kommt (von A. Dumas). Ein Vater ermordet sein Weib, um mit seiner Tochter buhlen zu können (von Merimée). Der Vater ist entbrannt in seine beiden Töchter, hält ihnen aber, um sie zu befriedigen, noch andre Liebhaber (von Balzac). Dreizehn Pariser Wollüstlinge verbinden sich zum Morde der Unschuld und Tugend und wetteifern im Verbrechen (von dem= selben Balzac mit wahrer Seelenlust ausgemalt). Dem Ritter Albert werden Augen und Mund zugenäht und er muß im Sarge angefesselt ver= schmachten, während sein buckliger Diener, der ihn so weit gebracht hat, ihn noch verhöhnt (Soulié). Einem Dichter, der einen Papst beleidigt, werden Zunge und Hände abgeschnitten (Saintine). Eine Gattin sieht ruhig zu, wie ihr Gatte, den sie vergiftet, langsam abstirbt (Alfred de Vigny). Ein Sklave zerstört mit teuflischer Arglist das Glück seiner Herr= schaft (Sue).

In der gesammten Literatur und Kunst Frankreichs gährte es
wie in einem Vulcan, Gluth und Gier nach Zerstörung. Die miß-

Romanhelden, denen Geldbesitz, Luxus, raffinirte Wollust Eins und
Alles ist, begegnen uns in dieser Literatur zu hunderten. S. Arnaud in
den Memoiren des Teufels von Soulié, Arthur von E. Sue, Antony und
der berühmte Graf von Monte Christo von A. Dumas. Geldgier neben
der Wollust herrscht auch vor bei Balzac. Das ist der Gipfel der Gemeinheit. Ein Dichter (Janin) malt sogar in seinem Christoph den Sieg der
Habgier über die Liebe aus; Christoph hält sich eine wunderschöne Maitresse, ohne sie zu berühren, nur um sie Vornehmen und Reichen, durch die
er Vortheile erreichen kann, zu kuppeln. In den demokratischen Romanen
legen es die Dichter so recht darauf an, der Gemeinheit Triumphe zu bereiten. V. Hugo erhebt einen Lakaien (Ruy Blas) zum Liebhaber der
Königin; die G. Sand verkuppelt die vornehmsten Damen mit einem
Bauern, einem Zimmergesellen, einem Müllerknecht, alles zur offenen Verhöhnung der vornehmen Welt.

Unter den Romanheldinnen wimmelt es von femmes libres. Jede will
den Mann spielen, die Männer sollen ihnen nur als Maitressen dienen.
Den sinnlichen Genuß durch Ehebruch, Blutschande, Mord, jedenfalls durch
Abwechslung zu erhöhen, ist an der Tagesordnung. Fast alle sind Gottes-
leugnerinnen und erschöpfen sich im Skepticismus und frechen Blasphemien.
So fast ohne Ausnahme alle Heldinnen in den Romanen der G. Sand.
Die Prostitution ist etwas, was sich von selbst versteht, ja sie wird geadelt,
geheiligt. V. Hugo stellt in seinem Marion de Lorme, E. Sue in seiner
Fleur de Marie Pariser Hetären als Ideale weiblicher Tugend und „inner-
licher Reinheit und Heiligkeit" dar, so daß Sue gar keinen Anstand nimmt,
seine Marie mit der h. Jungfrau selbst zu vergleichen. Die Lucrezia Flo-
rani von G. Sand wird mit ihren vielen unehelichen Kindern von den
verschiedensten Blättern zu einem Ideal weiblicher Tugend erhoben. — Am
liebsten schildert G. Sand emancipirte Frauen, die sich junge Männer halten, Tabak rauchen, Hosen tragen, philosophiren, die Ehe, die christlichen
Gebote lästern, an Gott nicht glauben ꝛc. So Valentine, Lelie, Quintilia,
Crene ꝛc. Fast noch weiter geht Dumas in seiner Margarethe und Merimée in seinen Carmen, Diana und Colomba, weibliche Ungeheuer von fast
unmöglicher Verwilderung. Allein Unnatur wird eben von diesen Dichtern
gesucht, nur unter Mißgeburten der Phantasie ist ihnen wohl. Delatouche

lungene Julirevolution weckte den Heißhunger nach einer andern, den Instinct des Tigers im Volke. Der künftigen Revolution wurde wie einer unsichtbaren Göttin gehuldigt, ein fieberhafter, orgiastischer, dämonischer Cultus der Geister. In der Opposition gegen die ältern Bourbons hatte immer noch eine gewisse Loyalität, Nüchternheit, Ehrlichkeit, der gute Glaube der Doctrinairs, eine Ueberzeugungstreue des Constitutionalismus vorgeherrscht. Diese Tugenden waren verschwunden, wie eine alte bürgerliche Mode abgethan. Man hatte die Charte angebetet, wie eine Geliebte vor der Hochzeit. Als man sie hatte, durch und mit Ludwig Philipp hatte, vernachlässigte, verachtete und haßte man sie, wie eine Frau, die nach der Hochzeit sich ganz anders gibt, in der man sich getäuscht und verrathen sieht. Die Unlauterkeit des Bürgerkönigs rechtfertigte die doppelte Demoralisirung, die einerseits bei seinen unterdrückten Gegnern, andrerseits bei den vornehmen Geistern seiner eignen Partei immer weiter um sich griff.

Abbé Lamennais hatte durch ein phantastisches Bündniß der Kirche mit der Demokratie die Revolution heiligen wollen. Nachdem ihn der Papst mit Recht verdammt hatte und der heilige Nimbus von dem „rothen Gespenst" verschwand, blieb das letztere allein mit seiner nackten Häßlichkeit. Man schien sich zu freuen, der kirchlichen Republikaner los zu werden, wie der doctrinairen Ehrlichkeit. Man brauchte sich nun nicht mehr zu geniren. Der böse Geist war jetzt erst ganz in seinem Elemente und übersprudelte

schildert uns ein Mädchen, in die sich alle Männer, und einen Jüngling, in den sich alle Mädchen verlieben, und überrascht uns plötzlich mit der Entdeckung, beide sind eins, sein Held ist ein vollkommener Hermaphrodit und befriedigt die Herren wie die Damen, ohne daß sie brauchen eifersüchtig zu werden. Janin schildert un coeur pour deux amours in zwei zusammengewachsenen Mädchen, die gemeinschaftlich nur ein Herz haben und gemeinschaftlich einen Jüngling lieben, der aber nur eine von ihnen wiederliebt. In solchen Raffinements der Unnatur bewegt sich die ganze in Rede stehende Literatur.

von Koth und Feuer. Selbst die unter Ludwig Philipp reich gewordenen Dichter und Journalisten wetteiferten mit den revolutionären Cynikern, allen Herzen die Ruhe zu rauben, alle Seelen zu
vergiften, die Einbildungskraft mit gräßlichen Bildern zu schwän-
gern und durch arglistiges Wühlen in Scenen der Angst, der
Schande, des Verbrechens, gestillter Rachlust, wahnsinniger Grausamkeit und Henkerlust alle bösen Leidenschaften des Menschen aus
ihrer verborgensten Tiefe aufzustacheln.

Einer der sanftesten und reinsten Sänger Frankreichs, den
man bisher nur mit den sittlichsten Dichtern Deutschlands und Englands vergleichen konnte, Lamartine, wurde in die Bewegung der
Zeit mit fortgerissen. Auch er warf sich plötzlich zu einem Vorkämpfer für das Proletariat auf. Allein er hatte den edeln Vor-
satz, wirklich für das Wohl der Armen thätig zu seyn. Er ließ
sich in die Kammer wählen und erregte ungeheures Aufsehen, als
er zum erstenmal 1845 bei den Berathungen über die Kosten der
Befestigung von Paris, für alles, was in Frankreich arm, unglücklich, unschuldig war, in die Schranken trat gegen die Corruption,
Habgier und tiefe Verschuldung des Bürgerkönigthums. Die Motive seiner Opposition waren rein und neu. Er adelte die künftige
Revolution, indem er zeigte, wie durch und durch gemein und un-
edel das Bestehende sey. Im folgenden Jahre kam zum erstenmal
Ledru Rollin in die Deputirtenkammer, ein Advocat von radi-
calster Farbe, der dem herrschenden und in die tiefste Corruption
versunkenen Liberalismus gleichfalls einen Spiegel vorhielt und
schonungslos seinen Sturz vorhersagte. In demselben Jahr wurden
wieder zwei mißlungene Mordanfälle auf den König gemacht, von
Lecomte und von Henry, und kamen drei schreckliche Unglücksfälle
auf Eisenbahnen vor, der Einsturz eines Viaducts bei Barenton
und zwei Zerstörungen der Wagenzüge bei St. Etienne und Fam-
pour in Folge der lüderlichen Verwaltung.

Auch der Gefangene in Ham dachte viel über die sociale Frage
nach und war überhaupt sehr beschäftigt. Er schrieb über die

Vergangenheit und Zukunft der Artillerie, über die Zuckerfrage, über Ausrottung des Pauperismus, wofür ihm die Arbeitervereine eine Dankadresse votirten, sodann historische Fragmente, correspondirte, setzte sich in Verbindung mit der Opposition und entwickelte eine erstaunliche Geistesthätigkeit bei vollkommener Ruhe des Gemüths. Plötzlich aber, am 26. Mai 1846, verschwand er von Ham. In der Tracht eines Arbeiters mit einem Brett auf dem Kopf ging er, von den Wachen unbemerkt, zum Thor hinaus. Sein Arzt Dr. Conneau hatte ihm dabei geholfen. Er entkam glücklich nach England.

Die Hungerzeit 1846 und 1847 forderte auch von Frankreich ihre Opfer. An vielen Orten brachen Theurungsunruhen aus, zu Paris, Dijon, Toulouse ꝛc. und steigerte sich die Unzufriedenheit der niederen Classen.

Den empfindlichsten Stoß aber bekam das herrschende System in Folge der spanischen Heirath. Mit ihr schwand der letzte sittliche Nimbus vom Haupt des greisen Königs. Die so lange von ihm zur Schau getragene Ehrbarkeit verrieth diesmal vor aller Welt, welcher gemeine Eigennutz hinter ihr steckte. England war aufs äußerste erzürnt, von Ludwig Philipp in dieser Angelegenheit betrogen worden zu seyn, das Toryministerium trat ab und das neue Whigministerium bereitete dem Bürgerkönig schwere Tage vor. Lord Palmerston alliirte sich mit der Opposition in Frankreich, wie mit der in Italien und wie mit dem Radicalismus in der Schweiz. Seitdem nun gewann die revolutionssüchtige Partei in Frankreich ein neues Vertrauen und kühnen Muth. — Eine weitere Treulosigkeit beging Ludwig Philipp in Algier. Daselbst war der alte schlimme Feind der Franzosen, Abdel Kader, endlich durch den tapfern General Lamoricière bezwungen und zu einer Capitulation gebracht worden, in welcher ihm die persönliche Freiheit zugesichert wurde, am 13. December 1847. Aber der König brach die Capitulation, ließ den stolzen Häuptling nach Frankreich bringen und als Staatsgefangenen einsperren. Ein ehrloses Ver-

fahren gegenüber den Muhamedanern, denen man mehr Achtung
vor christlicher Treue hätte einflößen sollen, und gehässig gegenüber
dem französischen General und der ganzen Armee, die dabei compromittirt wurde. Ludwig Philipp war ohne Zweifel damals schon
vom Alter abgestumpft, an das Gelingen seiner Pläne schon zu
sehr gewöhnt, bequem geworden und nahm keine Rücksicht mehr,
sondern gab sich dem Hauptzuge in seinem Charakter hin, wie
Greise pflegen.

Unterdeß wurde von unten her gewühlt und in der Deputirtenkammer selbst ein Versuch gemacht, durch eine Coalition aller
nicht ministeriellen Parteien die ministerielle Mehrheit zu sprengen.
Thiers war die Seele dieser Intrigue, denn er konnte nicht ver-
schmerzen, daß er nicht mehr Minister war. Um es aber wieder
zu werden, um in den Augen des Königs „möglich" zu bleiben,
durfte er seine Opposition nicht übertreiben. Er bediente sich mithin der übrigen Unzufriedenen nur als Mittel, um Guizot zu
stürzen und selbst wieder ans Ruder zu kommen, ohne damit irgend
einem Principe zu huldigen. Da die früheren Liberalen, die doctrinairen wie die practischen, nur noch um die Staatsgewalt buhl-
ten, war die systematische und principielle Opposition unvermerkt
auf die Radicalen übergegangen. Diese aber sahen kein Heil,
außer in einer Wahlreform, wenn nämlich das Wahlrecht auf
breitester Grundlage beruhte, wenn das ganze Volk, die arbeitende
Classe, der s. g. vierte Stand mitwählte und nicht länger die Reichen allein die Deputirtenkammer machten. So weit wollte nun
Thiers nicht gehen, erklärte sich daher nur zu einer s. g. „parlamentarischen Reform" bereit, die an dem früheren Wahlcensus
nichts ändern und nur die Beamten von der passiven Wahl ausschließen würde. In der Kammersitzung von 1847 wurden inzwischen beide Reformen abgewiesen. Die ministerielle Mehrheit entschied sich sowohl gegen Duvergier de Hauranne, der eine Herab-
setzung es Wahlcensus erreichen, als gegen Remusat, der nur die

Staatsbiener von den Sitzen in der Kammer entfernen wollte, 26. März.

Hierauf erklärte sich der die Wahlen des Landes leitende Centralausschuß (comité electoral) in Paris für permanent und sann auf Mittel, seinen Zweck trotz der Kammermehrheit durchzusetzen. Er entwarf eine Petition an die Regierung um Wahlreform und schickte dieselbe an alle Provinzialcomités, um sie vom ganzen Lande unterstützen zu lassen. Hierauf veranstaltete er ein s. g. Reformbankett zu Chateaurouge bei Paris, am 9. Juli, dem 1200 Personen anwohnten und bei welchem der Trinkspruch auf den König weggelassen, dagegen solche auf die Volkssouverainetät, auf die Revolution von 1789 und 1830 und auf die Arbeiter ausgebracht wurden, deren „Recht auf Arbeit" besonders betont wurde. Ein ähnliches Bankett folgte am 10. August zu Mans unter dem Vorsitze Ledru Rollins und bald noch an sechzig andern Orten, in allen irgend namhaften Städten des Landes, alle in gleichem schon mehr republikanischem und socialistischem, als constitutionellem Geiste. Thiers, welcher in der bis zum 9. August versammelten Kammer unablässig gegen Guizot intriguirt hatte, hielt sich doch von den Banketten fern, weil er Minister zu werden hoffte, daher selbst nicht zu weit nach links gehen, wohl aber die neubegonnene Bewegung als Mittel zu seiner Erhebung wirken lassen wollte. Odilon Barrot lehnte gleichfalls die Theilnahme ab, weil er nicht durchsetzen konnte, daß ein Trinkspruch auf den König ausgebracht werde, und er die constitutionellen Schranken nicht übertreten wollte. Im Uebrigen trat er ganz der Opposition und dem Reformverlangen bei. Lamartine nahm gleichfalls keinen Theil an den Banketten, ließ sich aber ein ihm persönlich gewidmetes Bankett zu Macon geben, wo man ihn als Geschichtschreiber der Gironde feierte. Er hatte nämlich eben sein Werk über diese Gironde vollendet, worin er der Freiheit, ja selbst der Republik, unter der Bedingung, daß sie von edeln Geistern regiert werde und nicht in die Barbarei des Jakobinismus falle, reichlich Weihrauch gestreut hat. Die

übrigen berühmten Namen des alten Liberalismus wurden gar nicht
mehr genannt. Sie waren alle mehr oder weniger compromittirt
durch die parlamentarische Corruption, der sie sich schon seit Jahren
als Werkzeuge Ludwig Philipps hingegeben hatten, eine unsittliche
Oligarchie gleich der des Directoriums von 1794 bis 1799, habgierige Menschen, die sich auf Kosten des Landes Stellen und Reichthümer erwarben. Sie gruppirten sich um den Hof, an dem sie
ausreichenden Schutz zu finden glaubten, ohne daß es ihnen einfiel,
ihre einst so mächtigen Stimmen ins Land hinaus ertönen zu lassen,
um ihrerseits den Thron zu schützen, den sie aufgerichtet hatten.
Ihre Isolirung, ihr gänzlicher Zerfall mit der öffentlichen Meinung
schien sie nicht zu ängstigen. Sie verließen sich ganz auf die
Stärke der Regierung.

Iin der Presse herrschte dasselbe Verhältniß. Die Blätter der
Regierung und ihrer altliberalen Freunde waren weniger zahlreich
und übten weit weniger Einfluß, als die der Republikaner und der
immer mehr zu den letztern haltenden liberalen Opposition. Das
am feurigsten und geistreichsten geschriebene, daher einflußreichste
Blatt in Paris war der von Marrast redigirte, durchaus republikanische National, neben ihm die von Flacon redigirte, gleichfalls
republikanische Reforme, während der Constitutionnel als das Organ
von Thiers, die von Emil von Girardin redigirte Presse, der
Courrier Français, das Journal de Commerce und andere wenigstens im Hasse gegen Guizot mit ihnen einstimmten. Der constitutionelle Liberalismus war sichtbar discreditirt, gealtert, abgenutzt.
Er konnte sich auf sein Palladium, die Charte, nicht mehr berufen,
nachdem sie Mittel und Deckmantel der Corruption geworden war.
Wer hätte damals noch, wie früher, die Charte zum Feldgeschrei
machen wollen? Noch weniger konnte die Intrigue, der persönliche
Ehrgeiz, die Corruption selbst Enthusiasmus im Volk erwecken.
Die neue Parole war Reform, das hieß wohlverstanden: die Republik. Die Stunde war gekommen, in welcher die blutigen Ge-
spenster der Barrikadenhelden von 1830 und 1832 sich aus ihren

Gräbern erhoben, um Rechenschaft zu fordern von der Bourgeoisie, vom Kammerliberalismus, vom Bürgerkönigthum, was sie aus Frankreich gemacht hatten.

Der Stumpfsinn, mit dem die bisherigen Günstlinge des Julithrons der neuen Bewegung zusahen, erschien um so verächtlicher, als gerade damals in ihrer Mitte Scenen vorfielen, die sie vor dem gesammten Volke brandmarkten. Teste, Präsident des Cassationshofs und vormaliger Minister der öffentlichen Arbeiten, und Cubières, General, Pair und vormaliger Kriegsminister wurden schändlicher Bestechung und Betrügerei angeklagt und überwiesen. Durch den Prozeß Petit wurde der Aemter- und Stellenverkauf und die abscheuliche Corruption der Gerichtsnotare aufgedeckt. Stellen dieser Art waren im Kaufpreise bis zu 1 Million gestiegen, gewährten aber auch ungeheuren Vortheil. Der Notar wurde Herr alles ihm anvertrauten Vermögens, speculirte damit auf der Börse und wurde sehr reich oder entfloh. Binnen fünf Jahren waren in Frankreich mehr als hundert Notare wegen Unterschlagung verschwunden. Leon de Maleville nannte in der Deputirtenkammer Gulzot ganz öffentlich einen „Diebshehler", weil er seinen Secretair Genie, welcher Aemterhandel trieb, nicht nur im Dienst behielt, sondern auch decorirte. Emil de Girardin, Redacteur der Presse, nannte den Justizminister einen „Justiztartuffe" ꝛc. und klagte die Regierung offen an, die Pairswürde um 80,000 Frs. zum Verkauf ausgeboten, den Postmeistern einen Gesetzesentwurf um 1,200,000 Fr. verkauft zu haben. Scandale dieser Art wiederholten sich in erschreckender Menge. Girardin klagte den Minister Duchatel wegen groben Unterschleifs bei Ertheilung von Privilegien an, welcher Handel aber durch eine Freisprechung beseitigt wurde. Lasotte, Kanzleidirector im Kriegsdepartement, wurde wegen Unterschleif verhaftet. Lagrange, Rechnungsführer eines Krankenhauses, kam wegen an den armen Kranken begangenen jahrelangen Betrugs ins Zuchthaus. Die Prozesse Drouillard und Boutmy enthüllten Wahlbestechungen im colossalsten Maßstabe. Ein

Herr von Bouvalon hatte alle Gesetze französischer Ehre mit Füßen
getreten in einem Duell, in welchem er seinen ehrlichen Gegner
heimtückisch ermordete. Der Sohn Davousts, Fürst von Eckmühl,
in Folge von Ausschweifungen halbverrückt geworden, trat seinen
Bedienten mit Füßen und gab seiner Maitresse einen Messerstich.
Ein reicher Graf von Montesquieu verspielte alles und schoß sich
todt. Der reiche Bankier Donon Cabot wurde auf Antrieb seines
lüderlichen Sohnes gemeuchelmordet.*) Der Deputirte Combarel
de Byval vergiftete seine Frau und entfloh. Die Gräfin Mortin
brachte durch ihre Untreue ihren Gatten dahin, daß er sich und
seine Kinder aus Verzweiflung ermorden wollte. Hierauf verlangte
die Frau Scheidung und dieser Prozeß ließ in eine schauervolle
Immoralität der höhern Gesellschaft hineinblicken. Den entsetzlich-
sten Eindruck aber machte der Prozeß Praslin. Die edle Tochter
des General Sebastiani wurde von ihrem Gemahl, dem lüderlichen
Herzog von Praslin, um einer Maitresse willen aufs grausamste
im Bett ermordet, und der Mörder, als er sich verrathen sah,
nahm Gift.
    In diese Zeit fiel der Sieg des Radicalismus in der Schweiz
und der Aufschwung des Mazzinismus in Italien, beide Ereignisse
von England geschürt und belobt, beide ganz dazu gemacht, um
den Muth der Republikaner in Frankreich zu steigern. Aber Ludwig Philipp saß müßig zu und that nichts, die radicalen Wogen
von Südosten her zum Stillstand zu bringen. Eine Passivität,
die Oesterreich mit ihm theilte und die beiden Verderben bringen
mußte. Die Nachsicht der damaligen Regierungen in Paris und
Wien gegenüber dem Radicalismus in der Schweiz bewies ihre
Abgenutztheit, ihre gänzliche Unfähigkeit, die Geschicke Westeuropas
ferner zu lenken. Ludwig Philipp schien auf seinen Schätzen ein-

*) Es handelte sich dabei um die scandalöseste Maitressenwirthschaft,
weshalb der Gerichtssaal mit neugierigen Damen im vollsten Putz gefüllt
war, welche auch dablieben, obgleich der Advocat ihnen eine Sittenpredigt
hielt.

geschlafen zu seyn. Er fürchtete nichts, wo alles zu fürchten war, und sorgte für nichts mehr, wo er nicht Hände genug hätte brauchen können. Man glaubte, der Tod seiner Schwester Adelaide (sie starb am letzten Tage des Jahres 1847) habe ihn nicht nur tief gebeugt, sondern ihn auch seiner klügsten Rathgeberin beraubt. Die Ereignisse in Italien und der Schweiz und die Haltung Englands dabei wurden von der gesammten Opposition ausgebeutet, um die französische Regierung mit Vorwürfen zu überhäufen. Vor allen war es der kleine Thiers, welcher verlangte, Frankreich solle Hand in Hand mit Lord Palmerston die Revolution begünstigen. Es war ihm damit gar nicht Ernst, er wollte nur Guizot stürzen und sich an dessen Stelle setzen.

Ludwig Philipp dachte keinen Augenblick daran, die Revolution zu unterstützen, hätte sie vielmehr viel lieber in inniger Verbindung mit Oesterreich unterdrückt, wenn nicht sowohl er als Metternich schon zu schlaff gewesen wären, um noch einer Energie fähig zu seyn. Gerade jetzt dankte Marschall Soult ab; der Degen, den Ludwig Philipp gezogen hatte, wo nur von fern Gefahr drohte, versagte ihm in dem ersten Momente wirklicher Gefahr. Aber Ludwig Philipp nahm es nicht schwer. Der verhaßte Guizot wurde Chef des Ministeriums; Guizot, der immer die englische Partei gehalten, als Protestant und Doctrinair selbst ein halber Engländer, der auch jetzt noch nichts sehnlicher wünschte, als völlige Aussöhnung Frankreichs mit England, sollte in so kritischer Lage eine österreichische, eine reactionäre Politik vertheidigen und dem rücksichtslosen, ihn tief verachtenden Lord Palmerston das Gegengewicht halten. Guizot, der Mann der Rede und Belehrung, sollte zum erstenmal handelnd eingreifen, dem Ausland Achtung gebieten, die Revolution im eignen Lande abschrecken oder überwältigen. Dazu war er der Mann nicht und Ludwig Philipp, wie schlau er immer sonst gewesen, vergaß im blinden Vertrauen auf sein Glück, oder in greisenhafter Apathie diesmal jede Vorsicht.

Als er am 27. December die Kammern wieder eröffnete, nahm

er in seiner Rede Bezug auf die Reformbankette und bediente sich dabei des Ausdrucks „feindselige und blinde Leidenschaften". Das reizte die Opposition und in den Debatten über die Antworts=adresse, die sich bis in die Mitte des Februar 1848 hinauszogen, fielen die stärksten und bittersten Reden. Wüthend rief Odilon Barrot dem gegen alle Angriffe stolz ausharrenden Guizot zu: „Polignac war constitutioneller als Sie." Ein ungerechtes, aber prophetisches Wort, sofern es Guizot das Schicksal Polignacs an=kündigte. Der Vater der Bankette aber, Duvergier de Hauranne, sagte der ministeriellen Mehrheit in der Deputirtenkammer: „wir wollen hier nicht vor der Majorität gegen das Ministerium, son=dern vor dem Lande gegen die Majorität und das Ministerium plaidiren!" Das hieß so viel, als die parlamentarische Sitte und die Charte zerreißen, um durch den Dammbruch die wilde Fluth des Volkes hereinzulassen.

Siebentes Buch.

Die Februarrevolution.

Um dem in der Thronrede ausgesprochenen Vorwurfe recht auffallend zu trotzen und den Kundgebungen, die in den Provinzen so großen Anklang gefunden, die Krone aufzusetzen, leitete der Wahlausschuß von Paris in Verbindung mit einem Ausschuß der Kammeropposition und einem Ausschuß der Offiziere der National-garde gemeinschaftlich ein coloffales Reformbankett ein, welches am 22. Februar auf den elysäischen Feldern bei Paris ge-halten werden sollte. Man wählte diesen weiten Platz, um die Menge der Gäste zu fassen, hunderttausende aus dem Volke als Zuschauer zu versammeln und dem König durch große Massen zu imponiren. Das Ministerium legte kein Hinderniß in den Weg, behielt sich aber eine Klage vor den Gerichten vor. Als jedoch das Comité sämmtliche Nationalgarden einlud, wenn auch unbe-waffnet dem Festmahle anzuwohnen, sah Guizot darin einen Ein-griff in die Befugnisse der Behörde, der allein zustand, die Na-tionalgarde zu versammeln, und verbot das Bankett unter der An-drohung, es nöthigenfalls durch Militairgewalt verhindern zu wol-len, am 21. Nun trat Odilon Barrot mit den meisten Deputirten zurück, einige wenige aber folgten Lamartine, welcher erklärte, es würde eine Schande für sie seyn, bei Ausübung eines constitutionellen Rechts, wie es das Banketthalten sey, der Ministerwillkür nachzugeben.

Das Fest unterblieb, der Marschall Bugeaud, welcher 55,000 Mann in und um Paris commandirte, stand am 22. in voller Bereitschaft an den geeigneten Plätzen und von den Forts aus drohten die Kanonen. Die Zeit war gekommen, in welcher sich die neue Befestigung der Hauptstadt bewähren sollte. Dieselbe war vom König überhaupt nur unternommen worden, um jeder künftigen Revolution in der Stadt Paris vorzubeugen und einen Volkssieg wie in den Julitagen von 1830 unmöglich zu machen. Er war deshalb auch ganz ruhig und lächelte zu den Besorgnissen des Stadtpräfecten, Grafen Rambuteau. Eben so zuversichtlich war Guizot. In der Deputirtenkammer legte Odilon Barrot eine Anklage gegen das Ministerium nieder. Guizot las sie und mußte lachen. Inzwischen befanden sich die Männer, die das Fest veranlaßt hatten, und die Ausschüsse der geheimen Gesellschaften in Permanenz und großer Aufregung, ohne noch zu einem Entschluß zu kommen. Einzelne Haufen von Studenten und Arbeitern zogen durch die Straßen, sangen die Marseillaise, bauten ein paar Barrikaden und machten bei Anbruch der Nacht einige Angriffe auf die Municipalgarde, wurden aber ohne Mühe zurückgeschlagen. Es regnete entsetzlich, was nicht wenig beitrug, den Aufstand zu dämpfen.

Am 23. Morgens wiederholten sich in einigen Straßen die Barrikadenkämpfe, aber ohne allen Nachdruck. Dagegen sammelten sich jetzt die Nationalgarden und zeigten eine der Regierung nichts weniger als günstige Stimmung. Fast alle riefen „es lebe die Reform! nieder mit Guizot." Ein Bataillon wollte gegen die Tuilerien ziehen und ließ sich mit Mühe zurückhalten; an mehreren Orten widersetzte sich die Nationalgarde den Truppen und mahnte sie ab, auf das Volk zu schießen. Da beging der König die unglaubliche Unklugheit, Guizot aufzugeben und Molé kommen zu lassen, damit er ein neues Ministerium bilde. Wozu die Befestigung von Paris, wozu der Held von Isly mit einer mächtigen Armee, wenn der König die Gewalt, die er hatte, nicht brauchen und im entscheidenden Augenblick nachgeben wollte? Er hätte begreifen sollen, daß die erste Nachgiebigkeit ihn stürzen mußte, wie einst seinen Vorgänger. Als Guizot in der Deputirtenkammer den Entschluß des Königs verkündete, entstand eine unwillkürliche Bewegung zu seinen Gunsten. Man umringte ihn, vergaß den alten Haß, drückte ihm die Hand und rief: „das ist schändliche Feigheit, das ist ehrlos." Nie hatte der König mehr zu bereuen, einen treuen Freund und Diener aufgeopfert zu haben, als in diesem Augenblick. Man sagt, Guizot habe vom König verlangt, daß die Truppen nöthigenfalls auch auf die Nationalgarde schießen dürften und der König habe das um keinen Preis wagen wollen. Aber der König mußte es wagen, wenn er Herr des Terrains bleiben wollte. Nicht auf eine meuterische Bürgergarde schießen wollen, hieß sich ihr ergeben.

' In der darauf folgenden Nacht war eine unklare Bewegung in der Stadt. Die einen jubelten und zeigten sich mit Guizots Sturze befriedigt. Die andern wurden nur um so grimmiger und glaubten, jetzt sey keine Zeit zu verlieren, man müsse Blut fließen lassen, den Kampf erneuern und noch mehr erhitzen, damit ja die Mäßigung nicht siege. Die Sache der Republikaner war bisher in so guten Gang gekommen, sollten sie mitten im Gange inne halten? Ein wilder Volkshaufen holte sich eben Rath vor dem Hause Marrasts, als ein anderer bewaffneter Haufe unter Vortragung einer blutrothen Fahne mit Fackeln erschien, jenen mit sich fortriß und gegen das Hotel Guizots zog. Ihr Anführer war Lagrange, ein entschlossener Republikaner, der diesen Zug nicht zufällig unternahm, sondern damit alle Berechnungen der Mäßigung und Versöhnung durchschneiden wollte, ein einflußreiches Haupt der geheimen Gesellschaften. Vor dem Hotel stand zu dessen Schutz ein Bataillon Infanterie, gegen welches die Volksmasse so dicht andrängte, daß die rothe Fahne dem Pferde des commandirenden Oberstlieutenants ins Gesicht schlug. Es bäumte, da fiel ein Schuß (wie man behauptete, von Lagrange abgefeuert, der es aber später leugnete) und traf das Pferd ins Bein. Einen Augenblick später feuerten die Truppen und der Volkshaufen stob auseinander, viele Todte und Verwundete zurücklassend. Aber bald sammelte sich der Haufen wieder, legte einige Todte, namentlich ein Weib auf einen Karren und führte denselben bei Fackelschein unter lautem Racheruf durch die Straßen. Von Zeit zu Zeit hielt der Karren und ein starker Mann hielt den Leichnam des erschossenen Weibes empor und zeigte dessen bloße Brust von der Kugel durchbohrt und blutend dem Volke. Ein gräßliches, aber von der Partei künstlich berechnetes Schauspiel, nicht mehr neu und auch nicht das letzte seiner Art.

In der nämlichen Nacht wurde im Palast der Tuilerien ein thörichter Entschluß nach dem andern gefaßt. Hätte der König Guizot behalten und auf die abtrünnige Nationalgarde feuern lassen, so würde Bugeaud mit seinen zahlreichen Truppen ohne allen Zweifel Meister der Stadt geblieben seyn, die schlecht bewaffneten Republikaner hätten unterliegen müssen und die große Menge der Schwankenden oder Gemäßigten würde die männliche Ausdauer des Königs gepriesen, sich seiner Macht gefügt haben. Aber Guizot blieb abgesetzt, Molé hatte Angst und lehnte ab. Nun wurde der kleine Thiers gerufen, der Intriguant, ganz dazu gemacht, um im Frieden die Deputirtenkammer zu beschwatzen, aber gänzlich unfähig, das Staatsruder in den Stürmen einer blutigen Revolution zu lenken. Thiers begriff wohl seine Ohnmacht, wußte aber Rath, indem er sich im neuzubildenden Ministerium Odilon Barrot zugesellte, der als ehrlicher Mann und alter bewährter Kämpfer für die Volksrechte ungleich mehr Popularität und Vertrauen genoß, als er. Nun aber verlangte Thiers vor allen Dingen, daß der König die Reform bewillige, daß er die Kammer auflöse und eine neue nach dem zu reformirenden Wahlgesetze einberufe, daß er den Truppen jede weitere Feindseligkeit gegen das Volk untersage

und Bugeaud entlasse. Das hieß den König entwaffnen, ehe er
noch von seiner gewaltigen Waffenrüstung überhaupt einen Gebrauch gemacht hatte. Ludwig Philipp hätte einsehen sollen, daß
Thiers gar nicht im Stande war, den einmal aufgeregten Leidenschaften des Pariser Volks zu gebieten und daß er sich diesen Leidenschaften nicht wehrlos bloßstellen durfte. Er hatte ja noch seine
volle Macht, warum brauchte er sie nicht? Allein der „Klügste
der Klugen", für den er so lange gehalten worden war, schien die
Besinnung verloren zu haben. Er genehmigte alles, was Thiers
wollte, und dieser ließ sogleich eine beruhigende Proclamation
drucken, worin er verkündete, die Reform sey gewährt, jeder Grund
zu längerem Kampf bleibe weg, die Soldaten hätten Befehl, nicht
mehr zu schießen.

Diese Proclamation kam aber zu spät. Sie konnte nur in
wenigen Theilen der Stadt an die Mauern angeheftet werden und
da man vergessen hatte, sie zu unterzeichnen, wurde sie vom Volk
mit Mißtrauen aufgenommen, als bezwecke sie nur, es zu entwaffnen. Auf Bugeauds Befehl hatte sich am 24. bei Tagesgrauen
eine starke Colonne unter General Bedeau gegen das Stadthaus
in Bewegung setzen müssen, aber Bedeau war so schwach, mit der
Nationalgarde zu unterhandeln und einen Waffenstillstand zu bewilligen. Mittlerweile wurde sein Chef selbst in den Tuilerien
abgesetzt und genöthigt, noch einen letzten Befehl an die Truppen
zu unterzeichnen, worin ihnen geboten wurde, alle Feindseligkeiten
einzustellen. Dieser Befehl führte nur dazu, daß viele Truppen
ihre Gewehre umkehrten und mit dem Volke fraternisirten, welches
seinerseits den Waffenstillstand nicht anerkannte, sich nicht ruhig
nach Hause begab, sondern neue Barrikaden baute und kühn immer
näher gegen die Tuilerien rückte. Vergebens setzte sich Odilon
Barrot zu Pferde und ritt mitten unter das Volk, um es zu beschwichtigen. Es wollte nichts von ihm, noch weniger von Thiers
wissen, er mußte trostlos umkehren. Unterdeß stürmte das jubelnde
Volk unter den Augen der Truppen, die sich ruhig verhalten muß-

ten, das Palais Royal, den Familienpalast der Orleans und zertrümmerte dort alles, die kostbarsten Möbel und Gemälde. Das nun wäre mit geringer Mühe zu verhindern gewesen, wenn die Truppen hätten feuern dürfen. Auch die unglücklichen Municipal-gardisten wurden überall vom Volk abgeschlachtet, ohne daß ihnen die Truppen hätten helfen dürfen.

Dieser Hohn, diese Kühnheit des Volkes, das man schon be-ruhigt zu haben glaubte, versetzte die Tuilerien in unbeschreibliche Bestürzung. Bugeaud rieth dringend, jetzt noch Gewalt mit Ge-walt zu vertreiben, er müßte sich stark genug dazu. Aber der Herzog von Nemours, dem die Regentschaft im Fall einer Ab-dankung des Königs zuerkannt war, bemühte sich persönlich um das Gegentheil und wiederholte überall den Befehl, nicht zu schie-ßen. Auch an der Herzogin Wittwe von Orleans bemerkte man damals im Palast große Aufregung. Aus dem, was nachher ge-schah, läßt sich vermuthen, es habe eine Hofpartei gegeben, welche die Dynastie Orleans durch Aufopferung Ludwig Philipps zu er-halten hoffte, vielleicht durch Thiers, wenigstens durch die von ihm empfohlenen Mittel der Versöhnung, die daher um jeden Preis durch jede Art von Nachgiebigkeit den Kampf zu beendigen wünschte. Die alte Königin war empört über die Scenen der Schwäche und des Abfalls, die sie mit ansehen mußte. Sie drang in den König, zu Pferde zu steigen und sich an die Spitze der Truppen zu stel-len und zu kämpfen. Sie selbst wolle auf den Balkon treten und ihn lieber sterben, als muthlos unterliegen sehen. Ludwig Phi-lipp suchte sie zu beruhigen und wollte ihrem Rathe nicht gleich folgen; erst als der Kampf sich den Tuilerien näherte, bestieg er das Roß und eilte, von Nemours und Montpensier begleitet, hin-aus zu den Truppen. Aber er commandirte sie nicht zum Kampf, sondern er ritt nur stumm an ihnen, wie bei einer gewöhnlichen Parade vorüber, und auch sie blieben stumm. Einige Bataillone Nationalgarde aber brüllten ihm wüthend entgegen: es lebe die Reform! nieder mit den Ministern! Da kehrte der König um und alles war verloren.

Der Dreistesten einer, die das Franzosenvolk hervorgebracht, Girardin, erkannte und benutzte den Moment, drang in die Tuilerien ein und rief dem König jetzt ohne Scheu entgegen: Herr, Sie müssen abbanken. Nach dem erbärmlichen Umritt, der völlig der Revue Ludwigs XVI. am 10. August glich, war das allerdings das Unumgängliche, aber grausam immerhin, es dem alten König zu sagen. Girardin hatte auch schon das neue Programm in der Tasche. Es lautete: Abbankung des Königs, Regentschaft der Herzogin von Orleans, Auflösung der Kammer, allgemeine Amnestie. Noch zögerte der König, da soll der junge Herzog von Montpensier, wie allgemein von den französischen Berichterstattern gesagt wird, mit einer dem Sohne unziemlichen Heftigkeit den alten Vater bestürmt haben, die Feder zur Unterzeichnung zu ergreifen. Noch einmal hielt Bugeaub ihn auf, es sey auch jetzt noch Zeit, die Truppen seyen immer noch stark genug, um zu siegen. Aber Montpensier drang aufs neue in den König, zu unterzeichnen. Die alte Königin trat auf Bugeaubs Seite und beschwor ihren Gemahl, die so übereilte, durchaus noch nicht nothwendige Abbankung von sich zu weisen. Alles redete für und wider, der Greis saß rathlos in der Mitte und unterschrieb endlich, worauf sich die Königin trostlos weinend zurückzog.

Marschall Gérard, der an Bugeaubs Stelle ernannt worden war, trat in diesem Augenblick ein und bot seine guten Dienste an. Man bat ihn, sich dem Volke zu zeigen und mit seiner Popularität den Sturm zu beschwören. Sobald er aber fort war, beeilte man sich, den König zu entfernen, nicht um ihn vor dem Zorn des Volkes zu schützen, sondern um ihn los zu seyn und in Paris machen zu können, was man wollte, wie 1830 nach der Flucht Karls X. In dieser Beziehung bestand ein Wetteifer zwischen der Hofpartei, welche die Regentschaft des Herzogs von Nemours durchsetzen wollte, und der republikanischen Partei. Daraus erklärt sich der Zorn der alten Königin, den sie noch beim Abschied gegen Thiers blicken ließ. Daraus erklärt sich auch der brennende Diensteifer, mit welchem Cremieux sich damals zum Könige drängte, ihn in den Wagen beförderte und zur Stadt hinaus begleitete, bis er gewiß wußte, er komme nicht wieder. Cremieux, ein Jude von scheußlicher Gesichtsbildung, schien der böse Dämon des Bürgerkönigthums zu seyn, in dessen letzter Stunde sichtbar werdend mit seinem grinsenden Hohn.

Gérard zeigte sich dem Volk und redete ihm freundlich zu, allein man ließ ihn hochleben, nahm ihn in die Mitte und ließ ihn nicht mehr in die Tuilerien zurückkehren. General Lamoricière trug dem Volke das Blatt hinaus, auf welchem der König seine Abdankung niedergeschrieben hatte, aber Lagrange stellte sich ihm an der Spitze entschlossener Republikaner entgegen, riß ihm das Blatt aus der Hand und rief: „kehren Sie um, die Abdankung ist nicht genug, die ganze Dynastie muß weg." Indem aber Lamoricière sich wendete, wurde ihm das Pferd unter dem Leibe zusammengeschossen und er selbst verwundet. Seine Soldaten nahmen ihn auf und feuerten. Das hatte Lagrange gewollt, Fortsetzung des Blutvergießens, bis die Republik fertig wäre. Da die Soldaten, die hier aus Nothwehr kämpften, keine Unterstützung erhielten, wurden sie in einem großen Hause mit Wasserbehältern, dem s. g. Chateau d'eau in der Nähe des Palais Royal vom Volk eingeschlossen und nach einstündiger tapferer Vertheidigung in dem brennenden Gebäude unter dessen Trümmern begraben, 183 Mann vom 14. Regiment. Noch wimmelte die Stadt von Truppen und diesen Tapfern kam niemand zu Hülfe.

Der Herzog von Nemours, der als Regent an die Stelle des Königs trat und den Kampf mit den Insurgenten wohl hätte aufnehmen können, hegte die thörichte Einbildung, sein Vertrauen, seine Hingebung werde die Herzen des Volkes gewinnen. Er beharrte also nicht nur auf dem Befehl, die Soldaten sollten nicht schießen, sondern zog sie auch überall zurück, ja er gab sogar die

Tuilerien dem Volke Preis, während er der Herzogin Helene den
Arm bot, um sie in die Kammer der Abgeordneten zu führen.
Hier bildete er sich ein, werde er als Regent Anerkennung und
Unterstützung finden. Der alte Dupin begleitete sie und sollte für
sie das Wort ergreifen. Der kleine Thiers aber hatte sich schon
wieder verschlupft. Er, dem die Hofintrigue vorzugsweise Schuld
zu geben ist; er, welcher sich des alten Königs entledigen wollte,
um unter der Regentschaft die Hauptrolle zu spielen, ließ jetzt die
im Stich, die er irre geführt hatte. Man sah ihn das letztemal
an diesem Morgen in der Deputirtenkammer, wo er bleich und
verstört nur die Worte sprach: „die Fluth steigt, steigt" und verschwand.

Die Herzogin von Orleans war von ihren beiden jungen Söhnen begleitet. Indem Nemours sie in die Kammer führte,
gaben beide den Pennels, daß sie sich um die Regentschaft nicht
streiten wollten und es der Kammer überließen, ob sie es bei dem
früheren Beschlusse blutstillig der Regentschaft Nemours bewenden
lassen, oder die Herzogin Mutter zur Regentin erklären wollte.
Beiden war es in dieser Schreckensstunde nur um die Erhaltung
der Dynastie Orleans überhaupt zu thun. Als sie in die Kammer
eintraten, befanden sich daselbst etwa 300 Deputirte unter dem
Präsidenten Sauzet, von dem sie mit Ehrfurcht empfangen wurden. Ehe aber Dupin seinen Vortrag halten konnte, drang schon
ein Haufe Volk mit Gewalt in die Kammer ein und besetzte die
Gänge auf der linken Seite derselben. Als nun Dupin, schon
eingeschüchtert, in unsicherer und ungeschickter Weise die Kammer
aufforderte, etwas zu thun, was wie eine dem „neuen König",
d. h. dem anwesenden jungen Grafen von Paris bewilligte Huldigung aussehe, fand er Widerspruch und zugleich vernahm man
schreckliches Toben draußen, die Thüren wurden eingestoßen und
bewaffnete Volkshaufen drangen mit zornigen Geberden ein, um
die Ausrufung der Regentschaft zu verhindern. Der Lärm war
entsetzlich. Endlich drang Lamartine mit seiner hellen Stimme

durch und verlangte, die Sitzung solle vertagt werden, denn in
Gegenwart der Prinzessin könne man nicht debattiren. Sauzet
ersuchte hierauf die Herzogin, mit ihrem Gefolge sich zurückzuziehen. Sie ahnte, das hieße sie mit allen ihren Ansprüchen ab-
weisen, und zögerte. General Oudinot erhob sich, um für sie zu
sprechen. Aber durch die Thür zur Linken drängte sich immer
mehr und immer wilderer Pöbel ein. Die arme Herzogin wurde
an die Wand zurückgedrängt. Da bestieg der Advokat Marie die
Tribune und schlug vor, eine provisorische Regierung zu errichten,
was mit rauschendem Beifall begrüßt wurde. Selbst der kleine
Graf von Paris klatschte mit kindischer Unschuld in seine Händchen.
In diesem Augenblick schlich sich Cremieux an die Herzogin mit
einem Zettel, den sie vorlesen und worin sie erklären sollte, sie
unterwerfe sich der Volkssouverainetät und erwarte von derselben,
was über sie und ihre Familie werde beschlossen werden. Sie
weigerte sich, diese verfänglichen Worte zu sagen, mit denen sie
ihr ganzes Recht vergeben hätte. Dupin, selbst Odilon Barrot
wollten das Blatt in ihrem Namen zur Geltung bringen, aber es
war zu spät. Die bewaffneten Rotten, die den ganzen Saal einnahmen, waren nur gekommen, um das zu verhindern, was man
für die Herzogin thun wollte. Die Herzogin selbst stand auf, um
etwas zu sagen, aber Sauzet gab ihr das Wort nicht. Mittlerweile drang ein frischer Haufe Bewaffneter in den Saal und schrie:
„keine Regentschaft!“ Unter ungeheurem Lärm bedeckte sich der
Präsident, zum Zeichen, daß alle Ordnung aufgelöst und die
Sitzung aufgehoben sey. Man bemerkte, aus dem wilden Haufen
hervorragend, eine Fahne, die bisher über dem Thron des Königs
in den Tuilerien aufgepflanzt gewesen war, und erkannte daraus,
der Pöbel habe das Schloß geplündert. „Diese Fahne,“ schrie
Dunoyer, der Anführer des Haufens, „beweist euch, daß wir Herren
geworden sind, und hunderttausend Kämpfer stehen draußen, die
weder einen König, noch eine Regentschaft wollen.“ Zugleich
schrien andre: wo ist sie, wo ist sie? und stürmten mit blanker

Waffe auf die Ecke ein, in welche die Herzogin zurückgedrängt
worden war. Unter entsetzlichem Lärmen und Geschrei wurde sie,
halb getragen, von den Deputirten fortgebracht, im Gedränge
gegen eine Glasthür gestoßen, die davon zusammenbrach, doch
glücklich in den Garten geführt, wohin man auch den Grafen von
Paris rettete. Ihr jüngster Sohn aber, der kleine Chartres, im
Gedränge unter die Füße getreten, wurde nur wie durch ein Wun-
der von einem Elsäßer, Namens Lipmann, der ihn wiedererkannte,
aufgefunden und der Mutter zugeführt, nachdem sie Paris schon
verlassen hatte. Der Herzog von Nemours entkam in einer Ver-
kleidung.

Mitten in dem ungeheuren Tumult hatte Lamartine die
Rednerbühne bestiegen und wartete ruhig ab, bis man ihn wieder
hören wollte. Unterdessen wurden geschwind die Namen der Män-
ner, aus denen man die provisorische Regierung bilden wollte,
auf einen Zettel geschrieben und der greise Dupont de l'Eure, der
Großvater der Opposition (seit Lafayette nicht mehr lebte) mit
Ausrufung derselben beauftragt. Es waren die Namen: Dupont,
Lamartine, Arago, Marie, Garnier-Pagès, Ledru-Rollin, Cremieux.
Einige verlangten noch Louis Blanc hinzu, den aber Lamartine,
die Seele dieser Intrigue, zu escamotiren verstand. Nachdem die
Deputirtenkammer, wenn man eine Versammlung noch so nennen
darf, in die der bewaffnete Pöbel sich eingedrängt hatte, durch
Acclamation die neue Regierung genehmigt hatte, gab Lamartine
den Rath, dieselbe solle sich unverweilt nach dem Stadthause begeben. Das hatte seinen guten Grund, weil Lamartine benach-
richtigt worden war, auf dem Stadthause etablire sich schon etwas
von einer republikanischen Regierung von socialistischer Färbung.
Daß dieses Extrem nicht zur Herrschaft gelange, war Lamartine's
bringende Sorge. *)

*) Obgleich Lamartine in seiner Schilderung dieser Ereignisse von
Selbstlob strotzt und damit keinen guten Eindruck macht, muß man ihm
doch zugestehen, daß er es war, der damals den Kopf am aufrechtesten

Unterdeß war das Volk in die Tuilerien eingedrungen und hatte dort so gehaust, wie im Palais Royal. Möbeln, Vasen, Gemälde, Kronleuchter, alles wurde zerschlagen und zu den Fenstern hinausgeworfen. Ein Proletarier mit kothigen Stiefeln sprang auf den Thron und schwang eine rothe Fahne. Diesen Thron schleppten sie dann im Triumph durch die Straßen, um ihn in einem Freudenfeuer zu verbrennen. Auch eine Büste Ludwig Philipps wurde zusammengeschossen. Dagegen begrüßte man ein schönes Crucifix von Elfenbein mit Ehrfurcht. Alle zogen vor ihm den Hut ab und man trug es, damit es einen seiner würdigen Platz finde, in die Rochuskirche. Dieser Zug beweist, wie sehr sich die Stimmung in Bezug auf die Religion geändert hatte. Das gemeine Volk war Herr geworden im Palast der Könige, aber es beugte sich demüthig vor dem Herrn aller Herren. — Im Allgemeinen walteten Scherz und Freude vor. Die armen Arbeiter machten sich's bequem auf Kissen von Sammet und Seide. Man plünderte Küche und Keller des Königs, man richtete sich in den Tuilerien förmlich ein. Ganze Haufen Volks schlugen darin ihre Wohnung auf und sonderlich die Damen von St. Lazare. Im Kloster St. Lazare, zugleich Gefängniß und Spital für lasterhafte Weiber, befanden sich damals 1300 solcher Wesen, die man Vésuviennes nannte. Sie wurden während des Aufstandes befreit und zogen in die Tuilerien ein, um hier Schauspiele aufzuführen, wie sie noch niemals ein Königspalast gesehen hatte.

Auf dem Stadthause waren bereits Louis Blanc, Marrast, Baslide, Flocon und andere Häupter der Republikaner und Socialisten anwesend und würden sich ohne Zweifel als Gegenregierung proclamirt haben, wenn die aus der Kammer angelangte Regierung nicht für rathsam gehalten hätte, sie sofort mit sich zu verschmelzen. Um die Deputirtenkammer und ihren eben gefaßten

---

trug, am hellsten sah, am eindringlichsten sprach und die ganze Revolution nach seinem Willen lenkte.

Beschluß zu achten, nahm man sie anfangs nur als Secretaire auf, bald aber gingen sie unmittelbar in die Regierung über. Das führte nun zu einigen Uebelständen, indem bald der, bald jener Befehle ertheilte, um irgend eine dringliche Sache des Augenblicks zu erledigen, und die Befehle keineswegs alle in demselben Geiste abgefaßt oder nur den übrigen Regierungsmitgliedern bekannt waren. Im Ganzen aber war es gut, daß nur eine Regierung anerkannt wurde, weil sonst ein neuer blutiger Kampf entbrannt wäre. Das bewaffnete Volk wollte wissen, woran es sey, und belagerte förmlich das Stadthaus. Die neuen Regenten hatten keinen Augenblick Ruhe. Alle Zimmer waren mit Menschen vollgepfropft, die abwechselnd kamen und gingen. Man bemerkte, daß ein Theil dieses zudringlichen Volkes von den Socialisten aufgereizt war, um wo möglich die gemäßigteren Männer aus der Regierung zu verdrängen. Gewalt und Mord wollten sie, als zu gehässig, dabei nicht anwenden, aber Schrecken und Belästigung. Indessen hielt Lamartine mit bewundernswürdiger Ruhe auch wieder in diesem Sturm aus. Tag und Nacht vom Pöbel umringt und bedroht, hörte er doch nicht auf, den Leuten Vernunft zu predigen, und wich nicht vom Platze.

Die erste Frage war, sollte man sogleich die demokratische Republik ausrufen? Viele wollten es, der bewaffnete Volkshaufen schien nicht eher weichen zu wollen, bis er das erlangt hätte; allein Lamartine setzte durch, daß die provisorische Regierung in ihrer Proclamation an das Volk die Republik nur ausrief „unter Vorbehalt der Genehmigung durch das Volk“, daß es mithin der neuzuwählenden Volksrepräsentation überlassen blieb, die künftige Staatsform zu wählen. Damit war Zeit gewonnen und dem Ungestüm der Socialisten Halt geboten. Auch hatte Lamartine den klugen Einfall, zum Schutz der Regierung und der Stadt Paris aus den jungen Leuten, die gerade jetzt das gefährlichste Element waren, eine Mobilgarde zu bilden. Er wußte, die Jugend gefällt sich in neuen Uniformen und bildet, sonderlich in Frankreich, gern

taktische Körper. Mit ihrem neuen Dienst waren sie der Wühlerei
entzogen.

Das alles wurde noch in der Nacht des 24. ausgemacht. Am
Morgen des 25. aber drängte sich der Pöbel abermals in das Stadthaus und diesmal noch grimmiger, als gestern. Man sah Lagrange
mit bloßem Säbel umbergeben, als durch sich selbst ernannten Gouverneur des Stadthauses, voll Argwohn gegen die neue Regierung,
voll Lust, sie niederzusäbeln, und doch durch eine geheime Angst
zurückgehalten. Das Proletariat zitterte, den Bruch mit der gebildeten Gesellschaft zu vollenden. Waren es dunkle Erinnerungen
an den Terrorismus der ersten französischen Revolution, seiner
Verbrechen und seines kläglichen Ausgangs, was ihm Gewissens-
scrupel erregte? Damals war die Mobilgarde noch nicht organisirt,
die Nationalgarde demoralisirt und vom Pöbel auf die Seite ge-
schoben. Niemand hätte Lamartine und die Gemäßigten unter den
Regenten gerettet, wenn Lagrange ihr Blut gefordert hätte. Der
Aufruhr war eines so schrecklichen Entschlusses aber nicht fähig, er
besann sich und damit war für Lamartine alles gewonnen. Der
Versuch, ihn, dem man den Kopf abzuschneiden nicht das Herz
hatte, durch Ekel zu vertreiben, war eben so unwürdig, als vergeblich. Von allen Seiten wurden menschliche Leichen und todte
Pferde nach dem Stadthause geschleppt und die untern Räume desselben, sogar die Treppen damit belegt. Durch Gestank glaubte
Lagrange, werde sich der feinsinnige Dichter vertreiben lassen, aber
Lamartine hielt aus. Man umringte ihn und stieß die schrecklich-
sten Drohungen aus. Immer neue Schaaren von Bewaffneten
drangen in das Stadthaus und füllten den Platz vor demselben,
Kopf an Kopf. Sie brachten die rothe Fahne wieder und verlangten die „rothe" Republik, die rein demokratisch = socialistische mit
der Andeutung, daß wer sie nicht wolle, dessen Blut fließen müsse.
Aber es war ihnen nicht Ernst mit dieser Drohung. Sie hatten
geheimen Befehl, die Regierungsmitglieder nicht zu ermorden.
Durch dieselben, nicht ohne sie hofften sie ihren Zweck zu erreichen

und vor dem Lande und ganz Europa gerechtfertigt bazustehen.
Durch ein neues Blutbad in Paris dagegen besorgten sie mit
Recht, nur eine kurze Herrschaft zu erobern und sich allgemein
verhaßt zu machen. Mitten in ihrem Gedränge und Wuthgeheul
hielt Lamartine vom Balkon des Stadthauses herunter eine unsterb-
liche Rede, worin er ihnen sagte: „eure rothe Fahne hat keine
andre Runde gemacht als über das Marsfeld und sich im Blute
des Volkes getränket, die dreifarbige Fahne aber, die ihr jetzt verdrängen wollt, hat mit dem Ruhme Frankreichs die Runde um die
Welt gemacht." Die Wahrheit seiner Worte besiegte den Aufruhr,
die Appellation an die Nationalehre traf die wilden Herzen auf
dem rechten Flecke. Niemand wagte den Sprecher der Nation anzutasten. Er empfing Beifall und Liebkosungen. Unterdeß hatten
sich auch die wohlhabenden Bürger von Paris wieder gefaßt und
aus Furcht vor einer socialistischen Erhebung zusammengeschaart,
um die bedrohte Regierung im Stadthause zu retten. In dem
Maaß, wie ihre Bataillone auf dem Greveplatze anlangten, zog sich
die Volksmasse mit der rothen Fahne grollend, aber ohne Widerstand zurück.

Am 26. erneuerte sich das Andrängen des Volks gegen das
Stadthaus, allein mehr, um der Regierung Beifall zu zollen.
Louis Blanc und Lamartine zeigten sich dem Volk als einig und
einverstanden, was sehr zur Beruhigung beitrug. Man war in
einem Rausch der Freude und Großmuth. Lamartine durfte, ohne
einen Vorwurf zu fürchten, Befehl ertheilen, daß dem König auf
seiner Flucht Vorschub geleistet und derselben nichts in den Weg
gelegt werde.

Der König mit seiner Gemahlin, dem Herzog von Montpensier und dessen Gemahlin und mit der Herzogin von Nemours
war über St. Cloud und Trianon nach Dreux entkommen, wo er
ein wenig ruhte und von wo aus er an Montalivet die ersten
Befehle sandte, sein zurückgelassenes Vermögen betreffend. Er hatte
nichts mitgenommen. Der geizigste Mann in Frankreich hatte sich

so überraschen lassen, daß er Reisegeld borgen mußte. Um unbe-
merkter nach England zu entkommen, beschloß der König mit der
Königin einen andern Weg zu machen, als Montpensier mit den
beiden jüngern Damen. Aus Furcht, gefangen zu werden, hielt er
sich neun Tage lang in einem Gartenhause bei Evreux versteckt,
während Freunde ihm Gelegenheit zur Ueberfahrt von Havre nach
England verschafften, auch wurde er noch weitere fünf Tage durch
widrige Winde aufgehalten. Man erkannte ihn bei der Abreise
und erwies dem Unglück Ehrfurcht. Am 3. März landete er in
England, wo ihm sein Schwiegersohn, König der Belgier, das
Schloß Claremont einräumte. Alle übrigen Glieder der königlichen
Familie kamen glücklich nach. Nur die Herzogin von Orleans mit
ihren Kindern ging nicht nach England, sondern wandte sich nach
Deutschland, wo sie im Bade Ems von ihrer Mutter empfangen
wurde. Sie blieb auch in Deutschland, um den Grafen von Paris
fern von jeder Familienintrigue zu halten und ihn als einen hoff-
nungsvollen Jüngling heranzuziehen, der, an den Sünden seines
Großvaters völlig unschuldig, nur dessen Recht geerbt hatte. Großen Scandal erregte die Ankunft des Herzogs von Montpensier
in London. Palmerston war ihm seit der spanischen Heirath
bitterböse und drohte jetzt, wenn er in Spanien Unruhen erregen
wolle, werde er die ganze Familie Orleans aus England vertreiben. Der Prinz ging nach Spanien, fand aber dort keine Sympathie und verließ Madrid wieder in Folge einer drohenden Note
aus Paris.

Die neue Regierung in Paris befestigte sich mittlerweile von
Tage zu Tage, Dank dem gesunden Verstande Lamartine's. Am
27. Februar wurde Louis Blanc zum Minister des Fortschritts
ernannt und damit den Socialisten nicht etwa die Regierungsgewalt übertragen, sondern nur eine Bürgschaft gegeben, daß man
von der „Organisation der Arbeit" so viel verwirklichen wolle,
als möglich sey. Diesen Trost mußte man den Arbeitern geben,
sonst würde keine Ruhe eingetreten seyn. Lamartine war freimü-

thig genug, offen zu erklären, eine durchgreifende Organisation der Arbeit sey etwas Unmögliches, nur annähernd lasse sich hier etwas thun. Man gab den Arbeitern den Palast Luxemburg, aus dem die Pairskammer verschwunden war, und ließ sie hier auf den prächtigen Sitzen der Pairs einen Congreß halten, um über die Maaßregeln, die zu ihren Gunsten getroffen werden könnten, selbst zu berathen. Zu ihrem Vorstande wurde Albert berufen, ein gewöhnlicher Arbeiter in der Blouse, den man bereits auf dem Stadthause neben Louis Blanc in die Regierung aufgenommen hatte. Bei seinem Anblick konnten die Arbeiter sich einbilden, sie selbst seyen es jetzt, die sich und ganz Frankreich regierten. Wie sehr man sich täuschte und alles nur Nothbehelf für den Augenblick war, erhellt daraus, daß Albert und Louis Blanc selbst für die Arbeiter nichts Besseres zu thun wußten, als große s. g. Nationalwerkstätten zu errichten, in denen jeder Arbeit und Lohn finden sollte, der es nöthig hatte. Da in diesen Werkstätten die Arbeit, zumal damals, nicht mit großer Strenge überwacht werden konnte und doch gut bezahlt wurde, drängten sich faule Arbeiter in Masse, selbst vom Lande herbei, und verließen die Privatwerkstätten, in denen sie hätten fleißiger seyn müssen. Das ganze Arrangement war im höchsten Grade unnatürlich. Bald mußte sich die Unmöglichkeit herausstellen, eine Zahl von Arbeitern, die in wenigen Wochen von 20,000 auf das doppelte und vierfache stieg, täglich auf Kosten des Staats und zum Nachtheil aller Privatgewerbe zu unterhalten. Da sowohl Socialisten als Communisten bisher von der Forderung ausgegangen waren, der Staat müsse die Arbeit organisiren oder wenigstens für die Arbeit sorgen, waren sie selbst Schuld, daß jetzt der Staat den Versuch machte, der nicht durchführbar war. Sie konnten wenigstens am guten Willen des Staats nicht zweifeln, wenn auch der Versuch mißglückte. Sie selbst hatten gefehlt, indem sie nicht vorher besser überlegt hatten, daß die Arbeit vom Staate nur geschützt, aber nicht bestellt werden kann. Es ist charakteristisch, daß in Frankreich immer an den Staat appellirt und von ihm gefordert wird, was nur die Gesellschaft als solche unter dem Schutz des Staates oder auch unabhängig von ihm leisten kann. In England hatte man das besser begriffen. Hier war es die freie Association allein, durch welche die Arbeiter zum Zweck zu kommen hofften und in Leeds, wo sie große Maschinenkräfte durch gemeinsames Zusammenwirken ankauften, auch wirklich dazu kamen. Louis Blanc spielte in einer Rede am 10. März darauf an, aber ohne den Gedanken zu verfolgen. Die Nationalwerkstätten in Paris waren Staatsanstalten, nicht wie die Etablissements zu Leeds Eigenthum der Association. Wenn aber auch der erste Versuch, das arbeitende Proletariat zu befriedigen, nicht gelang, so ist nichtsdestoweniger der socialistische Charakter der Februarrevolution im Gegensatz gegen den blos politisch-liberalen Charakter der Julirevolution von großer welthistorischer Bedeutung gewesen. Das wahre, tiefe, eigentliche Bedürfniß der Massen kam doch zum erstenmal zur Sprache. Alle nachfolgenden Regierungen in Frankreich konnten sich daraus die Lehre ziehen, daß sie Haltbarkeit und Dauer nur gewinnen könnten in dem Maaß, in welchem es ihnen gelingen würde, die sociale Noth zu lindern, die ungeheure Masse armer Arbeiter wenigstens annähernd zu befriedigen.

Die provisorische Regierung wurde mit einer merkwürdigen Uebereinstimmung in ganz Frankreich anerkannt. Marschall Bugeaud stellte ihr seinen Degen zur Verfügung, die ganze Armee folgte nach. Auch Algier unterwarf sich; der Herzog von Aumale, welcher dort commandirte, übergab den Oberbefehl an den General Changarnier, und reiste mit seinem Bruder Joinville, der bisher die Flotte befehligt hatte, nach England ab. An Changarniers Stelle schickte die Regierung den General Cavaignac, Bruder eines einflußreichen Republikaners, nach Algier. Auch der Klerus schloß sich der neuen Regierung an, von welcher er freundlich begrüßt wurde. Von einer Kirchenverfolgung war in dieser Revolution nicht mehr die Rede, denn es waren nicht mehr die gebildeten und aufgeklärten Leute, welche die Revolution gemacht hatten, sondern die Männer aus dem gemeinen Volke.

Lamartine, welcher das auswärtige Amt übernommen hatte, setzte sich sogleich mit allen fremden Mächten in Verbindung und gab überall hin Versicherungen des Friedens. Ein würdevolles Manifest gab diesen Gesinnungen die Oeffentlichkeit und wurde allgemein als wohlwollend und zeitgemäß anerkannt. England war es auch diesmal wieder zuerst, welches sich mit Frankreich auf einen freundschaftlichen Fuß setzte. Die meisten übrigen Mächte hatten, da sich die Revolution über den Rhein hinüber fortsetzte und ganz Mitteleuropa erschütterte, zu viel mit sich selbst zu thun, um ihre volle Aufmerksamkeit auf Frankreich richten zu können, und mußten, nächst Gott, dem sanften Dichter an der Spitze der französischen Republik danken, daß Frankreich selbst sich ruhig verhielt und keinerlei Einmischung in Italien oder Deutschland versuchte.

Ueber diesen wichtigen Dingen hatte man die Tuilerien vergessen. Erst nach vierzehn Tagen ließ die Regierung den Palast der Könige von seinen bisherigen Bewohnern, der Hefe des Pariser Pöbels, räumen. Schon am 26. Februar hatte man hier einen großen Volksball gegeben und die Orgien hatten seitdem fortgedauert. Die Vesuviennes hatten sich ·als ein bewaffnetes Amazonencorps organisiren wollen. Caussidière, als Präfect von Paris, machte dem Unfug ein Ende. Die wilde Rotte drohte, den Palast in Brand zu stecken, wenn man ihr nicht eine Summe Geldes auszahle, aber man vertrieb sie mit Gewalt. Die Tuilerien wurden zu einem Invalidenhaus für alte oder verkrüppelte Arbeiter bestimmt. Das schöne Lustschloß Neuilly, Ludwig Philipps Lieblingssitz, und eine prächtige Villa Rothschilds waren wirklich von einer andern Rotte niedergebrannt*) worden. Die Armuth wollte

---

*) In Neuilly feierte der Pöbel in den königlichen Sälen wüste Orgien, als die Betrunkenen ein Branntweinfaß zerschlugen und den ausfließenden Spiritus anzündeten, dessen Flamme sich rasch verbreitete.

ſich an den beiden Perſönlichkeiten rächen, die den meiſten Reichthum zuſammengeſcharrt hatten.

Nachdem die öffentliche Ordnung wiederhergeſtellt war, orga-
niſirten ſich die Parteien in den Klubs. Das Vereinsrecht wurde
unumſchränkt geübt und man arbeitete auf die neue Verfaſſung hin.
Die Regierung erklärte nämlich die alte Kammer für aufgelöst
und ſchrieb Neuwahlen zu einer Nationalverſammlung aus, welche
die künftige Verfaſſung endgültig feſtſtellen ſollte. Die republikaniſchen und ſocialiſtiſchen Klubs, ſo wie ihre Preſſe, hatten anfangs entſchieden die Oberhand. Sie gehörten der ſiegenden Partei an, man fürchtete ſich vor ihnen. Sie mußten ſich erſt durch
Uneinigkeit und Mißgriffe ſchwächen, ehe die Gegenpartei, die ziemlich alle gemäßigten Meinungen umfaßte, wieder erſtarken konnte.
Anfangs nahm alles die Phyſiognomie der erſten franzöſiſchen Revolution an. Liberté, égalité, fraternité prangten wieder in tau-
ſend Ueberſchriften. Jedermann hieß citoyen, und monsieur war
verbannt. Ueberall wurden wieder Freiheitsbäume gepflanzt und
rothe Mützen aufgeſetzt. Bei den öffentlichen Feſtlichkeiten figurirte
wieder die Göttin der Freiheit mit dieſer Mütze. Unter den Regierungsmitgliedern war es der Jude Cremieur, welcher die der
neuen Republik ihre Huldigung darbringenden Deputationen empfing. Eine der prächtigſten war die „des Orients von Frankreich“
mit allen Ordensinſignien der Freimaurer. Ihr Sprecher Pagnerre
rühmte, die Maurer ſeyen nicht nur als Brüder immer gute Republikaner, ſondern auch „Arbeiter in den maureriſchen Werkſtät-
ten“ geweſen, ihre Loge ſey nur ein Vorbild der Nationalwerkſtät-
ten. Cremieur antwortete entſprechend. Ein andrer Jude, Goud-
chaur, wurde Finanzminiſter. Dagegen floh der Pariſer Rothſchild,
deſſen Villa man verbrannt hatte, nach England. In Paris ſelbſt
tauchte damals in einem Klub der Vorſchlag auf, das ganze Vermögen Rothſchilds in Beſchlag zu nehmen, um dem Volke zurückzugeben, was ihm durch Börſenwucher geraubt worden. Auch im

Elſaß wurden die Juden, die alte Peſt des Landes, von den Bauern
verfolgt.

Am weiteſten gingen die communiſtiſchen Klubs unter Cabets
und Raſpails Vorſitz; ihnen zunächſt ſtanden Barbès und Blanqui,
die aber uneinig waren. Daß die Revolution keine politiſche, ſon=
dern eine ſociale ſey, daß wenigſtens eine völlig demokratiſche Re=
publik geſchaffen werden müſſe, um den Socialismus weiter zu
entwickeln, war ihr Grundgedanke und man kann nicht leugnen,
daß derſelbe natürlich war und fruchtbar hätte werden können, wenn
die Menſchen ein richtigeres Verſtändniß von der Löſung ſocialer
Fragen, mehr Ruhe und ſittlichen Ernſt gehabt hätten. Allein die
Sorge, man werde zuletzt wieder einer Reaction unterliegen, reizte
viele Volksmänner zur Wuth und zu Forderungen im Style von
Robespierre und Marat, Aeußerungen des unverſöhnlichſten Haſſes
gegen alle höheren Claſſen. Und die Ungebundenheit, deren ſich
die unterſte Claſſe damals erfreute, brachte auch in die Klubs und
in die Preſſe wieder den Schmutz des Sansculottismus, wie in
der erſten Revolution. Es tauchten Pöbeljournale auf unter dem
Namen la guillotine, la canaille, le pilori, la carmagnole, Robespierre ꝛc., welche offen zum Morde der Reichen, zu Plünderung
und Brand aufforderten. Dieſe Extreme der Rohheit und Gemein=
heit wurden von den beſſern Republikanern mißbilligt, dadurch
aber kam Zwietracht in die Reihen der bisherigen Sieger, wäh=
rend die wohlhabenden und gebildeten Claſſen, faſt mehr noch in
den Provinzen als in der von den Klubs terroriſirten Hauptſtadt,
ſich verabredeten, in die Nationalverſammlung nur ſolche Männer
zu wählen, welche der Republik abgeneigt waren. Die Furcht vor
Ausſchweifungen des Pöbels war damals allgemein, der Glaube
an eine Republik, die von denſelben frei bleiben könnte, ſehr
gering.

Cabet, Raſpail und Blanqui bildeten eine Art Triumvirat
der extremen Partei und trachteten das Eiſen zu ſchmieden, ſo
lange es noch glühte. Indem ſie am 17. März eine Armee von

Die Februarrevolution. 1848.

150,000 Blousenmännern aufstellten und zum Regierungsgebäude
führten, gaben sie denselben die Parole „vive Ledru Rollin!" Das
hieß so viel, als Lamartine und die gemäßigten Regierungsmitglieder sollten abtreten und Ledru Rollin mit den entschiedenen
Republikanern das Staatsruder in die Hand nehmen. Zugleich
forderten sie, die Einberufung der Nationalversammlung noch bis
Ende April zu vertagen, um bis dahin ihre Streitkräfte noch besser organisiren zu können, und Fernhaltung der Truppen von Paris. Dies alles wurde ihnen auch wirklich zugestanden, nur um
sie wieder los zu werden. Aber Ledru Rollin wurde nicht Haupt
der Regierung, Lamartine wurde nicht entfernt und ließ sich nicht
einschüchtern. Insofern hatten die Triumvirn nichts Wesentliches
durchgesetzt und hätten ihre Kundgebung unterlassen können. Die
Halbheit mußte ihnen schaden. Sie fuhren fort, ihre Grundsätze
durch Klubreden und durch die Presse zu predigen, und drangen
darauf, daß als Princip der künftigen Verfassung das Verbot der
Ausbeutung des Menschen durch den Menschen (l'exploitation de
l'homme par l'homme) festgestellt werde, daß es mithin keine Herren und Diener mehr geben dürfe, und daß, was die Hauptsache
war, auch das Verhältniß der industriellen Unternehmer und Grundbesitzer zu den Arbeitern ein wesentlich anderes werden müsse.*)
Nachdem diese Frage vielfach durchgesprochen und immer wieder
vorgebracht worden war, zogen am 16. April, an einem Sonntage,
wieder 40,000 Arbeiter vor das Regierungsgebäude, um eine Petition in diesem Sinne zu übergeben. Aber ihre Zahl war nicht
nur um vieles geringer, als am 17. März, sondern sie waren auch
nicht mehr allein die Herren der Stadt. Denn kaum hatten sie
sich in Bewegung gesetzt, als auch die Trommel gerührt wurde und

---

*) Im Anfang des April sah man in den Straßen von Paris ganze
Reihen kleiner, dreifarbiger Fahnen mit der Inschrift: terme donné (erlassene Miethe), zum Zeichen, wie viele Hauseigenthümer es damals räthlich gefunden, den armen Arbeitern die Hausmiethe zu erlassen, und zur
Nachachtung für solche, die es noch nicht gethan.

100,000 Mann Nationalgarde und Mobilgarde bereit standen, jeden Versuch der Ruhestörung abzuschlagen, unter dem lauten Ruf à bas Cabet, à bas le communisme! Von diesem Tage an durfte sich die extreme Partei als die schwächere und als besiegt ansehen. Unter dem Vorwand, den Truppen neue republikanische Fahnen austheilen zu müssen, wurden die Linienregimenter in die Stadt zurückgerufen und fraternisirten enthusiastisch mit der Nationalgarde, am 21. April — Wegen der Wahlen kamen die Parteien auch in den Provinzen hin und wieder zum Kampf. In Rouen wurden die Arbeiter am 28. April in einer blutigen Straßenschlacht bezwungen.

Zwei Tage später wurden alle Wahlen in Frankreich vorgenommen und am 4. Mai die Nationalversammlung in Paris eröffnet. Der greise Dupont de l'Eure legte im Namen der provisorischen Regierung feierlich die höchste Gewalt in die Hände der Versammlung nieder, welche sofort einstimmig und jubelnd der Republik acclamirte. Lamartine vertheidigte die von der bisherigen Regierung eingehaltene Politik nach außen und nach innen und erndtete verdienten Beifall. Die weitaus größte Mehrheit der Versammlung war gemäßigt, viele Mitglieder wünschten insgeheim die Reaction. Indem sie nun eine provisorische Executivcommission wählte, welche bis zur Vollendung des Verfassungswerkes die Geschäfte führen sollte, fiel die Wahl auf Lamartine, Arago, Garnier-Pagès, Marie und Ledru Rollin. Von Louis Blanc und Albert war nicht mehr die Rede und somit waren die Socialisten aus der Regierung ausgestoßen.

Diese Niederlage diente jedoch der extremen Partei zur Stärkung, denn ihre bisherige Zwietracht hörte auf. Louis Blanc und Albert, als Regierungsmänner bisher dem Tumulte abgeneigt, wurden jetzt wieder die alten Volksmänner und durch ihre Einigkeit im Unglück wurde die Partei wieder stark. Auch die Verzweiflung gab ihr Stärke. Sollten so ungeheure Anstrengungen gemacht, sollte so viel Blut geflossen seyn, um wieder nur zu der

Wucherwirthschaft der höhern Classen zurückzukehren und daß nichts, aber auch gar nichts für das nothleidende Volk, für die Arbeiter geschehe? Sollten sich diese tapfern Arbeiter wieder wie 1830 betrügen, bei Seite schieben, von den Reichen abermals „exploitiren" und noch dazu verhöhnen lassen, wieder nur im Schweiß ihres Angesichts für den Luxus der Reichen arbeiten und selber darben und ausgelacht werden? Diese Aussicht lag nahe und reizte die Arbeiter zu furchtbarem Zorne. Der erste beste Anlaß wurde benutzt, um loszuschlagen. In der Nationalversammlung war eben darauf angetragen worden, etwas für die Polen zu thun. Die zahlreichen polnischen Flüchtlinge, früher in die Provinzen verwiesen, hatten sich in Paris vereinigt und nur die Eröffnung der Nationalversammlung abgewartet, um durch ihre Freunde die Sache Polens der französischen Großmuth zu empfehlen. Ein polnischer Aufstand im Posen'schen wurde nur als Vorläufer einer Gesammterhebung der Polen angesehen. Die damalige Revolution in Deutschland schien eine Demonstration der Franzosen für Polen nur begünstigen zu können. Die socialistischen Triumvirn, mit denen jetzt Louis Blanc zusammenwirkte, hofften sich die Allianz der liberalen und bonapartistischen Partei zu erkaufen, indem sie plötzlich die polnische Frage aufgriffen und hinter einer künstlichen Schwärmerei für dieselbe die Arbeiterfrage versteckten.

Am 15. Mai vereinigten sich alle ihre Klubs auf dem Bastilleplatz und bildeten einen Zug von 100,000 Menschen, um der Nationalversammlung eine Petition für die Polen zu übergeben. Darin wurde ein großer Kriegszug nach Polen und eine Milliarde für die Armen verlangt, welche von den Reichen erhoben werden sollte. Caussidière, Polizeipräfect von Paris, war zufällig krank und neigte überhaupt mehr zu Louis Blanc hin, als zu Lamartine. Ob er absichtlich oder unabsichtlich handelte, ist nicht klar ermittelt worden; jedenfalls trifft ihn die Schuld, seine Pflicht versäumt und keine Vorkehr zum Schutz der Nationalversammlung getroffen zu haben. General Courtais, der die Linientruppen commandirte,

versah es ebenfalls, indem er sich in der Nationalversammlung befand, getrennt von seinen Truppen, als der große Arbeiterzug schon
hereinbrach und die Versammlung umzingelte. Ein halbes Bataillon Mobilgarde, welches der Versammlung zur Schutzwache
diente, wurde in einem Hofe förmlich eingesperrt und bekam, man
weiß nicht von wem, den Befehl, sich ruhig zu verhalten. General
Tampour, Commandant der gesammten Mobilgarde, wurde von
dem eindringenden Volke auf einer Gallerie der Versammlung eingesperrt, und Courtais, der immer zu seinen Soldaten hinaus
wollte, vom Volke nicht mehr durchgelassen.

Unter ungeheurem Tumult schlugen die Volksmassen wieder
alle Thüren ein, erfüllten den Saal der Versammlung, bemächtigten sich der Rednerbühne, bedrohten den Präsidenten und wollten
wie früher am 24. Februar unter dem Schein, als thue es die
Nationalversammlung selbst, eine neue provisorische Regierung ausrufen. Ein gewisser Huber bestieg die Tribune und proclamirte
die Auflösung der bisherigen Regierung, um an deren Stelle eine
neue zu setzen. Diese neue Regierung, an deren Spitze sich Barbès
stellte, etablirte sich in demselben Augenblicke schon im Stadthause.
In der Versammlung selbst gaben sich die Insurgenten viele Mühe,
Ledru Rollin auf ihre Seite zu ziehen, und wollten ihn zum Haupte
der neuen Regierung machen, aber er weigerte sich standhaft. Lamartine strengte sich daher wieder an, den Aufstand durch seine
Beredtsamkeit zu beschwichtigen, aber nur gegen Einzelne, weil er
nicht im Besitz der Tribune war. Man muß sich wundern, daß
die Verschworenen den Sieg, den sie bereits errungen hatten, und
die gänzliche Decontenancirung ihrer Gegner nicht benutzten. Es
stand bei ihnen, die Regierungsmitglieder, die Generale und alle
Mitglieder der Nationalversammlung, die ihnen feindlich gesinnt
waren, mit einem Schlage zu ermorden oder wenigstens zu verhaften. Aber sie thaten das nicht und ließen ihren Gegnern Zeit,
sich zu besinnen, geheime Befehle nach außen zu ertheilen, oder
auch einzeln durch das Gedränge zu entwischen. Da hörte man

auf einmal von ferne den Generalmarsch schlagen. Die National-
garde sammelte sich. Ein Theil des Volks verlief sich aus der
Nationalversammlung, um auf die Straße zu eilen. Die in ihrem
Hof eingeschlossene Mobilgarde brach die Gitter ·und stellte sich
Lamartine und den Mitgliedern der Nationalversammlung, die bis-
her den Sturm im Saale ausgehalten hatten, zur Verfügung.
Lamartine sagte zu Ledru Rollin: „Die Aufrührer haben Ihren
Namen mißbraucht, strafen Sie dieselben Lügen und ziehen Sie
mit mir gegen das Stadthaus!" Ledru Rollin entsprach dieser
ehrenvollen Aufforderung. Beide setzten sich zu Pferde und eilten,
begleitet von einigen Truppen und Nationalgarden, nach dem
Stadthause, um Barbès' neue Regierung im Keime zu ersticken.
Man durfte keinen Augenblick versäumen, denn noch herrschte die
größte Unordnung in der Stadt. Courtais, kaum aus den Händen des Volks befreit, war von seinen eigenen Soldaten gefangen
genommen worden, weil sie ihn für einen Verräther hielten. Aber
die Insurgenten wußten die Vortheile, die sie errungen hatten, nicht
festzuhalten und zeigten unerwarteterweise gar keine Energie. Barbès ließ sich mit den Seinigen im Stadthause ohne Widerstand
gefangen nehmen. Als die Nationalgarde und die Truppen, über
die man dem General Bedeau den Oberbefehl übergeben hatte, die
Straßen durchzogen, fanden sie keine Barrikaden und die Arbeiter
waren wie verschwunden. Es ist schwer, die geheimen Motive zu
ermitteln, aus welchen an diesem Tage von den Socialisten gehandelt und nicht gehandelt worden ist.

Am folgenden Tage wurde Caussidière abgesetzt und seine Po-
lizeigarde, die sogenannten Montagnards, aufgelöst, weil sie ihre
Schuldigkeit nicht gethan hatten. Sie widersetzten sich, 3000 Mann
stark, der Auflösung und es hätte einen blutigen Kampf gegeben,
wenn Lamartine sie nicht in Güte beschwichtigt hätte. Am 21. Mai
wurde eine große Heerschau vorgenommen, um die Socialisten durch
den Anblick einer großen Machtentfaltung zu schrecken. Barbès,
Albert, Huber wurden angeklagt und zur Deportation, Blanqui zu

sieben Jahr Gefängniß verurtheilt. Louis Blanc, gleichfalls angeklagt, nahm die Flucht. Cremieur mußte damals abdanken, weil
ihn Portalis auf der Tribüne als Lügner brandmarkte, ohne daß
er sich zu vertheidigen wußte.

Blieb an dem merkwürdigen 15. Mai Manches räthselhaft, so
befremdet und überrascht nicht minder die plötzliche Wendung, welche
den Volkswünschen, und die neue Parole, welche den Massen von
dieser Zeit an gegeben wurde. Auf einmal nämlich hörte man in
allen Straßen und aus allen Gruppen des gemeinen Volks den
Ruf: vive l'empereur! Louis Napoleon hatte kaum von der
Februarrevolution Nachricht erhalten, als er sogleich von London
nach Paris gereist war, allein die provisorische Regierung hatte
ihn gebeten, sich lieber zu entfernen, und er hatte diesem Gesuche
entsprochen. Die bonapartistische Partei war nie zahlreich gewesen,
auch standen dem Prinzen keine ausreichenden Geldmittel zu Gebote, um eine große Agitation zu seiner Erhebung hervorrufen zu
können. Wenn diese Agitation dennoch statt fand, so hatte sie andere Gründe. Wie es scheint, hoffte die socialistische Partei, durch
die neue Parole empereur und Napoleon die Truppen verführen
und von der Regierung abwendig machen zu können. Sie wollte
nicht für den Prinzen arbeiten, sondern der Prinz sollte ihr nur
zum Werkzeuge dienen. In diesem Sinne wurden jetzt erst die
Blousenmänner in den Nationalwerkstätten bearbeitet und instruirt.
Vorher hatte man hier nie von Napoleon reden hören, der neue
Enthusiasmus war nur Parteidemonstration und Maske. Aber er
kam dem Träger des großen Namens zu Gute, um so mehr, als
unter der friedlichen und ländlichen Bevölkerung in ganz Frankreich
dieser Name der populärste war. Der Prinz wurde auf einmal
eine bedeutende Person. Am 8. Juni wurden in Paris Ergän-
zungswahlen für die Nationalversammlung vorgenommen und Louis
Napoleon zum Abgeordneten von Paris erwählt. Auch in zwei
Departements (Nieder-Charente und Yonne) war er gewählt worden. Lamartine wurde unruhig, bekam böse Ahnungen und trug

darauf an, daß ältere Verbannungsdecret gegen die Napoleoniden solle in Bezug auf die Person Ludwig Napoleons aufrecht erhalten werden. Zwei Vettern von ihm, Napoleon (Sohn Jeromes) und Peter (Sohn Lucians), saßen unter dem bescheidenen Namen „Bürger Bonaparte" bereits in der Nationalversammlung und blieben, als unbedeutend, unangefochten. Lamartine's Vorschlag fiel in der Sitzung vom 13. Juni durch, aber Louis Napoleon glaubte, seine Zeit sey noch nicht gekommen, wollte sich nicht ohne Noth mit der jedenfalls nur provisorischen Executivgewalt in Frankreich überwerfen und schrieb, er danke, werde aber einstweilen in London bleiben. „Wenn das Volk," fügte er hinzu, „mir Pflichten auferlegen sollte, so werde ich sie zu erfüllen wissen. Aber mein Name soll nicht zur Erregung von Unruhen mißbraucht werden. Um einem solchen Unglück vorzubeugen, bleibe ich in der Verbannung." Sein Benehmen war voll Verstand. Wenn er damals nach Paris gekommen wäre, würde er kaum dem Schicksal haben entgehen können, das Opfer einer falschen Stellung zu werden. Er paßte nicht in die Kämpfe der nächsten Wochen.

Nach den Erfolgen, welche die Partei der Mäßigung und Ordnung bereits errungen hatte, war es unumgänglich, endlich auch dem Unfug der Nationalwerkstätten zu steuern. Bereits waren 14 Millionen Franken für sie verausgabt worden. Die Zahl der Arbeiter, die auf diese Weise auf Kosten des Staates lebten, betrug in Paris nahe an 100,000. Sie waren bewaffnet und in Brigaden getheilt, eine gefährliche Armee, mehr zum Revolutioniren, als zum Arbeiten aufgelegt. Auch erhielten sie beständig Zuwachs aus den Provinzen, denn hier erwarteten die Arbeiter von auswärts nicht nur reichen Lohn für den Augenblick, sondern auch die Gründung der socialistischen Republik auf die Dauer. Aus allen Theilen Frankreichs vernahm man Klagen über Ruhestörungen durch die Arbeiter, Erpressungen, Zerstörung der Fabriken c. Oft erzwangen sie von den Behörden die Auszahlung des Lohnes, den die Fabrikbesitzer selbst für zu hoch erklärt hatten. Der Lohn

sollte überall erhöht werden, aber es fehlte an Absatz, der Handel
stockte, die Fonds waren tief gesunken. Bei benen, die noch etwas
zu verlieren hatten, in allen Städten Frankreichs und nicht minder
beim Landvolke zeigte sich große Erbitterung gegen die Arbeiter,
die sich jetzt zu Herren über sie aufwarfen, und am meisten gegen
die Nationalwerkstätten in Paris, welche die Steuern des ganzen
Landes verschlangen zum alleinigen Vortheil eines hauptstädtischen
Pöbels, von dem man den Umsturz alles Bestehenden und eine
allgemeine communistische Plünderung fürchtete. Die provisorische
Regierung in Paris selbst theilte diese Mißstimmung und diese
Besorgnisse und fühlte sich stark genug, um einzuschreiten. Sie
beschloß am 22. Juni, vorerst 7000 Arbeiter aus den Nationalwerkstätten, als überflüssig und unbrauchbar, zu entlassen und allen
benen, die nicht zur Nationalgarde gehörten, die Waffen abzunehmen.

Die Blousenmänner waren schon lange auf eine solche Katastrophe gefaßt, vortrefflich organisirt und mit Munition sogar viel
reichlicher versehen, als Truppen und Nationalgarden. Wenn sie
bei dem Polen- und Kaiserlermen noch nicht ihre ganze Macht
entfaltet hatten, so beweist diese Zurückhaltung nur um so mehr
ihre gute Disciplin. Jetzt erst zeigten sie, was sie vermochten.
Anstatt dem Regierungsbeschluß zu gehorchen, sammelten sie sich
am 23. Juni zuerst am Pantheon und erfüllten die ganze Stadt
Paris mit dem Rufe „zu den Waffen". Die Regierung wußte,
was es galt, vertraute ihre Vertheidigung dem General Cavaignac an und ließ die Nationalgarde versammeln. Aber diese zeigte
jetzt auf einmal wieder Lahmheit. Vielen wohlhabenden Familien-
vätern graute vor dem Blutvergießen, das sich voraussehen ließ.
Aus den ärmeren Stadttheilen sah man ganze Compagnien der
Nationalgarde zu den Insurgenten übergehen. Nur Lamartine's
neue Schöpfung, die junge Mobilgarde, aus den Gamins (Gassen-
jungen) von Paris zusammengesetzt, schön uniformirt und voll Ehrgeiz, bewährte sich vollkommen und that im Kampf für die Re-

gierung das beste. Die Linientruppen waren anfangs nur 26,000
Mann stark, bekamen aber bald Zuzug. Cavaignac deckte die Tuilerien, die Nationalversammlung und Regierung, und entsandte
drei Angriffscolonnen; die Insurgenten hatten vier Centralpuncte,
das Pantheon und Hotel Dieu auf dem linken, das Clos St. Lazare und den Bastilleplatz auf dem rechten Ufer der Seine, wo sie
sich anfangs nur vertheidigen, von wo sie aber nachher gegen das
Stadthaus angriffsweise vorgehen wollten. Ihre Offiziere waren
die Brigadiers der Nationalwerkstätten, kenntlich an einer blauen
Mütze mit Goldborte. Ihre Barrikaden waren meisterhaft gebaut,
nicht mehr auf bloßer Erde aufgeworfen, sondern in die Erde ein-
gegraben, ein Stockwerk von Quadern, an denen die schwersten
Kugeln abprallten, darüber haushoch aufgethürmt Wagen, Tonnen,
Säcke ꝛc., hinten gestützt auf eine mächtige Anhäufung von Pfla-
stersteinen. Diese Barrikaden waren nicht mehr vorn, sondern hinten in den Straßen angebracht, um die Soldaten, wenn sie stürmen wollten, die ganze Straße entlang aus den Häusern beschießen
zu können. Die Soldaten mußten sich daher durch die Häuser
durchbrechen, um diese zu säubern und endlich hinter die Barrikaden zu kommen. Die Hausbewohner der wohlhabenden Classe
wurden nicht selten von den Arbeitern auf die Barrikaden und andere besonders dem Feuer ausgesetzte Puncte gestellt, die ganze
Kampfart war diesmal raffinirter als sonst und auch viel grausamer. Insbesondere schonten die Mobilgarden nichts und wurden
nicht geschont, viele von ihnen wurden von den wüthenden Aufrührern gehenkt und geköpft; 30 gefangene Nationalgardisten befreite man aus einem großen Backofen, wo sie eben geröstet werden
sollten. Diese Grausamkeit, sowie der Löwenmuth der Arbeiter im
Kampf erklärt sich, wenn man erwägt, daß sie ihre Sache, welche
sie für gut und gerecht hielten, verrathen und verloren sahen. Sie
merkten wohl, wie alles sich anschickte, die Republik selbst zu beseitigen, alle Hoffnungen seit dem Februar zu täuschen und mit
offenen Armen der Reaction entgegen zu eilen. Sie setzten daher

ihr Alles daran, um ihre Sache zu vertheidigen, und wehrten sich
vier Tage lang hintereinander in der blutigsten Schlacht, die Paris je gesehen hat oder vielleicht sehen wird. Auf ihren Fahnen
waren viele Inschriften. Darunter las man: „Brod oder Tod! —
Durch Arbeit Leben oder durch Kampf den Tod! — Lieber rasch
durch eine Kugel sterben als langsam durch den Hunger!" In diesen Worten lag ein furchtbarer Ernst, eine nur zu gerechte Klage
gegen die Gesellschaft, ein nobler Heroismus der Verzweiflung.
Auch auf der andern Seite wußte man, was es galt. Nie schlugen unter der Monarchie die Regierungstruppen sich tapferer und
ausdauernder, als diesmal. Selbst die Bourgeoisie, anfangs grauend
vor dem ungeheuern Kampfe, raffte sich zusammen und ergänzte die
Reihen der Nationalgarde mit immer zahlreichern und immer mu-
thigern Streitern. Denn sie wußten, dem Siege der Socialisten
würden Rachescenen folgen, wie 1792, Septembermorde, Confiscationen, der Untergang alles Eigenthums, und aller aristokratischen
Vorzüge der Bildung und des Ranges im Abgrund der Anarchie.

Die Junischlacht begann am 23. Juni unmittelbar nach
11 Uhr, in welcher Stunde die Nationalgarde durch Trommelschlag
zusammenberufen worden war. Eine Abtheilung derselben, die dem
Boulevard Bonne Nouvelle entlang zog, wurde durch Schüsse zur
Flucht gezwungen. Zur selben Zeit rückte General Damesme gegen
den Platz des Pantheon vor. Hier versuchte Arago die Arbeiter
zu beruhigen, aber sie riefen ihm zu: „Herr Arago, wir achten
Sie, aber Sie haben niemals Hunger gelitten, Sie wissen nicht,
was die Noth ist." Die hier errichteten mächtigen Barrikaden
konnten nur durch schweres Geschütz zertrümmert und mit großem
Verlust genommen werden. General Bedeau wollte vom Stadthause aus, welches damals noch nicht angegriffen war, Damesme,
zu Hülfe ziehen, stieß aber in der Straße St. Jaques auf 38
Barrikaden, die alle zu nehmen ihm unmöglich war. Nach großem
Verlust mußte er sich Abends zurückziehen, er selbst war verwundet,
der Deputirte Bixio, der ihn begleitet hatte, getödtet worden. —

Gegen eine ſtarke Barrikade an der Porte St. Denis hatte General Lamoricière zu Mittag den erſten Angriff gemacht, mit
Mühe ſie genommen, dann auf dem Boulevard Bonne Nouvelle
Poſto gefaßt, und von hier aus vier Colonnen gegen die Vor-
ſtädte Poiſſonnière, St. Martin, St. Denis und du Temple ent-
ſendet. Aber alle dieſe wurden zurückgeſchlagen, General Thomas
und der Deputirte Dornés verwundet. Lamoricière ließ den Oberbefehlshaber Cavaignac dringend um Hülfe bitten. Dieſer kam
ſelbſt mit 7 Bataillonen und ſuchte den Angriff, den Lamoricière
von der Vorſtadt du Temple aus erfuhr, zurückzuweiſen, aber er
kam nur bis in die Straße St. Maure, wo haushohe Barrikaden
ihm den Weg verſperrten. Alle Angriffe ſcheiterten, faſt alle ſeine
Kanoniere wurden auf den Stücken erſchoſſen, die Generale Fran-
çois und Foucher verwundet, 300 Mann fielen und erſt nach fünf-
ſtündigem Kampf wurde die Barrikade mit dem Bajonnet erſtürmt.
Die Nacht brach herein, Cavaignac befahl den Rückzug, um den
Truppen Ruhe zu gönnen und um ſie keinem nächtlichen Ueberfall
in den Straßen auszuſetzen. In der Nacht um 10 Uhr trat er in
die Nationalverſammlung mit düſterer Miene und erklärte, der
Widerſtand ſey nicht zu beſiegen geweſen, er müſſe die Truppen
zurückziehen, um die Nationalverſammlung ſelbſt hinreichend zu
ſchützen, aber es ſey Truppen und Nationalgarden in den Provinzen durch den Telegraphen Befehl ertheilt worden, auf den
Eiſenbahnen zu Hülfe zu eilen. Es muß einigermaßen auffallen,
daß in den Provinzen damals keine Schilderhebung gleich der Pariſer Statt fand, daß nur die Regierung, nicht die Arbeiter Zuzug erhielten. In Marſeille allein empörten ſich die Arbeiter am
22., wurden aber nach einem blutigen Kampfe beſiegt.

Am andern Morgen (des 24.) übertrug die Nationalverſammlung dem General Cavaignac die Dictatur während des Kampfes
und die Executivkommiſſion legte ihre Gewalt nieder, Lamartine
nicht ohne Widerrede. Die Arbeiter hatten inzwiſchen die Nacht
benützt und die geſtern verlornen Barrikaden alle wieder hergeſtellt,

namentlich das Pantheon aufs stärkste verschanzt. Statt der dreifarbigen Fahnen, die sie gestern noch aufgepflanzt, sah man jetzt
rothe. Ein Maueranschlag verkündete, sie verlangten die demokratische und sociale Republik. Aus ihren Reihen vernahm man
wiederholt das Geschrei: nach dem Stadthause! Sie wollten also
zum Angriff übergehen. Ein Glück für Cavaignac, daß sie warteten, denn er hatte keine Munition mehr. Ein Cavallerieregiment,
welches dieselbe nebst noch mehr schweren Geschützes aus dem Schloß
Vincennes bei Nacht holen sollte, mußte der empörten Vorstädte
wegen einen so weiten Weg machen, daß es erst gegen Mittag
ankam. Cavaignac behalf sich damit, daß er den Arbeitern eine
Bedenkzeit bis um 10 Uhr gab, als schiebe er den Kampf nicht
aus Noth, sondern aus Großmuth hinaus. Die Arbeiter gingen
wirklich darauf ein und der Angriff begann erst wieder um 10 Uhr.
Unterdeß waren schon mit der Eisenbahn Nationalgarden von
Rouen, Pontoise und andern Städten angelangt und nahmen sogleich am Kampfe Theil.

Dießmal ergriffen die Arbeiter die Offensive und rückten durch
die Straßen St. Jacques und St. Antoine gegen das Stadthaus
vor, in welchem General Duvivier sich den ganzen Nachmittag
aufs verzweifeltste wehrte, zuletzt aber hätte unterliegen müssen,
wenn er nicht noch Abends Hülfe erhalten hätte, die es ihm möglich machte, die Kirche von St. Gervais zu erobern, von wo aus
er am meisten bedrängt worden war. Eine andere Schaar Arbeiter, vom Journalisten Laccologne geführt, nahm auf dem Platz des
Vosges 350 Soldaten gefangen und setzte sich hier fest. Dagegen
griff Damesme wieder das Pantheon an und eroberte es nach
großem Verlust. Hiebei zeichnete sich besonders die junge Mobilgarde aus. Auf beiden Seiten wurde wie wahnsinnig alles gemordet und kein Pardon gegeben, noch genommen. Der Kampf
wüthete hinter dem Pantheon fort bis in die Nacht, Damesme
fiel. Auch Lamoricière erneuerte seinen Angriff auf die Vorstädte,
in vier Colonnen, aber mit geringem Erfolge und schwerem Ver-

luße. General Lafontaine und Oberst be Luzy wurden schwer verwundet. Die Nationalgarde von Rouen zeichnete sich durch großen
Muth an der Barrière Poissonnière aus, die von Pontoise floh
aber davon, als die Arbeiter aus einem Versteck plötzlich 30—40
auf einmal niederschoffen. Nur ihr Fahnenträger, ein alter Soldat Napoleons, stand fest und sagte zum General Korte, der an
Lafontaine's Stelle getreten war: Hier ist das Bataillon von Pontoise. Aber auch Korte wurde verwundet. Die Nacht brach ein
und noch immer schwankte die Waage des Sieges.

Cavaignac und die Nationalversammlung entschloffen sich in
der Nacht, Schritte der Versöhnung zu thun. Die letztere decretirte 3 Millionen für die armen Familien von Paris, und Cavaignac erließ am Morgen des 25. eine Proclamation, worin er
die Arbeiter im Namen des Vaterlandes beschwor, die Waffen
niederzulegen, und sie versicherte, sie würden, wenn sie es thäten,
wie reuige Brüder empfangen werden. Eine Anzahl Deputirte
erklärten sich bereit, diese Proclamation selbst den Arbeitern zu
überbringen und Unterhandlungen mit ihnen einzuleiten. In Folge
deffen glaubte auch General Brea, der an Damesmes Stelle am
Pantheon befehligte, den Deputirten, die von den Arbeitern durch
eine Barrikade gelaffen wurden, mit zweien seiner Officiere folgen
zu sollen, wurde aber von den Arbeitern gefangen und als Geißel
behalten, ja sie zwangen ihn durch Drohungen für seine Truppen
einen Rückzugsbefehl zu schreiben. General Thomas indeß, der
an seine Stelle getreten, forderte seine Auslieferung, erstürmte die
Barrikade, verjagte die Arbeiter und fand seinen General und deffen
beide Begleiter als Leichen. Sie waren vom wüthenden Volk
grausam ermordet worden. Unterdeß suchte Duvivier vom Stadthause aus sich mit Lamoricière in Verbindung zu setzen und zu
diesem Zweck den Bastilleplatz zu nehmen. Er selbst führte eine
Colonne, Oberst Regnault die andre, aber beide fielen unterwegs
bei der stundenlang während den mühseligen Eroberung einzelner
Barrikaden. Erst Duviviers Nachfolger, General Negrier, drang

unter immerwährendem Feuer bis auf den Bastilleplatz vor, wo auch er und neben ihm der Deputirte Charbonnel erschossen wurde. Aber der Zweck war erreicht, die Colonne vereinigte sich mit Lamoricière. Auch diesem war es nach unerhörten Anstrengungen (das Pferd wurde ihm unter dem Leibe erschossen) gelungen, drei Vorstädte (Poissonière, St. Denis und St. Martin) heute zu überwältigen, nur die vierte nicht, St. Antoine, in allen Revolutionen von Paris das stärkste Bollwerk der Rebellen.

Da entschloß sich noch spät am Abend der alte ehrwürdige Erzbischof von Paris, d'Affre, den unglücklichen Arbeitern mit dem Kreuze entgegenzutreten und ihnen Frieden zu predigen. Er begab sich, von einem einzigen treuen Diener begleitet, zu der großen Barrikade, welche die beiden zusammenstoßenden Straßen St. Antoine und Chareton vertheidigte. Eben waren in dieselbe zwei Deputirte eingelassen worden, welche den Arbeitern Cavaignacs Proclamation überbrachten. Auch den Erzbischof ließ man ein und erwies ihm große Ehrfurcht. Als aber die Arbeiter unter der Proclamation Cavaignacs Unterschrift vermißten und ein Deputirter zurückgeschickt wurde, um sie nachzuholen, rückte ein Bataillon Soldaten gegen die Barrikade heran. Man erklärte dem Befehlshaber desselben, dem Deputirten Basley, daß sie nicht schießen sollten, da man in Unterhandlungen begriffen sey. Basley ließ nun ein Zeichen mit der Trommel geben, welches aber von den Soldaten mißverstanden wurde. Sie schossen, die Arbeiter auch, und einer der ersten, welcher, von einer Kugel in den Rücken getroffen, niederstürzte, war der Erzbischof, der eben den Arbeitern Frieden predigte. Sein treuer Diener fiel an seiner Seite. Die Arbeiter trugen ihn zum Pfarrer von St. Antoine. Erst am andern Morgen wurde er auf einer Bahre mitten durch die Soldaten nach seinem Palast gebracht, wo er am Nachmittag verschied. Auf seinem Schmerzenslager hatte er noch Kraft gefunden, unablässig die Arbeiter um Niederlegung der Waffen zu bitten, und als er starb, waren seine letzten Worte: gebe Gott, daß mein Blut das letzte sey, das vergossen wird! Sein Blut ist nicht vergebens geflossen. Er hat die Kirche würdig in jenen Schreckenstagen vertreten. Das ist vom Volke nicht vergessen worden.

Im Laufe des Tages hatten sich noch immer mehr National- garden aus den Provinzen eingefunden, die am folgenden Tage bis zu 100,000 Mann anwuchsen. Am Siege der Regierung war nicht mehr zu zweifeln, da nur noch die Vorstadt St. Antoine widerstand. In der Nacht begaben sich daher mehrere Deputirte der Nationalversammlung, welche selbst zur extremen Partei ge- hörten, zu den Arbeitern, um ihnen vernünftige Vorstellungen zu machen, sie sollten eine Capitulation annehmen, da sie doch unter- liegen müßten. Sie setzten nun ihre Forderungen auf, die aber immer noch so übertrieben waren, daß es unmöglich war, sie an- zunehmen. Sie forderten nämlich die Entfernung der Armee, den Fortbestand der Nationalwerkstätten, eine Verfassungsreform durch Urversammlungen. Ihre Deputation wurde von Senard, dem Prä- sidenten der Nationalversammlung, mit zweideutigen Phrasen abge- speist, von Cavaignac aber ernst und unwillig zurückgewiesen.

Am Morgen des 26. begann nun der letzte Sturm auf die Vorstadt. Gegen die haushohen Barrikaden, größer als sie Paris je gesehen hatte, wurde eine so furchtbare Kanonade eröffnet, daß der Boden von Paris dröhnte. Nachdem es den schweren Kugeln endlich gelungen war, eine Breche zu legen, und die Infanterie dagegen anstürmte, wurde sie mit schrecklichem Verlust zurückge- schlagen. Die Arbeiter, von ihren Weibern und Kindern unter- stützt, kämpften als Verzweifelte. Um die Barrikaden zu umgeben, brachen die Truppen durch die Wände der Häuser und um jedes Haus wurde gekämpft, wie einst in Saragossa. Aber bei den Soldaten war die Uebermacht, sie kamen endlich hinter die Barri- kaden, und jetzt erst gaben die Arbeiter die Flucht und retteten sich aus den Barrieren. Der letzte Kampf wurde zwischen den Vor- städten St. Antoine und du Temple gefochten, und erst Abends um 7 Uhr wurde die letzte Barrikade an der Barriere des Amandes durch den General Courtigis genommen, welcher dabei verwundet wurde. So endete die Junischlacht, deren Todte nicht gezählt worden sind und anfangs auf 10—12000, später nur auf 1400 geschätzt wurden. Gefangene gab es noch viel mehr. Der Sieg über den Socialismus war entschieden, aber auch die Republik war von nun an unhaltbar geworden. Die Furcht vor der Demokratie, welche immer und immer wieder zu socialistischen Forderungen zurückführen mußte, war bei allen Wohlhabenden und Gebildeten damals das vorherrschende Gefühl geworden, woraus die Sehnsucht nach einer starken monarchischen Gewalt von selber folgte. Der heimliche Wunsch, die Republik loszuwerden, erklärt alle folgenden Ereignisse.

Cavaignac gab seine Gewalt der souverainen Nationalversammlung zurück, wurde aber von ihr als Chef der Executivgewalt unter dem Titel Conseilpräsident bestätigt. Die Mehrheit der Versammlung hatte ∙ auch vor den gefangenen Arbeitern noch Furcht und verurtheilte sie zur Deportation nach Cayenne. Nur Caussidière hatte den Muth, seinen Unwillen über die Härte dieser Maaßregel auszudrücken. Nicht nur die Nationalwerkstätten, sondern auch alle Klubs wurden aufgehoben und die gesammte Presse des Aufstandes unterdrückt. Andrerseits wurde Cavaignac angeklagt, nicht ganz seine Schuldigkeit gethan zu haben, bei welcher Anklage besonders Garnier Pagès sich betheiligte. Die Versammlung urtheilte billiger, wußte wohl, was sie dem tapfern General zu verdanken habe, und votirte, er habe sich um das Vaterland wohl verdient gemacht. Inzwischen wurde doch sein Ruhm durch jene Anklage einigermaßen beeinträchtigt, was einem Andern zu gute kam, der im Anspruch auf das erste Staatsamt in Frankreich mit ihm wetteiferte.

Achtes Buch.

Das deutsche Parlament.

———

Wie früher die Julirevolution, so gab auch die Februarrevolution dem benachbarten Deutschland einen Stoß gleich dem eines Erdbebens. Diesmal aber war die Erschütterung viel stärker und dauerte länger, weil schon vorher in Deutschland alles unterwühlt und aufgelockert war. Man erkannte deutlich, daß die revolutionäre Kraft, welche sich seit der Restauration gegen die auf Europa lastende Wucht der Pentarchie empörte, allmählig gewachsen war. Die rhythmische Bewegung der Revolutionen von 1820, 1830 und 1848 zeigte eine steigende Progression und ihre schrecklichen Schwingungen sind noch nicht zu Ende.

Die Wirkung auf die drei Hauptmassen in Deutschland war eine verschiedene. In den constitutionellen Mittel- und Kleinstaaten offenbarte sich ein höherer Grad von politischer Bildung und hier war auch neben den politischen Forderungen das Sehnen nach nationaler Einheit und Größe lebendiger als in Preußen und Oesterreich. Insofern hatte die Revolution hier ein klareres und edleres Ziel, abgesehen von den doctrinären Täuschungen und demokratischen Ausschweifungen, welche die Erreichung des Zieles verhinderten. In Preußen war man weder über das Ziel so klar, noch bemeisterte das Schwert in fester Hand frühe genug die Anarchie.

Diese Unklarheit und Schwäche brachte Preußen, auf welches die Mittel- und Kleinstaaten alle ihre Hoffnung setzten, von Anfang an in eine falsche Stellung zu der Revolution überhaupt und verhinderte, daß Preußen sie bemeisterte. In Oesterreich wurde die Revolution völlig das Werkzeug undeutscher, ungarischer, slavischer und italienischer Intrigue. Hier artete sie am meisten, auf die für die deutsche Nation gefährlichste und schimpflichste Weise aus.

Die politische Freiheit, wie sie seit Gründung der deutschen Verfassungen überall verstanden und verlangt worden war, nach dem Beispiel der französischen Charte und nach der Doctrin des Rotteck-Welker'schen Staatslexikons wurde in allen deutschen Staaten ohne Ausnahme gleich im Beginn der Märzrevolution durch massenhafte Kundgebungen der Constitutionellen wie im Sturm erobert und von den Regierungen fast ohne Widerstand gewährt. Die namhaften Führer der bisherigen liberalen Kammeroppositionen wurden überall zu Ministern ernannt. Monarchie und Aristokratie warfen sich diesen Constitutionellen unbedingt in die Arme, um von ihnen geschützt zu werden, während sich eine domokratische Partei bildete, welche, mit der constitutionellen Monarchie und ihren Bürgschaften nicht zufrieden, die Republik verlangte und überall Volkstumulte, Brand und Zerstörung hervorrief.

Die Bewegung begann am Oberrhein. Schon am 12. Febr., vierzehn Tage vor der Februarrevolution, verlangte Buchhändler Bassermann von Mannheim in der badischen Ständeversammlung Volksvertretung am Bundestage und sagte: „Die Abneigung der deutschen Nation gegen ihre oberste Behörde in Vertrauen zu verwandeln, ist der Fürsten bringendste Aufgabe. Mögen sie es zeitig thun. An der Seine wie an der Donau neigen sich die Tage." Das war der früher zu Heppenheim (S. 126) beseitigte Antrag, den wieder aufzunehmen, jetzt schon an der Zeit schien. Kaum war die erste Nachricht von dem Siege des Volkes in Paris angelangt, so wurde am 27. Februar auf freiem Felde bei Mannheim eine große Volksversammlung abgehalten, welcher

der alte Jtzstein präsidirte, und hier wurde die Forderung eines
deutschen Parlaments, der Preßfreiheit, der Volksbewaffnung, der
Schwurgerichte erneuert und als vier Puncte in eine Adresse zu-
sammengefaßt, die dem Großherzog von Baden gebracht werden sollte.
Struve, der die Adresse verfaßte, hielt noch eine socialistische
Rede, worin er „Wohlstand, Bildung und Freiheit für Alle" zur
Parole der deutschen Revolution zu machen empfahl. Am folgenden Tage fand eine ähnliche Volksversammlung in Karlsruhe
selbst Statt und der liberale Minister Bekk, der seine bisherige
Popularität lediglich durch stetes Nachgeben gegen die zweite Kammer erworben hatte, versprach demnächst, dreien der vier Puncte
zu genügen, nur das deutsche Parlament zu schaffen, gehe über
seine Kräfte. Struve wollte sich mit diesen Vertröstungen nicht
zufrieden stellen lassen und betrieb einen Massenzug von Mannheim
nach Karlsruhe, der am 1. März den Minister zwang, wenigstens
die Preßfreiheit auf der Stelle zu bewilligen. Am folgenden Tage
formulirte Welker in der Kammer zwölf Forderungen des Volkes,
nämlich zu obigen vier noch acht weitere: Aufhebung der unpopulären Bundesbeschlüsse, Beeidigung des Militairs auf die Verfassung, politische Gleichstellung aller Bekenntnisse, Verantwortlichkeit der Minister, Aufhebung aller noch übrigen Feudallasten,
Steuerreform im Sinne der Gleichheit, Pflege der Arbeit und Pu-
rificiation des Ministeriums. Karlsruhe war in großer Bewegung,
die Mannheimer waren dageblieben, auch von andern Orten her
waren Deputationen und Volksmassen eingedrungen, welche in der
darauf folgenden Nacht das Hotel des auswärtigen Ministeriums
in Asche legten. Schon am nächsten Tage versprach der Großherzog alles, was man wollte.

In der Darmstädter Kammer verlangte Heinrich von Gagern am 28. das deutsche Parlament unter der Voraussetzung,
daß zugleich ein oberstes Haupt des deutschen Volkes gewählt
werde. Am folgenden Tage berieth eine Volksversammlung zu
Mainz eine grobe Adresse. Der Großherzog bewilligte auch hier

vor allen Dingen die Preßfreiheit. Ganz ähnliche Forderungen
wie in Baden wurden auch von einer Bürgerversammlung in Stuttgart gestellt, am 29. und mit Aufhebung der Censur beantwortet,
wie auch schon am 1. März der Bundestag selbst einen Beschluß
bekannt machte, nach welchem es jeder Regierung frei stehen sollte,
die Censur aufzuheben. In Wiesbaden sammelte sich am 4.
eine ungeheure Volksmenge, um die badischen Forderungen auch
für Nassau zu erzwingen. Der junge Herzog war abwesend, seine
Mutter Pauline bewilligte in seinem Namen alles und der Herzog,
der noch denselben Abend ankam, stimmte zu.

Mittlerweile schritt die Bewegung vom Rhein her tiefer ins
Innere Deutschlands vor. In Kurhessen wurde der Kurfürst
vom 3. März an unaufhörlich von Deputationen aus allen Lan-
destheilen bestürmt, die er anfangs schnöde von sich, allmählig aber
auf den 11. März verwies, an welchem die Stände zusammentreten
sollten. Da bildete sich zu Hanau, dessen Turnverein einen besonders kriegerischen Geist kundgab, eine „Volkskommission" schon
als provisorische Regierung und drohte dem Kurfürsten mit offenem
Abfall, wenn er nicht binnen drei Tagen alle Forderungen bewillige. Er ließ Truppen gegen Hanau rücken, die Hanauer verschanz-
ten sich und waren zur blutigen Abwehr bereit, als der Kurfürst,
von allen Seiten bestürmt, endlich am 10. nachgab und alles bewilligte. Am gleichen Tage ließ sich der Großherzog von Oldenburg eine Verfassung, die er bisher stets verweigert, aufnöthigen.
In Braunschweig wurden schon am 3. die Volkswünsche, überall
die gleichen, befriedigt. Und so in allen kleinen Staaten. Durch
Volkstumulte wurden Reformen erzwungen in Hamburg am 3.,
in Frankfurt am Main am 4., in Bremen am 6., in Weimar am
8. März. Nur die größern Mittelstaaten Bayern, Sachsen und
Hannover zögerten noch und hier fügten sich die Regierungen erst,
nachdem auch in Oesterreich und Preußen alles drüber und drunter
ging. In den preußischen Rheinlanden zeigte sich gleich anfangs
die wärmste Sympathie für die Vorgänge und Vorschläge am

Oberrhein. Die Kölner erhoben großen Tumult schon am 3. März bei Berathung einer Adresse an den König von Preußen, worin sie wie auch die Coblenzer und Elberfelder, die badischen Forderungen zu den ihrigen machten. Gleichzeitig erhoben sich die Bauern im Odenwalde gegen ihre adeligen Herrschaften. Eine Menge Schlösser wurden überfallen, die Archive darin zerstört, die Herren und ihre Beamten, insbesondere die Förster verjagt. Der Aufruhr verbreitete sich bis in die Nähe von Culmbach. Ein Hohenlohe'sches Schloß, ein Leiningensches wurde niedergebrannt, doch fiel kein Mord vor und durch Soldaten, die man entsandte, wurde die Ruhe überall bald wieder hergestellt. Der Adel war in Masse und voll Angst in die Städte geflohen. Den Grafen von Erbach zwangen die bewaffneten Bauern, einen Revers zu unterzeichnen, am 8. März. Im Badischen und in Franken wurden auch die Juden von den Bauern verfolgt, während der bürgerliche Liberalismus die Emancipation der Juden mit zu den Forderungen der Zeit rechnete.

In der Schweiz war kaum die Pariser Revolution bekannt geworden, als schon am 29. Februar Freischaaren von Lachaurbefonds auszogen und am folgenden Tage die preußische Regierung in Neuenburg stürzten. Advokat Plaget trat an die Spitze der neuen demokratischen Regierung, die Rechte des Königs von Preußen auf das Fürstenthum Neuenburg wurden ohne weiteres als erloschen erklärt und trotz der Protestation des preußischen Gesandten, Herrn von Sydow, billigte die damalige radicale Tagsatzung das Geschehene und erkannte die neue Regierung an. Auch schien die Zeit günstig, die schweizerische Bundesverfassung, wie sie nach den Verträgen von 1815 bestand, jetzt, während die Großmächte, welche dieselbe verbürgt hatten, mit wichtigern Dingen beschäftigt waren, eigenmächtig umzuändern. Schon am 7. März beschloß die Tagsatzung, einen neuen Bundesvertrag zu entwerfen, in welchem die Souverainität der Cantone aufgehoben und einer Bundescentralgewalt untergeordnet werden sollte. Zugleich bereitete sich in der

Schweiz eine Rüstung von Freischaaren für Deutschland vor, um
die republikanische Partei zunächst in Baden zu unterstützen; zu
gleichem Zweck wurde von deutschen Flüchtlingen und Arbeitern in
Frankreich geworben. Dieselben wandten sich auch an die neue
republikanische Regierung in Paris und forderten die bewaffnete
Hülfe Frankreichs, um Deutschland in eine Republik umzuwandeln.
Allein wenn die Deutschen je zu Einheit und großer Machtentfaltung gelangten, so war das für niemand gefährlicher, als für die
Franzosen, die sich mithin nicht beeilten, deutsche Einheitsbestrebungen zu fördern. Cremieux antwortete den deutschen Flüchtlingen im Namen der Regierung sehr artig: „euer Deutschland wird
die Freiheit durch sich selbst erringen, ohne fremde Hülfe; es über-
stürzt sich nicht, es schreitet vorwärts, aber wenn es schreitet, gelangt es zum Ziele."

Die constitutionelle oder altliberale Partei im südwestlichen
Deutschland hatte sich gleich anfangs der Bewegung bemeistert und
in die Forderungen, welche das Volk an die Regierungen der Einzelstaaten stellte, Uebereinstimmung gebracht. Dann ging sie augenblicklich und direct auf Reform des deutschen Bundes aus. Die
bisherigen Häupter der Kammeroppositionen hielten am 8. März
eine Zusammenkunft in Heidelberg. Unter ihnen befanden sich
Welker, v. Ißstein, Hecker, Struve, Matthy, Bassermann, Peter,
Soiron, Gervinus aus Baden, Gagern aus Darmstadt, Römer aus
Württemberg, Kirchgeßner aus Bayern, Hansemann aus Preußen.
Sie erließen einen Aufruf an das deutsche Volk, worin sie demselben eine Nationalvertretung verhießen und zu einer größern
Versammlung, durch welche jene vorbereitet werden sollte, d. h. zu
einem Vorparlament einluden. Das war der erste Versuch,
dem Bundestage eine neue volksthümliche Centralgewalt in parla-
mentarischer Form entgegenzustellen.

Die bedrohten Regierungen hielten es für das Klügste, die
Häupter der Bewegung in ihr Interesse zu ziehen, und gaben sich
ganz den Constitutionellen hin, um mit ihrer Hülfe wenigstens der

Demokraten Meister zu werben. Daher am 9. März der König
von Württemberg Römer, Pfizer, Duvernoy, Goppelt, bisherige
Oppositionsmänner der zweiten Kammer, zu seinen Ministern machte.
Dieselbe Ehre widerfuhr Heinrich v. Gagern und seinen Freunden
in Darmstadt. Der Großherzog von Baden ernannte Welker, der
Kurfürst von Hessen den lange verfolgten Jordan zu Bundestagsgesandten. Der Bundestag selbst machte Concessionen, um dem,
was er nicht mehr hindern konnte, den Schein der Bundesgesetz-
lichkeit und sich selbst seine Competenz und Autorität zu wahren.
Wie er daher gleich anfangs die Preßfreiheit anerkannt, so auch
jetzt wieder die Bundesreformbestrebungen. Am 9. nahm er den
alten Reichsadler und die drei Reichsfarben wieder an und am 10.
berief er Vertrauensmänner aus den bisherigen Oppositionen als
Beiräthe der Bundestagsgesandten nach Frankfurt ein.

Der König von Preußen schickte seinen Vertrauten, den General von Radowitz, nach Wien, um den Fürsten Metternich zu
bewegen, mit Preußen gemeinsam in Bezug auf die immer drin-
gender gewordene Reform des deutschen Bundes die Initiative zu
ergreifen. Er hatte schon früher mit Radowitz diese Angelegenheit
reiflich durchgesprochen. Bisher hatte Metternich nichts von den
preußischen Bundesreformvorschlägen wissen wollen; jetzt aber fand
er selbst räthlich, mit Preußen gemeinsam einzuschreiten, um die
Leitung des Bundes nicht aus der Hand zu lassen. Daher wurde
schon am 10. März eine Erklärung Oesterreichs und Preußens veröffentlicht, daß am 15. ein Fürstencongreß in Dresden zusammentreten und die Bundesreform vornehmen werde. Als inzwischen
Oesterreich selbst in den Strudel der Revolution fortgerissen wurde,
wiederholte Preußen die Erklärung allein und verlegte den Fürstencongreß auf den 25., ohne daß er auch an diesem Tage hätte zu
Stande kommen können.

Die Riesenmacht Oesterreichs war an einem einzigen Tage
wie verschwunden. Die unter Metternichs langer Verwaltung ver-
rostete Staatsmaschine fiel vor einem bloßen Hauch zusammen. Bei

der ersten Nachricht aus Paris hielt Kossuth im ungarischen
Reichstag zu Pesth (am 3. März) eine Rede, in der er sagte: „der
Fluch eines erstickenden Dampfes lastet auf uns, jenes tödtlichen
Windes, der aus den Bleikammern des Wiener Regierungssystems
weht, nervenlähmend, niederdrückend jedes Geistes Flug. Aber im
Namen der ewigen Jugend der Nation protestiren wir gegen die
Schwäche und Verknöcherung des greisenhaften Systems. Die
bureaukratische Politik der Unbeweglichkeit wird zur Auflösung
der Monarchie führen." In der Adresse an den Kaiser, die
Kossuth sogleich durchsetzte, wurde von diesem bereits für Ungarn
„eine nationale, von jedem fremden Einfluß unabhängige Regierung" verlangt. In Wien selbst stellte zuerst eine Adresse des
Gewerbevereins vom 6. März an den Kaiser freisinnige Forderungen, dann auch eine des Lesevereins der Universität und eine der
Studenten. Diese letztern verlangten zuerst die Entfernung Metternichs, am 11. Metternich selbst schien gar nicht mehr zu existiren,
denn er befahl und verhinderte nichts. Im Namen des schwachen
Kaisers nahm dessen Oheim, Erzherzog Ludwig, die Adresse ganz
freundlich auf. Am 13. wurden zufällig die niederösterreichischen
Stände in Wien eröffnet und gleich in der ersten Sitzung von
Studenten und Pöbel überfallen und terrorisirt. Anstatt den wil-
den Haufen durch Militair vertreiben zu lassen, duldete man, daß
sich derselbe in den Sitzungssaal eindrängte, mitstimmte und tolle
Adressen an den Kaiser berieth, bis die Ständemitglieder in der
Angst auseinanderliefen. Als Aufhetzer des Pöbels machten sich
zwei freche Juden, Fischhof und Goldmark, bemerklich. Auch wurde
Kossuths Rede pomphaft dem Wiener Pöbel vorgelesen. Kossuth
hatte seine Agenten in Wien. Sein Zweck war, jede gesetzliche
Reform des Kaiserreichs durch revolutionäre Gewaltthaten zu ver-
hindern, damit Ungarn sich desto bequemer absondern könne. Das
Gleiche wollte Mazzini, und ihre geheimen Helfershelfer, meist
Juden, wurden die Lenker des völlig kindischen Wiener Pöbels.
Als dieser Pöbel noch an demselben Abend sich seinem ganzen

Uebermuth überließ, im Ständehause alles zerstörte und in den
Straßen tobte, wurde Militair gegen ihn entsandt, aber schon nach
wenigen Schüssen, die nur 30 Mann tödteten, wieder zurückgezogen.
Vergebens boten sich Erzherzog Albrecht und der Fürst Windischgrätz an, die Revolte zu überwältigen, Erzherzog Ludwig bestimmte
den Kaiser, keine Gewalt zu brauchen, sondern allen Forderungen
nachzugeben. Metternich selbst verhielt sich apathisch und hatte
nichts einzuwenden, als man ihm ankündigte, es wäre besser, er
dankte ab. Er verließ Wien augenblicklich und entkam nach London, ohne unterwegs erkannt, oder wenn er erkannt wurde, irgend
belästigt zu werden. Der Kaiser aber bewilligte sofort Preßfreiheit, Bürgerwehr und eine liberale Verfassung für das ganze Kaiserreich. Die Bürgerwehr waffnete sich alsbald, stellte die Ordnung wieder her und trieb den Pöbel, der sich Plünderungen und
Zerstörungen überlassen hatte, einstweilen in seine Winkel zurück.
Derselbe hatte namentlich die schöne Villa des Fürsten Metternich
und die Gasleitungen Wiens zerstört. Aber außer den guten Bürgern Wiens waffneten sich damals auch die Studenten und wußten
in der ersten Verwirrung auch die anwesenden Ungarn, Polen,
Italiener und Pöbel aller Art, sich mit Gewehren des Staats zu
versehen. Wem diese neue Volksarmee eigentlich dienen sollte, das
zeigte schon am 15. der Triumpheinzug Kossuths in Wien, indem
er an der Spitze einer zahlreichen ungarischen Deputation bei Fackelschein und unter rauschender Musik, begleitet von vielen tausend
Bewaffneten vor die Burg zog, um dem Kaiser die Forderungen
der Ungarn in ihrer Adresse zu überbringen.

In Preußen war ebenfalls große Verwirrung. Vom Rhein
her stürmten Adressen und Deputationen. Auch in den Ostprovin-
zen gährte es. In Breslau machte das Volk am 6. März einen
Angriff auf das Zeughaus, in Königsberg wurde am 13. das Polizeigebäude demolirt, am 14. war großer Tumult in Erfurt. In
Berlin selbst fanden vom 6. an fast täglich Zusammenrottungen
statt. Unter den Zelten im Thiergarten wurde eine Adresse bera-

then, die von den Literaten und Juden der s. g. Zeitungshalle
vorbereitet war. Am 14. erbat sich auch der Berliner Magistrat
eine Audienz beim König, um ihm die Volkswünsche vorzutragen,
die als liberal-constitutionell völlig den rheinländischen entsprachen.
Der König hatte den besten Willen, sowohl in Bezug auf die große
Reform des deutschen Bundes, als in Bezug auf die Bürgschaften
der Freiheit Concessionen zu machen, wollte aber nichts allein thun
und vertröstete daher die einen auf den Dresdener Fürstencongreß,
die andern auf den vereinigten preußischen Landtag, der am 27. April
zusammentreten sollte. So lange aber wollte die Ungeduld des
Volkes und der Verrath der geheimen Wühler nicht warten. Die
abendlichen Zusammenrottungen des Volkes wurden jeden Tag zahlreicher und wilder. Das Militair schritt ein, Blut wurde vergossen, Klaggeschrei mischte sich mit dem Zornruf der Ungeduld. In
mehreren Abressen, insbesondere der Städte Breslau und Magdeburg, wurde der falsche Verdacht ausgesprochen, als wolle Preußen
mit Rußland gehen, sich mit Rußlands Hülfe allen deutschen Reformen widersetzen. Als nun die Nachrichten von Wien kamen,
glaubte der König nicht länger zögern zu dürfen und verkündete
am 17. die Preßfreiheit, die Berufung des Landtages schon auf
den 2. April, „die Verwandlung des deutschen Staatenbundes in
einen Bundesstaat", ein Werk, welches „durch die großen Ereignisse in Wien wesentlich erleichtert werde", und die Einverleibung
von Ost- und Westpreußen und Posen in den deutschen Bund.
Auch wurde das bisherige Ministerium entlassen. Damit genügte
er allen vernünftigen Erwartungen. Aber es gab Leute in Berlin, die das friedliche und gesetzliche Zustandekommen der deutschen
Einheit eben so wenig wollten, wie Kossuth in Wien. Von diesen
ging wieder „unter den Zelten" die sinnlose Forderung aus, der
König solle alles Militair aus Berlin entfernen und sich der neu
zu errichtenden Bürgerwehr allein anvertrauen. Ein großer Zug
nach dem Schlosse sollte am 18. diese Forderung zur Geltung bringen. Magistrat und Bürgerschaft wurden darüber unruhig und

beschlossen ihrerseits einen mehr loyalen Zug nach dem Schlosse, um dem Könige für die Concessionen zu danken und den radicalen Zug auf die Seite zu schieben. Die Stimmung war schon so er-hitzt, daß der Magistrat in einem öffentlichen Anschlage sich für die Verwirklichung der vom König gemachten Zusicherungen ver-bürgte, als ob jemand sie bezweifeln könnte.

Als nun am 18. die beiden Processionen sich gegen Mittag in Bewegung setzten und den Schloßplatz erfüllten, auf welchem zur Sicherheit einiges Militair aufgestellt war, trat der König auf den Balcon heraus, grüßte lebhaft und wurde mit Lebehoch em-pfangen. Mitten im Lärm vernahm man eine starke Stimme vom Balkon „der König bewilligt alles". Aber es gab Gedränge, man hörte wiederholt rufen „fort mit dem Militair" und der Pöbel fing an Roß und Reiter von hinten zu stoßen und zu stacheln, als plötzlich zwei Schüsse fielen, ohne übrigens jemand zu verwunden.*) Da schrie man augenblicklich „Verrath!" und „zu den Waffen!" Die Menge zerstob und bildete sich ein oder mochte glauben, es sey auf friedliche Bürger geschossen worden. Und wie mit einem Zau-berschlage erhoben sich auch schon in allen Straßen Barrikaden. Der König war außer sich, daß seine gute Absicht so abscheulich mißkannt wurde, und ließ eine weiße Fahne aus dem Schlosse tragen mit der Inschrift: „Mißverständniß, der König will das Beste." Bürgermeister Krausnik schrie aus Leibeskräften aus einem Sprachrohr heraus, um das Volk aufzuklären. Aber alles half

---

*) Hätte irgend ein einflußreicher Mann die Absicht gehabt, einen Querstrich durch die Concessionen des Königs zu machen, und einen bluti-gen Aufruhr zu veranlassen, um ihn zu besiegen und dann im russischen Sinne despotisch zu regieren, so würde es nicht bei diesen zwei blinden Schüssen geblieben, sondern das Militair würde sogleich energisch einge-schritten seyn, die wichtigsten Plätze der Stadt besetzt, den Barrikadenbau verhindert haben. Aber das Militair verhielt sich passiv, bis es angegrif-fen wurde. Die Schüsse gingen ohne Zweifel von der Partei aus, die um jeden Preis Barrikaden haben wollte.

nichts mehr. Die Wühler aus der Zeitungshalle schossen auf die Schildwachen und zwangen das Militair zum Kampfe. Die bürgerliche Schützengilde und die Studenten schlossen sich den Aufrührern an. Dazu kam auch bei den unbefangenen, nur allzu frivolen Berlinern eine gewisse Kravalluft, die „den Jux mitmachte", ohne die Tragweite ihres Frevels zu ermessen. Die Bevölkerung Berlins hat an diesem Tage große Hoffnungen für Deutschland vereitelt, indem sie den König, welcher die wohlwollendsten Absichten von lange her hegte, muthwillig in die Lage brachte, sie aufgeben zu müssen, und ihn, den sie hätte stützen und ehren sollen, entwaffnete und beschimpfte. Die wenig zahlreichen von General von Prittwitz commandirten Truppen drangen vom Schloß und von den Thoren aus gegen das mit Barrikaden erfüllte Innere der Stadt vor. Der Straßenkampf währte 19 Stunden fort bis den andern Morgen (Sonntag) um 9 Uhr. Das Gewehrfeuer knallte unaufhörlich, schweres Geschütz donnerte selten und nur gegen die größern Barrikaden. Die Nacht war klar und windstill, vom Mond und von mehreren Bränden erhellt, da der Pöbel einige Buden und Artillerieschuppen angezündet hatte. Gegen Morgen wurden die Truppen des Aufruhrs mehr und mehr Meister und derselbe beschränkte sich nur noch auf einen kleinen Theil der innern Stadt, als ganz unerwartet Befehl gegeben wurde, das Schießen einzustellen und dem Volke wenigstens den Schein zu lassen, als ob es gesiegt habe. Vom Volke waren 216, vom Militair nur 18 Mann todt geblieben.

Mag auch die Angst der Königin in dem von Schlachtlärm umtobten Schlosse zu der Entschließung des Königs beigetragen haben, so trifft doch die Hauptschuld diejenigen, welche damals riethen, der König müsse sich auf die Seite des Volkes stellen, um populär zu bleiben und um die Sympathien des Liberalismus im westlichen und südlichen Deutschland nicht zu verscherzen. Wenn sie dem König von Preußen zur Hegemonie in Deutschland verhelfen wollten, hätten sie um jeden Preis müssen fortschießen lassen,

bis der Aufstand in Berlin besiegt war, denn nur von einem siegreichen und mächtigen Könige, der Herr in seiner eigenen Hauptstadt war, konnte Deutschland Schutz und ein kraftvolles Auftreten
erwarten. Der eben damals aus Paris zurückgekehrte preußische
Gesandte, Heinrich von Arnim, noch ganz voll von den Pariser
Eindrücken, soll hauptsächlich den König bestimmt haben und wurde
einige Tage später zum Minister der auswärtigen Angelegenheiten
ernannt. Am gleichen Tage, den 19., traten bereits der liberale
Graf von Schwerin und von Auerswald ins Ministerium. Sämmtliche Truppen wurden aus der Stadt entfernt; die da gesiegt hatten, zogen mit verhüllten Fahnen stumm und in edler Entrüstung
ab. Eine schnell improvisirte Bürgerwehr ersetzte sie. Der Prinz
von Preußen (Wilhelm, Bruder des Königs), den man für reactionär hielt, verschwand aus der Stadt. Sein Palast wurde nur
dadurch geschützt, daß man an die Thüren schrieb „Nationaleigenthum". Dieser Prinz wurde abscheulich verleumdet und nachdem
er längst in London angekommen war, log man in Berlin immer
noch, er komme mit einer russischen Armee von Warschau heran-
gezogen. Am 20. wurden die seit 1846 gefangen gehaltenen Polen
entlassen, Mieroslawski hielt einen Triumpheinzug in Berlin und
ließ Placate ankleben, worin er die Wiederherstellung Polens verhieß. Alle anwesenden Polen erhielten Waffen, bildeten Cadres in
Berlin selbst. Am 21. nahm die preußische Armee neben der preußischen Kokarde die deutsche an, und ritt der König selbst mit den
drei deutschen Farben geschmückt durch die Straßen, die Studenten
voran mit einer Reichsfahne, auf welche der deutsche Doppeladler
gestickt war. Die Kaiserzurufe wehrte der König zwar mit leb-
haftem Unwillen ab und eine Proclamation, die ihn König der
Deutschen nannte, wurde schnell wieder zurückgezogen und durch eine
besonnenere ersetzt; allein niemand konnte zweifeln, daß sich in dem
neuen Cabinet Stimmen für die Usurpation kund gegeben hatten.
Graf Schwerin selbst hatte vor den Studenten den deutschen König
hoch leben lassen. In den „an mein Volk" und „an die deutsche

Nation" gerichteten Aufrufen wurde versprochen „Preußen geht in Deutschland auf" und „Fürsten und Stände Deutschlands sollen gemeinschaftlich als deutsche Ständeversammlung die Wiedergeburt und Gründung eines neuen Deutschland berathen." — Am 22. wurden die im Kampf Gefallenen in 183 Särgen feierlich begraben. Der unermeßliche Zug ging am Balcon des Schlosses vorüber, auf dem der König zusah. Im Zuge gingen alle Behörden und Corporationen, Prediger Sydow hielt die Leichenrede und ging in der Schmeichelei seines Publikums so weit, die Helden des Straßenkampfs vom 18. März denen des Jahrs 1813 an die Seite zu setzen. An demselben Tage bewilligte der König seinem Volke die badische Schablone vollständig: Schutz der persönlichen Freiheit, Preßfreiheit, Vereinsrecht, Schwurgericht, Aufhebung des exempten Gerichtsstandes, Verantwortlichkeit der Minister ꝛc. und hetzte dagegen Julius (ein Jude) in einem Placat die Arbeiter auf.

Dieselbe Ungeduld, welche die Berliner ergriffen hatte, als der König vor dem 17. zu lange zögerte, riß auch in andern Städten die Bevölkerung zu wilden Tumulten hin. Am 19. war Köln, am 20. Aachen und Crefeld in Aufruhr. In denselben Tagen herrschte in Breslau beinahe Anarchie. Daß am 29. Camphausen von Köln zum Chef des Ministeriums ernannt wurde, hatte auch seinen Grund in dem Wunsche, die aufgeregten Rheinlande zu versöhnen. Der Zusammentritt der Stände am 2. April sollte die Wiederherstellung der Ordnung vollenden.

Die Ereignisse in Berlin machten einen übeln Eindruck auf das gesammte Deutschland. Eben damals hatten sich Darmstadt, Baden, Württemberg, Bayern verständigt, Unterhändler nach Berlin zu schicken, um den König von Preußen für die constitutionelle Sache und die Volksvertretung am Bunde zu gewinnen, sich dabei einerseits seines Schutzes gegenüber etwaigen Angriffen von Frankreich her zu versichern und ihn andrerseits von einem etwaigen reactionären Bündniß mit Rußland abzuziehen. Die Unterhändler (darunter Max von Gagern, Heinrichs Bruder) kamen aber erst

nach dem 18. in Berlin an und obgleich sie die besten Zusicherungen erhielten, so war doch das Vertrauen verschwunden. Der
Umritt des 21. März wurde als eine Usurpation verdächtigt und
mit unverhaltenem Hohn, namentlich in Wien, München und
Stuttgart, sowohl von der geheimen Partei der Reaction als
von der offnen der Demokratie ausgebeutet, um die constitutionelle Partei indirect durch die Unpopularität des Königs von
Preußen, auf den sie ihre Hoffnungen gesetzt hatte, zu ärgern und
zu schwächen.

Uebrigens führte die Wiener und Berliner Revolution die
Entwaffnung des letzten Widerstandes herbei, den die Regierungen
in Sachsen, Hannover und Bayern den Forderungen des Volkes
bisher noch geleistet hatten.

In Leipzig hatten bereits am 28. Februar die Buchhändler
eine Petition um Preßfreiheit entworfen und eine Versammlung
„freisinniger Männer" unter Vortritt des Professor Biedermann
die badischen Forderungen auch für Sachsen in einer Abresse for-
mulirt, die aber der König am 2. März abwies. Die Aufregung
in Leipzig war sehr groß, wurde aber auch diesmal wieder von
Robert Blum gestillt. Dagegen erfolgte ein abermaliger Abressen-
sturm, welchen der König noch einmal standhaft abschlug. Jedoch
entließ er den mißliebigen Minister von Falkenstein und hob die
Censur „provisorisch bis zum 15. April" auf. Eine Zusammen-
ziehung preußischer Truppen bei Halle wurde so gedeutet, als solle
sie den König von Sachsen gegen sein eigenes Volk schützen. Die
Nachricht aber, daß Metternich gestürzt sey, bewog den König, am
16., endlich nachzugeben und ein neues liberales Ministerium zu
ernennen, in welchem sich Professor von der Pfordten bemerklich
machte.

Auch der alte König Ernst August von Hannover wollte
sich nicht in die neue Lage der Dinge fügen, trotzte dem Abressen-
sturm und verweigerte noch am 14. sowohl die Volksvertretung
am Bunde, als die Preßfreiheit. Als die schlimmen Nachrichten

aus Wien kamen, bewilligte er wenigstens die Aufhebung der Censur, und erst, als er von der Berliner Revolution Kunde erhielt,
gab auch er in allem nach, entließ den verhaßten Minister von
Falcke und ließ durch den liberalen Stüve, Bürgermeister von Osnabrück, ein neues Ministerium bilden, welches die badische Schablone auch auf Hannover anwandte.

In München war noch alles in Aufregung, weil man
glaubte, die schöne Lola habe sich heimlich wieder eingeschlichen,
als die Kunde der Pariser Februarrevolution die Gemüther vollends erhitzte. Am 2. März wurde eine Adresse berathen und mit
mehr als 10,000 Unterschriften bedeckt, in welcher die badischen
Forderungen auch für Bayern gestellt wurden. An demselben Tage
stürmte das Volk die Wohnung des Minister Berks und trieb ihn
in die Flucht. Am 4. hatte man noch keine entsprechende Antwort auf die Adresse. Das Volk tumultirte in den Straßen, die
Minister drangen in den König, nachzugeben, aber er wollte sich
nichts abzwingen lassen. Da erstürmte das Volk das Zeughaus
und bewaffnete sich. Prinz Karl ritt unter die Menge, sie zu beschwichtigen, und Einberufung der Stände wurde auf den 16. zugesagt. Aber das Volk blieb unter Waffen und hatte Mißtrauen,
bis am 6. die Proclamation erschien, in welcher der König, dessen
Unterschrift auch alle Prinzen des Hauses ihre Namen beigesetzt
hatten, dem Volke alles gewährte, was es wünschte. Wallerstein
nahm seine Entlassung. Aber das Volk war insofern noch nicht
beruhigt, als es diese Concessionen selbst nur für eine Schutzwehr
hielt, hinter welcher die tödtlich verhaßte Lola sich verstecken wolle.
Man glaubte, sie sey im Polizeigebäude versteckt, welches daher am
16. vom Volk gestürmt und demolirt wurde. Zur Beruhigung
der wild empörten Massen erschien im Namen des Königs gleich
am folgenden Tage eine Proclamation, worin es hieß, der Lola
sey das bayerische Indigenat entzogen und die Polizei beauftragt,
auf sie zu fahnden, wo sie sich blicken lasse. Damals waren
Ständemitglieder, Deputationen aus dem ganzen Lande in Mün-

chen; die Bürgerschaft stand zusammen, um den Tumulten ein Ende
zu machen. Ein Paar Tage lang wurde im Schlosse unausgesetzt
verhandelt, ohne daß man draußen wußte, was vorging. Endlich
am 20. um 10 Uhr in der Nacht erfolgte die **Abdankung
des Königs Ludwig**, am folgenden Tage wurde sein Sohn
Maximilian II. als König proclamirt und gleichzeitig erschien eine
Erklärung desselben, worin er die Volksvertretung am Bunde und
alles vorher schon Zugesagte aufs neue bestätigte.

Inzwischen hatte die Heidelberger Siebenercommission das
Vorparlament nach Frankfurt am Main ausgeschrieben und
dahin richteten sich jetzt alle Blicke. Am 29. März hielt der früher verfolgte und mißhandelte Professor Jordan als kurhessischer
Bundestagsgesandter einen Triumpheinzug in Frankfurt und erhielten Welker, als badischer Bundestagsgesandter, und Uhland,
als württembergischer Vertrauensmann, Ständchen und Lebehochs,
wobei dem preußischen Bundestagsgesandten Grafen Dönhoff unter
Pereatrufen die Fenster eingeworfen wurden, eine Roheit der Demokraten, welche die Constitutionellen um keinen Preis hätten dulden sollen. Jede Beleidigung Preußens von Frankfurt aus mußte
sich früher oder später bitter rächen und war das Verkehrteste, was
geschehen konnte, wenn man zur deutschen Einheit gelangen wollte.
Am folgenden Tage erklärte der Bundesrath, es sollten in allen
Bundesstaaten Wahlen zu einem künftigen deutschen Parlamente
ausgeschrieben werden. Damit kam er jedem ähnlichen Beschluß
des Vorparlaments, welches am folgenden Tage eröffnet werden
sollte, zuvor, ergriff die Initiative und behielt sich seine Competenz vor. An demselben Abend empfingen Hecker und Struve
große Fackelzüge. Diese beiden Demagogen setzten sich damals
schon als Häupter einer republikanischen Partei den Constitutionellen entgegen.

Das Vorparlament wurde am 31. März in der Paulskirche
zu Frankfurt, einer im antiken Style gebauten Rotunde, vom Heidelberger Professor Mittermaier eröffnet und bestand nicht bloß

aus Mitgliedern von deutschen Kammern, sondern hatte auch allerlei Zuläufer ohne Beruf aufgenommen, unter anbern den jüdischen
Literaten Wießner, ber als „einziger Oesterreicher" in der Versammlung noch insbesondere Ehrenbezeugungen empfing, ohne baß
jemand bemerkt hätte, bie Vertretung bes großen Oesterreich durch
einen einzigen Juden sey ein Scandal. Auch Preußen hatte nur
wenige Vertreter gesendet. Die Mehrheit ber Versammlung bil-
beten bie bisherigen Oppositionsmänner aus ben Mittel- unb Kleinstaaten. Die Versammelten beschlossen zuerst, Schleswig (an welches ber beutsche Bunb keinerlei Rechtsanspruch besaß), so wie Ost-
unb Westpreußen in ben beutschen Bunb aufzunehmen unb unter
Anerkennung, baß bie Theilung Polens ungerecht gewesen sey, bie
Verhältnisse Posens zu ordnen. Ferner beschlossen sie auf Grunb
eines Entwurfes ber Siebenercommission, bie Reform bes beutschen
Bunbes solle barin bestehen, baß an bie Stelle bes bisherigen sö-
berativen Bundestags ein einheitliches Bundesoberhaupt unb bemselben ein Reichstag in zwei Häusern, einem Senat unb einem
Volkshause, an bie Seite treten solle. Zugleich wurden bem beutschen Volke von vorn herein alle bie Rechte zugesichert, bie zuerst
von Baben geforbert unb nach unb nach bereits von allen Bundesregierungen bewilligt worden waren. Hecker unb Struve nahmen
einen vergeblichen Anlauf, um eine beutsche Republik unb nachher
wenigstens bie Permanenz bes Vorparlaments burchzusetzen. Wäre
biese Permanenz beliebt worden, so hätte man burch Volkstumulte
bie Gemäßigten aus bemselben herausgeschreckt unb burch Republikaner ergänzt unb ber beutsche Convent wäre fertig gewesen. Allein
bie Mehrheit wies solche extreme Anträge um so mehr ab, als ber
Bundestag bereits bie allgemeinen Parlamentswahlen zugesagt hatte.
Um aber bie Erfüllung bieser Zusage zu überwachen, wählte bas
Vorparlament, als es sich schon nach vier Tagen wieber auflöste,
ben Fünfzigerausschuß, welcher permanent bleiben sollte unb
bessen Präsident v. Soiron wurde. In ihm befanben sich außer
älteren Berühmtheiten, wie Itzstein, Biebermann, Robert Blum unb

dem Königsberger Juden Jacobi, auch schon neue, so der jüdische Advokat Helscher aus Hamburg, und der Cigarrenhändler Raveaux aus Köln, der preußische Flüchtling Venedey ꝛc.

Unter den Beschlüssen des Vorparlaments war der wichtigste der, daß die zu wählende deutsche Nationalversammlung allein, mit ausdrücklicher Ausschließung der Fürsten, die künftige deutsche Reichsverfassung zu Stande bringen solle. Er wurde am 3. April gefaßt, an demselben Tage, an welchem ein Jahr später seine verhängnißvolle Thorheit jedermann klar werden sollte. Wenn sich die Volksvertreter anmaßten, über die Zukunft Deutschlands ohne die Fürsten zu entscheiden, so mußten sie sich zuvor im Besitz einer materiellen Macht befinden, der gegenüber die Fürsten ohnmächtig waren. Die Einheit Deutschlands, die kaiserliche Obergewalt eines Einzigen ließ sich nur auf Kosten der bisherigen Souverainetäten durchsetzen und nicht mit frommen Wünschen und schönen Redensarten, sondern mit Gewalt. Hecker und Struve hatten daher ganz Recht, wenn sie in dem Fortbestand jener Souverainetäten und ihrer Militaircontingente ein absolutes Hinderniß der Wiedergeburt Deutschlands erkannten, und sie täuschten sich nur wieder selbst, indem sie für möglich hielten, mit Brandschriften, Pöbelaufläufen und Freischaaren stehende Heere bezwingen zu können.

Einen Tag vor jenem unpraktischen Beschluß des Vorparlaments, am 2. April, hatte der Bundestag alle Ausnahmegesetze seit den Karlsbader Beschlüssen aufgehoben. Am 4. aber beauftragte er Preußen, in dem Streite zwischen Holstein und Dänemark zu vermitteln. Der Bundestag, das Vorparlament konnte es nicht selber thun. Sie mußten Preußen darum bitten. Beweis genug, daß die materielle Macht Preußens etwas werth war und daß man nicht hoffen durfte, eine deutsche Reichsverfassung allein und ohne Preußens Zustimmung durchzusetzen. Deßhalb gab schon am 4. Paul Pfizer eine Erklärung, worin er darauf aufmerksam machte, daß man entweder nur durch und gleich jetzt mit Preußen zum Zwecke gelangen werde, oder gar nicht. Er blieb aber vereinzelt, seine Stimme verhallte. Der Bundestag, scheinbar dem Vorparlament unterwürfig und gehorsam, verfügte allgemeine Wahlen zum deutschen Parlament, „um in Vereinigung mit den Fürsten 2c.", wahrte also das bereits vom Vorparlament verworfene Vereinbarungsprincip, was man damals übersah.

Unterbeß wollten die Republikaner die erste Hitze der Revolution benutzen, um ihre Plane durchzusetzen. Die Vorbereitung trafen sie schon in der letzten Woche des März, indem sie den s. g. Franzosenlärm veranlaßten. Sie streuten nämlich in Württemberg und Baden überall das Gerücht aus, große französische Heeresmassen seyen plötzlich über den Rhein gegangen und stünden schon ganz in der Nähe. Wirklich war die Leichtgläubigkeit so groß, daß an vielen Orten schon Anstalten zur Flucht der besten Habe getroffen wurden und man an andern sich bewaffnete und sogar Puncte besetzte, die zur Vertheidigung geeignet schienen. Der Zweck der Republikaner war dabei nur, eine allgemeine Volksbewaffnung zu veranlassen, die sie dann in ihrem Interesse benutzen, aus der sie ihre Freischaaren recrutiren wollten. Sonderbarerweise verbreitete sich das Gerücht nicht von Westen nach Osten, sondern in umgekehrter Richtung von Ulm an und zuletzt über den Rhein bis ins Elsaß, wo man sich einbildete, deutsche Freischaaren seyen es, die plündernd über den Rhein kämen. Im badischen Seekreise ließ ein gewisser Fickler zu Stockach, Constanz und an vielen andern Orten Volksversammlungen abhalten und für alle, die kein Feuergewehr hatten, Sensen schmieden. Gleichzeitig, (am 26. März) hielten Hecker und Struve in Freiburg im Breisgau und in Heidelberg große Volksversammlungen, um die Republik gutheißen und proclamiren zu lassen, fanden aber an den Constitutionellen einen unbesieglichen Widerstand. An demselben Tage bereitete auch ein gewisser Becker zu Biel in der Schweiz eine Versammlung deutscher Flüchtlinge und Arbeiter auf einen Zug nach Deutschland vor, während andere Züge von Lyon und Grenoble, und Herwegh mit einem noch größern von Paris aus er-

wartet wurden. Bis biese ankamen, vergingen noch ein Paar
Wochen, bie von ben Republikanern zur Verführung bes babifchen
Militairs benutzt wurden. In Mannheim weigerten sich bie Solbaten, gegen Hecker, ber allgemein als ber Felbherr bes bevorfte-
henben republikanifchen Felbzugs bezeichnet wurde, auszurücken, unb
man sah hier ein ganzes Bataillon Arm in Arm mit lüberlichen
Dirnen in Reih unb Glieb betrunken burch bie Straßen ziehen.
Da hatte ber Abgeorbnete Matthy ben Muth, ben überall herum
agitirenben Ficfler auf bem Bahnhof in Karlsruhe perfönlich zu
verhaften, am 8. April, wogegen Brentano in ber babifchen Kammer vergebens lärmte. Bei Mainz wurde bamals bie Eifenbahn
zerftört, um bie Truppen am Marfche nach Baben zu hinbern.
Tumulte fanben Statt in Stuttgart, Bamberg, Caffel unb wieber-
holt in Mannheim. Aber bie Republikaner brangen nirgenbs
burch. Da man sich auf bas babifche Militair nicht burchaus ver-
laffen konnte, wurben noch rechtzeitig unter Gagerns Vermittlung
beffen Bruder **Friebrich von Gagern**, vormals General in
nieberländifchen Dienften, an ber Spitze eines heffen-barmftäbti-
fchen Corps ber Bergstraße nach, General Miller mit einem würt-
tembergifchen Corps burch ben Schwarzwalb unb ein bayrifches
Hülfscorps über Linbau nach bem Seekreife gefchickt, um bie Republik im Keim zu erftiden. Der allgemeine Ruf ber Demokratie war bamals „Hecker hoch!" Die Conftitutionellen fetzten
aber große Hoffnung auf Gagerns Bruder unb bezeichneten ihn
fchon als künftigen Reichsfelbmarfchall. Beibe follten sich bitter
täufchen.

In ber thörichten Hoffnung, burch bie Freifchaaren aus Frankreich eine ausreichenbe Verftärkung zu erhalten, hatten Hecker unb
Struve bis zu beren Ankunft gezaubert unb bie koftbarfte Zeit ver-
fäumt. Am 15. April rückten bie Württemberger fchon vor Donaueschingen, von wo Struve bavonfloh, um erft am 17. in Con-
ftanz bie beutfche Republik auszurufen, als beren Statthalter er
ben bisherigen Chef ber babifchen Kreisregierung, Peter, ernennen

zu lassen die Naivetät hatte. Am folgenden Tage wurde die Republik auch in einer Volksversammlung zu Offenburg ausgerufen,
es blieb aber hier beim leeren Geschrei und bildeten sich keine Freischaaren, um den bereits in den Seekreis vorgerückten Truppen
etwa durch den Schwarzwald in den Rücken zu fallen. Am 20.
traf General Gagern auf Heckers Schaar bei Kandern. Die
republikanischen Freischaaren näherten sich den hessischen Truppen
und suchten sie zum Uebertritt zu verlocken, nannten sie ihre „deutschen Brüder" und hofften wahrscheinlich einen Kampf vermeiden
zu können. Unglücklicherweise gab sich nun auch Gagern einer ähnlichen Hoffnung hin, ritt vor und redete die Freischaaren mit vä-
terlichen und herzlichen Worten an, um sie zur Beobachtung der
Gesetze zurückzuführen. Allein er richtete nichts bei ihnen aus und
kaum hatte er sein Pferd umgewendet, als er, ein Opfer seiner
eigenen Unvorsichtigkeit, von drei Kugeln durchbohrt, todt zu Boden fiel. Seine Soldaten stürzten wie rasend auf die verrätheri-
schen Freischaaren los, tödteten ihrer viele und jagten sie in wilde
Flucht. Hecker, im grauen Calabreserhut mit wallender Feder,
hochgestiefelt und bis an die Zähne bewaffnet, wie ein Räuber-
hauptmann, verschwand mit den Flüchtlingen ohne den geringsten
Beweis von Tapferkeit gegeben zu haben, mit der er prahlte.
General Hoffmann, der an Gagerns Stelle trat, zog gegen Freiburg, welches die Freischaaren verbarrikadirt hatten. Hecker kam
hier wieder zum Vorschein, um die Stadt zu entsetzen, wurde aber
sogleich wieder zurückgeschlagen und die Stadt am 24. erstürmt.
Mittlerweile waren auch die Württemberger bis an den Rhein
vorgerückt und zu Säckingen Struve vom Rittmeister Stockmaier
gefangen worden, dem er aber solche Angst vor der Volksrache einjagte, daß derselbe ihn wieder laufen ließ. Die Bayern besetzten
Constanz. Erst als die Niederlage Heckers und Struve's schon
entschieden war, kam endlich Herwegh mit der Freischaar aus
Frankreich über den Rhein und stieß, 800—1000 Mann stark, am
27. zufällig bei dem Dorfe Dossenbach auf eine halbe Com-

pagnie Württemberger unter dem braven Hauptmann Lipp, vor
welcher er gleich aufs schmählichste Reißaus nahm. Herwegh selbst
rettete sich in einem kleinen Wagen, unter dem Spritzleder versteckt, während seine Frau kutschirte. Von seinen Leuten wurden
viele auf der Flucht erschossen. Nur ein ehemaliger preußischer
Officier, Schimmelpennink, mit etwa 20 Sensenmännern, hielt sich
tapfer und fand den Tod, indem er den württembergischen Hauptmann verwundete. Das feige, elende Benehmen der Freischaaren,
die nur renommiren, schreien, saufen und plündern, aber nicht fechten wollten, machte die Republik von Anfang an unmöglich und
lächerlich. Am 30. April erließen Struve und Heinzen von Straßburg aus ein Manifest, worin sie jammerten, daß „eine Uebermacht von verthierten Söldlingen" die republikanische Partei einstweilen unterdrückt habe, zugleich aber die Zuversicht aussprachen,
die Republik werde sich mit verjüngter Kraft wieder erheben. Indeß befahl die französische Regierung die Auflösung des Flücht-
lingscomité. Einzelne Tumulte wiederholten sich noch häufig.
Einer der größten in Aachen, am 16. und 17. April, wurde durch
ein tapferes pommerisches Regiment gedämpft, welches vom Pöbel
grob war insultirt worden. Ein anderer in Trier wurde durch
den energischen General von Schreckenstein gestillt.

Gleich dem Versuche der deutschen Republik mißlang auch der
einer Wiederherstellung Polens. Mieroslawski und seine Mitbe-
freiten in Berlin proclamirten dieselbe unter den Augen der preußischen Regierung und organisirten daselbst den Kern eines polnischen
Freiheitsheeres. Unter den Barrikadenhelden Berlins herrschte damals die Meinung, ein Krieg mit Rußland sey unvermeidlich und
in demselben würden die Polen Deutschlands natürliche Bundesgenossen seyn. Auch der in Paris in der Verbannung lebende Fürst
Adam Czartoryski erließ eine Proclamation in diesem Sinn eines
Bündnisses des revolutionären Deutschlands mit Polen gegen Rußland. Die polnische Emigration wollte auch Frankreich in Anspruch
nehmen, aber Lamartine lehnte es ab und als eine polnische De-

putation ihm mit der Rache des Volks, deffen Sympathien für die Polen notorisch seyen, zu drohen wagte, wies er sie als Unverschämte fort, am 25. März. Unterdeß hatte sich schon am 20. ein polnisches Nationalcomité im preußischen Großherzogthum Posen gebildet und herrschte auch in Krakau eine lebhafte Agitation. Der König von Preußen behandelte die Polen mit äußerster Milde, williigte ein, daß der polnische Theil Posens nicht zum deutschen Bunde kommen, sondern vom deutschen Theile getrennt werden solle, und duldete den Uebermuth der Polen selbst dann noch, als an vielen Orten die preußischen Adler herabgerissen wurden. Sein General Willisen schritt nicht mit Gewalt der Waffen, nur mit Zureden ein. Als aber die Polen frech genug waren, den deutschen Theil Posens nicht fahren lassen zu wollen, sondern für ihr künftiges polnisches Reich in Anspruch zu nehmen, und sich gegen die deutsche Bevölkerung jeden Hohn und Frevel erlaubten, wurde dem Unfug ein Ende gemacht. General Colomb, der an Willisens Stelle trat, forderte die Polen zur Unterwerfung auf und trieb sie, als sie sich weigerten, bald zu Paaren. Nachdem die Preußen am 29. April das ringsum auf's kunstreichste verbarrikadirte kleine Städtchen Xions gestürmt hatten, schlugen sie die Polen am folgenden Tage noch einmal bei Mieloslaw und engten sie in den folgenden Tagen an der russischen Grenze, die sie aus Angst vor der noch größeren Strenge der Russen nicht zu überschreiten wagten, dergestalt ein, daß sie am 9. Mai zu Barbo capitulirten und der ganze Aufruhr ein Ende hatte. Auch in Krakau wurde am 26. Mai durch einen blutigen Straßenkampf österreichischerseits der Anarchie ein Ende gemacht. Sofern die Polen sich scheußliche Grausamkeiten gegen wehrlose deutsche Bürger und Bauern herausgenommen hatten und doch auf eine Allianz mit Deutschland rechneten, bewiesen sie, daß nichts in der Welt über den polnischen Leichtsinn geht, und übertrafen diesmal noch die Fehler von 1846.

In Berlin war am 2. April der vereinigte Landtag eröffnet

worden, allein der alte Rechtsboden war unter ihm schon gewichen. Die neue Zeit verlangte eine neue Verfassung Preußens,
mithin eine conſtitutionelle Verſammlung und zu dieſem Behuf Neuwahlen nach einem neuen viel liberaleren Wahlprincipe. Der Landtag währte daher nur acht Tage und hatte nichts zu thun, als
die conſtitutionelle Verſammlung vorzubereiten, die am 22. Mai
erſtmals zuſammentrat. In der Zwiſchenzeit deckte Miniſter Camphauſen den Thron gegen die Frechheit der Literaturjuden und Gaſſen-
buben mit genauer Noth. Eine Deputation dieſes Geſindels belobte
ausdrücklich die Nachſicht Williſens, während deutſche Bürger unter
polniſchen Säbelhieben bluteten, und wollte kein Einſchreiten gegen
die Polen dulden. Am 26. April verſammelte Uhlich die alten
Lichtfreunde in Köthen und ſchrieb ein großes Nationalconcil aus,
um die Revolution zu einem allgemeinen Umſturz der Kirche auszubeuten. Allein er wurde nicht beachtet. Auf eine höchſt charac-
teriſtiſche Weiſe abſtrahirte man damals von den kirchlichen Fragen und warf ſich ausſchließlich in die Politik. Am 13. Mai verbreitete ſich das Gerücht, der Prinz von Preußen, der nach England
gegangen war, werde zurückkommen. Das brachte ganz Berlin in
Aufruhr und der Pöbel war ſchon im Begriff, den ſchönen Palaſt
des Prinzen zu demoliren, als er abermals durch die Aufſchrift
„Nationaleigenthum" und durch die Geiſtesgegenwart der Studenten gerettet wurde. Aber die Regierung mußte ſich die unver-
ſchämte Anſprache einer Volksdeputation gefallen laſſen, an deren
Spitze Held, Jung, Arnold Ruge, Prutz, Behrend und Eichler
(nebſt Leviſohn und andern Juden, den damaligen Volkstribunen in
Berlin) ſtanden. Dieſelbe forderte, daß der Prinz nicht eher zurück-
kehre, bis er ſich zur Volksfreiheit bekannt und bekehrt habe, und
Camphauſen erklärte vor der, wenige Tage ſpäter einberufenen
conſtituirenden Verſammlung, er ſelbſt ſey es geweſen, der die
Rückkehr des Thronfolgers beantragt habe, verſteht ſich unter der
Bedingung, daß derſelbe conſtitutionelle Bürgſchaften gebe, und bat
die Kammer in Bezug auf dieſe Frage „um Milde und Nachſicht".

Das characterisirt die damalige Stimmung, den conträren Wind
der ganzen Zeit.

Nur nach einer Seite hin entfaltete die preußische Regierung
eine Thätigkeit, mit der die Revolution zufrieden war. Das war
der Krieg gegen Dänemark. Hier ertheilte der eben erst auf den
Thron gelangte König Friedrich VII. am 28. Januar eine Verfassung für den Gesammtstaat Dänemark und hoffte durch die liberalen
Concessionen, die er darin gewährte, die nationale Abneigung der
deutschen Herzogthümer Holstein und Schleswig zu versöhnen.
Er wollte den Deutschen gleichsam ihre Nationalität um die Freiheit abkaufen. Allein die Antipathien in der deutschen Bevölkerung gegen die Dänen sind unbesieglich. Der Deutsche hält hier
zäher als anderswo an seiner Sprache und Sitte, wie an seinem
Recht. Am 17. Februar protestirten die Stände der beiden deutschen Herzogthümer. Die Februarrevolution in Frankreich that das
Ihrige, den Muth an der Eyder und Schley aufzufrischen. Schon
am 8. März verlangte eine Volksversammlung in Altona die Vereinigung des Landtags in beiden Herzogthümern, die am 18. zu
Rendsburg auch vollzogen wurde. Die vereinigten Landesvertreter
erklärten hier, Schleswig solle mit Holstein in den deutschen Bund
eintreten und mit Holstein eine besondere deutsche Verfassung und
Verwaltung gemeinsam haben. Das war offene Rebellion, denn
wenn auch Schleswig vermöge seines alten Verbandes mit Holstein
`berechtigt war, gemeinschaftlich mit diesem eine von Dänemark ge-
trennte Verfassung und Verwaltung zu verlangen, so folgte daraus .
doch keineswegs eine Berechtigung auf seine Einverleibung in den
deutschen Bund. Der Anspruch der Deutschen auf Schleswig konnte
von den Dänen nur als Usurpation, als Eroberungsgelüste aufgenommen werden. Daher der sehr natürliche Zorn, der in Copenhagen am 21. eine Sturmpetition veranlaßte, in welcher vom König
ein neues Ministerium und eine Regierung im dänischen Sinn und
Interesse gefordert wurde. Da nun aber auch dänischerseits das
Recht der Deutschen nicht geachtet und durch den „offenen Brief"

bes vorigen Königs offenbar verletzt worden war, hatten beide
Parteien einander das Gleiche vorzuwerfen. Am 24. setzten sich
die beiden Herzogthümer eigenmächtig eine provisorische Regierung, den Herzog von Augustenburg, Graf Reventlow und Beseler an der Spitze. Der Herzog, durch den offenen Brief um sein
notorisches Erbrecht gebracht, glaubte jede Waffe gegen den ungerechten Vetter in Copenhagen brauchen zu dürfen und sah sich damals den Rücken gedeckt durch die Agitation Beselers und Dahlmanns beim deutschen Bunde und noch mehr durch die Sympathien,
die seine Sache in Berlin fand. Man war in Berlin verlegen,
was man mit der Armee anfangen sollte, deren Gefühl so tief
verletzt worden war. Der Gedanke, sie Lorbeern in einem Dänen-
kriege erfechten zu lassen, war für die Armee selbst schmeichelhaft
und befriedigend, konnte unbedingt auf die Zustimmung der damaligen öffentlichen Meinung rechnen und schien zugleich am geeig-
netsten, um die Popularität des Königs von Preußen glänzend
wiederherzustellen. Der König selbst nahm sich der Sache Holsteins
mit Wärme an, sicherte dem Herzog von Augustenburg in Bezug
auf dessen unbestreitbares Erbrecht seinen Schutz zu und genehmigte
die Vereinbarung Holsteins mit Schleswig in einem Schreiben
vom 24. März. Der Bundestag in Frankfurt stimmte vollkommen
zu. Am 4. April beauftragte derselbe den König von Preußen,
im Namen des deutschen Bundes diese dänische Angelegenheit in die
Hand zu nehmen und am 25. desselben Monats nahm Mahl als
Bundestagsgesandter für Schleswig-Holstein unbeanstandet am grü-
nen Tisch in der Eschenheimergasse seinen Platz ein.

Der Krieg begann rasch. Die Dänen fielen schon am 9. April
über die abgefallenen Truppen aus den Herzogthümern her und
brachten ihnen bei Bau eine empfindliche Niederlage bei. Aber
schon waren die Preußen unter General Wrangel in Holstein
eingerückt. Die preußischen Garden erstürmten am Ostersonntag
(23. April) das Danewirk und am folgenden Tage siegten auch
die hannöverschen Bundestruppen unter General Halkett bei Ouer-

sen. Am 18. Mai rückte Wrangel in Jütland ein und schrieb eine Contribution von 3 Millionen aus. Er wollte nämlich Jütland als Pfand behalten, bis die Dänen, die auf ihren Inseln beim Mangel einer deutschen Kriegsflotte unangreifbar waren, den deutschen Forderungen würden nachgegeben haben. Allein am 24. Mai bekam er einen Rückzugsbefehl aus Berlin und der ganze Feldzug gerieth ins Stocken. Zwar erklärte der Minister v. Auerswald in der Berliner Kammer ausdrücklich, Rußland habe niemals an Preußen eine Forderung gestellt, seine Truppen aus dem dänischen Gebiete zurückzuziehen; allein der Kaiser von Rußland ist in dieser Sache keineswegs unthätig geblieben. Die Einheitsbestrebungen der Deutschen waren nicht in seinem Geschmack, noch Interesse.

Es gab eine s. g. skandinavische Partei in Schweden, Norwegen und Dänemark, welche sehnlich eine politische Vereinigung der drei getrennten Nationen wünschte und die gern bereit gewesen wäre, sich mit dem vereinigten Deutschland gegen Rußland zu verbinden.*) Denn Rußland lastet schwer und furchtbar drohend über

---

*) Der Verfasser dieses Werks schrieb im Sommer 1848 eine Flugschrift: „Deutschlands auswärtige Politik, Stuttgart und Tübingen, Cotta'scher Verlag," worin er sagte: „Dänemark ist unser natürlicher Bundesgenosse gegen die maritime Tyrannei Englands, und in dem Maaße, in welchem sich Dänemark an Norwegen und Schweden anschließt und sich mit demselben in der skandinavischen Gemeinschaft verbunden fühlt, ist es unser natürlicher Bundesgenosse auch gegen die Uebergriffe Rußlands; denn Rußland strebt nach der Alleinherrschaft in der Ostsee und nach den Schlüsseln derselben im Sunde. Schon hat es Finnland, schon hat es das ehemals schwedische Esthland und Liefland, es wird in dieser Richtung immer weiter greifen, bis die natürliche Rückwirkung der Skandinavier ihm vielleicht das alles und selbst Ingermannland wieder abnimmt und es auf die Grenze von Nowgorod zurückwirft. Eine Rückwirkung dieser glorreichen Art könnte Skandinavien aber nur im Bunde mit Deutschland gelingen. Es ist nun nicht zu rechtfertigen, daß sich Dänemark und Deutschland in ihrem Handelsinteresse schaden im Angesicht des über beide hohnlachenden Englands;

Schweden. Wir haben bisher Schwedens noch nicht erwähnt, weil seit der Restauration in diesem Lande tiefe Ruhe herrschte. König Karl Johann regierte mit seinen in vier Curien getrennten Ständen klug und gemäßigt, förderte Landbau, Handel und Gewerbe, baute den berühmten Göthacanal und zeigte keine Empfindlichkeit, als die Norweger alle Versuche, sich enger an das schwedische Interesse knüpfen zu lassen, spröde abwiesen. In Norwegen wurde kein Adel geduldet, gerade weil er in Schweden größeren Einfluß übte. Als der König 1844 starb, folgte ihm sein Sohn Oscar, vermählt mit der Prinzessin Josephine von Leuchtenberg. Dieser nun bot sich während des deutsch-dänischen Conflicts zur Vermittlung an und man hätte wohlgethan, sie anzunehmen. Da er von deutscher Seite abgewiesen wurde, sagte er den Dänen seine Hülfe zu. Auch die Norweger fanden die Ansprüche der Deutschen auf Schleswig ungerecht. Eine Zusammenkunft der Könige von Schweden und Dänemark zu Malmoe hatte jedoch nicht blos den

und eben so wenig, daß sie einander mit Waffen bekriegen, welche sie besser beide gemeinschaftlich gegen Rußland führen würden. Dieser höhern Rücksicht müßte von rechtswegen jede minder bedeutende Streitfrage untergeordnet werden. Im Interesse der Skandinavier, wie der Deutschen liegt es, gegen England und Rußland zusammenzuhalten und jeden Streit unter sich zu vermeiden oder alsbald wieder friedlich auszugleichen. Es ist wahr, das kleine Dänemark hat uns empfindlich gekränkt, aber gerade weil wir die Stärkeren sind, sollten wir die Sache nicht so sehr auf Ambition nehmen. Wir sollten zu Billigem bereit seyn, wenn aber Dänemark eigensinnig bleibt, sollte Schweden im wohlverstandenen Interesse ganz Skandinaviens die Vermittlung übernehmen. — Hätte man von Anfang an die dänische Frage aus diesem höheren staatsmännischen Gesichtspunkt angesehen und nicht, wie noch zuletzt in Frankfurt geschah, nur Hitze und Ambition vorwalten lassen, so würde die Lösung viel einfacher und leichter seyn. Alles auf Ambition nehmen, am meisten von dem eigenen Bruder, und über der querelle allemande, d. h. der physischen oder moralischen Prügelei unter sich selbst die große Aufgabe, dem Ausland gegenüber vergessen, war von jeher der Fehler und der Fluch der Deutschen."

Zweck gemeinsamer Defensive gegen Deutschland, sondern war auch
gegen etwaige Uebergriffe Rußlands berechnet. Daher der Zorn
des Kaisers Nicolaus, der damals dem dänischen Cabinet großes
Mißfallen (auch wegen des demokratischen Geistes in Copenhagen)
bezeugte und durch seinen Gesandten Brunnow in London auf's
eifrigste bei Palmerston werben ließ. Lord Palmerston war mit
Rußland ganz einverstanden, daß eine Vereinigung Skandinaviens
gegen ihr beiderseitiges Interesse laufe, wollte aber doch den Russen nicht zu viel Einfluß in Dänemark gönnen und stand über-
dieß in einer gewissen Verbindung mit Frankfurt, um mittelst des
deutschen Parlaments noch andere Zwecke durchzusetzen, war also
damals noch ziemlich gnädig für Deutschland gestimmt und schlug
einen Waffenstillstand vor unter Bedingungen, die Schleswig noch
günstig waren. Preußen aber legte mit Recht größern Werth auf
die schwedische Vermittlung. Die Zumuthung, Preußen hätte den
Krieg fortsetzen sollen, war unbesonnen. Da Preußen keine Flotte
besaß, konnte sein Heer, wenn es sich zu weit nach Jütland ver-
irrte, durch russische Landungstruppen leicht abgeschnitten werden.
Zudem litt sein Handel durch die dänische Blokade. Endlich war
der Rausch des Märzes vorüber und man sah in Berlin ein, daß
man zu weit gegangen sey und ein Recht in Schleswig verfechte,
was die europäischen Großmächte (auch Frankreich) bestreiten
mußten.

Nach Wrangels Rückzuge blieben sich die Truppen in Schleswig gegenüber stehen. Die Dänen waren ein wenig übermüthig
und fielen am 5. Juni bei Hollbühl über die Hannoveraner her,
erlitten aber am folgenden Tage bei Düppel durch die Preußen
eine Niederlage. Auch der tapfere Bayer von der Thann machte
damals mit seinem Freicorps einen glücklichen Streifzug. Inzwischen
hielten dänische Schiffe alle deutschen Häfen blokirt und thaten dem
Handel großen Schaden.

· Mittlerweile waren die Wahlen zur deutschen Nationalversammlung in allen Bundesstaaten von der Regierung selbst voll-

zogen worden und fielen nur in Böhmen mangelhaft aus. Man hegte von der erstmaligen Wiederkehr eines deutschen Reichstags die größten Erwartungen, eine schöne, rein nationale Begeisterung herrschte fast überall bei den Wählern und Gewählten vor und die Parteizwecke und Particularinteressen waren mehr in den Hintergrund gedrängt. In jenen schönen Frühlingstagen des April wehte es wie kaiserliche Luft durch die weiten deutschen Gaue. Die großen Ideen des Kaiserthums, uralte Erinnerungen von der Herrlichkeit deutscher Nation bewegten die Geister und stimmten wunderbar feierlich, als ob der alte Barbarossa, der im Kyffhäuser am Steintisch schläft, eben erwachen wollte und die unsichtbaren Thore des Berges schon aufgingen.

In dieser Stimmung offenbarte sich eine Macht, die nicht verjährt, die nie erstirbt, das innerlichste Kraftgefühl des deutschen Volks, sein besseres Gewissen. In derselben Stimmung hatte uns das Jahr 1813 gefunden und damals war sie von Preußen ausgegangen. Diesmal aber ging sie von den vormaligen Rheinbundstaaten aus, zum schönen Beweis, wie wenig hier, trotz aller fremden Schule und Kunst, der natürliche Sinn der Nation sich hat beirren lassen, und zum Pfande, daß ein so mächtiges Gefühl nie und in keinem Theile der Nation untergehen kann, sondern immer und immer wiederkehren muß und wird. Dieser Trost bleibt, wenn auch die Erwartungen von 1848, wie die von 1813, getäuscht haben.

Wenn die deutsche Nation 1848 etwas weniger Großes gewollt hätte, würde sie vielleicht zu ihrem Zweck gekommen seyn. Aber es ziemte ihr, nur das Größte zu wollen. Sie hat sich dieses hohen Willens auch nicht zu schämen, obgleich es ihr mit ihren damaligen Mitteln nicht gelang, ihn zu vollziehen. Die Einheit des Reiches unter einem mächtigen Kaiser war das, was die ungeheure Mehrheit der Deutschen wollte, was sie immer wieder wollen wird, so lange es Deutsche gibt.

An biesen noblen Grundzügen wollen wir festhalten und sie
nicht vergessen, wenn auch das, was in der Nationalversammlung
geschehen ist, oft zu schmerzlichem Bedauern und bitterem Tadel
Anlaß gibt.

Am 18. Mai wurde die Versammlung, die man abwechselnd
Nationalversammlung, Reichstag und Parlament nannte, in der
Paulskirche zu Frankfurt a. M. vom Alterspräsidenten Lang
eröffnet. Sie zählte damals schon über 300 Mitglieder, die sich
später auf über 500 ergänzten. Die Mehrheit gehörte den Constitutionellen, nur eine Minderheit war demokratisch. Der Parti-
cularismus einer österreichischen und preußischen Partei herrschte
damals noch nicht vor. In confessioneller Beziehung bemerkte man
eine energievolle katholische Partei, während die protestantische
Kirche als solche gar nicht und nur der Unglaube in ihr sehr
stark vertreten war. Müller, Bischof von Münster, wünschte, die
Versammlung möchte durch ein Gebet eröffnet werden, und sagte:
„wenn der Herr nicht das Haus baut, bauen die Werkleute umsonst." Aber die Versammlung wollte nichts davon wissen und
Raveaux rief verachtend aus: aide toi et le ciel t'aidera. Zum
Präsidenten wurde Heinrich von Gagern gewählt, der damals vorzugsweise „der Edle" hieß und dessen Wahl auch die
Herrschaft seines Princips innerhalb der Versammlung unzweifel-
haft machte.

Man blieb bei dem Beschluß des Vorparlaments stehen, nach
welchem das Vereinbarungsprincip ausgeschlossen wurde
und die Versammlung allein die deutsche Verfassung machen sollte,
ohne irgend eine Einmischung oder Widerrede von Seiten der
Fürsten. Dazu hatte man guten Grund. Einmal vereinfachte man
das Geschäft sehr, indem man die Einsprachen von breißig Regierungen und die Ausgleichung mit jeder einzelnen von vorn herein abwies; sodann hoffte man, vor der allgemeinen Begeisterung
und vor der Macht desjenigen Fürsten, dem man die Würde des
Reichsoberhaupts oder Kaisers zudachte, werde jeder Widerspruch

von selbst verstummen. Damit hing eine andre Maßregel aufs genaufte zusammen. Die Versammlung beschloß nämlich auf Ra-veaux' Antrag am 23. Mai, es sollen gleichzeitig neben dem all-gemeinen deutschen Parlament in Frankfurt auch noch die Landes-versammlungen der Einzelstaaten in Wien, Berlin, München ꝛc. tagen dürfen. Man setzte nämlich voraus, die Landesversammlun-gen würden, von nationaler Begeisterung durchdrungen, dem et-waigen Particularintereffe der Sonderregierungen entgegenwirken. Man fürchtete, die Macht der Fürsten könne in den deutschen Hauptstädten, wenn sie nicht durch Landesversammlungen controlirt würde, wieder zu sehr anwachsen und eine der Einheitsfrage ge-fährliche Stellung einnehmen. Raveaux' Antrag ging durch, nach-dem er vergebens von Robert Blum bekämpft worden war, deffen Scharfblick es nicht entging, daß die Landesversammlungen bald mit Frankfurt rivalisiren und das Sonderintereffe, gegen welches sie wachen sollten, selbst befördern würden. Die Frankfurter Ver-sammlung decretirte zwar, alle Bestimmungen der Einzelverfaffun-gen, die mit der künftigen Reichsverfaffung nicht übereinstimmten, sollten ungültig seyn; aber was die Zukunft desfalls bringen würde, wußte niemand.

Am 25. Mai überbrachten Pazmandy und Skaley der Ver-sammlung eine Begrüßung des neuen selbständigen ungarischen Reichs, die mit lautem Bravo entgegengenommen wurde. Koffuth bezweckte, durch und mit Frankfurt gegen Wien zu operiren und alle die Deutschen, welche von der noch nicht ganz gebrochenen Macht Oesterreichs eine Störung des deutschen Einheitswerkes be-forgten, auf seine Seite zu ziehen. Man hätte zurückhaltender gegen Koffuth seyn, man hätte in Frankfurt alles in Bewegung setzen sollen, um die Waffen des deutschen Oesterreich in Italien, Böhmen und Ungarn zu unterstützen. Was man im Namen des deutschen Reichs anzuordnen und auszuführen versäumte, that nach-her Oesterreich aus eigener Kraft und im eignen Namen nicht zum Nutzen der Frankfurter Einheitsbestrebungen. Die Paulskirche wiederhallte damals zum öftern von den antinationalsten Reden. Arnold Ruge, Nauwerk und Genossen fluchten Windischgrätz und Radetzki, segneten Kossuth, Mazzini, den Slavencongreß und gaben alle Grenzen Deutschlands Preis. Am würdigsten trat ihnen Rabowitz entgegen. Das Parlament beschloß am 31. Mai die Anerkennung der nationalen Rechte aller Nichtdeutschen im deutschen Bunde, ohne sie jedoch von der Bundespflicht zu entbinden.

In diesen Tagen erlaubte sich der von Demokraten gehetzte Pöbel in Mainz die frechsten Insulte gegen das in dieser Bundesfestung garnisonirte preußische Militair, die Soldaten wehrten sich und es lief nicht ohne Blutvergießen ab. Nun nahm sich der Demokrat Zitz im Parlament des Pöbels an und verlangte Entfernung des Militairs. Das Parlament ließ sich wirklich hinreißen, eine Untersuchungscommission nach Mainz zu schicken, die am 26. Mai Bericht erstattete, lenkte aber dann wieder ein und wies die Zumuthung der Demokraten, als ein regierender Convent zu handeln, entschieden zurück. Von diesem Augenblick an hofften die Demokraten nichts mehr vom Parlament und suchten sein Ansehen systematisch zu untergraben. Dies geschah, indem sie fort und fort Volksversammlungen hielten, kleine Tumulte erregten, die Preßfreiheit zu den schändlichsten Schmähungen mißbrauchten und in der Paulskirche selbst die Gallerieen besetzten und von hier aus durch greulichen Lärm die Abgeordneten selbst tyrannisirten, die Furchtsamen einschüchterten, die Kühnen überschrieen und übertobten.*) Daß sich die Mehrheit und sonderlich der Präsident diesen Unfug so lange und in diesem Uebermaaß gefallen ließ, war eine unverzeihliche Schwäche. Je weniger physische Macht in der Versammlung war, desto mehr mußte sie die moralische bewahren.

*) Der Abgeordnete Rößler von Oels in Schlesien hieß der Reichscanarienvogel, weil er ganz in Nanking gekleidet war. Diese auffallende Farbe aber hatte er gewählt, um sich den Gallerien besser kenntlich zu machen, indem er den bestellten und bezahlten Schreiern Zeichen gab.

Die Demokraten standen immer noch in Verbindung mit
Hecker, „dem Einsiedler von Muttenz“ in der Schweiz, und sannen
auf neue Freischaarenzüge. Sie stießen auf einer Volksversammlung zu Hochheim am 11. Juni fürchterliche Drohungen gegen die
Mehrheit im Parlamente aus. Sie waren so frech, unter dem
Vorsitz von Fröbel in Frankfurt selbst am 17. einen großen demokratischen Congreß von 2—300 Mitgliedern als eine Art von
Gegenparlament oder Vorconvent zu eröffnen, aber so unpractisch,
Frauen darin mitsprechen zu lassen, was die ganze Sache wieder
lächerlich machte. Katzenmusiken, die sie selbst dem edeln Gagern
zu bringen versuchten, wurden unterdrückt. Gleichzeitig dauerte
die demokratische Soldatenverführung fort. Aus Heilbronn mußte
ein württembergisches Infanterieregiment deshalb entfernt werden
und beging noch später in Ludwigsburg am 17. Juni Excesse.
In Ulm erschoß sich der Festungsgouverneur Graf Lippe aus Un-
muth über den schlechten Geist der Truppen, am 22. Arge Wühlerei war damals im Altenburgischen,*) wo ein Advocat Erbe sich
beinah schon zum Dictator aufwarf, bis königlich sächsische Truppen
einrückten. Der nicht üble Gedanke, die kleinen thüringenschen
Herzogthümer zu vereinigen, kam nicht zur Ausführung. In
Darmstadt starb Großherzog Ludwig II. am 16. Juni und folgte
ihm sein Sohn Ludwig III. Wie alles damals exaltirt war, bewies der Studentencongreß auf der Wartburg am 12. Juni, wo
die jungen Leute beschlossen, die Universitäten sollten künftig nur
unter der deutschen Centralgewalt stehen, unabhängig vom Einzel-
staat, die Professoren sollten von den Studenten selbst gewählt
werden 2c. Die Fortsetzung lieferte ein allgemeiner deutscher Pro-
fessorencongreß zu Jena (erst im September), wo gleichfalls die
ausgedehnteste Lehrfreiheit die Parole war.

*) In Folge der furchtbaren Gemüthsbewegungen, welche die Herzogin
Amalie von Altenburg in diesen Sturmtagen erlitten, verschied sie am
28. November und zwei Tage darauf legte ihr tief trauernder Gemahl
Joseph die Regierung nieder, die sein Bruder Georg übernahm.

Im Parlament wurde unterdeß die schleswigsche Frage vorgenommen, wobei Heckscher eine glänzende Rede hielt, die ihn in
den Ruf eines großen Staatsmanns brachte, als ob reden und handeln oder auch nur behaupten und beweisen eins wäre. Durch den
Beschluß am 14. Juni, einstweilen aus Bundesmitteln 6 Millionen
Thaler zur Herstellung einer deutschen Flotte zu bestimmen,
wollte man den Dänen Ernst zeigen. Zugleich wurde durch ganz
Deutschland für die Flotte subscribirt, aber die Sammlungen blieben
unzulänglich. Einige Redner im deutschen Parlament behandelten
die Frage wirklich staatsmännisch, so General v. Radowitz, der
scharf unterschied, daß Deutschland nur an Holstein, aber nicht an
Schleswig ein Recht habe, und v. Raumer, der darauf hinwies,
wie viel man der bisherigen Geduld Dänemarks und der Großmächte, als Garanten der dänischen Rechte, schulde, und wie unklug es seyn würde, noch mehr zu verlangen, als wozu man berechtigt sey. Raumer theilte mit, daß Lord Palmerston dem König
von Dänemark gerathen habe, die Einverleibung der Herzogthümer
in das Königreich Dänemark zurückzunehmen, ja sogar die Einverleibung Schleswigs in den deutschen Bund zuzugeben und einzig
der dänischen Bevölkerung in Schleswig die Trennung von der
deutschen freizustellen. Hätte man, als Palmerston noch in dieser
Stimmung war, seine Vermittlung mit beiden Händen ergriffen,
so wäre der Gewinn auf Seite Deutschlands gewesen. Da man
aber zu viel wollte, nahm Palmerston seinen Vorschlag zurück und
verständigte sich mit Rußland zu Gunsten Dänemarks.

Im kleinen Herzogthum Lauenburg, das wie Holstein durch
Personalunion mit Dänemark verbunden ist, protestirte die Bevölkerung gegen das eigenmächtige Verfahren in Schleswig und ließ
sich von Frankfurt aus durch Welker, der als Bundescommissair
in ihrer Mitte erschien, lieber maßregeln, als daß sie dem König
von Dänemark ihre Treue gebrochen hätte.

Am 17. Juni erklärte das Parlament jedes seiner Mitglieder
für unverletzlich.

Sofern das Parlament selbst die Executivgewalt nicht übernommen hatte und kein regierender Convent seyn wollte, aber auch
der alte Bundestag im höchsten Grade unpopulär und das neue
verfassungsmäßige Reichsoberhaupt noch so wenig, wie die Reichsverfassung selbst, existirte, tagte man lange und eifrig über eine
provisorische Executive. Die Besonnenen brachten die Vereinbarung
wieder vor und namentlich von Radowitz, Welcker und Phillpps
riethen bringend, die Versammlung möge mit den Fürsten Hand
in Hand gehen, da sie ohne sie und wider sie entweder nichts ausrichten oder in den Abgrund der Anarchie werde gerissen werden.
Die Demokraten wollten aber eben das letztere, gefielen sich in
maßlosen Anklagen und Beschimpfungen der bisherigen Regierungen und verlangten eine Republik. Inzwischen wurden im Stillen
Unterhandlungen gepflogen und in Folge dessen schlug Gagern
einen provisorischen Reichsverweser vor. Er that, wie
er selber sagte, einen „kühnen Griff", indem er der Nationalversammlung rieth, denselben allein, ohne Anfrage bei den Fürsten,
zu wählen, und zugleich den Erzherzog Johann als den pas-
sendsten Candidaten für die gedachte Würde bezeichnete. Das
sollte ein Vorkaiser seyn, dem künftigen Kaiser vortretend, wie
das Vorparlament dem Parlament. In seiner Wahl wiederholte
sich, was bei der Wahl Ludwig Phillpps im Jahr 1830 vorgekommen war. Der Erzherzog wurde gewählt, weil er und obgleich er ein Erzherzog war. Er war damals durch den Trinkspruch, den man ihm angedichtet hatte (S. 104), sehr populär geworden, konnte also die Menge befriedigen, während er auf der
andern Seite auch den Fürsten genehm war, die ihn als ihren De-
legirten ansahen und keine Usurpation von ihm zu besorgen hatten.

Die Wahl des Erzherzogs ging aus einem Compromiß zwischen der constitutionellen Mehrheit in der Nationalversammlung
und den Fürsten hervor und hatte lediglich den Zweck für beide,
Zeit zu gewinnen. Die constitutionelle Mehrheit, der ganze mächtige Anhang Gagerns und Dahlmanns, brauchte Zeit, um die künst-

liche Erhitzung gegen Preußen abzukühlen. Sie hatte von Anfang
an nichts andres im Sinne, als den König von Preußen zum
Oberhaupt des deutschen Reichs zu machen, was bei der damaligen
Noth und Niederlage Oesterreichs auch das allein Natürliche war.
Sie wagte es aber noch nicht, mit ihrem Plan hervorzutreten,
weil sie ein wenig später leichter zum Ziele zu gelangen hoffte und
dem König und sich selbst alle die Gehässigkeiten ersparen wollte,
die eine Discussion über das preußische Erbkaiserthum jetzt schon
herbeigeführt haben würde. Sank Oesterreich, wie man damals
noch glauben konnte, immer tiefer in Schwäche und erfocht dagegen Preußen Lorbeern gegen die Dänen, so mußte sich alles von
selbst in die preußische Hegemonie fügen. Die preußische Regierung hatte insofern gegen das Provisorium nichts einzuwenden
und auch nicht gegen die Person des Erzherzogs, der im Gegentheil ganz geeignet schien, die etwaige Opposition der Oesterreicher,
Bayern und Katholiken einstweilen zu beruhigen. Gerade die Vertrauten der preußischen Regierung, General v. Radowitz, der beredte
v. Vincke ꝛc. sprachen in der Nationalversammlung für die Wahl
des Erzherzogs, und Gagern erklärte, die Versammlung werde den
Regierungen eine Verlegenheit ersparen, wenn sie selbst die Wahl
vornehme, d. h. die Regierungen seyen schon damit einverstanden.
Das bestätigte sich auch, denn als die Versammlung am 29. Juni
den Erzherzog mit 436 Stimmen zum Reichsverweser wählte, lief
schon am folgenden Tage ein Glückwunsch des Bundestages ein
und Robert Blum deckte das Geheimniß auf, daß der Bundestag
schon v o r dem Wahlact im Parlament die Wahl des Erzherzogs
gutgeheißen habe.

Die Demokraten waren voll Ingrimm und verfehlten nicht,
den Plan dadurch zu durchkreuzen, daß sie sich in Schmähungen
gegen Preußen überboten. Je mehr die Gagern'sche Partei bemüht war, nicht von Preußen zu reden, um so geflissentlicher zerr-
ten die Demokraten den Namen und die Ehre Preußens im Schmutz
ihrer Discussionen herum. Seitdem sie wußten, was die Mehrheit

im Sinne hatte, wühlten sie alle Vorurtheile der Süddeutschen
gegen die Norddeutschen hervor und häuften Verleumbungen und
Beleibigungen gegen Preußen, um den Zorn desselben zu reizen
und die gegenseitige Erbitterung zu steigern, damit es unmöglich
werde, alle Deutschen unter dem preußischen Helm zu vereinigen.
In der Bundesfestung Mainz wurde das preußische Militair auf
alle Art beschimpft und genedt, während man dem österreichischen
schmeichelte. In der Nationalversammlung selbst wurde die Ehre
der preußischen Armee so angegriffen, daß der junge Fürst Lichnowski im edeln Zorn aufbrauste und den Demokraten seine tiefste
Verachtung ins Gesicht schleuderte. Als der Abgeordnete Braun
von Cösslin ehrlich vorschlug, man solle den König von Preußen
sogleich zum Reichsoberhaupt wählen, weil ja doch kein Fürst da
sey, der vermöge seiner Macht und seiner ganzen Stellung dazu
tauge, wurde er mit Hohngelächter zurückgewiesen. Niemand in
der Paulskirche unterstützte seinen Antrag und die Mehrheit, die
doch ihre ganze Hoffnung auf den König setzte, glaubte damals ihn
verleugnen zu müssen. Eine Klugheit, die sich erklären, aber nicht
entschuldigen ließ.

Der Reichsverweser wurde nur provisorisch bis zur Wahl des
definitiven Reichsoberhauptes ernannt. Er erbte die Functionen
des Bundestages, welcher als solcher aufhörte. Allein schon bei
seiner Wahl war vorausgesetzt, daß er das Interesse aller Einzelregierungen der Nationalversammlung gegenüber wahren, keineswegs als Dictator durch alle ihre Rechte hindurchfahren werde.
Er selbst sollte unverantwortlich seyn, aber ein der Nationalversammlung verantwortliches Ministerium ernennen. Eine Deputation
begab sich zu ihm nach Wien und empfing seine Zustimmung, er
wollte bald nach Frankfurt kommen. Niemand protestirte gegen
seine Ernennung, als der König von Hannover, gegen den sich deshalb ein solcher Sturm im Parlament erhob, daß schon die Rede
davon war, sein Land als verwirktes Lehen zu Handen des Reichs
zu nehmen. Er ließ sich inzwischen bald belehren, daß der Erz-

herzog eher bestellt sey, ihm seine Krone zu schützen, als zu rauben.
Am 11. Juli hielt der Erzherzog seinen Triumpheinzug in Frankfurt und am folgenden Tage der Bundestag seine letzte Sitzung,
indem er seine Gewalt dem neuen Reichsverweser übertrug. Johann benahm sich höchst bescheiden und einfach, ernannte einstweilen
den gewandten österreichischen Abgeordneten von Schmerling zum
Minister des Aeußern, den preußischen General von Peucker zum
Kriegs- und den Hamburger Juden Heckscher zum Justizminister, um
es Oesterreich, Preußen und auch den schleswigbegeisterten Mittelstaaten recht zu machen, und reiste auf kurze Zeit wieder nach Wien
zurück, um den dortigen Reichstag zu eröffnen und dann rasch für
immer nach Frankfurt zu kommen. So verlangte damals alles nach
ihm. Und doch war er hier wie dort nur eine Figur, ein Mittel
zum Zweck Anderer.

In der Zwischenzeit begann das Parlament Verhandlungen
über die d e u t s c h e n G r u n d r e c h t e, die der künftigen Reichsverfassung zu Grunde gelegt und eine magna charta für die Nation
werden sollten. Damit wurden die Schleußen für einen unendlichen
Strom von doctrinairen Reden aufgezogen. Unterweilen debattirte
man auch über Polen, Böhmen, Italien ꝛc. ganz unnütz, weil man
es doch nur Preußen und Oesterreich überließ, desfalls zu handeln,
wie sie eben wollten und konnten. In Betreff Limburgs wurde
beschlossen, dieses deutsche Land habe an der holländischen Staats-
schuld n i c h t mitzutragen, aber die holländische Regierung drückte
ihre Verachtung der deutschen Nationalversammlung dadurch aus,
daß sie die deutschen Fahnen in Limburg abreißen ließ, was niemand verhinderte. Auch in Dänemark wurde der deutsche Reichsverweser ignorirt und nur mit Preußen unterhandelt. In England
empfing man zwar den Oesterreicher von Andrian als deutschen
Reichsgesandten, aber nur in officiöser Weise. In Frankreich wurde
der Berliner Geschichtschreiber v. Raumer in gleicher Eigenschaft
von Cavaignac wochenlang gar nicht empfangen. Das Ausland
sah, auf wie schwachen Füßen die deutsche Centralgewalt stehe, und

behandelte sie mit Geringschätzung. Die Reclamation Badens in
Bezug auf den Freischaarenzug Hecker's wurde von der Schweizer
Tagsatzung verächtlich abgewiesen.

Die ganze Schwäche der neuen Reichsgewalt offenbarte sich
am 6. August, an welchem Tage sämmtliche Truppen des deutschen
Bundes dem Reichsverweser als ihrem Kriegsherrn huldigen sollten.
Es geschah nur in den kleinen Staaten unbedingt, in Bayern bedingt, in Oesterreich (die Stadt Wien ausgenommen) und in
Preußen gar nicht. Der König von Preußen erließ übrigens am
29. Juli einen Armeebefehl, worin er sagte: „da, wo preußische
Truppen für die deutsche Sache einzutreten und nach meinem
Befehl Sr. Kaiserlichen Hoheit, dem Erzherzog Reichsverweser
sich unterzuordnen haben." Welche Unnatur, in die schwache Hand
des Erzherzogs die Zügel von dreißig deutschen Regierungen zu
legen, um sie nach einem Ziele hin zu lenken! In einem Manifest
am 30. August erklärte der Erzherzog, er wolle sich, „so weit
thunlich", mit den Landesregierungen ins Einvernehmen setzen und
zähle vertrauensvoll auf ihre Mitwirkung. Wenn sie aber nicht
wollten, wer konnte sie zwingen? Die Macht, die Militairgewalt
war allein bei ihnen. In Frankfurt saß nur ein ohnmächtiger
Greis unter fünfhundert. eben so wehrlosen Rednern, die leider
selbst alles Mögliche thaten, um die einzige Macht, die ihnen inwohnte, die moralische, so bald und so vollständig als möglich zu
vernichten.

Unterdeß war in Berlin am 22. Mai die constituirende Versammlung für Preußen eröffnet worden, eine Gesellschaft, die sich
an Charakter und Talent nicht entfernt mit dem Frankfurter Parlament messen konnte und für die „Metropole der Intelligenz" ein
arges Dementi war. Ihr Alterspräsident Schön von Königsberg,
konnte hier nur seinen Ruhm einbüßen. Die Versammlung stand
von Anfang an unter dem geheimen und offenen Terrorismus der
demokratischen Vereine und des Pöbels. Die Constitutionellen,
Milde von Breslau an der Spitze, hatten keine Energie und la-

virten. Das große Wort führten die demokratischen Schreier Walbeck, Graf Reichenbach, Eser. Auch Uhlich ließ hier sein Licht leuchten. Ministerpräsident Camphausen hatte den Prinzen von Preußen bewogen, in einem Schreiben seine constitutionelle Gesinnung zu bekennen, worauf der Prinz zurückkehrte und einen Augenblick in der Versammlung erschien, in der ihn nur Mißtrauen empfing. Diese Behandlung des Thronfolgers war eben so unklug als gemein. Die Truppen hielten sich immer noch fern, die Nationalgarde unter General Aschof ließ sich vom Pöbel einschüchtern. Arbeiter beherrschten die Straßen und machten schon am 31. Mai einen Versuch auf das Zeughaus. Als am 8. Juni ein Antrag von Behrens, wonach die Versammlung erklären sollte, die Kämpfer des 18. März hätten sich um das Vaterland verdient gemacht, nicht allgemeine Zustimmung fand, wurden beim Nachhausegehen Minister Arnim und Hofprediger Sydow vom Pöbel mißhandelt, der letztere zum üblen Dank für seine Leichenrede auf die Märzheroen. Zwei Tage später wurde dem französischen Gesandten Arago ein Ständchen gebracht und vive la république durch die Straßen gebrüllt. Am 15. endlich stürmte der Pöbel das schöne und berühmte Berliner Zeughaus und raubte alle Waffen. Dabei wurde die rothe Fahne entfaltet. Die Versammlung, weit entfernt, die Regierung zu unterstützen, benützte die allgemeine Aufregung nur, um den königlichen Verfassungsentwurf zu beseitigen und die neue Verfassung in mehr demokratischem Sinne selbst zu entwerfen. Da dankte Camphausen ab, am 20. Juni, und Hansemann bildete ein neues Ministerium, in welches von Auerswald, Milde, Robertus und von Schreckenstein eintraten.

Damals hätten Uhlich und Wislicenus gern auch die wilde Aufregung benützt, um die Kirche zu zerstören. Sie hielten am 25. Juni eine große Volksversammlung zu Merseburg, wo auch der Jude Julius figurirte, und eine noch größere am 2. Juli zu Magdeburg, wo sie auf eine gänzliche Reform der Kirche in einer Presbyterialverfassung antrugen, aber die Demokraten hatten da-

mals kein Ohr für Kirchenangelegenheiten und der Versuch mißlang. Auch die conflituirende Versammlung in Berlin faßte allerlei
kirchenfeindliche Beschlüsse, die aber nicht zur Ausführung kamen.
Der neue Piusverein in den katholischen Rheinlanden protestirte
gegen die Beschlüsse, welche kein kirchliches Eigenthum mehr gestatten und die Schule gänzlich von der Kirche emancipiren wollten.
Wie toll das Treiben in Berlin damals war, bezeugte ein Placat
des Grafen Pfeil, worin derselbe die Arbeiter aufforderte, Vertreter in die conflituirende Versammlung zu schicken.

Die Hoffnung der Frankfurter, das Berliner Parlament werde
sie unterstützen, scheiterte. Anträge, welche den Frankfurtern die
volle Souverainetät zuerkannten und Preußen denselben unterwarfen,
gingen nicht durch, weßhalb Robbertus austrat, und in Volksversammlungen zu Berlin und Breslau wurde gegen den Reichsverweser agitirt. Die Demokraten wollten nicht, daß Preußen das
deutsche Parlament unterstütze und fanden deßfalls Bundesgenossen
an den conservativen Altpreußen. Eine Flugschrift von Grieshelm
mahnte an den alten Preußenruhm. Das Lied „ich bin ein Preuße,
kennst du meine Farben?" wurde die Parole gegen Frankfurt und
die deutschen Farben. Die schwarzweiße Cocarde ließ sich wieder
blicken, die dreifarbige wurde häufig abgerissen. Die Frankfurter
Demokraten schürten das Feuer. Am 7. August berieth das deutsche
Parlament über Hecker, der in Thiengen im Seekreis zum Abgeordneten ins Parlament gewählt worden war. Die Mehrheit verwarf ihn, weil er offener Rebell gewesen. Der badische Abgeordnete Brentano aber bemerkte, dem Prinzen von Preußen sey ja
auch verziehen worden, ob er denn besser sey? Diese frechen Worte
riefen einen ungeheuren Sturm hervor, wie man ihn noch nie im
Parlament erlebt hatte. Die Gallerien, die für Brentano gegen
die preußischen Abgeordneten Partei nahmen, mußten geleert werden.
Nachher entschuldigte sich Brentano auf eine Weise, in der er seine
erste Frechheit noch überbot, indem er von einer reactionären Ca-

marilla sprach, die den Prinzen von Preußen auf den Thron erheben wolle.

Damit hing die schleswig'sche Angelegenheit zusammen. Preußen
hatte seinen Sieg nicht verfolgt, man besorgte, es werde zurücktreten. Am 31. Juli wurde daher vom Reichsministerium beschlossen,
ein Bundesheer aufzubieten, um die deutschen Ansprüche auch ohne
Preußen durchzusetzen. Man bemerkte besonders von bayerischer
Seite damals viel Eifer für Schleswig. Von der Thann, ein Günstling des Königs von Bayern, führte eine eigene Freischaar in den
Kampf mit den Dänen. Das badische und württembergische Con-
tingent trat auch im August den Marsch nach dem Norden an.
Nachdem aber am 4. August der Erzherzog Reichsverweser nach
Frankfurt zurückgekehrt war, stellte derselbe am 7. an den König
von Preußen eine Vollmacht aus, im Namen des Reichs einen
Waffenstillstand mit den Dänen zu unterhandeln. Eine Besprechung des Königs von Preußen mit dem Reichsverweser in dieser
und mancher andern Angelegenheit war schon an der Zeit. Indem
der König am 15. August dem D o m b a u f e s t i n K ö l n anzuwohnen beschloß, ließ er den Erzherzog dahin einladen. Um auch
von Seite des Parlaments den König zu begrüßen, fuhr Gagern
an der Spitze einer großen Parlamentsdeputation, der sich viele
Abgeordnete freiwillig anschlossen, auf dem Rhein nach Köln. Ihre
Fahrt war ein fortwährender Triumph. Auch der König empfing
unterwegs in seinem Staate vielfache Beweise alter Treue, nur in
Düsseldorf nicht, wo die Bürgergarde sich weigerte, ihn zu begrüßen.
In Köln aber trat der König als Herr auf und sagte, nachdem
er den Erzherzog umarmt hatte, zu Gagern: vergessen Sie nicht,
daß es noch deutsche Fürsten gibt, und daß ich einer davon bin.
Bei dem Festmahl brachte er übrigens selber das Wohl der Nationalversammlung aus. Seine ganze Haltung war eine freundliche und
zugleich imponirende.   .

Inzwischen unterhandelte im Namen des Königs dessen Gesandter, General Below, zu Malmoe in Schweden mit den Dänen.

Preußen hatte die schwedische Vermittlung wieder angenommen. Es folgte nicht dem russischen Impulse, es strebte aufrichtig, einen guten Frieden von Dänemark zu erlangen und den Wünschen Deutschlands in Betreff Schleswigs so viel als immer möglich zu genügen. Am 26. August schloß nun Below den berühmten Waffenstillstand von Malmoe, worin Dänemark einwilligte, daß Schleswig und Holstein eine gemeinschaftliche Regierung haben und daß dieselbe halb vom deutschen Bunde, halb von Dänemark bestellt werden sollte. Ein so großes Zugeständniß, daß alle Gegenforderungen nicht mehr ins Gewicht fielen. Dänemark forderte nämlich, daß alle Acte der provisorischen Regierung für ungültig erklärt werden und daß die schleswig'schen Truppen, ohne mit den dänischen vereinigt zu werden, wenigstens von den holsteinischen gesondert und in Schleswig stationirt werden sollten. Alle Gefangenen und genommenen Schiffe sollten zurückgegeben werden. Eine Bedingung, nach welcher der den Holsteinern verhaßte Graf Moltke an die Spitze der Regierung beider Herzogthümer treten sollte, wurde von Dänemark selbst zurückgenommen. Durch die Bedingungen des Waffenstillstands sollten übrigens beide Theile beim zukünftigen definitiven Friedensschlusse nicht gebunden seyn. Man muß sich wundern, daß England so viel zugab. Das Recht Deutschlands auf Schleswig war durch die Beseler-Dahlmann-Heckscher'schen Sophismen so zur fable convenue geworden, daß, obgleich ein solches Recht nirgends existirte, Jeder sein Leben, wenigstens seinen guten Ruf aufs Spiel setzte, der nur Zweifel erhob. Wirklich beschloß das deutsche Parlament am 5. September, den Waffenstillstand nicht anzuerkennen im Sinne Dahlmanns, welcher feierlich ausrief: „die Ehre Deutschlands steht auf dem Spiele", obgleich sie keineswegs auf dem Spiele stand.

Nun nahmen sämmtliche Reichsminister ihre Entlassung und Dahlmann wurde beauftragt, ein neues Ministerium zu bilden, denn, „die, welche die Fortsetzung des dänischen Krieges decretirten, sollten auch die Ausführung selbst übernehmen." Dahlmann

fand aber Niemand, der das schwierige Werk, ohne Preußen den
Krieg fortzuführen, oder Preußen zu zwingen, hätte übernehmen
mögen und mußte tief gedemüthigt seine Unzulänglichkeit bekennen.
Auch der Bayer, v. Hermann, den der Erzherzog ersuchte, brachte
kein neues Ministerium zu Stande. Da fing man im Parlament
an, die Stimme des Rechts und der Vernunft in den trefflichen
Reden von Rabowitz, Vincke ꝛc. wieder zu hören und zum Theil
waren es die alten Dänenfeinde selbst, die jetzt ihre eigenen frühern
Sophismen bekämpften und bringend zur Annahme des Waffenstillstandes riethen, z. B. Heckscher, der dabei seine ganze Popularität verlor. Man stimmte am 16. noch einmal ab und diesmal
entschied sich die Mehrheit in der Paulskirche für den Waffenstillstand. Dieses Sichselbstwidersprechen binnen wenig Tagen, dieses
Eingestehen eines begangenen Unrechts, oder, wenn man noch Recht
zu haben glaubte, einer kläglichen Schwäche, war freilich kein
Triumph für die Paulskirche und bewies mehr als alles bisher
Geschehene ihre Unfähigkeit, die deutschen Geschicke zu lenken.

Das begriffen die Demokraten und schon während der Debatte
am 5. kündigte Simon von Breslau eine „Erhebung des Volks
an, die alle 34 deutschen Throne ausrotten würde" mit einer Vernichtung des preußischen Gouvernements insbesondere „unter blutigen Zuckungen". Diese Prahlerei ging aus den Verabredungen
hervor, welche in sämmtlichen demokratischen Vereinen Statt fanden.
Eine große schwarze Welle der Revolution lief wirklich damals
durch ganz Deutschland, wenn auch ohne so viel zu schaden, als
die Absicht war. In Frankfurt selbst sollte sie die Paulskirche
wegschwemmen. Die gemäßigte Mehrheit zu vertreiben und einen
Convent aus der Linken allein zu bilden, war die ausgesprochene
Absicht der wilden und geräuschvollen Volksversammlung auf der
Pfingstweide bei Frankfurt, am 17., wo Zitz schrie: „jetzt wollen
wir Fraktur schreiben." Als aber die hier vorbereitete Sturmpetition, welche die Zurücknahme der gefaßten Beschlüsse forderte,
am 18. dem Parlament überbracht wurde und das Volk in Masse

die Thüren der Paulskirche sprengen wollte, standen schon einige
Bataillone Oesterreicher und Preußen, welche Schmerling und Peucker
schnell aus der benachbarten Bundesfestung Mainz requirirt hatten,
zum Schutze da. Zornig erbaute nun die Menge rings um die
Paulskirche her in allen Straßen Barrikaden und schloß die Soldaten ein; allein nach kurzem Kampfe, in dem sich die Demokraten
nichts weniger als heldenmüthig benahmen, waren die Barrikaden
genommen, die Soldaten verloren dabei nur 8 Todte. Dagegen
wurden die Abgeordneten Fürst Lichnowski und General Auerswald (Bruder des preußischen Ministers), indem sie unvorsichtig
den Bundestruppen entgegenritten wollten, bei der Stadt von be-
waffnetem Pöbel erkannt und in einem Garten, in den sie geflüchtet waren, auf's grausamste mit Schüssen, Hieben und Stichen
ermordet, wobei wieder ein Jude der Haupthetzer war. Andere
Abgeordnete entgingen dem Tode mit genauer Noth. Der alte
Turnvater Jahn hatte sich durch seine Preußentreue den Demokraten
verhaßt gemacht und mußte sich unter einen Sopha verschlupfen.
Reichsminister Heckscher floh aus der Stadt, wurde aber in Hochheim erkannt und eine ganze Nacht hinturch in Todesangst bedrängt.
Mehrere Mitglieder der linken Seite in der Paulskirche compromittirten sich als damalige Aufhetzer, auch Robert Blum, der als
Parlamentsredner Mäßigung zur Schau trug, in seiner Reichstags-
zeitung aber die giftigsten Verleumbungen und rohesten Drohungen
nicht scheute.

Der Reichsverweser zeigte diesmal Energie, hob die Vereine
auf, ließ die Stadt in Belagerungszustand erklären und ergänzte
das Reichsministerium definitiv durch Robert von Mohl (statt
Heckscher) für die Justiz, Beckerath für die Finanzen, Duckwitz (einen
bremischen Senator) für den Handel.

Die demokratische Bewegung aber hatte sich welthin verbreitet.
Sie hatte eigentlich nie geruht. Ueberall hatten von Zeit zu Zeit
Volksversammlungen, demokratische Vereinssitzungen, Demonstra-
tionen gegen unbeliebte Personen, Katzenmusiken oder Ständchen

für Geseierte Statt gefunden. So eine Volksversammlung in Heidelberg am 30. Juli,*) große Fackelzüge für Blum und Ruge in Leipzig, im August. Am 10. September empörte sich das Volk in Chemnitz und wollte Regierung und Kammer in Sachsen, als zu gemäßigt, stürzen, erst am dritten Tage wurde der Aufruhr durch Militair besiegt. Zu gleichem Zweck tumultuirte das Volk in Leipzig. Am 11. war großer Auflauf in Köln. Am 18. während des Frankfurter Kampfs rief man in Worms und Alzei die Republik aus. Am 19. war großer Tumult in Coblenz und in Lübbenau, wo das Schloß des Grafen Lynar halb zerstört wurde. Am folgenden Tage wieder großer Auflauf in Köln, wo man die Mörder Lichnowski's leben ließ, und am 25., bis hier der Belagerungszustand proclamirt wurde.

Am 21. September ging Struve mit einer großen Freischaar von der Schweiz aus wieder über den Rhein, proclamirte zu Lörrach die deutsche Republik, verhaftete die Beamten, leerte die Kassen und schaltete als Dictator, wurde aber am 24. bei Staufen vom badischen General Hofmann geschlagen. Die Freischaaren, feig wie immer, liefen beim ersten Schuß davon, die Soldaten verloren nur zwei Mann. Struve selbst wurde mit seiner schönen Frau auf der Flucht im Schwarzwald gefangen und in Bruchsal festgesetzt. Hecker hatte sich diesmal nicht betheiligt, verzweifelte am Gelingen der Revolution und wanderte nach Nordamerika aus. Gleichzeitig mit dem Struve'schen Einfall sollte sich der ganze Schwarzwald erheben. Ein gewisser Rau wollte am 28. Sept. das jährliche Volksfest zu Cannstatt benutzen, um hier die Republik auszurufen. Das bewaffnete Volk sollte von allen Seiten zuströmen, aber die

---

*) Auf dem alten Schlosse. Hier präsidirte der alte Buchhändler Winter den Demokraten. Als sein eigener Sohn nicht leiden wollte, daß Matthy angegriffen werde, den er für einen Ehrenmann erklärte, wurde er den Berg hinabgeworfen, der Vater aber legte seine Hände auf Robert Blum und rief unter dem Jubel der Menge „das ist mein lieber Sohn, an dem ich Wohlgefallen habe".

württembergische Regierung stellte Truppen und Kanonen auf, die
Bauern ließen sich von den städtischen Demokraten nicht mitfort-
reißen, die Zuzüge stockten, Rau selbst nahm Reißaus und gab sich,
da er nicht entrinnen konnte, freiwillig gefangen. Am 26. empörte
sich das Volk in Sigmaringen, aufgehetzt vom Advokaten Würth,
der Fürst mußte flüchten, wurde aber durch bayerische Truppen
wieder zurückgeführt. So zogen die Demokraten überall den Kür-
zern. Die Bewegungen dauerten übrigens noch lange fort. Am
6. October gab es noch große Tumulte in Zwickau und Hildburg-
hausen, am 9. in Lübeck, am 13. im Vernburgischen.

Auch in Berlin machten die Demokraten großen Lärmen. Bald
nach des Königs Kölner Reise tagte der Demokratenverein zu Charlottenburg, wurde aber von der loyalen Bürgerschaft umringt und
gesprengt, wobei die Brüder Edgar und Bruno Bauer Mißhandlungen erlitten. Das veranlaßte eine brausende Aufregung in
Berlin, wobei der deutschkatholische Prediger Dowiat als Agitator
glänzte. Am 22. August wurden dem Minister Auerswald, als
er eben mit einer Gesellschaft bei der Tafel saß, die Fenster eingeworfen und es kam zum Kampf mit den Constablern, aber der
beabsichtigte Rachezug nach Charlottenburg unterblieb, ohne Zweifel aus Furcht vor dem Militair. Wie die Wühler nach und
nach Furcht beschlich, erkennt man auch aus dem Benehmen des
Chefs der Nationalgarde, Rimpler, der am 7. September alle seine
Streitkräfte der constituirenden Versammlung zur Verfügung stellte,
und aus einem Beschluß, den die Versammlung an demselben Tage
faßte. Nämlich auf Steins Antrag kam sie auf einen frühern
Vorschlag zurück, nach welchem alle Offiziere, die sich nicht aufrichtig dem Zeitbewußtseyn anbequemen wollten, die Armee verlassen
sollten, und beschloß, diese Ausscheidung der Offiziere solle sogleich
vorgenommen werden. Stein, Waldeck, Temme (ein in's demokratische Lager übergetretener Staatsanwalt) wurden mit Ständchen
bedacht und auf den Schultern getragen als die großen Sieger.
Die Minister aber dankten sämmtlich ab. Am 17. wurde·in großen

Volksversammlungen zu Berlin und Potsdam der Versuch gemacht, die Truppen zu verführen, was aber nicht gelang. Am 21. er-nannte der König ein neues Ministerium, an dessen Spitze v. Pfuel trat (Eichmann, Dönhoff und ein dritter Auerswald, Bruder des früheren Ministers und des Generals). Am gleichen Tage mußte in Breslau wegen Tumult der Belagerungszustand proclamirt werden. Pfuel kündigte gleiche Strenge für Berlin an, daher eine auf den 25. anberaumte große Volkserhebung daselbst wieder abgesagt wurde und nur einzelne Excesse vorfielen.

Nach dem gänzlichen Mißlingen des Frankfurter Aufruhrs verschwanden von dort mehrere der kühnsten Demokratenhäupter. Robert Blum, Fröbel und einige andere begaben sich nach Wien. Arnold Ruge und andere nach Berlin, in der Hoffnung, hier demokratische Massenbewegungen durchsetzen zu können, was sie in Frankfurt nicht vermocht hatten. Daraus erklärt sich der fulminante Aufruf des „Centralausschusses des demokratischen Deutschland" von Berlin aus am 3. October, worin das Frankfurter Parlament als „mit Schmach beladen" verworfen, im Namen der Volkssouveraine-tät gegen sein Fortbestehen protestirt und ein allgemeiner Demo-kratencongreß auf den 26. nach Berlin ausgeschrieben wurde, ein künftiger Convent. Am 16. erfolgte hier ein blutiger Zusammen-stoß zwischen Arbeitern und Bürgerwehr und wurden Barrikaden gebaut. Am 18. belagerte der Pöbel die constituirende Versamm-lung, wies Stricke vor, an denen er die Gemäßigten hängen wollte, und insultirte die heraustretenden Abgeordneten. In denselben Tagen tumultirte der Pöbel in Greifswalde und Elbing und mußte die wild aufgeregte Gegend von Liegnitz militairisch besetzt werden. Am 26. kam der Demokratencongreß wirklich zu Stande, aber er hatte nichts Imposantes. Die Schwätzer hatten keinen Muth. Eine große Volksversammlung am 29. sollte den letztern beleben, aber sie wagte nicht zu handeln, sie wollte erst abwarten, ob das Volk in Wien siegen werde, mit dem damals alle Gemüther sich beschäftigten. Eine unsinnige Sturmpetition, von Ester an der Spitze großer Volks-

maſſen am 30. der Verſammlung überbracht, forderte dieſelbe auf,
die ohnmächtige, von den Demokraten ſelbſt verachtete Reichsgewalt
in Frankfurt zum Schutz für die Wiener Inſurrection anzugehen.
Die Verſammlung votirte eben die Abſchaffung des Adels, konnte
aber begreiflicherweiſe den fernen Wienern keine Hülfe ſpenden.
Da umringte der Pöbel den Saal, ließ keinen Abgeordneten her=
aus, drohte wieder mit den Stricken und ſchreckte die armen ge=
fangenen Volksvertreter die ganze Nacht durch wahnſinniges Geheul.
Aber zu einem entſcheidenden Schlage, zu einem Marſch gegen das
Militair, auch nur zum Verſuch einer proviſoriſchen Regierung,
hatten die Demokraten keinen Muth. Nirgends machten ſie ſich
verächtlicher als in Berlin. *)

---

*) Baſſermann, als Reichscommiſſär von Berlin in die Paulskirche
zurückgekehrt, ſchilderte das ſcheußliche Ausſehen des Berliner demokratiſchen
Pöbels und nannte ſie „Geſtalten“. Dieſe „Baſſermann'ſchen Geſtalten“
wurden damals ſprichwörtlich.

Neuntes Buch.

Oesterreichs Noth und Rettung.

———

Wie auf die Entwicklung der Dinge in Berlin, so auch auf die im Frankfurter Parlament übten die staunenswürdigen Ereignisse, die unterdeß in der gesammten österreichischen Monarchie vorgegangen waren, den wesentlichsten Einfluß. Wir fassen diese Ereignisse hier in ein Ganzes zusammen.

Die Märzrevolution in Wien pflanzte sich blitzschnell über die Alpen fort. Italien war schon im Jahr 1847 mit Brandstoff angefüllt. Die erste Nachricht von der Revolution in Wien wurde der zündende Funke und die ganze Halbinsel stand in Flammen.

In Mailand regierte als österreichischer Vicekönig der apathische Erzherzog Rainer, während der damals schon 82 Jahr alte Feldmarschall Radetzki den Oberbefehl über das Militair hatte. Dieser merkwürdige Greis, der sich schon in den Revolutionskriegen der 90er Jahre und als Chef des k. k. Generalstabs unter Schwarzenberg in den letzten Kriegen gegen Napoleon ausgezeichnet hatte, war schon längst im Klaren über das, was kommen würde, und hatte wiederholt die Regierung in Wien vor einer nahe bevorstehenden großen Revolution in Italien gewarnt, bringend um Verstärkungen gebeten, den Ausbau der Citadelle von Mailand, die Befestigung Ancona's ꝛc. verlangt, aber mit bem-

selben greisenhaften Stumpfsinn, mit dem man den Sonderbundskrieg hatte gewähren lassen, achtete man auch nicht auf die treuen
Mahnungen Radetzki's. Als die Nachricht von der Pariser Februarrevolution in Mailand anlangte, kochte es in allen Gemüthern, doch
erfolgte nicht gleich ein Ausbruch. Radetzki beging den Fehler,
nicht sofort die in den kleinen Städten zerstreuten Garnisonen zu-
sammenzuziehen. Seine Heeresmacht, im Ganzen 72,000 Mann,
befand sich zu sehr im Lande zerstreut; aber er wollte vielleicht
keine aufreizenden Maßregeln vornehmen, da alles ruhig blieb. Am
17. März reiste der Erzherzog nach Wien und an demselben Tages
Abend kam von Wien die Nachricht der dort ausgebrochenen Revolution. Nun war kein Halten mehr. Der Podesta von Mailand,
Casati, und der Erzbischof daselbst, Romilli, beide wie auch Graf
Borromeo, das Haupt des lombardischen Adels, längst in die Verschwörung eingeweiht, pflanzten schon Morgens am 18. die dreifarbige Fahne auf und forderten vom Grafen O'Donnel, der für
den abgereisten Vicekönig die Geschäfte leitete, die Gewährung aller
Forderungen der Lombarden, als natürliche Folge der Gewährungen
in Wien. O'Donnel hatte keine Instructionen, konnte im Allgemeinen die Consequenz, die man aus Wien für Mailand zog, nicht
in Abrede stellen, war daher zum Nachgeben geneigt und suchte
Radetzki von jedem militairischen Einschreiten abzuhalten, wurde
aber aus der Verlegenheit, wie weit er in Concessionen gehen solle
oder nicht, dadurch gezogen, daß ihn Casati mit Volksmassen
überrumpelte und gefangen nahm, während in den Straßen schon
Barrikaden gebaut wurden. Radetzki versäumte nun keinen Augenblick weiter, sondern ließ die Lärmkanonen donnern und die Truppen ausrücken. Da Casati fortwährend Versuche machte, durch
Befehle, die er dem gefangenen O'Donnel abzwang, auf Radetzki
einzuwirken, scheint das Barrikadenaufwerfen und der wüthende
Kampf gegen die Soldaten von einer andern, zu hitzigen Partei
übereilt worden zu seyn. Radetzki bekümmerte sich natürlicherweise
um O'Donnels Befehle nicht, sondern ließ feuern.

Der hiemit beginnende viertägige Straßenkampf in
Mailand hatte nicht ganz den Character der Pariser Barrikadenkämpfe. Die Lombarden, von einem gewissen Lecchi geleitet, zeigten
weniger persönlichen Muth und feuerten nur aus sichern Hinter-
halten. Man sah niemals einen Kämpfer auf den völlig leeren
Straßen, außer Soldaten. Die Insurgenten blieben stets hinter
bedeckten Fenstern, Dach- und Kellerlucken versteckt. Im Anfang
wurden viele vereinzelte Schildwachen und Patrouillen ermordet.
Fast alle Offiziere, die beim ersten Allarm ihre Quartiere verlassen
hatten, verloren, indem sie nicht mehr heimkehrten, ihre dort zurück-
gelassene Habe. Jeder Versuch, in den engen Gassen der Stadt
vorzubringen, kostete den Truppen zu vielen Verlust. Radetzki erkannte es daher für nothwendig, die Truppen aus dem Innern der
Stadt herauszuziehen und nur die Thore und die Citadelle besetzt
zu halten. Es war aber nicht mehr möglich, alle Truppen zurückzuziehen. Kleinere Abtheilungen blieben abgesperrt und wurden
getödtet oder gefangen. Es regnete unaufhörlich, die vom Kampf
ermüdeten Truppen hatten nichts zu essen, nur mit Mühe konnte
man in einige Bäckerläden der Stadt eindringen und kleine Trans-
porte von den Dörfern holen, da auch die Bauern schon ringsum
aufgestanden waren und die Truppen belästigten. Man rieth Radetzki, die Stadt von der Citadelle aus zu bombardiren und so zum
Gehorsam zu zwingen. Aber er wollte die schöne Stadt nicht vernichten und wußte auch bereits, daß der treulose Karl Albert von
Sardinien mit seiner ganzen Armee im Anzuge sey. Gegen diesen
und die empörte Stadt zugleich zu kämpfen, war er zu schwach,
denn er hatte in Mailand nur 20,000 Mann beisammen. Er entschloß sich daher in der Nacht des 22., mit allen seinen Truppen
Mailand zu verlassen und auch das Castell nur so lange besetzt zu
halten, als nöthig war, um den Rückzug zu decken. Es war eine
finstere, kalte, stürmische Nacht; schweigend zogen die tapfern Truppen, tief in ihre Mäntel gehüllt, ihrem greisen Führer nach, unbesiegt, tief verachtend die, welche sich in ihrem Rücken als Sieger

geberbeten. Sie hatten in dem langen Kampf doch nicht mehr als 181 Todte verloren, das Mailänder Volk nur ungefähr eben so viel, ein Beweis, wie wenig dieser Kampf mit den blutigen Straßenkämpfen in Paris einen Vergleich aushält. Man muß das erwägen, um die unendliche Ruhmredigkeit des Mailänder Volkssieges auf sein bescheidenes Maaß zurückzuführen.

Die Mailänder glaubten wirklich, ihre unüberwindliche Tapferkeit habe die Oesterreicher in die Flucht geschlagen, und brachen in einen ungeheuren Jubel aus, während Karl Albert, ohne dessen Heranzug die Oesterreicher Mailand behauptet haben würden, die Gunst der Umstände benutzte und rasch vorrückte. Ohne Kriegserklärung besetzte er das verlassene Mailand und rückte Radetzki nach, der unterwegs das Städtchen Melegnano, dessen Einwohner ihm den Weg versperren wollten, einäschern ließ und, indem er mehrere Garnisonen aus der Lombardei noch glücklich an sich zog, eine feste Stellung zwischen dem Mincio und der Etsch nahm, in dem Dreieck, welches die festen Plätze Mantua, Peschiera und Verona bilden, am Fuß der Gebirge, da wo die große Straße aus Tirol in die Ebene der Lombardei einlenkt. Hier blieb er stehen, wie angewurzelt, um Verstärkungen aus Deutschland an sich zu ziehen und den Feind so lange abzuwehren, bis er wieder zum Angriff übergehen könne. In vielen Städten wurden die vereinzelten österreichischen Garnisonen durch den Abfall der lombardischen Landeskinder, die darunter dienten, zu sehr geschwächt, um sich halten zu können. So wurden die von Brescia, Cremona, Como, Padua, Treviso, Udine und einigen andern größtentheils gefangen. In Brescia wurden 70 Offiziere, denen der freie Abzug zugesichert worden war, geplündert und an Karl Albert ausgeliefert. Dagegen gelangten die Garnisonen von Modena und Monza und ein Theil derer von Brescia und Cremona glücklich zu Radetzki, und die Festung Mantua wurde durch den Muth des Commandanten Gorczowski mit geringer Mannschaft gegen eine Uebermacht von Aufrührern behauptet und durch Radetzki verstärkt. Auf die elenbeste Weise ging Venedig verloren. Hier kam der Gouverneur, Graf Palffy, um alle Besinnung, und eben so Graf Zichy, dem er den Befehl abtrat. Ohne alle Noth wurde hier die Macht aus der Hand gegeben und mit dem empörten Volke capitulirt, der tapfere Oberst Marinowich, der allein Besonnenheit und Muth zeigte, im Stich gelassen und vom Pöbel grausam ermordet. Sämmtliche österreichische Truppen zogen ab und der radicale Advokat Manin trat an die Spitze der wiederhergestellten Republik, am 22. März. Feldmarschalllieutenant d'Aspre, der schon im Begriff war, durch einen Angriff auf Venedig das Ansehen des Kaisers hier herzustellen, unterließ es und eilte, Radetzki in Verona zu unterstützen, sobald er von dessen Noth hörte.

Radetzki's ganze Stärke belief sich damals auf 30—40,000 Mann. Karl Albert hatte deren 60,000 aus Piemont mitgebracht und 8000 Lombarden schlossen sich an. Er wäre daher, auch ohne die Hülfstruppen aus Mittel- und Süditalien, die da kommen sollten, abzuwarten, stark genug gewesen, um den weit schwächern Radetzki aus seiner Stellung bei Verona zu vertreiben. Aber er that es nicht, er blieb vor ihm stehen, wochen-, monatelang. Er unterhielt nämlich geheime Verbindungen mit den Revolutionären in Wien und bildete sich ein, durch Unterhandlungen mit der dort eingeschreckten Regierung werde er die Freigebung von ganz Italien ohne Kampf erreichen und Radetzki werde durch einen Rückzugsbefehl aus Wien wohlfeiler zu beseitigen seyn, als durch Schlachten. In dieser Erwartung bestärkten ihn die englischen Zwischenträger. Sein langes Zögern entsprach aber nicht dem Namen spada d'Italia, (Schwert Italiens), den man ihm damals beilegte.

Die unbedingte Losreißung Italiens von Deutschland war die Parole in ganz Italien. Darin waren alle Parteien einverstanden, wie sehr sie auch in Bezug auf die Frage, was weiter aus Italien werden sollte, von einander abwichen. Sie gingen so weit, auch einen großen Theil des deutschredenden Tirols mit zu Italien zu rechnen und alles Land bis zum Brenner in Anspruch zu nehmen.

Daran waren hauptsächlich die Trientiner schuld, die sich in die
antiquarische Grille vertieft hatten, sie seyen echte Nachkommen der
alten Römer.   Da ihre Haltung in Radetzki's Rücken gefährlich
schien, ließ dieser Feldherr ihre Häupter verhaften.

  Versetzen wir uns nun nach Wien zurück. Welche Hoffnung
konnte der hartbedrängte Radetzki mit seiner kleinen Armee von
dort schöpfen?

  Die Regierung in Wien war in voller Auflösung. Graf
Kolowrat, früher die Hoffnung der Liberalen, trat an Metternichs
Stelle, war aber dem Sturm nicht gewachsen. In der Stadt herrschte
eine gemüthliche Anarchie, die wenig zahlreichen Truppen hatten
nur das Zusehen, während sich ein gewaltiges Volksheer bildete,
aus der bürgerlichen Nationalgarde, aus der akademischen Legion
der bewaffneten Studenten, deren Hauptquartier die Aula war,
die sich durch Techniker, Chirurgen rc. ergänzten, das große Wort
führten, als Lieblinge des Pöbels sich die Polizeigewalt anmaßen
durften, selbst aber wieder von Agenten Kossuths, insbesondere von
Juden geleitet wurden, ferner aus den nichtteutschen Freicorps,
Polen, Ungarn, Italienern und endlich aus einer großen Masse
bewaffneter Arbeiter und Pöbel aller Art. Wien schwärmte wie
ein Bienenstock, alle Straßen waren bedeckt mit colossalen Placaten,
in denen zu immer neuen Forderungen aufgereizt wurde. Ueberall
improvisirten sich Volksredner auf den Straßen-Tribünen und hetzten
die Massen auf. Um von der neuen Preßfreiheit Gebrauch zu
machen, wetteiferten eine Menge neue Tagblätter in den frechsten
Forderungen, Schmähungen und Verleumdungen. So der Stu-
dentencourier, das demokratische Bürgerblatt, der Grabaus, der
Radicale, der Freimüthige, die Constitution, die österreichische Allgemeine Zeitung, die offen für die italienische Revolution schwärmte.
Die wenigen Blätter, die zur Mäßigung riethen oder dem Wahnsinn muthig entgegentraten, konnten nicht aufkommen und ihre
Verfasser setzten sich großer Gefahr aus. Am 1. April wurde
das neue Preßgesetz, als noch nicht radical genug, von den Stu-

denten unter Vortritt eines Juden verbrannt. An demselben Tage
hielten die großen Geldmänner, Rothschild, Sina, Stametz-Mayer rc.
eine Conferenz, worin sie beschlossen, der Regierung bringend zu
rathen, sie möge Italien freiwillig aufgeben und sich mit der Lombardei ausgleichen, um den Frieden, den italienischen Markt und
die Curse zu erhalten. Mehrere Wiener Blätter nahmen offene
Partei gegen Radetzki. *) Auch unter dem Volk gaben sich die
Agenten Kossuths und Mazzini's alle Mühe, für die Italiener Sympathien zu wecken. Aber hier verleugnete sich das deutsche Blut
doch nicht. Alle Studenten aus Tirol beschlossen sogleich, den alten
Pater Haspinger an der Spitze, nach ihrem bedrängten Vaterlande
zu eilen und viele Freiwillige schlossen sich an sie an, besonders
solche junge Leute, denen vor dem wilden Treiben in Wien zu
grauen anfing.

Am 4. April entsagte Erzherzog Ludwig der Leitung der Geschäfte und Erzherzog Franz Karl übernahm sie mit eben so schwacher
Hand. Am folgenden Tage dankte Kolowrat ab und Graf Ficquelmont trat an seine Stelle. Aber alle diese Aenderungen fruchteten
nichts. Kossuth wollte Wien nicht mehr zu Athem kommen lassen.
Am 5. wurde dem Erzbischof eine Katzenmusik gebracht mit greu-
lichem Lärm und Geheul. Am folgenden Tage stürmte der Pöbel
die Häuser der Liguorianer und Redemptoristen, zerstörte alles und
vertrieb die Mönche, selbst die armen Nonnen unter roher Behandlung. Die Katzenmusiken wiederholten sich seitdem fast jede Nacht.
Man brachte sie dem päpstlichen Nuntius, dem Fürsten Lichtenstein,
hohen Geistlichen und selbst Ministern. Die Anarchie theilte sich

---

*) „Die Kossuthanhänger österreichischer Abkunft gehören einer Classe
von Zweibeinigen an, welche außer Oesterreich sonst nirgend in der Welt
in ähnlicher Geistesorganisation sich finden. Es gibt nämlich bis zu den
Feuerländern und Hottentotten hinab kein Volk, welches den Ruin seines
eigenen Vaterlandes wünschte und für die Sache seiner Feinde sich begei-
sterte.“ M. Koch. Uebrigens waren alle Demokraten in Deutschland und
ein Theil des Frankfurter Parlaments damals eben so verblendet.

mehr oder weniger den Provinzen mit, das deutsche Tirol ausgenommen, welches dem Kaiser unbedingt treu blieb. Nächstdem zeigte
sich Mähren ruhig und auch in Galizien gelang es der polnischen
Agitation nicht, Unruhen zu erregen.

Am gefährlichsten war Ungarn, weil hier Kossuth nicht
blos auf die Losreißung dieses Reichs von Oesterreich hinarbeitete,
sondern auch, um diesen Zweck sicherer zu erreichen, die Anarchie
in Wien selbst permanent zu machen suchte. Der schwache Kaiser
hatte der großen ungarischen Deputation am 15. März, der sogar
der junge Palatinus Stephan das Wort geredet, eine Menge Reformen und sogar ein vom Wiener Ministerium unabhängiges
nationales Ministerium bewilligt, welchem Graf Batthyanyi vorstand und in welches Kossuth für die Finanzen eintrat. Dieser
stellte für Ungarn alle Forderungen der westeuropäischen Schablone,
Nationalgarde, Schwurgerichte, gleiche Besteurung, Gleichheit vor
dem Gesetz, allgemeines Wahlrecht, Aufhebung des Zehnten und
aller Grundlasten rc., wodurch er der bisherigen Aristokratie den
Todesstoß zu geben suchte, und verlangte zudem Einverleibung
Siebenbürgens in Ungarn, eine eigene Nationalbank, Ausschluß
alles österreichischen Papiergelds und das Verbot für ungarische
Truppen, dem Kaiserhause außerhalb Oesterreich zu dienen. Ein
revolutionärer Klub in Pesth adoptirte diese Forderungen und das
bewaffnete Volk schreckte den noch versammelten Reichstag dergestalt, daß er ihnen in seiner Schlußsitzung, zu der sich Kaiser Ferdinand selber von Wien hatte herbeilocken lassen, mit dessen Zustimmung volle Gesetzeskraft verlieh, am 11. April. Ein politischer
Selbstmord der ungarischen Aristokratie, dem nur der 4. August
der ersten französischen Revolution zu vergleichen ist. Der bisherige
Vorkämpfer aller liberalen Reformen in Ungarn, der edle Sze-
chenyi, sah in dieser Ueberstürzung Ungarns Untergang und verlor
den Verstand. Das Wiener Ministerium hatte ihn schon verloren,
als es zugab, daß der Kaiser selbst der ihn und das ganze Kaiser-
haus beschimpfenden Farce beiwohnen durfte.

Die Böhmen stellten schon am 28. März ziemlich ähnliche
Forderungen, wie die Ungarn, indem sie eine neue Verfassung, die
Vereinbarung der früher zu Böhmen gehörigen Länder mit der Krone
Böhmen, alle üblichen liberalen Neuerungen und eine möglichst unabhängige Verwaltung verlangten. Professor Palacky in Prag
aber vertrat hier, wenn auch mit weit mehr Vorsicht, Kossuths
Stelle. Schon lange war er die Seele der tschechischen Partei,
d. h. der slavischen Nation in Böhmen, welche die Reinigung
Böhmens von allen deutschen Elementen und die Herstellung eines
unabhängigen Tschechenreichs wollte. Das Vorparlament in Frankfurt erkannte die Wichtigkeit Böhmens und lud Palacky ein, an
ihren Sitzungen Theil zu nehmen, er erklärte aber, er sey ein
Tscheche und wolle nichts von den Deutschen. Unter seinem Einfluß wurden alle Wahlen zum deutschen Parlament in Frankfurt
möglichst verhindert. Er ging aber nicht so weit als Kossuth,
sondern hielt sich eine Hinterthür offen, indem er zugleich erklärte,
er wolle nicht, daß Oesterreich in Deutschland aufgehe. Er über-
warf sich mit Oesterreich nicht wie Kossuth, sondern bot der Regierung in Wien eventuell seine Unterstützung an, wenn sie das slavische Element im Reich begünstigen wolle. In Folge dieses geheimen Einverständnisses erklärte das Wiener Ministerium am
21. April, Oesterreich wolle seine Sonderstellung im deutschen Bunde
wahren und behalte sich seine endgültige Zustimmung zu allem vor,
was etwa in Frankfurt beschlossen werde. Dieser Erklärung folgte
am 25. die Verkündigung einer neuen Verfassung für den österreichischen Kaiserstaat, von welchem Ungarn und Italien einstweilen ausgeschlossen blieben, so daß nunmehr die slavische Nationalität darin überwog. Zugleich wurde Palacky zum Cultminister
vorgeschlagen und der Kaiser eingeladen, seine Residenz nach Prag
zu verlegen.

Der Ausführung dieses Plans arbeitete aber Kossuth mit allen
Mitteln entgegen. Sein Hauptagent war ein genialer junger ungarischer Edelmann und Reichstagsmitglied, von Pulszky, der eine

reiche Wienerin geheirathet hatte, und damals feurige Reden für eine Union des deutschen, in seiner vollen nationalen Einheit her- zustellenden Reichs mit dem neuen ungarischen Reiche hielt, don- nernd gegen die Slaven, die das baufällig gewordene österreichische Kaiserthum und sein Sonderinteresse nur scheinbar zu fördern ver- sprächen, um ihr besonderes Slavenreich auf Kosten Deutschlands und Ungarns zu gründen. Das Ministerium wollte inzwischen von der Politik, die es in seiner Erklärung gegen Frankfurt ausge- sprochen, nicht abgehen und zeigte noch mehr Muth, indem es sich am 30. durch den Grafen Latour ergänzte, welcher Kriegsminister wurde und ein Mann von Thatkraft war. Da erkünstelte man eine ungeheure Aufregung in Wien gegen die Bestimmung der neuen Verfassung, nach welcher der künftige Reichstag aus zwei Kammern bestehen sollte, und hetzte das Volk auf, die Weglassung der Abels- kammer zu verlangen. Der eigentliche Zweck des neuen Tumults aber war, den tschechischen Plan zu vereiteln. In der Nacht des 2. Mai wurde dem Minister Ficquelmont eine greuliche Katzenmusik gebracht und seine Entlassung gefordert. Da verzagte die Regie- rung wieder, wagte ihn nicht zu schützen und nahm seine Entlas- sung an. Auch der juridisch - politische Leseverein, ein liberaler Klub gebildeter Wiener, der die Revolution mit Jubel begrüßt hatte, sie aber nicht in Anarchie ausarten lassen wollte, war jetzt unpopulär geworden und bekam eine Katzenmusik. Alle sollten ge- schreckt werden, die da Geist und Einfluß genug besaßen, um Kos- suths Plänen entgegenzuwirken. Ein Centralausschuß der akade- mischen Legion und Nationalgarde übernahm den Oberbefehl über die bewaffnete Macht und stellte der Regierung Bedingungen. Die neue Verfassung erschien denselben noch viel zu aristokratisch und sollte viel mehr demokratisirt werden. Am 8. Mai stellte der demo- kratische Klub ohne weiteres in einer Abresse die Forderung, die oktroyirte Verfassung solle gar nicht ins Leben treten, sondern eine constituirende Versammlung einberufen werden, um eine neue zu machen.

Noch einmal raffte die Regierung ihren letzten Muth zusammen und befahl die Auflösung des Centralcomité, am 13. Mai. Aber die Studenten versammelten sich und der Jude Goldmark bewog sie, zu beschließen, der Regierungsbefehl sey zurückzunehmen, alles Militair aus der Stadt Wien zu entfernen. Diese Forderungen wurden wirklich der Regierung gestellt, am 15. Mai, und als sie zauderte, rief der Pole Burian das gemeine Volk in die Waffen und eine ungeheure Masse, Studenten und Volk, wälzte sich gegen die Burg. Dr. Glöfra drängte sich frech in den Ministerrath und schüchterte ihn durch Drohungen wieder so ein, daß er alles bewilligte, und triumphirend zog der Pöbel von bannen. In den nächsten Tagen las man die Concessionen der Regierung an allen Straßen angeschlagen, aber am 18. war der Kaiser mit seiner ganzen Familie spurlos verschwunden und erklärten die Minister, Herr von Pillersdorf an der Spitze, sie hätten ihre Entlassung eingereicht und ihre Stellen auf des Kaisers Wunsch nur provisorisch behalten, damit doch wenigstens eine gesetzliche Regierung in Wien bestehe. Das hieß, der Kaiser protestire gegen die ihm angethane Gewalt, die Minister aber gestehen zugleich ihre Unfähigkeit ein, dem Kaiser zu seinem Recht zu verhelfen. Kaiser Ferdinand, diesmal gut berathen, ließ sich nicht verlocken, nach Prag zu gehen, wohin man ihn eingeladen, sondern flüchtete nach Innsbruck mitten unter seine treubewährten Tiroler. Durch seine Flucht aus Wien entging er der ungarischen, durch seine Wahl Innsbrucks der slavischen Intrigue. Hier war es ihm vergönnt, wieder deutsch zu athmen.

Wien war anfangs bestürzt. Die guten Bürger, die Nationalgarde zürnten den Studenten, daß sie den Kaiser vertrieben hatten. Von dieser Stimmung hätte das Ministerium gleich Gebrauch machen sollen, allein es zögerte und befahl erst am 20. die Auflösung der akademischen Legion als solcher und Verschmelzung derselben mit der Nationalgarde. Da war es zu spät. Die Anarchisten hatten sich schon wieder gefaßt und trotzten dem Befehl mit größter Frechheit.

Das zu ihrer Bewältigung bereits aufgebotene Militair bekam plötzlich einen Rückzugsbefehl. Nun stieg der Uebermuth der Aula und
des Pöbels bis zum Wahnsinn. Während das Militair in aller
Stille die Stadt räumte, brachte man in derselben die Lüge in
Umlauf, Fürst Windischgrätz nahe mit einer Armee und wolle
Wien stürmen. Im Augenblick wurden nun in allen Straßen ungeheure Barrikaden gebaut und die furchtbarsten Vertheidigungs-
anstalten gegen einen Feind getroffen, der nicht da war. Das
Bewußtseyn, alles sey nur Spaß und Muthwillen, ging durch die
ganze Bewegung hindurch. Eine Unzahl lüderlicher Dirnen, woran
Wien von jeher so reich war, bemächtigte sich der Barrikaden und
trieb auf denselben am hellen Tage den schändlichsten Unfug. *)
Damals bildete sich eine förmliche demokratische Nebenregierung,
indem der bisherige Centralausschuß der Studenten und der Nationalgarde sich durch Vertreter des Volks ergänzte und den Namen
„Ausschuß der Bürger, Nationalgarde und Studenten zur Erhaltung der Ruhe und Wahrung der Volksrechte" annahm. Präsident
dieses Ausschusses wurde der Jude Fischhof. Der schwache, ängst-
liche, immer nur um Ruhe und Schonung flehende Minister Pillersdorf erkannte ihn an und fügte sich ihm. Nur Latour ließ sich
durch nichts irre machen, sondern sorgte in seinem Kriegsministerium ganz im Stillen dafür, Radetzki in Italien mit Truppen zu
unterstützen.

Die Nachrichten aus Wien erregten in Prag große Unzufriedenheit und man lärmte um so mehr darüber, als die Hoffnung,

---

*) Wien trat aus dem Extrem der Heimlichkeit, des Schweigens, der
Stille, seit Metternichs geheime Polizei gestürzt war, in das andere Extrem der Prostitution und des naiven Zurschautragens aller und jeder ver-
borgen gewesenen Gemeinheit. Die Wiener Tagespresse hatte damals
Blätter mit folgenden Titeln aufzuweisen: die Wespe, die Bremse, das
Bremsennest, die spanische Fliege, die Horniffe, die Gaffenzeitung, die Bar-
rikadenzeitung, die Katzenmusik, der Putsch, die rothe Mütze, der Ohne-
hosen, der Teufel, der Kirchenteufel rc.

ben Kaiser in Prag zu haben und durch ihn die Kräfte Oesterreichs dem slavischen Zwecke dienstbar zu machen, einstweilen vereitelt war. Die tschechische Partei konnte jedoch darauf rechnen,
daß der Kaiser immerhin noch lange in Gefahr schweben werde,
und glaubte, es sey jetzt Zeit, ihre Macht zu entfalten, um sie dem
Kaiser anzubieten oder auch ohne ihn, der jetzt aufs tiefste geschwächt und ohnmächtig war, ihre Ansprüche zur Geltung zu bringen. In diesen Berechnungen allein findet die gerade in diesen
Zeitpunct fallende Berufung des großen S l a v e n c o n g r e s s e s
nach Prag ihre Erklärung. Am 2. Juni wurde der Congreß
wirklich eröffnet und wählte Palacky zu seinem Präsidenten. In
diesen Tagen füllte sich Prag mit altslavischen Costümen. Ueberall
hörte man nur slavisch reden und wallte die slavische Fahne mit
denselben drei Farben, wie die französische. Der s. g. Swornost (Ein-
tracht), eine rein tschechische Bürgerwehr, und die „slavische Linde"
(slowanska lipa), der enragirteste Tschechenklub, figurirten dabei
am meisten. Unter den Vertretern der slavischen Stämme bemerkte
man außer den Notabilitäten aus Böhmen, Galizien, Croatien
den greisen Sammler der schönen serbischen Volkslieder Wuk Ste-
phanowik, den slowakischen, von den Ungarn verjagten Pfarrer
Hurban, mehrere Polen, auch den russischen Flüchtling Bakunin.
Uebrigens waren die Mundarten der verschiedenen hier vertretenen
Slavenstämme so abweichend, daß keineswegs alle Deputirten einander verstanden und man häufig deutsch reden mußte, um sich begreiflich zu machen. Die Besorgniß, es werde sich hier der Keim
eines großen Slavenreichs bilden, war überflüssig. Der panslavi-
stische Charakter trat nicht hervor. Die polnische Frage und das
Verhältniß zu Rußland, worauf es vornehmlich angekommen wäre,
wurden umgangen. Ein Beweis, daß es sich um eine speciell tschechische und österreichische Sache handelte. Der gelehrte Schafarik
sprach es in einer entscheidenden Rede offen aus, der Congreß sey
nur da, um gegen Frankfurt und Pesth zu operiren und zwar nicht
im Geist eines erst neu zu gründenden Slavenreichs, sondern im

Interesse und zur Aufrechthaltung der österreichischen Monarchie, sofern sie sich künftig auf die Slaven werde stützen wollen. Während der österreichische Gesammtstaat von Frankfurt aus gefährdet sey, wo man ihm zumuthe, in Deutschland aufzugehen, und von Pesth aus, wo man sich losreißen wolle, biete sich das slavische Oesterreich der Monarchie zur Rettung an. In diesem Sinne beschloß der Congreß am 5. Juni eine Verbrüderung der slavischen Volksstämme unter dem bisherigen österreichischen Kaiser unter der Bedingung, daß Oesterreich ein Bundesstaat verschiedener Nationen werde, und einen ausdrücklichen Protest gegen das zu Frankfurt vorbereitete neue deutsche Reich, dem die Slaven sich niemals würden einverleiben lassen.

Die Flucht des Kaisers von Wien und die notorische Schwäche des Ministeriums daselbst veranlaßten die Böhmen, in Prag eine provisorische Regierung niederzusetzen. Sie hatte den loyalen Zweck, der Aularegierung in Wien zu trotzen, und Böhmen dem Kaiser zu erhalten, weßhalb auch Graf Leo Thun beitrat, der im Mai für den Oberstburggrafen Grafen Stadion an die Spitze der Verwaltung gekommen war. Doch verfolgte man auch speciell böhmische Zwecke und unterbreitete dem Kaiser zu Innsbruck eine von Rieger verfaßte böhmische Constitution, die jedoch abgelehnt wurde. Pillersdorf in Wien erklärte die neue Prager Regierung für ungesetzlich und rebellisch, erwartete aber noch die definitive Entscheidung des Kaisers. Bevor aber diese angelangt war, kam es in Prag schon zu Kämpfen. Die Tschechen dachten, sie würden unter allen Umständen ihre Pläne leichter durchsetzen, wenn der energische Fürst Windischgrätz, der die Truppen in Prag commandirte, von dort entfernt werde. Sie beschlossen also am 7. Juni auf einer großen Volksversammlung im Wenzelsbade bei Prag, wo sie auch schon früher gewöhnlich ihre Verabredungen gehalten hatten, vom Kaiser die Entlassung dieses Generals zu verlangen. Am 10. auf einem großen Slavenball sollte der Fürst sogar ermordet werden, war aber stets so von seinen Adjutanten umgeben, daß ihm nie-

mand zu Leibe konnte. Am nächsten Tage forderten die Studenten
von ihm Waffen und Munition, er antwortete ihnen aber, er brauche
sie selbst. Am 12. begann der aufgehetzte Pöbel, die Soldaten durch
Pfeifen und Absingen von Spottliedern zu verhöhnen und endlich
thätlich anzugreifen. Barrikaden wurden gebaut, die ganze Stadt
mit ungeheurem Lärm erfüllt. Fürst Windischgrätz eilte auf die
Straße, aber schon feuerte man auf ihn aus den gegenüberliegenden
Häusern und ein Schuß tödtete seine ihm eben aus dem Fenster
nachblickende Gemahlin. Dennoch verlor er keinen Augenblick die
soldatische Ruhe und traf so gute Dispositionen, daß er die Insurgenten auf allen Puncten zurückschlug und gegen Abend in der
Altstadt einengte. Aber sein Sohn wurde tödtlich verwundet. Graf
Leo Thun wurde von den Insurgenten gefangen gehalten.

Am folgenden Tage wurde unterhandelt. Man begreift nicht
recht, wozu sich die Partei in einem Kampfe gegen kaiserliche Truppen erschöpfte, da sie mit dem Kaiser zu gehen gelobt hatte und
das auch wirklich die klügste Politik für sie war. Wie es scheint,
blieb seit dem Slavencongreß die tschechische Partei nicht mehr
Meister und hatten sich polnische Emissäre eingedrängt, die nichts
von Oesterreich, sondern alles nur von einer allgemeinen Anarchie
hofften. Windischgrätz verlangte die Freilassung des Grafen Thun
und die Wegräumung der Barrikaden. Das erstere wurde zugestanden, des zweiten weigerten sich die Aufrührer und ließen am
folgenden Tage wieder größere Kühnheit blicken. Da in der Nacht
des 14. zog Windischgrätz mit allen seinen Truppen aus der Stadt.
Die Insurgenten jubelten schon darüber, als sie plötzlich in der
Morgensonne seine Kanonen und Bajonette vom Hradschin herab
blitzen sahen, denn er hatte Prag nicht verlassen, sondern nur die
Höhen besetzt, von wo aus er die Stadt am bequemsten bombardiren
konnte, wenn sie nicht gehorchte. Es ließ sich mit den Insurgenten nicht mehr unterhandeln, denn sie brachen jeden Augenblick
ihre Zusage, griffen mitten im Waffenstillstand an, verstärkten die
Barrikaden, welche sie wegzuräumen versprochen hatten ꝛc. Als

aber Windischgrätz durch schweres Geschütz die Mühlen demolirte, von wo aus sie am hartnäckigsten auf ihn feuerten, und endlich ein Paar Bomben über die Stadt platzen ließ, nur um zu beweisen, was er zu thun vermöchte, wenn er die Stadt nicht schonen wollte, entsank den Aufrührern der Muth. Die Führer, aus Angst gefangen zu werden, machten sich heimlich davon und am 17. ergab sich die Stadt auf Gnade. Das war der erste Sieg der kaiserlichen Partei über die Revolution in Oesterreich, zwar nur lokal, aber von unermeßlichem moralischem Erfolge. Seine Bedeutung für Deutschland lag darin, daß er bewies, wenn sich Oesterreich nicht selber helfe, werde es von Deutschland, namentlich von Frankfurt her, keine Hülfe erhalten. Professor Wuttke von Leipzig hielt in wohlwollendem Eifer am 18. Juni zu Aussig eine große Volksversammlung von Deutschböhmen und Sachsen ab, aber die antitschechischen Reden, die hier fielen, hätten Windischgrätz nicht geholfen, wenn er seine Kanonen nicht gehabt hätte. Als nachträglich am 1. Juli der Bundestag ihm Reichshülfe anbot, dankte die österreichische Regierung und lehnte sie ab. Dieselbe ließ sich in der böhmischen Frage offenbar von Windischgrätz leiten, der ein eben so trefflicher Staatsmann, wie General war.

Gleichzeitig hatte eine zähe und höchst leidenschaftliche Opposition der Südslaven in Ungarn gegen Kossuth begonnen. Zu Neusatz bildete sich ein serbisches Nationalcomité und schickte eine Deputation nach Pesth, um für die serbische Nation gleiche Rechte wie die magyarische zu verlangen, am 8. April. Aber Kossuth erkannte sie nicht an und forderte unbedingte Unterwerfung der Serben. Hierauf constituirten sich die Serben als freie Nation, wählten den Erzbischof von Karlowitz, Rajachich, zu ihrem Patriarchen, Stefan Schublikatz zu ihrem Wojewoden und Stamirowich zum Befehlshaber der Volkswehr. General Hrabowski, kaiserlicher Befehlshaber der serbischen Grenzer zu Peterwardein, dem man vorstellte, die Serben dienten dem Kaiserhause zur Abwehr gegen bie unbotmäßigen Magyaren, hielt sich trotzdem streng an den Buchstaben des Gesetzes, ber ihm vorschrieb, sofern ber District ber serbischen Grenzer (bas Banat) zum Königreich Ungarn gehöre, auch nur Befehle vom neuen ungarischen Ministerium anzunehmen. Und wirklich schickte er Truppen gegen bie Serben, erfuhr aber eine Niederlage.

Auch bie Croaten stellten bereits zu Agram am 25. März ihre nationalen Forberungen an ben Kaiser, ber ihnen aber zuvorkam und ihren Liebling, ben Baron Jellachich, zum Ban ernannte, noch ehe ihre Deputation in Wien angelangt war. Der neue Ban hätte sich nun bem ungarischen Ministerium unterwerfen sollen, gleich ben Serben, that es aber nicht, sondern behauptete eine selbständige Stellung. Die slavonischen Grenzer, bie unter Hrabowski's Befehl standen, wie bie Serben, gehorchten ihm ebenfalls nicht, sondern stellten sich unter ben Ban. Serben und Croaten schickten besondere Deputationen nach Innsbruck zum Kaiser, wurden aber abgewiesen, weil man hier mit Ungarn noch nicht zu brechen wagte. Dem heimkehrenden Ban wurde sogar sein Absetzungsbecret vom 10. Juni nachgeschickt. Gleichwohl wies ihn ber Kaiser noch an ben Erzherzog Johann, ber sich nach Wien begeben hatte, um hier im Namen bes Kaisers wo möglich bie Ordnung zu erhalten. Jellachich besprach sich hier mit Batthyanyi, bem Chef bes ungarischen Ministeriums, beibe aber schieben als Feinbe und bestellten sich auf bas Schlachtfeld. Der Ban unterwarf sich nicht.

In welche Verlegenheit bie kaiserlichen Offiziere geriethen, bie sich in Ungarn befanden, kann man sich benken, ba sie bem Kossuthministerium gehorchen sollten, von welchem jebermann wußte, wie feindselig es gegen Haus Oesterreich gesinnt sey. Offiziere, von benen man voraussah, sie würden bem Kaiser treu bleiben, mißhandelte man. So wurde bem Baron Leberer, Commandanten von Ofen, eine Katzenmusik gebracht (14. Mai) und als er bie Lärmer verjagen ließ, wobei einige Personen verwundet wurden und bas ungarische Ministerium eine Untersuchung über ihn verhängte, sah er sich gezwungen, nach Wien zu gehen. Auf die gemeinen Soldaten wirkte man durch jede Verführung ein, um sie dem Kaiser untreu zu machen.

In Wien herrschte nach dem großen Barrikadenzuge eine verhältnißmäßige Ruhe. Die Wühler hatten die Absicht, mit dieser Ruhe den Kaiser zu täuschen, um ihn nach Wien zurückzulocken, denn sie hofften durch ihn mehr zu erreichen, als gegen ihn. Fischhof ging in frecher Scheinheiligkeit so weit, als Präsident des Sicherheitsausschusses die große Frohnleichnamsprocession am 22. Juni zu eröffnen, als Jude. Er wollte dadurch beweisen, wie viel ihm an der Ruhe und Ordnung in der Stadt liege. Am 24. kam Erzherzog Johann nach Wien, ohne Mittel, die Autorität des Kaisers herzustellen. Der Sicherheitsausschuß selbst war in keiner beneidenswerthen Lage, denn das Proletariat verlangte Brod, und die Nahrungslosigkeit in Wien hatte durch die Flucht aller Reichen und durch den Stillstand aller Gewerbe zugenommen. In seiner Verlegenheit machte der Ausschuß den armen Pillersdorf zum Sündenbock, und Erzherzog Johann ergriff gern die Gelegenheit, diesen unfähigen Mann zu entlassen, am 8. Juli. Johann selbst mußte um diese Zeit nach Frankfurt abreisen, wo man ihn zum deutschen Reichsverweser gewählt hatte, kam aber am 17. Juli wieder nach Wien und bestellte ein neues Ministerium, dessen Chef der greise Wessenberg (Bruder des Constanzer) und dessen ausgezeichnetste Mitglieder außer Latour, welcher Kriegsminister blieb, der liberale Advokat Bach als Justizminister und Kraus für die Finanzen waren. Eine Ansprache des General Frank an die Nationalgarde am 15. Juli wurde gut aufgenommen und eine Art Verbrüderung zwischen Militair und Bürgern gefeiert.

Das kaiserliche Hoflager in Innsbruck wurde damals der Herd diplomatischer Intriguen. Der englische Gesandte, Lord Ponsonby, hatte den Kaiser dahin begleitet und quälte ihn unaufhörlich nach Palmerstons Instructionen mit Vermittlungsvorschlägen

in Betreff der Lombardei. Er nahm dabei die Abtretung der Lombardei zur Basis. Das kaiserliche Cabinet ging auch in der ersten
Betäubung darauf ein und unterhandelte theils durch den Baron
Hummelauer in London mit Palmerston, *) theils auch direct mit
der provisorischen Regierung in Mailand. Es nahm die Basis an,
es ging so weit, zum Pfande der Versöhnung die von Radetzki aus
Mailand mitgenommenen Geißeln frei zu lassen, es befahl Radetzki
selbst, sich ruhig zu verhalten. Es würde, wenn Karl Albert rasch
zugegriffen hätte, wenigstens alles Land bis zum Mincio abgetreten
haben. · Die Unterhandlungen wurden aber durch die Schuld der
Italiener selbst in die Länge gezogen und sie waren es, die den
glücklichen, nicht wiederkehrenden Moment versäumten. Karl Albert
würde sich gern mit der Lombardei begnügt haben, wollte sie aber
ganz erwerben und Verona nicht fahren lassen, welches ihm Oester=
reich noch streitig machte. Die Mazzinisten wollten noch mehr,
wollten ganz Italien bis zum Brenner haben, und Oesterreich ver=
langte unter allen Umständen Venedig zurück. Aus diesem Grunde
kam kein Vergleich zu Stande. Nicht geringen Einfluß auf diesen
Gang der Dinge übte Frankreich. Lamartine wies am 22. März
Mazzini ab, der nach Paris gekommen war, um Hülfe für Italien
zu bitten und befolgte nur die alte französische Politik, indem er
keine Vergrößerung Sardiniens wollte. Cavaignac, der nach der
Junischlacht in Paris das Haupt der Regierung geworden war,
dachte ganz eben so, untersagte dem Marschall Bugeaud und allen
Franzosen, sardinische Dienste zu nehmen, und stellte ein Beobach=
tungscorps an den Alpen unter General Oudinot auf, aber nicht als
Hülfscorps der Sarden. Aus Rücksicht auf Frankreich nahm auch

---

*) In einer Note Hummelauers an Palmerston vom 24. Mai heißt
es wörtlich: „Die Lombardei wird aufhören zu Oesterreich zu gehören
und es wird ihr frei stehen, entweder unabhängig zu bleiben, oder sich
mit einem andern italienischen Staate zu vereinigen. Andrerseits wird
sie einen verhältnißmäßigen Antheil an der österreichischen Nationalschuld
übernehmen."

die Schweiz das ihr von Karl Albert angebotene Schutz- und Trutz-
bündniß nicht an und gestattete unter der Hand nur Zuzüge von
Freischaaren zu Karl Albert und nach Venedig.

Hätte Karl Albert nicht beständig sein sardinisches Sonderinteresse im Sinne behalten, hätte er uneigennützig für die Befreiung Italiens sich opfern wollen, so würde es ihm vielleicht gelungen seyn, wenn er mit seinen doppelt überlegenen Streitkräften
schon am Ausgang März über Radetzki so rasch, wie einst Napoleon über Wurmser, hergefallen wäre, denselben zu vertreiben. Er
konnte, aber er wollte nicht. Er hoffte nämlich, die Lombardei auf
dem Wege der Unterhandlung ohne Opfer zu erlangen und er
fürchtete, ein Kampf mit Radetzki, wenn er auch siege, werde ihn
dermaßen schwächen, daß er nicht mehr stark genug seyn würde, sich
der Mazzinisten zu erwehren, jener falschen Freunde, die sich seiner
nur bedienen, ihn ausnutzen und dann aus Italien eine Republik
machen wollten. Er wußte wohl, was der Ingrimm bedeutete, mit
dem die Mazzinisten überall, ja in Turin selbst, ihn mit Vorwürfen überhäuften, daß er vor Verona stehen bleibe und nicht
losschlage. Was für ein Geist in Piemont herrschte, zeigt die
Judenemancipation am 25. März und die Zerstörung des Jesuitencollegiums in Genua am 29. In der Lombardei brachte der Partei-
gänger Garibaldi ein Freicorps von höchstens 8000 Mann zusammen, aber Karl Albert hütete sich wohl, eine allgemeine Volksbewaffnung anzuordnen. Sie würde ihm über den Kopf gewachsen
seyn und seine stehende Armee in die demokratische Corruption fortgerissen haben. Uebrigens war auch das Landvolk in der Lombardei
friedlich gesinnt und dem Kriege abgeneigt, die Städter aber nur
feige Polterer. Um sich Venedig zu sichern, schickte Karl Albert
dorthin 2000 Mann und die sardinische Flotte unter Albini legte
sich vor Triest, doch ohne diesem Hafen Schaden zu thun. Gleichwohl erklärte sich Venedig nicht für ihn, sondern blieb Republik.
Daraus konnte Karl Albert erkennen, daß die Mazzinisten überhaupt sich wohl seines Schwertes bedienen, aber sich seinem Scepter

nicht unterwerfen wollten. Sie selbst zwangen ihn, wenn er nicht
ihr Opfer werden wollte, ihnen nicht zu viel entgegenzukommen,
und dann beschuldigten sie ihn, er sey ein Absolutist, wie alle an=
dern Könige, und werde, wenn er um diesen Preis die Lombardei
erkaufen könne, nöthigenfalls mit Hülfe Oesterreichs die Republik
in Italien unterdrücken.

Er rechnete so sehr auf eine Verständigung mit Oesterreich
unter der Vermittlung Englands, daß er die dringenden Bitten des
Papstes, sich einem italienischen Staatenbunde anzuschließen, ab=
lehnte. Er wollte diese Combination aus zwei Gründen nicht, ein=
mal weil der Papst nach Gioberti's Plan das Haupt des Bundes
werden sollte, und zweitens, weil die Macht des Papstes damals
auf den schwächsten Füßen stand und in der republikanischen Strö=
mung schien versinken zu müssen.

In Folge der Pariser Februarrevolution war in Mittel= und
Süditalien die schon 1847 in den Gang gekommene Bewegung rasch
zu einem Sturm angewachsen. Pius IX. beschwor diesen Sturm
in Rom einigermaßen, als er schon am 15. März eine neue Ver=
fassung verkündete, wodurch Rom künftig ein weltliches Ministerium
und eine Deputirtenkammer erhielt. Als aber bald darauf die
Wiener Revolution bekannt wurde, war die römische Bevölkerung
wie von der Tarantel gestochen. Der venetianische Palast wurde
gestürmt und der österreichische Doppeladler abgerissen. Fest folgte
auf Fest in bacchantischer Lust. Aber alles waffnete auch und schon
am 24. zog General Durando mit einer päpstlichen Armee und
Oberst Ferral mit einer großen Freischaar (zusammen 17,000
Mann) aus Rom aus, gegen Norden. Der Papst segnete die
Truppen ein, weil er sie nur an die Grenze schickte, um den Kir=
chenstaat zu schützen; aber die Truppen selbst dachten an nichts an=
deres, als zu Karl Albert zu stoßen und die Oesterreicher über die
Alpen jagen zu helfen. Auch genirte sich Durando gar nicht, son=
dern führte die Truppen, nachdem er unterwegs vergebens das von
den Oesterreichern besetzte Ferrara berannt hatte, über den Po.

Erschrocken hielt der Papst am 29. April eine Allocution, worin er betheuerte, den Truppen keinen Befehl zum Kriege gegen Oester- reich ertheilt zu haben, und dringend zum Frieden mahnte. Aber die Aufregung, die darauf im römischen Volk entstand, war so groß, daß Cardinal Antonelli, der dem Laienministerium präsidirte, dasselbe nicht mehr zusammenhalten konnte, sondern Mamiani, den Führer eines Klubs, und dessen Freunde zu Ministern machen mußte, die sofort ertrotzten, daß der Papst die Vereinigung Durando's mit Karl Albert genehmigte unter Voraussetzung der von ihm vorge- schlagenen italienischen Conföderation, die aber Karl Albert nicht einging. — In Toscana herrschte derselbe Geist wie in Rom und auch von hier zog eine kleine Armee von 7000 Mann unter Ge- neral Laugier den Sarden zu. Aus Modena wurde der Herzog vertrieben.

Der König von Neapel hatte bereits am 10. Februar eine Verfassung gegeben, Sicilien sich schon im Januar durch eine Re- volution losgerissen und unabhängig erklärt. Lord Minto schürte das Feuer, Professor Saliccetti wühlte unter dem Volk und unter der Nationalgarde Neapels. Am 11. März wurden die Jesuiten von hier vertrieben, am 25. das österreichische Wappen abgerissen und der Wiener Botschafter, Fürst Felix Schwarzenberg, reiste ab, da ihm der König keine Genugthuung geben konnte. Am 3. April mußte der letztere die Zusätze der Verfassung im demokratischen Sinne bewilligen und den Geschichtschreiber Troja zum ersten Mi- nister machen, am 7. an Oesterreich den Krieg erklären und den alten General Wilhelm Pepe mit 13,000 Mann nach dem Norden schicken; da er jedoch eifersüchtig auf Karl Albert war, sollten diese Truppen nicht über den Po gehen. Am 14. Mai trat die neuge- wählte Kammer zusammen, aber die Mazzinisten hatten schon alles dergestalt unterwühlt, daß die Constitution nicht mehr genügte, man wollte den Thron stürzen. Da England es auf die definitive Lostrennung Siciliens von Neapel abgesehen hatte, um seine alte Herrschaft über diese Insel wiederzuerlangen, der König aber allen

Zumuthungen beßfalls sein Ohr verschloß, ist es wahrscheinlich, daß Lord Minto, dem die Wühler Ständchen brachten, die neue Insurrection gut geheißen hat und daß auf seinen Antrieb eine Freischaar aus Sicilien herüberkam, die am 15. Mai dem Pöbel Neapels im Kampf gegen die königlichen Truppen voranging. Ganz Neapel füllte sich mit Barrikaden. Der König und die Kammer suchten durch Unterhandlungen den Sturm zu beschwören, aber vergebens. Die Wühler schossen, die Soldaten mußten sich wehren. Das neapolitanische Militair konnte nicht Meister werden, die Nationalgarde verkroch sich oder stand zu den Aufrührern. Nur dem kühnen Muthe der vier im Sold des Königs stehenden Schweizerregimenter unter ihrem Brigadier Stockalper, 3—4000 Mann stark, konnte die ganze brausende Bevölkerung Neapels (400,000 Einwohner und viel zugelaufenes Volk aus den Provinzen) nicht widerstehn. Die Schweizer überwältigten alle Barrikaden und stellten die Ruhe vollständig her, wobei sie nur 27 Todte und 174 Verwundete verloren. Der König ließ die ganze Stadt entwaffnen, hob die Concessionen vom April auf, behielt aber die Verfassung vom Februar bei und stellte den Fürsten Carlati an die Spitze eines neuen Ministeriums. Auch Pepe wurde zurückgerufen, um gegen Sicilien zu kämpfen, warf sich aber mit einem kleinen Theil seiner Truppen nach Venedig, während der größere heimkehrte. — Der Sieg der Schweizer in Neapel ging noch dem des Fürsten Windischgrätz in Prag vorher und zerstörte den Wahn der Unbesieglichkeit der italienischen Revolution. Die Schweizer Tagsatzung entehrte sich damals, indem sie den tapfern Regimentern vorwarf, sie hätten gegen die Ehre und gegen das Interesse der Schweiz gefochten, und sogar deren Auflösung befahl. Die Regimenter ließen sich jedoch nicht auflösen, sondern hielten sich an den Eid, den sie dem König von Neapel geschworen hatten, und an die eingegangene Dienstzeit, die noch nicht abgelaufen sey.

Unterdeß hielt der alte Radetzki Verona fest. Da er zu schwach war, durfte er keine Schlacht wagen. Es genügte ihm, sich zu be-

festigen, sich die Verbindungslinie durch Tirol offen zu halten und
die Verstärkungen abzuwarten, die ihm Nugent zuführen sollte.
Aber er hatte bittere Stunden zu erleben. In Wien selbst war er
aufgeopfert, unterhandelte das Ministerium mit dem Feinde, reiz-
ten die Kossuthanhänger das Volk zu Verwünschungen gegen ihn
auf, wurden die von ihm über die Alpen geschickten Geißeln aus
Mailand und Trient wieder freigelassen. Nur mühsam konnte er
Lebensmittel beitreiben und die Verstärkungen kamen nicht, denn es
war kein Geld vorhanden, um Rekruten auszurüsten, und die alten
Soldaten waren in Böhmen, in Ungarn festgehalten oder wurden,
wenn sie nach Italien abmarschiren sollten, in den aufgewiegelten
Städten nicht fortgelassen. General Schönhals, Geschichtschreiber
des Feldzugs, sah den alten Feldmarschall Radetzki oft wankend
sich an einem Stuhl oder Tisch halten, wenn wieder schlimme
Nachrichten aus Wien kamen. Aber stets ermannte er sich wieder
und traf die besonnensten Anstalten zur Vertheidigung, überall unterstützt vom Vertrauen und guten Muth seiner Soldaten. Ihm
zunächst an Rang und Verdienst stand der Chef seines Generalstabs, Feldmarschalllieutenant v. Heß. Ein Vorpostengefecht bei
Galto am 7. April, nach welchem die Oesterreicher sich zurückzogen,
wurde von den Italienern als ein ungeheurer Sieg bezeichnet. Am
11. ließ Radetzki die italienischen Freischaaren aus dem verbarri-
kadirten Städtchen Castelnuovo vertreiben, weil sie die Verproviantirung seines Lagers störten. Das gab ein großes Blutbad, denn
die Oesterreicher waren über die frechen Freischaaren sehr erbittert.
Diese wurden dem Sardenkönig selbst durch ihre Anmaßungen lästig.
Er schickte sie daher, 10,000 Mann stark, unter Allemandi durch
Indicarien ins südliche Tirol, um Radetzki in den Rücken zu kommen und seine Verbindung mit Deutschland abzuschneiden. Aber
diese elenden Haufen wichen am 18. April vor den ersten Schüssen
der Tiroler Schützen zurück. Ganz Tirol stand plötzlich in Waffen. Allemandi sollte die Schuld der Feigheit seiner Leute tragen
und Karl Albert konnte ihn nur durch einen Verhaftsbefehl vor

der Volkswuth retten. Die meisten Freischärler zerstreuten sich in ihre Heimath.

Am 16. April hatte Feldzeugmeister Nugent durch Latours Anstrengungen endlich 13,000 Mann am Isonzo zusammengebracht, rückte vor und nahm Udine und Belluno (5. Mai) ein, ohne irgend erheblichen Widerstand zu finden. Ein grober Mißgriff der Italiener, die stark genug gewesen wären, Nugents schwaches Corps aufzuhalten, wenn mehr Einigkeit unter ihnen geherrscht hätte. Karl Albert wurde durch das Herabkommen Nugents aus den Bergen aus seiner Lethargie gerissen und vertrieb die Vorhut Radetzki's, welche die kleine Festung Peschiera schützte, am 30. April bei Pastrengo. Ein allgemeiner Angriff aber, den er am 6. Mai auf die Vorposten bei St. Lucia machte, scheiterte nach blutigem Kampfe an dem unerschütterlichen Muth der Oesterreicher, die überdies durch ein schwieriges Terrain gut gedeckt waren. Diesem schönen Kampfe wohnten die Erzherzoge Albrecht und Franz Joseph (der jetzige Kaiser) an, die das alte Oesterreich da suchten, wo es allein noch zu finden war, im Lager. Unterdeß war Nugent erkrankt und mußte den Befehl an den Grafen Thun abgeben, der zwar bei Corunba den Ferrari schlug (8. Mai), aber vergebens Vicenza berannte, wo Durando mit den Römern und Venetianern Stand hielt, und endlich am 25. vor Verona mit Radetzki sich vereinigte.

Hierauf unternahm der alte Feldherr schon am 29. einen kühnen Marsch gegen Mantua, um die sardinische Armee, die damals alle ihre Anstrengungen gegen Peschiera richtete, von der linken Seite her aufzurollen und unterdeß die kleine Festung mit Lebensmitteln zu versehen. Mit einem gewaltigen Stoße zertrümmerte er Laugiers toskanische Division bei Curtatone, wo das Bataillon der Pisaner Studenten und ihr Professor, der gelehrte Geologe Pilla, ruhmvollen Tod fanden. Aber am folgenden Tage traf Karl Albert bei Gaito so gute Dispositionen, daß Radetzki nach einem blutigen Kampfe wieder zurückging. Hier wurde Fürst Felix

Schwarzenberg verwundet. Damals erhielt Radetzki vom Kaiser aus Innsbruck Befehl, dem König Karl Albert einen Waffenstill-stand anzutragen, welchem sodann ein Friedensschluß im Sinn Pal-merstons hätte folgen sollen. Aber Radetzki faßte den großherzigen Entschluß, nicht zu gehorchen, sondern den verwundeten Fürsten Felix mit einem Schreiben an den Kaiser zu senden, worin er den-selben dringend bat, den Muth nicht zu verlieren. Fürst Felix be-nutzte seine Anwesenheit in Innsbruck vortrefflich und ihm nächst Radetzki verdankt Oesterreich seine Rettung.

Durch die Schlappe bei Goito wurde die Verproviantirung Peschieras unmöglich. Der tapfere Commandant, Feldmarschall-lieutenant Rath mußte aus Hunger schon am 30. gegen freien Ab-zug die Festung übergeben. Von hier aus konnte Karl Albert den Weg im Rücken Veronas bedrohen, deshalb beschloß jetzt Ra-detzki, Vicenza zu nehmen, das ganze nordöstliche Italien bis vor die Thore von Venedig zu säubern und dann erst wieder die Sar-ben anzugreifen. Durando hielt sich in Vicenza gut, mußte aber capituliren (11. Juni) und durfte frei abziehen. In diesem Kampf fiel der tapfere Kopal, Oberst und Liebling der Kaiserjäger (Tiroler Schützen), dessen Andenken in seinem Horne fortlebt. Un-terdeß besetzte Karl Albert Rivoli auf der Straße nach Verona in Südtirol, aber dieser Punct war nicht mehr wichtig, weil die Ver-bindung Radetzki's mit Wien jetzt auf andern, östlicheren Wegen gesichert war.

Damals erst, als der Sieg Karl Alberts überhaupt schon sehr zweifelhaft geworden war, bequemten sich die Lombarden, seine Unter-thanen zu werden. Die Einverleibung der Lombardei in das König-reich Sardinien wurde zu Mailand am 8. Juni beschlossen, nicht ohne Lord Minto's Vermittlung.

Ein neues österreichisches Hülfscorps, 12,000 Mann unter Feldmarschalllieutenant Welden, kam damals über Bassano und griff in die Operationen Radetzki's ein, indem es Padua und Treviso nahm und sogar ein fliegendes Corps unter Fürst Lichtenstein nach

Ferrara schickte, um die dort eingeschlossenen Oesterreicher zu ver-
proviantiren, während Radetki selbst freie Hand behielt, gegen Karl
Albert angriffsweise vorzugehen. Der letztere hatte nach Peschieras
Einnahme sein ganzes Augenmerk auf den Besitz von Mantua ge-
richtet und seine Truppen gegen diese Festung in einer zu langen
Linie vorgeschoben. Radetki wollte ihn nun aufrollen. In der
Nacht auf den 23. Juli bei einem schrecklichen Gewitter brachen die
Oesterreicher auf und erstürmten am Morgen, als die Sonne wieder heiß brannte, die so lange gefürchteten Schanzen von Montebello, Sommacampagna und Custozza, welche der hier zurückge-
lassene sardinische General Sonnaz nach einem kurzen, raschen
Kampfe verlor. Nun zog aber Radetki über jene Höhen hinaus
gegen den Mincio und ließ die Höhen selbst nur von der Brigade
Simbschen besetzt, die am folgenden Tage durch die große Uebermacht des von Mantua umkehrenden Sardenkönigs erdrückt und
mit schwerem Verlust hinabgeworfen wurde. Am 25., einem überaus heißen Tage, an dem der Thermometer 28—30 Grade zeigte,
griffen beide Heere zugleich einander an. Karl Albert von Villa-
franca aus in nordwestlicher Richtung, indem er glaubte, die Oesterreicher stünden dort, und um mit Sonnaz, der nach Peschiera zurückgezogen war, zusammenzuwirken; Radetki aber von Valeggio aus, viel weiter südlich, als Karl Albert ihn vermuthet
hatte. Bei Custozza stießen sie zusammen. Die Oesterreicher
mußten die Höhen zum zweitenmal, diesesmal von der entgegenge-
setzten Seite, erstürmen und thaten es mit unwiderstehlicher Tapferkeit, obgleich viele von ihnen nicht von Kugeln, sondern vom
Sonnenstich todt niedersanken. Gleichzeitig war General Haynau
mit der österreichischen Reserve von Verona ausgerückt und griff
den Feind bei Sommacampagna von hinten an. Von hier bis
Valeggio wüthete die Schlacht in langer Linie den ganzen heißen
Tag hindurch. Die Sarden kämpften mit verzweifelter Tapferkeit,
am längsten der zweite Sohn des Königs, Ferdinand, Herzog von
Genua, auf dem Monte Godio, bis auch er gegen Abend weichen

mußte. Sonnaz, der hätte helfen ſollen, griff erſt am Abend des
nächſten Tages die Vorhut der Oeſterreicher bei Volta an. Karl
Albert ſuchte hier noch einmal Stand zu halten, mußte aber am
Morgen des 27. auch dieſe letzte Aufſtellung nach mörderiſchem
Kampfe verlaſſen und ſeine Niederlage war vollſtändig.

Der von Müdigkeit und Kummer unendlich leidende König
wünſchte einen Waffenſtillſtand, aber Radetzki ſchlug ihn aus, um
den beſiegten Feind nicht mehr zu Athem kommen zu laſſen. Der
engliſche Geſandte in Turin, Lord Abercrombie, fand ſich bei Radetzki ein, um zu unterhandeln, und wurde zur Tafel gezogen, auf
der es nichts als hartes Rindfleiſch mit Reis gab. Unterhandeln
aber wollte der alte Feldmarſchall erſt in Mailand. Dahin floh
Karl Albert, nachdem er nicht mehr gewagt, Cremona zu behaupten,
und erſt vor den Thoren der lombardiſchen Hauptſtadt nahm er
noch einmal den Kampf auf, am 5. Auguſt. Aber auch hier erlitt
er eine Niederlage und brachte eine ſchreckliche Nacht in der Stadt
zu, umheult vom Pöbel, der ihn Verräther nannte und tödten
wollte. Seine Truppen mußten ihn mit Gewalt befreien. Aus
Angſt vor dem Pöbel gingen der Erzbiſchof und der Podeſta von
Mailand zu Radetzki hinaus und baten ihn, bald einzurücken. Der
alte Herr hatte unterdeß auch dem König freien Abzug bewilligt
und zog an der Spitze ſeines herrlichen Heeres am 6. in ſtillem
Triumph in Mailand wieder ein. Drei Tage ſpäter unterzeichnete
er einen Waffenſtillſtand, in welchem er dem König von Sardinien
großmüthig den Beſitz ſeiner Grenzen ſicherte, ohne in dieſelben
einzufallen. Dagegen lieferte Karl Albert Peschiera aus und zog
ſeine Truppen aus Venedig zurück. Hier war er eben nach vielen
Intriguen durch eine Stimmenmehrheit am 4. Juli zum König
ausgerufen worden, als die Nachricht von ſeinem Unglück die Gemüther ſchnell wieder umſtimmte und ſchon am 10. Manin die Republik wiederherſtellte. Den letzten Kampf in der Lombardei be-
ſtanden die Oeſterreicher gegen Garibaldi bei Morazzone, von wo
derſelbe in die Schweiz flüchtete. Die ganze Lombardei war wieder-

erobert und wurde von Radeßki mit der äußersten Milde behandelt. Statt Confiscationen zu erheben, ersetzte er den Geldmangel der Armee nur durch neues Papiergeld. Aus denselben diplomatischen Gründen, aus denen Oesterreich die sardinische Grenze schonte, dul- dete es damals auch noch den radicalen Unfug in Mittelitalien und beschränkte sich einzig auf Wiedergewinn dessen, was ihm gehörte. Radeßki ließ Venedig von der Landseite cerniren und begann die mühsame Belagerung dieser schönen Inselstadt. Fürst Lichtenstein brachte Verstärkungen und Munition nach Ferrara, ging aber dann wieder zurück.

Der glorreiche Sieg von Custozza wurde mit gutem Grunde von allen denen verwünscht, die ein einiges und freies Italien neben einem einigen und freien Deutschland gewollt hatten. Doch hätten sie ihre Unfähigkeit, zu diesem Doppelziele zu gelangen, in Anschlag bringen sollen. Die sittliche Kraft war nicht in den Klubs und Freischaaren, sondern im Lager Radeßki's. Gegen die Treulosig- keit des Sarden und die Prahlerei des Lombarden wehrte sich der kaiserliche Soldat mit ehrlicher Treue und altgewohnter Tapferkeit. Er hätte das gethan und der Ruhm wäre ihm geblieben, auch wenn er den österreichischen Kaiserstaat dadurch nicht hätte retten können. Aber er rettete ihn und Radeßki wurde Oesterreichs guter Genius, wie Kossuth der böse.

Radeßki's Sieg führte unmittelbar zu einer Annäherung Lord Palmerstons an den russischen Kaiser unter Vermittlung des rus- sischen Gesandten in London, Baron Brunnows. Palmerston er- grimmte, daß Radeßki seinen italienischen Plan durchkreuzt hatte, fand Frankreich keineswegs gewillt, sich gegen Oesterreich hetzen zu lassen, ergriff daher gern die dargebotene Hand Rußlands. Von dieser Zeit an nahm er mehr Partei für die Dänen gegen das deutsche Interesse in Holstein und Schleswig, und gestattete den Russen auch, was ihnen in den Donaufürstenthümern zu thun be- liebte. Auch hier nämlich tief unten an den Donaumündungen hatte die Februarrevolution die Geister entzündet. Gegen den Ho-

spodar der Moldau, Fürst Sturdza, der seine Würde in Constantinopel und Petersburg erkauft hatte und unter russischem Schutz
die schnödeste Tyrannei übte, erhoben sich 60 Bojaren in Jassy und
verlangten Reformen, aber er ließ sie in Ketten legen und auf's
grausamste mißhandeln, am 10. April. Auch in der Wallachei
wurden Reformen verlangt. Am 8. Juli rückten russische Truppen
in Jassy ein, ein Circular vom 31. rechtfertigte diese Maßregel
und enthielt die merkwürdige Aeußerung: „die Integrität der Türkei
zu erhalten sey Grundbedingung, wenn der europäische Frieden
überhaupt erhalten werden sollte, und nur um die durch die Revolution mißkannte Autorität der hohen Pforte in den Donaufürstenthümern herzustellen, werde Rußland das Nöthige vorkehren."
Hierauf rückten von Süden her auch türkische Truppen unter Su-
leiman Pascha in die Wallachei ein. Dieser war mit den Reformen
in Bucharest einverstanden und schützte sie, wurde aber bald durch
Fuad Effendi ersetzt, der sich mit dem russischen General Duhamel
zur grausamen Unterdrückung derselben vereinigte. Ein anderer
russischer General, v. Gerstenzweig, erschoß sich damals.

Gegen die Revolution des Westens erließ Kaiser Nicolaus
am 28. März ein Manifest voll Stolz und Zuversicht, worin er
verkündete, er werde zwar innerhalb der Grenzen seines Reichs
bleiben und nicht angriffsweise verfahren, stehe aber gerüstet, um
jeden Angriff zurückzuschlagen.

In Wien blieb unterdeß das Volk Meister und Kossuth mit
der ganzen Macht Ungarns stand ihm zur Seite. Wien war im
Sommer von fast allen Reichen und Vornehmen verlassen. Der
Sicherheitsausschuß und die Aula herrschten neben dem Ministerium
und Reichstag fort. Geld war so rar, daß die Ausfuhr desselben verboten und z. B. keinem Buchhändler erlaubt war, bei der Leip-
ziger Messe seinen Verpflichtungen zu genügen. Die Arbeiter
gingen in den Häusern der Bürger umher und erzwangen sich Al-
mosen. Um sie zu beschwichtigen, ließ das Ministerium eine große
Menge derselben auf Staatskosten öffentliche Arbeiten verrichten.

Die schlechteste Presse, von Studenten und Juden besorgt, schändete jene Tage. Auch Ronge kam nach Wien, um Oesterreich zu deutschkatholisiren, fand aber so wenig Anklang hier, wie Uhlich in Berlin.

Die constituirende Nationalversammlung für Oesterreich war am 22. Juli noch von Erzherzog Johann, kurz bevor derselbe seine Residenz definitiv nach Frankfurt verlegte, in Wien eröffnet worden. Gleich der Berliner Versammlung enthielt sie auch eine Menge Mittelmäßigkeiten und Verschrobenheiten und wurde, anstatt einen Impuls auf das Volk auszuüben, von den Klubs und vom Straßenpöbel terrorisirt. Eine sichere Mehrheit hätte sich in ihr nur bilden können, wenn die Böhmen mit den Deutschen zusammengestanden wären, aber der leidige Streit der Nationen hinderte diese Einigung. Aus Besorgniß, die Slaven könnten die Mehrheit erlangen, hielten sich viele Deutsche lieber zur Opposition und ließen sich von Kossuth mißbrauchen. Die Slaven konnten auch kein Vertrauen erwecken. Palacky's Intriguen waren längst bekannt und was mußte der gebildete Deutsche empfinden, wenn er neben sich als Reichstagsabgeordnete 32 galizische Bauern sitzen sah, die ohne alle Bildung und ohne deutsch zu können, nur immer mit den Böhmen stimmten und des Nachts bei den gemeinen Soldaten in der Kaserne schliefen, weil sie ihre Diäten mitheimzubringen verpflichtet waren! Uebrigens herrschte anfangs in der Versammlung dieselbe Mäßigung, wie in der Stadt, denn Kossuths Partei, welche die Zügel jeder Bewegung in den Händen hielt, gebot damals Ruhe, um den Kaiser nach Wien zurückzulocken. In Innsbruck stand der Kaiser zu sehr unter dem Einfluß des Muthes, der aus Radetzki's Lager kam, hauptsächlich durch den Fürsten Felix Schwarzenberg. Man wollte ihn daher wieder in Wien haben, um ihn hier besser terrorisiren und seiner Schwäche alles abtrotzen zu können. Als am Ende Juli Jellachich in Wien mit einem großen Fackelzug geehrt wurde, hielten sich die zahlreichen Anhänger Kossuths doch ganz ruhig.

Kaiser Ferdinand kehrte nun wirklich am 12. August nach
Wien zurück, ob aus Vertrauen in die zukünftige Ruhe Wiens,
oder auf Antrieb einer entschlossenen kaiserlichen Partei, die eine
Entscheidung haben wollte und sich auf Windischgrätz und Radetzki
verließ, ist ungewiß. Die Aula schien nicht zu ahnen, mit ihrer
Herrschaft werde es bald aus seyn. Bei einer großen Musterung
am 19. kehrte die akademische Legion, indem sie beim Kaiser vor-
beizog, wie auf Commando das Gesicht von demselben ab und
spielte den schändlichen „Fuchsmarsch". Am 20. wagte das Ministerium den ersten kühnen Schritt und setzte den Lohn der öffentlichen Arbeiten herab. Die Arbeiter empörten sich, wurden aber
von der Municipalgarde besiegt, und am 24. löste die Regierung
den Sicherheitsausschuß auf, der auch keinen Widerstand wagte.
Am 12. Sept. war Wien in neuer Unruhe durch den Schwindel
eines gewissen Swoboda, der das Volk mit Privatactien betrogen
hatte, für die der Staat keine Garantie übernahm. Die wirkliche Noth der Betrogenen bewog jedoch die Regierung, sie mit
½ Million Gulden zu unterstützen, wozu noch weitere 2 Millionen für die Armen überhaupt kamen. Am 9. bestätigte der
Kaiser die vom Reichstag beschlossene Aufhebung des ländlichen
Unterthanenverbandes und Entlastung alles bäuerlichen Besitzes.
Damals nahm ein „constitutioneller Verein" in Wien die schwarz-
gelbe Farbe wieder an und es gab deshalb Raufereien wie in
Berlin.

Das unentschiedene Benehmen der Wühler in Wien war nicht
Schwäche, sondern hing von Kossuths Politik ab. Kossuth hatte
am 22. Juli im ungarischen Reichstag die Aushebung von 200,000
Mann Nationaltruppen (Honveds) und das Ausgeben von 42
Millionen Gulden in Papiergeld (die berüchtigten Kossuthnoten)
durchgesetzt, um sich eine Macht zu schaffen, mit der er nöthigenfalls dem Kaiser würde widerstehen können. Da ihn aber die Serben und Croaten bedrohten, hoffte er diese durch ein Machtwort
des Kaisers wohlfeiler als durch Schlachten loszuwerden. Er hü-

tete sich also noch, mit dem Kaiser zu brechen, und nahm die Miene
an, als ob ihm am Frieden und Wohlstand des Reichs alles gelegen sey. Auch legte er im Kampf mit den Serben den größten
Werth darauf, daß seine Truppen im Namen des Kaisers die Serben als Rebellen gegen den Kaiser behandelten. Dieser blutige
Kampf war im Banat seit dem Juli aufs heftigste entbrannt. Die
Serben fochten, gleich den alten Hussiten, auf und hinter ihren
beweglichen Wagenburgen. Der Nationalhaß zwischen ihnen und
den Magyaren war so furchtbar, daß von beiden Seiten die gräßlichsten Grausamkeiten verübt wurden. Die Serben zeichneten sich
durch die lange Vertheidigung von Szent-Tamas und durch mehrere Siege aus, bis im August ihr Lager bei Perlaß von dem ungarischen General Kiß gesprengt wurde. Aber nun brach Jellachich
mit einem starken Croatenheer von Agram auf und überschritt die
Donau, um wirklich im Namen des Kaisers die Ungarn zu züchtigen, die nur zum Schein in seinem Namen handelten.

Das bewog Kossuth, eine große Deputation von 150 ungarischen Herren nach Wien zu schicken, um dem Kaiser ehrerbietig
vorzustellen, er möge zu ihnen nach Pesth kommen, Ungarn persönlich regieren, zunächst aber die noch in Italien stehenden ungarischen Regimenter heimkehren lassen, um ihr Vaterland zu schützen,
und Jellachich bestimmen, von seinem feindlichen Angriffe abzustehen.
Aber der Kaiser antwortete ihnen am 6. September, sein Gesund-
heitszustand hindere ihn, nach Pesth zu reisen, er werde übrigens
die Gesetze und Integrität des Reichs zu erhalten wissen und ihnen
durch das ungarische Ministerium seine weiteren Entschließungen
bekannt machen lassen. Hierauf entfernten sich die Deputirten und
pflanzten, indem sie das Dampfschiff bestiegen, welches sie nach Pesth
zurückbrachte, die rothe Fahne auf und steckten rothe Federn auf
ihre Hüte. Unterdeß war Jellachich schon am 4. durch ein kaiser-
liches Handschreiben erfreut worden, welches ihn in alle seine Aemter
wiedereinsetzte, und bald darauf verbot ein kaiserlicher Befehl den
Ungarn, gegen Jellachich zu kämpfen.

Kossuth trat sofort in Pesth an die Spitze eines Landesver-
theidigungsausschusses und betrieb energisch den Krieg gegen die
Croaten. Eine zweite große Deputation, die er nicht mehr an den
Kaiser, sondern an die Nationalversammlung in Wien schickte,
wurde von der letztern nicht angenommen, fraternisirte aber mit
dem demokratischen Verein in dieser Hauptstadt und gab ihr die
Loosung: Wien muß mit Ungarn siegen oder untergehen! Fröbel
befand sich damals schon in der Mitte der Wiener Demokraten,
der Hauptredner jener Tage aber war der Jude Tausenau, Kossuths
Agent. Man wollte die Bauern ins Interesse ziehen, durch sie das
Volksheer verstärken. In Schaaren wurden sie nach Wien gelockt,
um am 24. dem Abgeordneten Kudlich, der am meisten für die
Bauernemancipation gethan, einen Fackelzug zu bringen. Auch
diesmal hielt Tausenau wieder eine Rede zum Volk gegen die
Reactionäre und schloß mit den Worten: die Hunde müssen alle
hängen! Kossuth soll damals ausgerufen haben: eine Million für
eine neue Revolution in Wien! Gewiß ist, daß er viel Geld ausgab. Durch Pulszki empfingen die Juden Tausenau und Goldmark
damals Geldsummen von ihm. Auch an die Studenten wurde Geld
vertheilt. Als derjenige aber, den man wegräumen müsse, wurde
damals schon der Minister Latour bezeichnet, weil Kossuth fürchtete,
derselbe werde außer den Croaten bald auch deutsche und böhmische
Truppen gegen Ungarn schicken. Schon im September durchlief
Wien das Geschrei „Latour muß hängen!"

Ein Versuch des Erzherzog Palatinus Stephan, den Krieg
aufzuhalten, mißlang. Er begab sich in das ungarische Heerlager
bei Ofen, die Ungarn litten aber nicht, daß er ins Lager der Croaten gehe, wohin ihn Jellachich zur Unterhandlung eingeladen hatte,
und da er endlich begriff, daß er nur zu lange von Kossuths Partei
mißbraucht worden, legte er sein Amt nieder und ging nach Wien,
am 21. September. Der Kaiser aber ernannte sogleich den General
Grafen Lamberg zu seinem Statthalter, dem alles in Ungarn gehorchen solle. Batthyanyi und sein gemäßigter Anhang beschloß

in Pesth, den neuen Statthalter anzuerkennen und mit Jellachich einen Waffenstillstand abzuschließen, zu welchem Behuf er selbst ins ungarische Lager abreiste, wo er Lamberg vermuthete. Kossuth war damals gerade von Pesth abwesend, um das Land aufzuregen. Nun befand sich aber Lamberg nicht im Lager, sondern in Ofen, von wo er arglos und allein in einem Wagen nach Pesth hineinfuhr. Ein Adjutant, den ihm Hrabowski von Ofen aus mitgegeben, verließ den Wagen unterwegs aus Angst. Kossuth war nämlich am 27. nach Pesth zurückgekehrt, hatte Batthyanyi's Maßnahme widerrufen und dem Grafen Lamberg statt Gehorsam Tod geschworen. Als der arme Statthalter nun über die Donaubrücke fuhr, kam ihm schon ein Schwarm Sensenmänner entgegen, riß ihn aus dem Wagen und schlachtete ihn auf grausame Weise ab, während er wie erstaunt zu seiner Rechtfertigung das kaiserliche Schreiben noch hoch emporhielt, am 28. September. Nun war keine Versöhnung mehr möglich. Batthyanyi floh nach Wien. Am 20. stießen die Ungarn unter General Moga mit Jellachich bei Velencze zusammen, brachen aber beide das Gefecht bald wieder ab, um sich erst noch mehr zu verstärken. Bald nachher aber wurden die Generale Rott und Philippowich, die mit 8000 Mann zum Ban stoßen sollten, von den Ungarn unter General Perczel umringt und gefangen. Am 30. ließ Arthur Görgey, einer der neuen ungarischen Generale, den Stuhlweißenburger Administrator, Grafen Zichy, weil er Jellachichs Autorität anerkannt hatte, standrechtlich erschießen.

Die längst vorbereitete Revolution in Wien selbst, durch die sich Kossuth decken wollte, begann am 6. October. Ein Grenadierbataillon sollte von Wien zur Unterstützung des Ban abmarschiren, wurde aber durch Geld, Wein und Mädchen zur Insubordination gebracht. Als es dennoch, von andern Truppen begleitet, marschiren mußte, warfen Arbeiter, Nationalgarden und Studenten Barrikaden vor ihnen auf, zertrümmerten eine Eisenbahnstrecke und begannen offenen Kampf an der Taborbrücke, wo sie ein Paar

Kanonen wegnahmen, ben General Bredy und Oberstlieutenant Klein tödteten. Ein loyaler Theil der Nationalgarde hatte ben Stephansthurm besetzt, damit nicht Sturm geläutet werde, die Garden aus den Vorstädten aber stürmten gegen sie an und es gab ein Blutbad in der Kirche. In andern Theilen der Stadt wurde das Militair angegriffen, der Palast des Fürsten Windischgrätz demolirt, das Zeughaus bedroht. Da verständigte sich der Reichs= tag unter Strobachs Vorsitz mit den im Kriegsministerium ver= sammelten Ministern um freiwilligen Abzug der etwa 10,000 Mann starken Truppen unter dem Grafen Auersperg aus der Stadt, wo= gegen sich der Reichstag verpflichtete, die Minister zu schützen. Die Abgeordneten Borrosch, Schmolka und Goldmark übernahmen persönlich diesen Schutz. Kaum aber zog das Militair ab, so wälzten sich wüthende Schaaren gegen das Kriegsministerium. Die Compagnie Grenadiere, welche hier noch stand, hatte Befehl, nicht zu feuern und sich ganz ruhig zu verhalten. In ihrer Gegenwart nun stürmte der Pöbel ins Innere des Hauses, aus dem sich die übrigen Minister noch zeitig genug entfernt hatten, und suchte Latour. Man hatte ihn verläugnet, aber der Jude Goldmark versicherte den Pöbel, er sey noch da. Der unglückliche Minister wurde nun im ganzen Hause gesucht, aus einem Winkel hervorge= zogen und zuerst von einem Ungarn mit einem Hammer auf den Kopf geschlagen, dann mit unzähligen Schüssen, Hieben und Stichen zersetzt und im Hofe an den Laternenpfahl aufgehängt, noch den ganzen Tag hindurch umheult vom rasenden Pöbel, der nicht auf= hören wollte, die Leiche zu schänden.*)

Ein Volkshaufe drang auch in die Nationalversammlung ein. Präsident Strobach und fast alle böhmischen Abgeordneten, die der Pöbel mit Tod bedrohte, entflohen. Schmolka nahm den Präsi=

---

*) Ein gewisser Jurkowich, der am 20. März 1849 mit zwei andern Mördern Latours hingerichtet wurde, gestand, in der Aula 30 fl. für den Mord empfangen zu haben.

dentenstuhl ein und die Versammlung erließ eine Proclamation,
worin Latour's Mord nur als ein „Act schrecklicher Selbsthülfe des
Volks" bezeichnet und eine allgemeine Amnestie verheißen wurde.
Da die Regierung selbst durch Zurückziehung der Truppen bewiesen hatte, wie wenig ihr Muth inwohnte, ließ Tausenau durch den
Stubentenausschuß die von ihm verfaßte und unterzeichnete Adresse
an den im Schloß zu Schönbrunn bei Wien weilenden Kaiser abgehen, worin von demselben die Zurücknahme aller gegen Ungarn
beschlossenen Maaßregeln und aller bisherigen Vollmachten Radetzki's
gefordert wurde. Dieses Actenstück verrieth den ganzen Zweck des
Aufruhrs und seiner Urheber. Nicht nur Pulszki, auch Batthyanyt
war damals in Wien den ganzen Tag mit Geldspenden beschäftigt, im engsten Verkehr mit dem demokratischen Verein, der vom
Sperl aus den ganzen Aufruhr lenkte. Auch Bach und Wessenberg sollten ermordet werden. Die ganze Nacht hindurch wurde
erst das bürgerliche, dann das kaiserliche Zeughaus vom Volk gestürmt, zum Theil verbrannt. In letzterem wehrte sich eine kleine
Abtheilung Truppen unter Hauptmann Kastell aufs tapferste und
erhielt am Morgen freien Abzug. Die herrlichsten Waffen aller
Zeit, Denkmäler des Ruhmes, wurden hier gestohlen. Als ein
Theil wieder herbeigeschafft war, plünderte der Pöbel sie noch einmal. Skanderbegs Schwert wurde um einen Gulden verkauft.
Die Zahl der Todten dieses Tags schätzt man auf 150.

Am folgenden Tage war die ganze kaiserliche Familie aus
Schönbrunn verschwunden; der Kaiser flüchtete nach Olmütz, von
wo aus er gegen die Zuchtlosigkeiten der Wiener protestirte, und
wo ihn die Loyalität des Volks und die Nähe seines Feldherrn
Windischgrätz schützte. Graf Auersperg aber bezog ein Lager auf
den Höhen von Belvedere bei Schönbrunn, während Jellachich von
Raab aus, bis wohin er gekommen war, plötzlich sich umwandte
und dem bedrängten Wien zuzog, Windischgrätz in Prag aber
gleichfalls Anstalten traf, um mit aller seiner Macht gegen Wien
aufzubrechen. Die böhmischen Abgeordneten protestirten gleichfalls

gegen die Wiener Vorgänge, erklärten die Nationalversammlung
für nicht frei und beriefen alle ihre Gesinnungsgenossen zu einer
Besprechung nach Brünn. So war Wien von allen Seiten von
Feinden bedroht. Es fühlte seine Isolirung und suchte nach Hülfe.
Zwar zogen ihm viele Tollköpfe, selbst Nationalgarden aus den
Provinzialstädten zu, aber ein Versuch Kudlichs, die Bauern zum
allgemeinen Aufstande zu bringen, mißlang. Kudlich wurde auf-
gefangen, jeder Weg nach Wien nach und nach mit Truppen ver-
sperrt und jede Ortschaft im Bereich der Truppen entwaffnet. Eine
sehr wirksame Hülfe hätte Moga den Wienern leisten können, wenn
er Jellachich rasch nachgefolgt wäre. Aber Kossuth wollte den
Wienern kein Opfer bringen, sondern sich nur ihrer bedienen.
Unter dem Vorwand, das ungarische Heer müsse erst von der österreichischen Nationalversammlung eingeladen und legitimirt seyn,
hielt man es zurück. Uebrigens sollen auch viele Ungarn im Heere
sich geweigert haben, außerhalb Ungarn gegen österreichische Truppen zu fechten. Die Nationalversammlung wagte aber nicht, durch
die Berufung der Ungarn offen mit dem Kaiser zu brechen.

Waren in Wien auch zahlreiche Streitkräfte gehäuft, so fehlte
es doch an einheitlicher Leitung und an einer hinlänglichen Befestigung der Stadt. Ein Reichstagsausschuß, ein Studentenausschuß,
ein demokratischer Verein, der neue Gemeinderath, das Hauptquartier des neugewählten Obercommandanten Messenhauser
(eines schreibseligen Wiener Poeten) machten einander die Oberleitung streitig und alles redete, rieth und befahl durch einander.
Messenhauser überließ die Anstalten zur Vertheidigung zu treffen
dem polnischen Flüchtling, General Bem, und den Oberbefehl über
die Artillerie einem andern polnischen Offizier, Jellowicky. Robert
Blum hielt eine donnernde Rede in der Aula, worin er (Danton
nachahmend) zum schonungslosen Morde aller „innern" Feinde in
Wien selbst aufforderte. Wiener Blätter erklärten sich freimüthig
dagegen und nannten es eine ehrlose Zumuthung. Um den Pöbel
zur Rache zu reizen, trug man eine gräßlich verstümmelte Leiche

durch die Straßen und behauptete, das sey ein von den Soldaten
zu Tode gemarterter Student. Aber auch das wurde bald als Lüge
erkannt. Auersperg verließ das Belvedere und vereinigte sich mit
Jellachich, beide cernirten Wien so gut als möglich, warteten aber
erst Windischgrätz ab, ehe sie den eigentlichen Angriff begannen.
Je länger nun die Entscheidung auf sich warten ließ und die Zu-
fuhren abgeschnittten wurden, je mehr gänzliche Einsperrung und
Hungersnoth drohte, um so bänger wurde allen denen ums Herz,
die nur renommirt hatten. Die akademische Legion löste sich bis
auf ein schwaches Bataillon unvermerkt auf. Eine Menge bisheriger Schreier verschwand spurlos. Tausenau ging mit einer Summe
Geldes durch, die ihm anvertraut worden war, um dem hungern-
den Volke Lebensmittel anzuschaffen.

Am 16. October wurde Fürst Windischgrätz zum Oberbefehlshaber aller kaiserlichen Truppen ernannt, mit Ausnahme des Heeres
von Radetzki, und am 20. erklärte der Fürst bereits Wien in Belagerungszustand. Ein Versuch der vom Reichsverweser und dem
Frankfurter Parlament zur Vermittlung entsendeten Reichsboten
Welcker und Mosle mißlang gänzlich. Sie wurden im Lager des
Fürsten Windischgrätz und beim Kaiser in Olmütz höflich abge-
speist, in Wien selbst aber ihr Manifest als ein „centralgewalti-
ger Unsinn des Reichsverwesers“ offen verhöhnt. Wenn von
Frankfurt und Berlin aus schon einige Monate früher große Heeresmassen aufgebrochen wären, um Radetzki und Windischgrätz zu
unterstützen, nur dann hätten die Reichsboten ein Wort mitsprechen dürfen. Nach so viel Versäumniß und in ihrer notorischen
Unmacht konnte sich die deutsche Centralgewalt nur noch lächerlich
machen. Am 22. berief der Kaiser den Reichstag von Wien nach
Kremsier bei Olmütz. Dem fügte er sich aber nicht und erklärte
die von Windischgrätz getroffenen Maßregeln für ungesetzlich.

Am 23. begann der Angriff auf die Vorstädte. Windischgrätz
hatte 30,000, Jellachich 35,000, Auersperg 15,000 Mann, von
denen die Stadt ringsum eingeschlossen war. Der erste Kampf

entbrannte an der Nußborfer Linie und wurde am 24. fortgesetzt,
am 25. in der Brigittenau und im Prater. Hier wurde ein großer
Ausfall der Wiener in der Nacht von den Truppen zurückgeschla=
gen. Am 26. neue Ausfälle, alle vergebens. Am 27. wurde nur
geplänkelt, aber am 28. erfolgte der Hauptangriff auf die Leopold=
stadt und Jägerzeile, Erdberg und Wieden, indeß gegen die Her=
nalser, Lerchenfelder und Mariahelfer Linie nur Scheinangriffe
gemacht wurden. Der Kampf war äußerst hartnäckig, besonders
an der Jägerzeile und in der Leopolstadt. Viele Häuser brannten
ab, bis es den Truppen gelang, hinter die festesten Barrikaden zu
kommen. Am 29. drangen sie bis auf das Glacis vor, welches die
innere Stadt von den Vorstädten trennt. Die Einwohner litten
viel Noth, indem sie hier von den wüthenden Arbeitern aus den
Häusern gejagt und auf die Barrikaden gestellt, dort von den Croa=
ten geplündert wurden. Am Abend dieses Tages erklärte Messen=
hauser, die Munition sey ausgegangen, die Stadt lasse sich nicht
länger halten. Eine Deputation unterhandelte mit Windischgrätz,
der aber keine Bedingungen gestattete, sondern Uebergabe auf Gnade
und Ungnade verlangte. Da legte ein großer Theil der National=
garden die Waffen nieder und die Aula löste sich auf. Bem und
Pulszki waren schon entwischt. Am Morgen des 30. forderte so=
wohl Messenhauser, als der Gemeinderath jedermann zur Nieder=
legung der Waffen auf. Aber Robert Blum und Fröbel hockten
hoch oben auf dem Stephansthurm und forschten mit Fernröhren
nach der ungarischen Armee, die jetzt noch, in der letzten Stunde,
den Wienern zu Hülfe kam. Moga rückte an der Schwechat vor.
Man sah vom Thurm den Blitz und Rauch der Kanonen. Da
wurde ganz Wien allarmirt, zu den Waffen gerufen, an Messen=
hausers Stelle der noch unfähigere Fenneberg, ein früher aus der
österreichischen Armee ausgeschiedener Lieutenant, zum Oberbefehls=
haber ernannt und der Kampf erneuert. Nach kurzer Kanonade
bei Schwechat zog sich das ungarische Heer vor Jellachichs Reiterei
schon wieder zurück und räumte das Feld. Da sank den Wienern

der Muth. Am 31. schossen die Soldaten das Burgthor zusammen und drangen unaufhaltsam ins Innere der Stadt ein, aller Widerstand hörte auf. Die Burg, die man eben noch in Brand hatte stecken wollen, wurde gerettet.

Windischgräh stellte nun die Ruhe vollständig her, benahm sich großmüthig und ließ nur wenige Opfer fallen, so Jellowicky, Messenhauser und Blum, der am 9. November, trotz der von ihm behaupteten „Unverletzlichkeit als deutsches Reichstagsmitglied", in der Brigittenau erschossen wurde. Fröbel sollte gehenkt werden, Windischgräh ließ ihn aber als unbedeutend springen. Noch wurden zwei Journallsten, deren Federn am meisten gewüthet hatten, Becher und Jellinek, erschossen. Die constituirende Versammlung mußte nach Kremsier pilgern. In Olmütz erfolgte damals ein zur Rettung der Monarchie unerläßlich gewordener Umschwung. Am 24. November trat der kühne, nichts fürchtende Fürst Felix Schwarzenberg an die Spitze des Ministeriums mit Bach, Krauß, Stadion, Bruck und Cordon, und am 2. December legte Kaiser Ferdinand die Krone, die ihm zu schwer geworden war, freiwillig nieder und trat sie, da sein Bruder Franz Karl entsagte, dessen Sohn, dem jungen Erzherzog Franz Joseph ab. Der Reichstag in Kremsier setzte den in Wien fort, vernichtete aber die Protocolle vom 28—31. October und war viel zahmer geworden. Die Böhmen hatten hier wieder die Oberhand und waren anfangs loyal, als sie aber nicht alle ihre Forderungen und Wünsche durchsetzen konnten und in dem neuen sehr energischen Ministerium die Tendenz wahrnahmen, allen im österreichischen Kirchenstaat vereinigten Nationalitäten mit der verjüngten und militairisch gerüsteten Kraft des einheitlichen, omnipotenten kaiserlichen Willens entgegenzutreten, schlossen sie sich an die Linke an und machten, vor allen der beredte Rieger, wieder Opposition, doch auf nicht lange mehr. Ein polnischer Insurrectionsversuch in Lemberg, der Hauptstadt von Galizien, am 1. November wurde mit wenigen Kanonenschüssen besiegt.

Hatte man in Preußen mit größter Spannung auf das Ende
des Wiener Kampfes gewartet, so übte dasselbe jetzt auch den
stärksten moralischen Rückschlag auf Berlin. Hier war noch
alles, was Ehre und Bildung besaß, empört über die schändlichen
Vorgänge am 31. October, als die Nachricht vom Siege der kaiserlichen Truppen in Wien anlangte und schon am 4. November
beauftragte der König den General Grafen von Brandenburg
(Sohn Friedrich Wilhelms II.), ein neues Ministerium zu bilden.
Am folgenden Tage protestirte dagegen die constituirende Versammlung mittelst einer Deputation, drohend, das neue Ministerium
werde niemals das Vertrauen der Versammlung haben. Der König
nahm die Abresse an, ließ sich aber in keine Discussion ein. Der
jüdische Abgeordnete Jacoby frug: wollen Sie uns nicht hören?
Nein, sagte der König und wandte sich um. Da rief ihm jener
laut nach: „das ist das Unglück der Könige, daß sie die Wahrheit
nicht hören wollen.“ Worte, denen zur Erhabenheit alles fehlte,
da die Deputation gar nicht im Fall war, dem König irgend eine
heilsame Wahrheit zu sagen; Worte, die im Munde eines auf-
dringlichen Juden doppelt frech erschienen, aber gleichwohl damals
in Berlin für so erhaben genommen wurden, daß ihr Sprecher
einen glänzenden Fackelzug erhielt. Am 8. befahl der König, die
Versammlung solle sich von Berlin nach der Stadt Brandenburg
(das preußische Kremsier) begeben. Sie protestirte abermals. Allein
am 10. rückte General Wrangel an der Spitze zahlreicher Truppen
plötzlich in Berlin ein und — fand nicht den mindesten Widerstand. Die Demokraten waren klug genug, einen Kampf nicht zu
wagen, in welchem sie sicher unterlegen wären, und was in Wien
ein blutiges Trauerspiel gewesen, wurde in Berlin zur Posse. Die
Nationalgarde lieferte ihre Waffen ab, die compromittirtesten
Wühler machten sich aus dem Staube. Aus der constituirenden
Versammlung traten alle loyalen Abgeordneten aus, nur die linke
Seite mit ihrem Präsidenten Unruh vereinigte sich, nachdem ihr
der Ständesaal verschlossen worden, noch einigemal an andern Or-

ten und verweigerte die Steuern, mußte sich aber zuletzt doch bequemen, nach Brandenburg zu gehen. Die Wendung der Dinge in Berlin erregte große Wuth bei den Demokraten in Breslau, Frankfurt an der Oder, Halle, Erfurt, Düsseldorf und einigen andern Orten, und kleine Tumulte, die jedoch gestillt wurden. — In Leipzig war große Aufregung wegen Blums Hinrichtung, man warf dem sächsischen Gesandten in Wien vor, daß er nicht eingeschritten sey ꝛc. Die Demokraten wollten sogar von hier und Halle einen Rachezug nach Berlin unternehmen. Eben so aus Stettin und Frankfurt an der Oder. Die liberalen Kammern von Mecklenburg, Oldenburg und Köthen, sogar das Frankfurter Parlament protestirte gegen die Verlegung der Berliner Kammer nach Brandenburg. Aber es blieb bei hohlen Worten.

Die Versammlung wurde am 27. Nov. wirklich in der Stadt Brandenburg eröffnet, die rechte Seite hatte sich zuerst eingefunden und die linke kam nach, wenn auch nur um zu protestiren und Skandal zu machen. Dies gelang ihr am 1. December, indem sie, um einen Beschluß zu verhindern, tumultuarisch den Sitzungssaal verließ. Aber schon am 5. löste der König die ganze Versammlung auf, octroyirte eine schon vorbereitete Verfassung mit zwei Kammern und schrieb Neuwahlen zu deren Zusammentritt am 26. Februar aus.

Was dem Fürsten Windischgrätz in Prag und Wien gelungen war, sollte er nun auch in Pesth versuchen. Der junge Kaiser befahl ihm, Ungarn zu unterwerfen. Er verstärkte sich so schnell als möglich und begann den Feldzug schon Mitte December.

Ungarn befand sich bereits ganz in der Gewalt Kossuths mit einziger Ausnahme der Festungen Arad, wo Berger, und Temeswar, wo Rukawina commandirte, und des siebenbürgischen Sachsenlandes, welches gut kaiserlich blieb, aber viel zu schwach war, um den Ungarn eine wirksame Diversion im Rücken machen zu können. Die Honveds waren in großer Zahl zur ungarischen Armee geflossen und Kossuth gebot über eine furchtbare Macht. Moga wurde

wegen ſeiner an der Schwechat bewieſenen Unfähigkeit vom Armeebefehl entfernt und der feurige Görgey trat an ſeine Stelle. Auch
der polniſche General Bem wurde jetzt von Pulszki aus Wien mitgebracht und ein Aufruf an die polniſche Nation erlaſſen, ſich mit
der magyariſchen zu vereinigen. Da ſich aber Bem weder mit Koſſuth noch Görgey vertrug, gab man ihm das Commando in Siebenbürgen. Der ungariſche Reichstag erkannte die Thronentſagung
Ferdinands nicht an, behielt ihn als König von Ungarn bei und
überredete die ungariſchen Soldaten, ſie föchten für ihren rechtmäßigen König gegen einen unberechtigten Uſurpator. Die Regierung aber war im Landesvertheidigungsausſchuß concentrirt, dem
Koſſuth vorſtand.

Fürſt Windiſchgrätz bewegte ſich gegen Preßburg. Görgey's
vorgeſchobene Poſten wurden am 14. December auf beiden Flügel-
enden ſeiner Stellung aus Tyrnau und von Paarendorf an der
Leitha zurückgeworfen, ſo daß er Preßburg aufgab und nach einem
kurzen Gefecht mit dem Ban Jellachich bei Altenburg nach Raab,
endlich bis nach Ofen zurückwich. Dahin zog ſich auch Perczel
zurück, nachdem er bei Moor eine Schlappe erlitten, und Oeſterreicher unter Wrbna cernirten die Feſtung Komorn. Einen Kampf
um Peſth-Ofen wollten die Ungarn nicht wagen. Es ſchien ihnen
räthlicher, den Reichstag jenſeits der Theiß nach Debreczin zu verlegen und die Oeſterreicher tief in das Innere Ungarns während
der ſchlechten Jahreszeit zu verlocken, wo ſie durch Entbehrungen
und Krankheiten leichter als durch Schlachten konnten aufgerieben
werden. Koſſuth nahm die heilige ungariſche Krone von Peſth mit
und am 5. Januar 1849 zog Windiſchgrätz ohne Widerſtand in
Ofen und Peſth ein. Nun aber ſtand er mitten im Winter vor der
Ebene Mittelungarns, während die abgeſonderten Corps, die er
von Norden her durchs Gebirge nach Ungarn geſchickt hatte, nichts
ausgerichtet hatten. Das Corps von Friſcheiſen hatte ſich durch
den Jablunkapaß, durch den es gekommen, raſch wieder zurückziehen
müſſen; das Corps von Simunich belagerte vergebens Leopoldſtadt;

das vom Grafen Schlick siegte in der Nähe von Kaschau dreimal über die ihm dort unter Meßzaros entgegengeschickten Ungarn, war aber zu schwach, um zumal bei der strengen Winterkälte sich weiter vorzuwagen.

Die ungarische Armee hatte sich getheilt. Görgey war von Pesth gegen Waizen, Perczel gegen die Theiß marschirt. Fürst Windischgrätz beschloß, dem ersteren zu folgen, weil derselbe den größeren Theil des ungarischen Heeres führte und ihm entweder über Komorn in den Rücken kommen, oder aber das Corps von Schlick vernichten konnte. Görgey aber ließ damals seine Armee eine Erklärung abgeben, daß sie nur für ihren rechtmäßigen König Ferdinand V. (den abgedankten Kaiser) und für die ungarische Verfassung kämpften. Ohne diese Erklärung würden ihm viele Ungarn gar nicht haben dienen wollen, weil sie durchaus nicht im Unrecht und nicht in einer Rebellion begriffen zu seyn glaubten. Görgey aber wollte sich zugleich auf die Armee stützen, um den polnischen und republikanischen Intriguen Kossuths einen Damm entgegenzusetzen. Von den Kaiserlichen unter Göß, den Windischgrätz ihm nachgeschickt, in der Mitte des Januar erreicht, wurden mehrere Abtheilungen Görgey's bei Windschacht, Schemnitz und Hobrich geschlagen; er selbst machte bei einer Kälte von 20 Grad einen 16stündigen Marsch über das Gebirge, um sich mit der Theißarmee zu vereinigen. Unterdeß aber hatte Kossuth über diese letztere Armee den Polen Dembinski zum Oberfeldherrn ernannt, um ihn gegen den ihm sehr mißfälligen Görgey zu gebrauchen. Da sich Schlick um diese Zeit vorgewagt hatte, hoffte Görgey ihn umzingeln zu können. Schlick aber zog sich nach einem Gefecht bei Tarczal gegen das von Klapka befehligte ungarische Corps glücklich wieder zurück, und Dembinski klagte man an, dessen Entkommen durch seine Fahrlässigkeit verschuldet zu haben.

Im Februar vereinigte sich das ganze ungarische Heer unter Dembinski's Oberbefehl bei Kapolna. Windischgrätz richtete dahin ebenfalls alle seine Streitkräfte und befahl Schlick, Verpelet in

der rechten Flanke des Feindes wegzunehmen. Am 28. Februar
entbrannte die blutige Schlacht bei Kapolna, in der die Ungarn
nach tapferer Gegenwehr hauptsächlich durch Schlick's Erscheinen in
Verpelet zum Rückzug gezwungen wurden. Aber es war für Win-
dischgräz ein „steriler Sieg"; er konnte ihn wegen der Jahreszeit,
der Entbehrungen und der Unwegsamkeit des Landes nicht verfolgen. Im ungarischen Lager aber brach der Groll der Magyaren
gegen die Polen aus. Dembinski mußte abdanken, Kossuth behielt
ihn jedoch in der Nähe und ließ durch ihn für den neu ernannten
Oberbefehlshaber Vetter Pläne machen. Vetter aber übernahm
das Commando noch nicht, welches interimistisch bei Görgey blieb.
Dieser energische Mann und sein ihm sehr ergebenes Heer begannen nun auf's neue eine kühne Offensive, die mit der Ueberrum-
pelung des kaiserlichen General Karger in Szolnok begann, am
5. März. Karger verlor 1800 Mann und 11 Kanonen.

Auch Bem in Siebenbürgen erlangte Vortheile. In diesem
Lande waren schon im Herbst 1848 die nationalen Elemente in
Conflict gekommen. Die magyarischen Szekler wütheten in den
von Wallachen (Rumänen) bewohnten Bezirken, und die Sachsen
ergriffen mit den Wallachen Partei für den Kaiser gegen die Ungarn. Dem kaiserlichen General Puchner glückte es, am 5. Sept.
bei Maros-Vasarhely 10,000 Szekler zu schlagen. Nun aber
wurde Bem in's Land geschickt, der vom 17. Dec. bis 3. Januar
in sechs Gefechten im Norden von Siebenbürgen die Kaiserlichen
schlug und nach der Bukowina jagte, dann über den Süden herfiel
und auch hier in mehreren Gefechten den General Puchner schlug,
am 4. Februar bei Vizakna eine Niederlage erlitt, aber am 9. abermals bei Piski siegte. Mittlerweile waren die Kaiserlichen unter
Oberst Urban aus der Bukowina wieder eingebrochen, Bem wandte
sich blitzschnell gegen sie und schlug auch sie am 23. bei Jaab wieder
zurück. Damals schickten die Städte Herrmannstadt und Kronstadt
Deputationen an den russischen General Lüders in der Wallachei
ab, ihn um Schutz zu bitten, denn die Magyaren wütheten auf's

grausamſte, plünderten und brannten. Der Ruſſe erklärte zwar, er habe keine Vollmacht, rückte aber doch hart an die Grenze, wogegen Fuad-Effendi türkiſcherſeits vergebens proteſtirte. Als Bem immer näher kam, ſchickte Lüders wirklich 5000 Ruſſen nach Hermannſtadt. Bem aber, nach einem unglücklichen Kampf mit Puchner bei Mediaſch griff keck Hermannſtadt an und jagte am 9. März die Ruſſen hinaus, bemächtigte ſich aller Vorräthe in der Stadt, ließ aber keine Barbareien begehen. Puchner konnte ſich nun nicht mehr länger halten und zog ſich in die Wallachei zu den Ruſſen zurück.

Dieſe genialen Schläge Bems und Görgey's kühnes Vorgehen machten die Hoffnungen, welche Fürſt Windiſchgrätz auf ſeinen Feldzugsplan geſetzt hatte, zu Schanden. Er war zum Stilleſtehen gezwungen, ſah ſich in die Defenſive verſetzt, konnte nur mehr noch rückwärts gehen. Man warf ihm vor, daß er einige ungariſche Offiziere hatte erſchießen laſſen, indem er dadurch viele andere, die gern zum Kaiſer übergetreten wären, abſchreckte, und daß er geſagt haben ſollte: die Ungarn ſeyen nur tapfer unter, niemals gegen die kaiſerlichen Fahnen. Das reizte ihren Stolz auf. So wie aber Schwanken und Stocken in ſeine Bewegungen gekommen war und die Ungarn ihre erſten Siege erfochten hatten, kam eine große Bewegung unter alle Feinde Oeſterreichs. Noch einmal, zum letztenmal ſah man eine Möglichkeit, das gewaltige Reich zu zertrümmern. Palmerſton hetzte auf allen Puncten. Italien erhob ſich in Waffen und auch der größte Theil von Deutſchland befand ſich in einer feindſeligen Stimmung gegen Oeſterreich. Denn Fürſt Schwarzenberg hatte gerade damals Preußen und die Paulskirche herausgefordert, indem er den Reichstag von Kremſier auflöste und am 4. März eine neue Verfaſſung für Geſammtöſterreich octroyirte, nach welcher der Kaiſerſtaat wie nur eine Verwaltung, ſo auch nur eine Vertretung haben und alle bisherigen Sonderverwaltungen und Landtage von Ungarn, Böhmen ꝛc. verſchwinden ſollten. Dieſes Geſammtöſterreich ſtand fortan als ein fertiges

Ganzes dem noch unfertigen deutschen Einheitsstaate gegenüber und hinderte dessen Einigwerden. Daher die deutsche Agitation gegen Oesterreich und gleichzeitig mit den ungarischen Siegen die Wahl eines preußischen Erbkaisers. Von allen Seiten thürmten sich furchtbare Gewitter über Oesterreich auf, aber Fürst Schwarzenberg wich und wankte nicht.

In Italien hatte Radetzki zwar die Lombardei längst wieder erobert, aber noch immer nicht Venedig, und da er aus Rücksicht auf Frankreich und England weder Sardinien, noch Mittelitalien besetzen konnte, so wurde von hier aus auf's neue der italienische Nationalhaß gegen die Oesterreicher bis zur Wuth erhitzt. Aber es blieb nicht bei ohnmächtigen Schmähungen. Sobald die Dinge in Ungarn für Oesterreich bedenklich wurden, vergaß Karl Al = bert seine vorjährigen Niederlagen und ließ sich, trotz der War= nung besonnener Männer, von Palmerston hinreißen, Oesterreich von neuem den Krieg zu erklären. Gleichzeitig im März oder Anfang April sollte von Italien und Ungarn aus ein neuer großer Angriff auf Oesterreich beginnen und die deutsche Bewegung sollte denselben wenigstens moralisch unterstützen.

Am 16. März erklärte Karl Albert den Krieg. Er war schon seit lange stark gerüstet und hatte (wie Kossuth) sich polnische Ge= nerale bestellt, weil er seinem eigenen Talente nicht traute und die besseren sardinischen Generale den Krieg mißbilligten. Zum Ober= befehlshaber ernannte er Chrzanowski, ein geringeres Commando erhielt Ramorino. Sein Operationsheer war 80—90,000 Mann stark, während Radetzki, durch die Verluste von Venedig, dessen Sumpfluft Seuchen erzeugte, ziemlich geschwächt, nur 60—70,000 Mann zusammenbrachte. Der greise Feldherr verließ Mailand am 18. und zog gegen Lodi in südlicher Richtung, um dem Feinde, der auf Mailand zog, unversehens in die rechte Flanke zu fallen, während Chrzanowski sich einbildete, er retirire über die Abba. Auch wurde derselbe seine Täuschung nicht eher inne, bis Radetzki bereits bei Pavia über den Ticino gegangen, in Piemont einge=

rückt war und bei Mortara einen wüthenden Angriff auf sein noch
auf dem Marsch zerstreutes, noch nicht wieder gesammeltes Heer
machte, am 21. Mortara wurde von den Oesterreichern unter
Oberst Benedek mit stürmender Hand genommen, die Sarden in
die Flucht geschlagen. Erst am 23. konnte Chrzanowski alle seine
Streitkräfte bei Novara sammeln und nahm hier eine vortheil-
hafte Stellung, aber in allzu gewisser Voraussetzung eines gewissen
Sieges, denn er beachtete nicht, daß die verlängerte Front seiner
Aufstellung in seine Rückzugslinie fiel, was ihm im Fall einer
Niederlage zum größten Verderben gereichen mußte. Radetzki hatte
den Feind nicht hier, sondern bei Vercelli vermuthet, konnte daher biesmal seinerseits seine auf dem Marsch getheilten Corps
nicht schnell genug zusammenbringen. D'Aspre, der zuerst mit
dem Feind engagirt wurde, hatte einen schweren Stand, hielt aber
mit 15,000 Mann gegen 50,000 fünf Stunden lang aus, bis
ein Corps nach dem andern ihm zu Hülfe kam und bald das sardinische Heer in schreckliche Verwirrung gebracht wurde. Die
Flüchtlinge warfen sich alle nach Novara hinein, wo sie aber von
ihrem Rückzugswege abgeschnitten waren und keine Lebensmittel
hatten. Karl Albert war in Verzweiflung, faßte dann aber
rasch seinen Entschluß, legte am andern Morgen die Krone nieder,
nahm von den Seinigen für immer Abschied, und reiste augenblicklich ab, um ein Asyl in Oporto zu suchen, wo er einige Monate später in Kummer gestorben ist. Sein Sohn und Nachfolger,
Victor Emanuel II., ersuchte den Sieger um eine Zusammenkunft
und der alte Radetzki schloß mit ihm am 26. einen Waffenstillstand
ab unter sehr mäßigen Bedingungen. Es sollte nämlich nur ein
kleiner Grenzstrich von den Oesterreichern besetzt bleiben und die
Festung Alessandria halb von denselben besetzt werden, bis zum
definitiven Friedensschlusse. Am 28. war der greise Held schon
wieder in Mailand. Nie ist ein Krieg rascher begonnen und
rascher geendet worden.

Nur die Stadt Brescia gab ein blutiges Nachspiel. Hier

hatte die fanatische Bevölkerung sich empört, in gewisser Hoffnung, Radetzki werde von den Sarden geschlagen werden. An seinen Sieg nicht glaubend, beharrte sie in ihrer Revolution und bekam Zuzug vom Lande. Da wurde Feldzeugmeister Graf von Haynau (ein natürlicher Sohn des Kurfürsten von Hessen, der in der Napoleonischen Zeit vertrieben war), ausgezeichnet durch den längsten schneeweißen Schnurrbart in der Armee, abgeschickt um Brescia zu unterwerfen, und ließ die Stadt zugleich aus dem Castell beschießen und von außen stürmen, am 31. März. Die Wuth der Brescianer theilte sich den Oesterreichern mit, da diese gräßlich verstümmelte Leichen ihrer Kameraden in der Stadt fanden und erfuhren, welche unmenschliche Grausamkeit die Einwohner an wehrlosen Gefangenen verübt hatten. Es wurde kein Pardon mehr gegeben und nach einem furchtbaren Straßenkampfe, in welchem von österreichischer Seite General Graf Nugent, Oberst Graf Favancourt und viele andere Officiere fielen, wurden die Aufrührer immer mehr zusammengedrängt und endlich unter blutigem Gemetzel überwunden. Davon nannte man Haynau „die Hyäne von Brescia", ein unverdienter Schimpfname, denn er hatte ganz in seinem Recht gehandelt.*) Wilhelm Pepe hatte mit 17,000 Mann von Venedig aus den Oesterreichern in den Rücken fallen wollen, kroch aber jetzt geschwind in seine Höhle zurück. — Ein nachträgliches Opfer dieses Krieges war Ramorino, der seine Truppen schlecht geführt hatte und nach dem Kriegsrecht erschossen wurde. Im definitiven Friedensschlusse, der erst am 6. August erfolgte, wurde alles zwischen Oesterreich und Sardinien auf den alten Fuß her-

---

*) Die Beschuldigung, er habe einer Gräfin Ruthenhiebe geben lassen, widerlegte er später öffentlich bei einem Gastmahl in Paris, indem er erklärte, die fragliche Dame habe eine seinen Kaiser vorstellende Puppe unter Schmähungen begraben lassen, dafür habe ein österreichischer Hauptmann sie im ersten Zorn peitschen lassen, er aber Haynau, welcher damals 60 Meilen weit entfernt gewesen, habe sein Verfahren mißbilligt und ihm Arrest gegeben.

gestellt, nur mußte das letztere 75 Mill. Franken Kriegskosten be=
zahlen. War nun auch die Diversion, welche zu Gunsten der Ungarn
in Italien gemacht worden war, mißlungen, so siegten doch die
Ungarn aus eigener Kraft. Das Hauptquartier des Fürsten Win=
dischgräk befand sich im Anfang des April bei Gödöllö, von
wo aus er die Bewegungen der Ungarn recognoscirte; aber Schlick
wurde bei Hort und Jellachich bei Isaßny von Görgey geschlagen,
welcher jetzt auf einem kürzeren Wege Pesth erreichen konnte, wes=
halb Windischgräk eiligst dahin zurückging. Görgey aber warf
sich jetzt auf Waltzen in seine Flanke, um Komorn zu entsetzen
und Wien selbst zu bedrohen. In Waltzen rieb er zwei öster=
reichische Brigaden fast auf, wobei ihr tapferer General Göß den
Tod fand, (am 12. April) und zog am 21. in Komorn ein. Zu
derselben Zeit führte der ungarische General Perczel kräftige
Schläge gegen die Serben, entsetzte Peterwardein, nahm Szent=
Tamas und die Römerschanzen mit Sturm, wurde wieder von den
Serben überfallen am 13. April, vereinigte sich aber mit Bem,
der einen Einfall ins Banat machte, und behauptete hier die Ober=
hand. In Siebenbürgen übten die Magyaren furchtbare Rache,
unter andern an dem Pfarrer Roth, den sie erschossen, weil er
einige Jahre früher für die Einwanderung von Deutschen thätig
gewesen war.

In der Bedrängniß, in welcher sich damals Oesterreich befand,
nahm es die ihm von Rußland dargebotene Hand an. Kaiser
Nicolaus kam nach Warschau, wo er große Streitkräfte vereinigt
hatte. Die Theilnahme so vieler Polen am ungarischen Kriege be=
unruhigte ihn, die fortgesetzten Siege der Ungarn würden unfehl=
bar zu einer neuen Revolution geführt haben. Er handelte also
im eigenen Interesse, wenn er den Oesterreichern die Ungarn be=
zwingen half. Dabei verpflichtete er sich Oesterreich zu Dank und
riß die Kluft, welche Oesterreich von Preußen und Deutschland
trennte, noch weiter auseinander. Von Rechtswegen hätte man in

Frankfurt und Berlin die Kämpfe Oeſterreichs in Ungarn und
Italien für eine deutſche Sache erklären, deutſche Truppen an die
Theiß und an den Po zu Hülfe ſchicken und den Ruſſen die bewaffnete Einmiſchung gar nicht geſtatten ſollen. Aber dazu hatte
man weder das Herz noch die Einſicht. Eine deutſche National-
politik exiſtirte gar nicht. Man verfocht hier wie dort nur Son-
derintereſſen. — Oeſterreich ſelbſt aber beging einen Fehler, indem
es die Ruſſen zu Hülfe rief. Nach dem zweiten Sieg über Sardinien würde ſeine eigene Kraft ausgereicht haben, auch mit den
Ungarn fertig zu werden, wie ſeine Generale, namentlich Haynau,
überzeugt waren. Einen zweiten genau damit zuſammenhängenden
Fehler beging Oeſterreich, indem es alle alten Freiheiten und Ver-
faſſungen der ihm unterworfenen Länder vernichtete. Das ſind die
Flecken in Schwarzenbergs Regierung.

Durch die neue öſterreichiſche Verfaſſung vom 4. März verlor
Ungarn, wenn es nicht ſiegte, ſeine bisherige Verfaſſung, ſeinen
Reichstag, ſeine nationale Sonderſtellung; daher ſäumte Koſſuth
nicht, Schlag für Schlag zurückzugeben, indem er in Debretzin
durch den Reichstag vom 14. April das Haus Habsburg-Lothrin-
gen der ungariſchen Krone verluſtig erklären ließ und proviſoriſch
eine Republik ſchuf. Damit war Görgey und die Armee nicht
einverſtanden, denn die Armee war trotz aller nationalen Aufregung loyal geblieben und wollte ihrem conſtitutionellen König
(Ferdinand) nicht untreu werden. Aber Koſſuth ließ ſich von den
Polen verführen, denen an einem fait accompli gelegen zu haben
ſcheint, um Palmerſton und der franzöſiſchen Republik die Anerkennung der ungariſchen Unabhängigkeit zu erleichtern, vielleicht
auch um den Kaiſer von Rußland zu der Ueberlegung zu veran-
laſſen, ob es für ihn nicht nützlicher wäre, ein von Oeſterreich ab-
gelöſtes Ungarn unter ſein Protectorat zu nehmen. Görgey gerieth mit Koſſuth in heftigen Zank, es ließ ſich aber nicht mehr
ändern.

Da der Fürſt Windiſchgrätz kein Glück mehr hatte, wurde er

entlassen und Feldzeugmeister Baron Welben, der ihm eben Verstärkungen brachte, trat an seine Stelle, begann aber seinen Feldzug sogleich mit einem Rückzug, um durch Görgey nicht von Komorn her überflügelt zu werden. Nur in Ofen ließ er eine Besatzung unter General Henzi (einem Schweizer) zurück und zog sich
gegen Raab. Görgey aber begnügte sich, Komorn aufs neue mit
Truppen und Vorräthen zu versorgen, und wagte weder gegen Wien
vorzugehen, noch auch Welben zu beunruhigen. Dagegen ließ er
Ofen belagern und am 21. Mai mit Sturm einnehmen, wobei der
tapfere Henzi mit dem größten Theil der croatischen Besatzung das
Leben verlor.

An demselben Tage kam der junge Kaiser Franz Joseph nach
Warschau, um den Kaiser Nicolaus zu begrüßen und ihm für seine
Hülfe zu danken. Damals schloß Rußland auch mit der Pforte
einen Vertrag zu Balta-Liman (1. Mai), wonach beiden Staaten
erlaubt seyn sollte, Truppen in die Moldau und Wallachei zu
schicken, falls es Noth thäte. In diesem Vertrage von Balta-
Liman ließ sich Rußland von der Türkei noch mehr Concessionen
machen, die Wahl der Hospodare auf nur 7 Jahre, die Abhängigkeit jeder Verfassungsreform von der russischen Zustimmung, die
Verwandlung der Bojarenversammlung in einen Divan ec. Hierauf wurde das Corps von Lüders an der siebenbürgischen Grenze
auf 36,000 Mann verstärkt, während das Gros der russischen
Armee unter dem Fürsten Paskiewitsch auf mehreren Straßen
über die Karpathen kam, 130,000 Mann mit nahe an 500 Ge-
schützen. Am äußersten rechten Flügel kam die Division Pantutin
auf der Eisenbahn durch Schlesien mit Erlaubniß des Königs von
Preußen, um über Wien zu Welben zu stoßen. Das russische
Centrum und der linke Flügel überschritten die Nordgrenze Ungarns
am 17. Juni bei Neumarkt und Dukla. Zugleich hatte sich auch
die österreichische Armee bei Raab, da sie von Görgey nicht angegriffen wurde, verstärken können und war Haynau von Radetzki's
Heer aus Italien herbeigerufen worden, um anstatt Welbens den

Oberbefehl zu übernehmen. Er führte 70,000, der Ban Jellachich im ſüdlichen Ungarn 40,000, Puchner in Siebenbürgen 10—12,000 Mann. Die Streitmacht der Ungarn wurde damals zu 200,000 Mann geſchätzt, war alſo der öſterreichiſchen überlegen und nur gegen die vereinten ruſſiſchen und öſterreichiſchen Kräfte zu ſchwach. Indem Lüders mit ſeinen Verſtärkungen wieder in Sieben- bürgen eindrang, begann hier von neuem ein wüthender Kampf, in welchem Bem auch noch unter Niederlagen ſeine alte Genialität bewährte. Während er ein abgeſondertes, aus der Bukowina ein- bringendes ruſſiſches Corps unter Grotenjelm angriff, es aber ſtärker fand, als er geglaubt hatte, und geſchlagen wurde, erlitt auch ſein Unterbefehlshaber Kiß von Lüders Niederlagen und Kron- ſtadt und Hermannſtadt fielen wieder den Ruſſen in die Hände, am 21. Juni. Bem ſuchte die Türken unter Omer Paſcha zu ge- winnen, obwohl umſonſt. Da ſchlug er ſich erſt mit Lüders, dann mit Grotenjelm, und wieder mit Clam, und obwohl überall un- glücklich, warf er ſich noch keck in die Moldau, um hier einen Aufſtand gegen die Ruſſen zu erregen, und als es ihm mißlang, blitzſchnell war er ſchon wieder zurück und lieferte Lüders noch eine blutige Schlacht bei Schäsburg, in welcher der ruſſiſche General Skariatin getödtet wurde und Bems Adjutant, der ungariſche Dichter Petöfi Sandor, ſpurlos verſchwand, am 31. Juli. Und doch gelang es Bem, indem er ſich wieder verſtärkte, die Ruſſen aus Hermannſtadt zu verjagen, aber Lüders holte ihn durch einen Gewaltmarſch ein und ſchlug ihn in der Nähe der Stadt am 7. Auguſt, worauf Bem zu Koſſuth gerufen wurde und Ge- neral Stein den immer ſchwächer werdenden Kampf fortſetzte.

Im Süden Ungarns ſtand Perczel gegen den Ban, verlor ein Gefecht bei Kaacs am 7. Juni und wurde abgeſetzt. Vetter kam als Oberbefehlshaber und hielt mit großer Macht den zu ſchwachen Ban zurück, ſo daß es ihm gelang, die von Berger lange tapfer vertheidigte Feſtung Arad, die keine Lebensmittel mehr hatte, durch Capitulation einzunehmen, am 1. Juli. Nur die Feſtung Temeswar ließ noch stolz das Banner des Kaisers fliegen. Am 14. Juli wollte Jellachich in der Nacht die Ungarn bei Hegyesch über-fallen, aber sie waren vorbereitet, überfielen ihn und schlugen ihn gänzlich.

Haynau mit der Hauptarmee bei Raab kam in der Mitte Juni zum Kampf. Man warf ihm vor, daß er noch härter als Windischgrätz sey, indem er zwei gefangene ungarische Offiziere, Görgey's Freunde, als Deserteure und Rebellen hinrichten ließ. Diese Strenge trug wenigstens sehr viel dazu bei, den Haß der Ungarn gegen die weiße Uniform zu verstärken und ihnen die dunkelgrüne annehmlicher zu machen. Görgey scheint damals schon sich entschlossen zu haben, wenn er sich ergeben müsse, sollte es an die Russen seyn und nicht an die Oesterreicher. Jetzt galt es noch den Versuch, Haynau zu vernichten, ehe Paskiewitsch heran-gekommen sey. Am 13. Juni wurde Haynau's Vorhut unter Ge-neral Wyß bei Csorna von den Ungarn geschlagen, aber am 21. erlitt Görgey selbst bei Isigard und gleichzeitig Klapka auf der Insel Schütt eine Niederlage. Noch einmal, am 2. Juli, wagte Görgey einen verzweifelten Kampf bei Komorn, in dem er aber wiederum zurückgeschlagen und durch einen Säbelhieb verwundet wurde. An seiner Stelle übernahm Klapka den Befehl und wagte den dritten blutigen Kampf vor Komorn am 11. Juli, aber wieder vergebens. Es war dieser tapfern Armee nicht möglich, Haynau's geschlossene Colonnen zu durchbrechen; wäre dies gelungen, so wür-den sich sofort alle ungarischen Heerestheile vereint auf die Russen geworfen haben.

Gegen Paskiewitsch stand Dembinski mit nur 16—18,000 Mann, in langer Linie aufgestellt und konnte ihn natürlich nicht aufhalten, die Russen verloren aber viele Leute durch die Cholera; in der schlimmsten Zeit (Mitte Juni) starben in fünf Tagen 2000 Mann. Erst als Paskiewitsch das Rüdiger'sche Corps nach Waitzen vorschob, kam es zum Kampf, indem Görgey von Komorn aus ihm entgegenging. In einem blutigen Gefecht am 15. Juli schlug

Görgey die Russen aus Walzen hinaus, wich aber vor der Uebermacht des gleich darauf anrückenden Paskiewitsch wieder zurück und
warf sich in einem Gewaltmarsch ins Gebirge, um über Tokay
den Feind im Süden zu überfallen. Perczel machte zu seinen
Gunsten eine kleine Diversion bei Turc, wurde aber hier geschlagen. Dagegen entging Görgey selbst durch die Schnelligkeit
seines Marsches drei russischen Armeecorps, die eben aus dem Gebirge vorgerückt waren, und erreichte Debreczin. Kossuth mit dem
Reichstage hatte sich nach Szegedin zurückgezogen, aber dahin richtete nun gerade Haynau seinen Marsch. Dembinski sollte
ihn mit 36,000 Mann aufhalten, glaubte sich aber in Szegedin
nicht halten zu können und entwich nach Szöret. Hier nahm
er die Schlacht an, am 5. August, erlitt aber eine furchtbare
Niederlage, denn Haynau fügte der alten österreichischen Tapferkeit
den ganzen Zorn seines Temperamentes hinzu. Ihm (und vielen
andern Oesterreichern) wäre lieber gewesen, allein die Ungarn zu
schlagen. Die Anwesenheit und vornehme Hofmeisterei des russischen Generalissimus war ihm ärgerlicher, als die Noth, die ihm
die Ungarn machten. Dembinski floh nach Temeswar, verstärkte sich durch die dort unter Vecsey stehende Belagerungsarmee
und hielt noch einmal dem furchtbaren Haynau Stand, der ihn
aber hier am 9. abermals besiegte und sein Heer in völlige Auflösung brachte. Da wurde das hartbedrängte Temeswar, welches
Rukawina lange auf's heldenmüthigste vertheidigt hatte, glücklich
entsetzt.

Görgey kam zu spät, Dembinski zu retten, und empfing zu
Arad die schlimme Botschaft. Aber er war damals schon in geheime Unterhandlungen mit Rüdiger getreten. Diesem hatte er
durch eine Dame die ersten Anträge machen lassen, und der Haß
der Ungarn gegen Haynau, die Furcht vor seiner Rache war zu
groß und wohlbegründet, als daß nicht Görgey auf die Zustimmung seines Heeres rechnen konnte, wenn er es vorzog, mit den
Russen zu capituliren. Kossuth war, seit Dembinski's Heer ver-

nichtet war, in Görgey's Hand gegeben, traute ihm nichts Gutes
zu und machte, daß er davon kam, indem er sich zu Bem rettete.
Zuvor hatte ihn Görgey zu förmlicher Abdankung vermocht und
den obersten Befehl in seine eigenen Hände genommen, am 11.
Aber Kossuth hielt seine Zusage, die Reichskleinobien herauszugeben,
nicht ein, sondern stahl Ungarns Krone und nahm sie auf seiner
Flucht mit sich. Am 12. zog Görgey nach Bilagos und hier
schloß er am 13. mit Rüdiger die schon vorbereitete Capitulation.
Seine ganze Armee, noch 23,000 Mann, streckte die Waffen vor
den Russen freiwillig, um sie nicht gezwungen vor Haynau strecken
zu müssen. Das Ganze sah wie eine Comödie aus, bei der sich
Russen und Ungarn, gemeinschaftlich an der Tafel sitzend, auf
Kosten der Oesterreicher lustig machten. Das darf man nicht vergessen, um den Ingrimm Haynau's zu begreifen und zu entschuldigen.
    Kossuth fand Bem bei Lugos nur noch an der Spitze von
6000 Mann, die nicht mehr fechten wollten, beide flohen daher
in die Türkei, wohin ihnen viele andre nachfolgten. Denn alle
noch beisammen gebliebene Haufen, namentlich ein Corps von
12,000 Ungarn unter Kazinski im Norden Siebenbürgens, lösten
sich jetzt vollends auf. Arad, Peterwardein, Muncacs ergaben sich,
nur in Komorn behauptete sich Klapka und erlangte am 27. September noch eine ehrenvolle Capitulation. Klapka durfte frei nach
England gehen, Görgey erhielt durch russische Vermittlung einen
freien Aufenthalt in Grätz. Aber an einigen andern ausgewählten
Häuptern der Revolution nahm Haynau blutige Rache. Den Minister Grafen Batthyanyi verurtheilte er zum Galgen, und war
wüthend als sein Befehl nicht genau vollzogen, sondern der unglückliche Graf nur erschossen wurde, zu Ofen. In Pesth ließ er
den Fürsten Wronizki und noch zwei andere, in Arad die Generale
Veesey, Aulich, Leiningen zc. hängen, die Generäle Kiß, Lazar zc.
erschießen. Damit wollte er beweisen, daß er Herr in Ungarn
sey, als Stellvertreter seines rechtmäßigen Kaisers, und nicht Paskiewitsch, der an den Kaiser Nicolaus schrieb: „Ungarn liegt Ew.

Majeſtät zu Füßen." Ueberhaupt trugen die Ruſſen eine uner-
trägliche Hoffahrt zur Schau und verleumdeten den tapfern Haynau, den bald darauf auch die Ungnade ſeines eigenen Herrn traf;
weil er allzu eigenmächtig in Ungarn wirthſchaftete und den Befehlen des Wiener Miniſteriums nicht pünctlich genug gehorchte,
ward er abberufen, verließ den Dienſt, machte eine Rundreiſe durch
Deutſchland nach England, und wurde hier von einem fanatiſchen
Pöbel inſultirt, ohne Genugthuung zu erhalten. *)

Die ungariſchen Flüchtlinge hielten ſich anfangs in Belgrad
auf, wurden aber nachher nach Schumla geſchickt. Oeſterreich und
Rußland verlangten ihre Auslieferung, aber Palmerſton beſchützte
Koſſuth und duldete nicht, daß die Pforte ſich in dieſem Puncte
ſchwach zeigte. Eine zahlreiche engliſche Flotte unter Admiral
Parker ſchien eigens gekommen zu ſeyn, um Koſſuth zu beſchützen.
Nach langen Unterhandlungen verſtand ſich im Vertrage vom
31. December die Pforte dazu, Koſſuth und den größten Theil
der Flüchtlinge nach England frei zu entlaſſen, dagegen Bem,

---

*) Der ruſſiſche Oberſt Tolſtoy beſchrieb den Krieg in Ungarn und
machte Haynau den ungerechten Vorwurf, er habe nach der Schlacht von
Komorn, indem er ſich ſüdweſtlich wandte, Paskiewitſch im Stich gelaſſen,
als ob es nicht dringend nöthig geweſen wäre, den Ban zu unterſtützen,
und als ob Paskiewitſch mit 130,000 Mann nicht ſtark genug geweſen
wäre, mit den 24,000 des Görgey allein fertig zu werden. Auch die
Wiener Juden erhoben ein Zetergeſchrei gegen Haynau, weil er die ungariſchen Juden beſteuert hatte. Der alte Feldherr konnte ſeinen Zorn über
die ungerechte Anfeindung und Verleumdung nicht mäßigen. Als er vollends
ſo arglos unvorſichtig war, nach London zu gehen, überfiel ihn dort der
aufgehetzte radicale Pöbel in einem großen Brauhauſe, das er eben beſich-
tigte, mißhandelte ihn und riß ihn bei ſeinem berühmten Schnurrbart herum.
Die engliſche Regierung that nichts, die Schuldigen zu beſtrafen. Kaiſer
Franz Joſeph aber bezeugte dem tiefgekränkten Greiſe in einem Schreiben
ſeine achtungsvolle Theilnahme. Die deutſche Preſſe entehrte ſich, mit in
das radicale Geheul gegen „die Hyäne von Breßcia" einzuſtimmen.

Kmety, Stein ꝛc., die sich zum Islam bekehrt hatten und Paschas
geworden waren, zwar zu behalten, jedoch nicht an der Grenze
und auch nicht in Constantinopel. Dagegen gingen im folgenden
Jahr auch die Russen aus den Donaufürstenthümern wieder über
den Pruth zurück.

Ungarn verlor seine bisherige nationale Selbständigkeit, seine
Verfassung, seinen Reichstag. Es war unmöglich, dem empörten
Volke die verfassungsmäßigen Waffen zurückzugeben, welche es so
eben erst gegen seinen rechtmäßigen König so schlimm mißbraucht
hatte. Mit der alten Verfassung aber fielen auch die Zollschran-
ken und viele alten Mißbräuche, und es wurde jetzt erst möglich,
die natürlichen Reichthümer Ungarns zu erschließen. Im Allgemeinen muß der Haß der Ungarn gegen die Deutschen und der
blutige Kampf, der eben sein Ende erreicht hatte, als unvernünftig
bezeichnet werden. Die ungarische Nationalität, an sich zu schwach,
um sich gegenüber der numerisch ihr so weit überlegenen slavischen
Nationalität behaupten zu können, muß sich auf die deutsche stützen.
Hier, im alten freundschaftlichen Verbande mit Deutschland, findet
Ungarn mehr Achtung seiner Nationalität, mehr Bildung und
mehr Freiheit, als es je zu erwarten hätte, wenn es, von den
Deutschen verlassen, dem alten Hasse der Slaven und der alles
gleichmachenden Herrschaft Rußlands überliefert wäre.

Nach den großen Doppelsiegen in der Lombardei und in Ungarn unterließ Oesterreich nicht, die Revolution nach Mittelitalien
hin zu verfolgen, um sich von dieser Seite her endlich volle Ruhe
zu verschaffen.

In Rom mußte seit dem Frühling 1848 der Papst das weltliche und liberale Ministerium Mamiani walten lassen. Erst nach
der Schlacht bei Custozza konnte er einen Schritt wagen, um seine
Autorität im Kirchenstaate wiederherzustellen. Der vormärzliche
französische Gesandte, ein geborener Italiener und ehemaliger politischer Flüchtling, aber durch sein Talent in Frankreich zu großen
Ehren gelangt, Graf Rossi, wurde sein Rathgeber, nicht ohne

Zuthun der französischen Regierung, die dem h. Vater für extreme Fälle schon frühzeitig ihren Schutz zugesichert zu haben scheint. Aus diesem Verhältniß erklärt sich auch, warum der Papst damals die Unterstützung österreichischer Waffen ablehnte und den Marsch Welbens nach Bologna hintertrieb. Als aber Rossi endlich vom Papst zum ersten Minister ernannt wurde und mit großer Zuversicht verkündete, er werde die Ordnung und das Ansehen des Papstes herzustellen wissen, traf ihn am 15. November, indem er eben in das Sitzungsgebäude der neueröffneten Nationalversammlung treten wollte, ein tödtlicher Dolchstich. Hierauf stürmte der Pöbel den Quirinal, wo der Papst von der Diplomatie umgeben und von seinen treuen Schweizern geschützt wurde. Aber das Volk drang ein, ermordete seinen Privatsecretair Palma und ertrotzte, geleitet von Galetti, die Entlassung der Schweizer und die Ernennung eines dem Volk genehmen Ministeriums. Da flohen alle conservativen Abgeordneten und der Papst selbst, der sich unmöglich länger den Insulten des Pöbels bloßstellen konnte, den aber die Aufwiegler als Pfand behalten wollten und bewachten, wurde in der Nacht des 25. durch den bayrischen Gesandten, Grafen Spaur, unvermerkt in seinen Wagen gebracht und entkam glücklich nach der neapolitanischen Festung Gaëta. Die dringende Einladung, nach Frankreich zu kommen, wies er ab, um nicht von dieser Macht allzu abhängig zu werden und um Oesterreich nicht zu beleidigen. Der König von Neapel aber mit seiner ganzen Familie kam zu ihm und empfing seinen Segen. Auch die gesammte Diplomatie folgte ihm aus Rom nach Gaëta. Das radicale Parlament in Rom forderte ihn vergeblich zur Rückkehr auf und bestätigte sodann ohne weiteres das vom Papst verworfene Ministerium Galetti und Sterbini, welches jedoch bald einer förmlichen provisorischen Regierung, dem Triumvirate Galetti, Corsini, Camerata Platz machte.

Unterdeß herrschte Anarchie im Kirchenstaate. Schon im August hatte sich ein päpstliches Schweizerregiment zu Rimini empört und

feine Offiziere ermordet. Im December zog Garibaldi an der
Spitze einer großen demokratischen Freischaar in Rom ein. Die
bewaffnete Macht war in den Händen des Aufruhrs. In Toscana hatte sich der Großherzog das demokratische Ministerium
Guerazzi müssen aufbringen lassen, welches offen auf Republik
ausging. Das Volk wurde für die Einheit Italiens und für die
republikanische Form zugleich fanatisirt. In diesem Sinn erhob
es im September einen blutigen Aufstand in Livorno und einen
noch blutigeren am 13. und 14. December in Genua. Die Anhänger Mazzini's hofften nämlich, nach der Demüthigung Karl
Alberts werde derselbe nicht mehr stark genug seyn, die republikanische Partei zu besiegen. Deswegen versuchte man seine eigenen
Unterthanen aufzuwiegeln. Dieser Haß der Mazzinisten gegen Karl
Albert hat der Sache der italienischen Freiheit am meisten geschadet,
obgleich sie, auch wenn sie einig gewesen wären, gegen die vereinigte Macht Oesterreichs und Frankreichs nichts würden ausgerichtet haben. Montanelli in Florenz mahnte damals in einer
patriotischen Rede seine Landsleute, nicht Revolutionen gegen einander selbst zu machen, nicht Reden zu halten und giftige Zeitungsartikel zu schreiben, sondern alle vereint in Waffen zu stehen. Aber
man hörte ihn nicht. Die Republikaner eröffneten am 5. Februar
1849 zu Rom eine allgemeine Constituente Italiana, die für Italien werden sollte, was das Frankfurter Parlament für Deutschland. Der Präsident Armellini hielt eine schwärmerische Rede im
Hymnenstyl. Mazzini selbst befand sich in Rom, die Dinge zu
leiten, und neben ihm spielte der Prinz Karl von Canino, Sohn
Lucian Bonaparte's, die größte Rolle, in der Hoffnung, Italien
werde am Ende ihm zufallen. Die Constituente setzte sofort den
Papst ab und proclamirte die römische Republik. Nun war
auch Toscana nicht mehr zu halten. Der Großherzog entfloh am
17. Februar nach dem kleinen Hafen im Süden der toscanischen
Küste, St. Stefano. Guerazzi aber rief in Florenz die Republik
aus und wurde zum Dictator ernannt. Man bemerkte bei den

neuen republikaniſchen Herren in Rom vorherrſchend eine antikirchliche Leidenſchaft. „Ausrottung des klerikalen Syſtems iſt unſer
Programm,“ verkündeten ſie öffentlich und decretirten die Einzie-
hung alles Kirchenguts zu Handen des Staats.

Aber ſie regierten nicht lange. Die Oeſterreicher wollten einſchreiten. Karl Albert proteſtirte und wagte den letzten, bereits
oben geſchilderten Kampf, in dem er von den italieniſchen Republikanern in keiner Weiſe unterſtützt wurde und unterlag. Nun
rückten nicht nur die Oeſterreicher in Mittelitalien ein, und ſchick-
ten zugleich die Franzoſen und Spanier, um die Oeſterreicher nicht
allein machen zu laſſen, Hülfstruppen für den Papſt nach dem
Kirchenſtaate, ſondern auch Victor Emanuel, der neue König von
Sardinien, ſandte ein Heer, um dem republikaniſchen Unfug in
Genua ein Ende zu machen. Der Vereinigung ſo vieler Feinde
konnte die junge italieniſche Republik nicht widerſtehen.

Am 4. April rückte der piemonteſiſche General la Marmora
vor Genua und erzwang am folgenden Tage die Capitulation.
Am 5. zogen die Oeſterreicher unter d'Aspre in Parma ein. Am
11. brach eine Contrerevolution in Florenz aus und Guerazzi
mußte flüchten. Dieſer Menſch und ſeine bewaffneten Banden
hatten die wohlhabende und hochgebildete Stadt auf's abſcheulichſte
tyranniſirt, ſo daß kein ehrlicher Mann mehr auf der Straße
gehen konnte, ohne ihren Inſulten ausgeſetzt zu werden. Dieſelbe Zuchtloſigkeit herrſchte in ganz Mittelitalien; jedes elende
Neſt hatte ſeinen circulo, deſſen Schreier die ruhigen Bürger und
Bauern mißhandelten, chikanirten und hauptſächlich plünderten.
Die Republik hatte in Italien eine noch weit gemeinere und ban-
ditenmäßigere Phyſiognomie als dieſſeits der Alpen. Trotz jener
Contrerevolution in der Hauptſtadt von Toscana behaupteten ſich
die Wühler noch in Livorno, welches die Oeſterreicher unter d'Aspre
erſt am 11. Mai mit Sturm erobern mußten. Eine andre öſter-
reichiſche Colonne unter Wimpfen zog oſtwärts, zwang am 16. Mai
Bologna durch ein Bombardement zur Uebergabe und ſetzte ſich

am 18. Juni durch Capitulation auch in den Besitz der päpstlichen Festung An c o n a.

Was aber Rom selbst betrifft, so kamen die Franzosen den Oesterreichern zuvor, denn schon am 25. April landeten sie unter General Oudinot in Civitavecchia, und drei Tage später landeten auch einige tausend Spanier, die dem Papst helfen sollten, zu Terracina und der König von Neapel rückte gleichfalls gegen Rom vor. Oudinot nahm seine Aufgabe aber etwas zu leicht, rückte mit zu wenig Mannschaft unvorsichtig gegen Rom vor und wurde am 30. April von Garibaldi's Freischaaren vor den Mauern Roms nicht ohne empfindlichen Verlust zurückgeschlagen. Das bewog den König von Neapel, auch seine Truppen ohne ernsten Kampf wieder zurückzuziehen. Oudinot ging einen Waffenstillstand ein, um sich unterdeß zu verstärken, während der französische Gesandte, von Lesseps, in Rom unterhandelte und den Republikanern weiß machte, es sey nicht und könne gar nicht die Absicht der französischen Republik seyn, ihnen das Joch des Papstthums wieder aufzulegen. Als aber Oudinot stark genug war, wurde Lesseps besavouirt und der Angriff auf Rom begann mit solcher Energie, daß sich die Stadt, trotz Garibaldi's heldenmüthiger Vertheidigung, am 4. Juli an Oudinot ergab. Er hatte den Angriff hauptsächlich von der Villa Pamphili aus begonnen. Von den Vertheidigern war die schöne Villa Borghese zerstört worden. Garibaldi zog mit seiner tapfern Schaar von Rom ab und entkam den Oesterreichern glücklich über St. Marino, in dessen Nähe er sich nach Genua einschiffte. Mazzini entkam ebenfalls. Derselbe hatte in der letzten Noth der Stadt seine Regierungsgewalt niederlegen und einem neuen Triumvirat: Saliceti, Mariani und Calandrelli abtreten müssen, welche die Capitulation schlossen. Sobald Oudinot einmarschirt war, setzte er eine Verwaltung im Namen des Papstes ein, machte also der Republik factisch ein Ende, weshalb ihm die wüthenden Demokraten auf den Straßen entgegenriefen: morte al cardinale Oudinot! Die Spanier durften sich in Rom nicht

blicken laſſen und ſpielten eine ſehr überflüſſige Rolle, ſo lange
ſie an der Küſte ſtehen blieben. Der Papſt ſelbſt blieb aber in
Gaëta und bezeugte keine Luſt, ſeine erhabene Perſon dem Schutz
der franzöſiſchen Bajonette zu unterſtellen. Frankreich forderte zum
Dank für die Wiederherſtellung ſeines Anſehens in Rom einige
liberale Conceſſionen, um die Expedition nach Rom, die bei allen
Liberalen und Demokraten in Frankreich ſelbſt höchſt unpopulär
war, weniger gehäſſig erſcheinen zu laſſen. Aber der Papſt glaubte
ſich eben ſo ſehr hüten zu müſſen, von Frankreich Befehle anzunehmen oder ſich einen Zwang anthun zu laſſen. Er ſtützte ſich
auf Oeſterreich, dem Neapel (aus Furcht vor dem Napoleonismus)
zuſtimmte, und Oeſterreich verfehlte auch nicht, ſich dem Papſt durch
kirchliche Conceſſionen zu verbinden, aus denen ſpäter das Concordat hervorging. Oeſterreich hielt Bologna und Ancona beſetzt und
konnte die Anweſenheit der Franzoſen in Rom nur unter der Bedingung zugeben, daß der Papſt durch ſie keinerlei Zwang erleide.
Da nun ſo Manches auch in Wien und Paris noch erſt im Werden war, ſo dauerte es lange, bis ſich ein feſtes Uebereinkommen
treffen ließ, welches, alle Theile wenigſtens zur Noth befriedigend, dem Papſt die endliche Rückkehr nach Rom geſtattete. Der
Großherzog von Toscana kehrte ſchon am 29. Juli in ſeine Reſi-
denz zurück.

    Venedig hatte ſich, durch ſeine Lage im Meere begünſtigt,
äußerſt hartnäckig gegen die Angriffe der Oeſterreicher ſeit dem
Sommer 1848 vertheidigt. Eine Zeitlang wurde es von der See
her durch die ſardiniſche Flotte unterſtützt, welche zu vertreiben
die öſterreichiſche Marine zu ſchwach war. Venedig war durch
eine eben erſt gebaute prachtvolle Eiſenbahnbrücke mit dem Feſt-
land verbunden, aber durch den ſtark befeſtigten Brückenkopf,
das Fort Malghera, geſchützt. Die Belagerung wurde durch die
ſumpfigen Lagunen und ihre ungeſunde Ausdünſtung ungemein er-
ſchwert, ſo daß es erſt am 27. Mai 1849 gelang, Malghera
zu erobern, indem man es in einen Schutthaufen verwandelte.

Von hier aus aber bedurfte es noch unsäglicher Mühe, um dem
Brückendamm entlang einige Fortschritte zu machen und mit kunst-
reich verstärkten Projectilen endlich die Stadt zu erobern, die nun
durch das Bombardement und zugleich durch Hunger zur Uebergabe gezwungen wurde, am 22. August. Im Innern hatte während der langen Belagerung der Advokat Manin inmitten einer
gemeinen Demokratie geherrscht. Nur wenige Tage lang hatte
sich Venedig bequemt, gleich Mailand dem Könige von Sardinien
zu huldigen. Als dieser geschlagen war, stellte Manin augenblicklich die Republik wieder her. Die Capitulation war von Seiten
Oesterreichs großmüthig. Die fremden Freischaaren, namentlich
Schweizer, erhielten freien Abzug, so wie auch Manin und mit
ihm 40 der am meisten Compromittirten. So kehrte denn die
alte schöne Venetia nach einem kurzen und wüsten republikanischen Traume, in dem die würdigen Gestalten der alten Dogen
sehr unwürdigen Neulingen gewichen waren, unter die Herrschaft
des Doppeladlers zurück. Aber Oesterreich hatte diese von Zicty
so leichtsinnig dahingegebene Stadt mit den schwersten Opfern
wieder erkaufen müssen. Man rechnete, daß es 20,000 Mann
bei der Belagerung, hauptsächlich durch die Sumpffieber, verloren habe.

Der König von Neapel hatte (vgl. S. 300) mit Hülfe seiner tapfern Schweizer die rebellische Hauptstadt unterworfen, noch
aber trotzte ihm Sicilien. England arbeitete durch Lord Minto
aus allen Kräften an einer gänzlichen Trennung Siciliens von
Neapel und deutete den Rebellen an, die Unabhängigkeit der Insel
ließe sich bei den andern europäischen Mächten wohl durchsetzen,
wenn sie der Republik entsagten und einen König wählten. Minto
schlug ihnen den jüngeren Sohn Karl Alberts, den jungen Herzog
Ferdinand von Genua vor, der auch wirklich vom Parlament in
Palermo am 11. Juli 1848 zum König gewählt wurde. Admiral
Parker, der auch Griechenland und Portugal maßregelte, und

ben Palmerston wie einen Bullbog *) gegen alle schwachen Staaten, wenn sie nicht pariren wollten, losließ, mußte sich mit seiner
Flotte vor Neapel legen, um den König daselbst von jeder Expedition gegen Sicilien abzuschrecken. Da sich derselbe aber nicht
abschrecken ließ, sondern im August eine kleine Armee unter General Filangieri, bei der sich auch die beiden tapfern Schweizerregimenter Brunner und Muralt befanden, nach Sicilien schickte,
wurde er von Parker nicht gehindert, weil derselbe keine Ordre
hatte, wirklich Gewalt zu gebrauchen, wie es scheint aus Rücksicht
auf Frankreich. Die Armee landete vor Messina, wo sich die
ganze Revolution über General Pronio mit wenigen königlichen
Truppen in der Citadelle gegen die empörte Stadt behauptet hatte,
und eroberte diese Stadt nach einem heftigen Bombardement und
blutigen Kampfe, 7. September. Auch jetzt noch mischten sich die
Engländer ein und verlangten einen Waffenstillstand, den der König
auch einging und während dessen unterhandelt wurde. Da aber
das Parlament in Palermo mit den Concessionen des Königs nicht
zufrieden war, so wurde der Waffenstillstand am 19. März 1849
wieder aufgekündigt. Die Sicilianer hatten sich Mieroslawski
kommen lassen und bildeten sich ein, unter ihm würden sie siegen.
Als Filangieri vor Catanea zog und seine Neapolitaner beim
ersten Angriff zurückgeworfen wurden, schrieen dieselben nach den
Schweizern. Nun rückten 900 Schweizer unter Muralt mit dem
Donnerruf: „Hurrah Bern" heran, und der bloße Schrecken ihres
Namens reichte hin, die Mauern von allen Vertheidigern zu säubern. Die 24,000 Mann starke Besatzung Catanea's floh zu den
hintern Thoren der Stadt hinaus und nach der Erstürmung nur
einiger noch vertheidigter Batterien zogen die tapfern Schweizer in
die Stadt ein. Ein Versuch Mieroslawski's, die Sicilianer bei

*) Ein englisches Schiff, welches vorzugsweise an der sicilianischen
Küste diente, geflüchtete Insurgenten zu retten und den neapolitanischen
Feldherrn zu geniren, führte wirklich den Namen Bullbog.

Caſtro-Giovanni wieder zu ſammeln, mißlang und er ſchiffte ſich
ein. In Palermo ſelbſt machten ſich die compromittirteſten Regie-
rungs- und Parlamentsmitglieder, gegen 300, bereits heimlich aus
dem Staube und ſchifften ſich nach England ein. Nur der fana-
tiſirte Pöbel lernte noch, aber nach einem Gefecht bei Mezzagno
hörte aller Widerſtand auf und am 15. Mai zog Filangieri in
Palermo ein, um die alte Ordnung herzuſtellen.

Ich habe die Ereigniſſe in Ungarn und Italien mit Abſicht
vorangeſtellt und gehe jetzt erſt zum Bericht über den weitern Verlauf der Frankfurter Parlamentsverhandlungen, der conſtitutionellen
Bewegung für Preußen und der demokratiſchen Revolution in
Deutſchland über, weil auf ſie die entſcheidenden Siege Oeſterreichs den größten Einfluß geübt, ihren Fortſchritt weſentlich ge-
hemmt, ihr Mißlingen vorzugsweiſe bedingt haben.

Zehntes Buch.

Die Mairevolution.

. ———

Die Paulskirche arbeitete fort, als ob nichts vorgefallen wäre. Sie ließ sich in der Voraussetzung nicht beirren, daß ihr die volle Souverainetät der deutschen Nation inwohne, daß die von ihr berathene Reichsverfassung, wenn sie erst fertig seyn würde, auch endgültig wäre und daß selbst das wiedererstarkte Oesterreich und Preußen sich ihr einfach zu unterwerfen hätten. Diese Voraussetzung ging aber nur bei den wenigsten aus wirklicher Verblendung und Ueberschätzung der eigenen schwachen Kraft hervor, vielmehr diente sie nur verschiedenen Zwecken und Parteien als Mittel. Die Demokratie hielt an ihr fest, weil sie darin eine Legitimation zu neuen Wühlereien erkannte. Unter dem Vorwand, für die Nationalsouverainetät und Reichsverfassung zu kämpfen, konnte sie gegen die etwa renitenten Regierungen bequemer revolutioniren. Die geheimen und offenen Anhänger Preußens hielten an jener Voraussetzung nicht minder fest, weil sie für die Hülfe, die sie vom König von Preußen erwarteten, mit der deutschen Kaiserkrone und mit dem Anspruch auf Gehorsam im übrigen Deutschland ein werthvolles Gegengeschenk zu machen hofften. Die Anhänger Oesterreichs aber ließen auch ihrerseits jene Voraussetzung noch nicht fahren, um Sitz und Stimme in der Paulskirche zu behalten, den preußischen Plan zu durchkreuzen und schließlich, wenn alle Reformversuche mißlungen seyn würden, zum status quo ante, d. h. zum alten Bundestag zurückzukommen.

Man thut deshalb Unrecht, wenn man die langweilige Berathung der Grundrechte im Herbst den vielen Professoren in der Paulskirche als unpractische Ideologie vorwirft. Es sollte damit nur Zeit gewonnen werden. Die Grundrechte, schon im October berathen, aber erst am 21. December allgemein verkündet, waren nach der bisherigen liberalen Schablone zugeschnitten und verbürgten: die Gleichheit aller Deutschen vor dem Gesetz, Abschaffung aller Standesvorrechte, gleiche Wehrpflicht, Freizügigkeit, persönliche Freiheit, Hausrecht, Preßfreiheit, Lehrfreiheit, Gleichheit aller Culte, Trennung der Schule von der Kirche, Vereinsrecht, Versammlungsrecht, Schwurgerichte, Oeffentlichkeit und Mündlichkeit, Abschaffung aller bäuerlichen Lasten, alles Lehensverbandes, der Fideicommisse, der Todesstrafe rc. In den glänzenden Reden bei der Berathung dieser Sätze wiederholte sich meist das schon hundertmal Gesagte. Nur in den Kirchenfragen erhob sich gegen die liberale Schablone die geistvolle Opposition berühmter katholischer Lehrer, wie Ketteler (jetzt Bischof in Mainz), Phillpps, Döllinger, Lasaulx, Dieringer, Gfrörer rc. Die Katholiken wollten, wo so eine reiche Saat von Freiheiten aller Art ausgestreut wurde, vor allem ihrer Kirche die lange verlorene Freiheit wiedergewinnen. Daher die **Versammlung deutscher.Bischöfe zu Würzburg**, die am 22. October unter dem Vorsitz des Erzbischof Geissel begann, dann vom später ankommenden Kardinal Erzbischof von Salzburg, Fürsten Schwarzenberg, präsidirt wurde und deren Ergebniß eine am 14. November veröffentlichte Denkschrift war, welche von 5 Erzbischöfen und 13 Bischöfen persönlich und von noch mehreren durch Stellvertreter unterzeichnet wurde. In derselben reclamirten sie als altes unveräußerliches Recht der Kirche vornehmlich den Besitz und die Verwaltung des Kirchenguts, die Leitung der Priestererziehung und des Volksunterrichts, das Recht geistlicher Genossenschaften und den freien Verkehr mit Rom. Ein ähnlicher Congreß evangelischer Geistlichen wurde damals auch zu Wittenberg und ein anderer der strengen Lutheraner zu Leipzig abgehalten; die Deutschkatholiken spielten merkwürdiger Weise trotz der ihnen scheinbar günstigen Revolutionszeit gar keine Rolle mehr.

Die Grundrechte wurden von Oesterreich, Preußen, Hannover, Bayern und Sachsen nicht angenommen oder ihre Anerkennung verschoben, bis die Reichsverfassung fertig seyn würde. Nur in den kleinen Staaten wurden sie verkündet, um bald wieder vergessen zu werden. Am 20. October begannen in der Paulskirche die Debatten über die künftige d e u t s c h e R e i c h s v e r f a s s u n g und dauerten mit Unterbrechungen den ganzen Winter hindurch fort. Alles drehte sich dabei um die Oberhauptsfrage. Man ging von dem heißen Verlangen der Nation in den Märztagen aus und wollte die bisherige Bundesverfassung, in der zwei Großstaaten, vier Königreiche und eine weitere Abstufung von kleinen und kleinsten Staaten jeder selbständig und alle uneins gewesen, nicht mehr haben, sondern ein einiges und untheilbares großes, die ganze Nation umfassendes Reich. Die Demokraten dachten an eine Republik mit einem nur auf kurze Zeit gewählten Präsidenten, wie in Frankreich. Allein die deutschen Republikaner hatten schon so viele Beweise ihrer Schwäche abgelegt, daß vollends nach den Siegen der Monarchie in Wien und Berlin ihre Sache verloren war. Zum h. römischen Reiche deutscher Nation mit einem habsburgischen Kaiser zurückzuführen, wurde nicht einmal ernstlich vorgeschlagen, weil die alte Reichsverfassung sich als unhaltbar erwiesen und weil sich das mächtige Preußen keinem Habsburger würde unterworfen haben. Eben so wenig durfte man erwarten, daß Oesterreich etwa dem Könige von Preußen gehorchen würde, wenn man ihn zum Kaiser machte. Es blieben also nur zwei Auswege, entweder mit Ausnahme Oesterreichs das ganze übrige Deutschland unter einem preußischen Kaiser zu vereinigen, oder aber zur alten Bundesverfassung zurückzukehren. Das erstere war die alte Idee Paul Pfizer's,

zu der sich die meisten Preußen und Norddeutschen, namentlich
Holsteiner, bisher schon heimlich bekannt hatten. Das zweite war
der sehnlichste Wunsch der meisten Fürsten und unzähliger Männer,
die sich in der vormärzlichen Zeit wohl befunden hatten, welche
die ganze Revolution verwünschten und so bald als möglich wieder
Ruhe haben wollten. Weil aber der alte Bundestag doch gar zu
verhaßt geworden war und man sich noch in der revolutionären
Strömung befand, so wurde damals die bittere Pille des Bundestags noch versüßt durch das allgemeine Zugeständniß, es müsse
demselben wenigstens ein Volkshaus, ein deutsches Parlament, zur
Seite stehen. Die mannigfachen Vorschläge, die man gemacht hat,
die Oberleitung des deutschen Bundes zu concentriren in ein Directorium, in welchem nur die mächtigsten 7, oder 5, oder gar
nur drei deutsche Fürsten die Oberleitung übernehmen sollten,
liefen doch alle nur auf eine Maskirung des alten Bundestags
hinaus und das dem Directorium nebengeordnete Volkshaus allein
blieb etwas Neues, die Nation über den Mangel an einheitlicher
Spitze Tröstendes, aber etwas Illusorisches, weil eine Vertretung
in einem allgemeinen Parlamente für eine Nation nicht paßt,
welche in fest abgeschlossene und mächtige Staaten getheilt ist.

Während Welcker und Mosle als Vermittler in Wien nur
eine klägliche Rolle spielten, wurde Raveaux als Reichsgesandter
in der Schweiz, indem er der Eidgenossenschaft wegen Duldung der
wiederholten Struve'schen Freischaarenzurüstung nur zu gerechte Vorwürfe machte, von derselben auf die hoffärtigste und höhnendste
Art abgefertigt. Dennoch ließ sich die Paulskirche verleiten, nach
Blums Hinrichtung deswegen in Wien eine gänzlich fruchtlose Beschwerde zu führen und sogar einen Tadel des Königs von Preußen wegen Verlegung der constituirenden Versammlung nach Brandenburg zu beschließen. So sehr liebte sie noch, sich über ihre
Unmacht zu täuschen, oder wurde irre geführt.

Allen Einsichtigen war aber bald klar, daß es nur noch auf
Preußen ankam mit einem engern, von Oesterreich getrennten

Bunde, oder auf Oesterreich mit dem alten Bundestage. Von
Tag zu Tage nahm die Agitation für Preußen und die Reaction
dagegen zu.

Preußen hatte bereits in Schleswig der deutschen Sache seine
Waffen geliehen, es stellte sie am 23. October abermals der Reichsgewalt zur Verfügung, während Oesterreich noch mit der Wiener
Revolution nicht fertig geworden war. In demselben Monat gab
Bunsen, der preußische Gesandte in London, eine Flugschrift heraus, worin er den Pfizer'schen Gedanken ausbeutete und eine Theilung Deutschlands in der Art vorschlug, daß Oesterreich das Seine
behalten, das übrige Deutschland aber unter Preußen vereinigt
werden sollte, beide dergestalt durch eine Union verbunden, daß
Oesterreich die diplomatische Verbindung für die Union im Orient,
Preußen im Occident leiten sollte. Derselben Idee hatte sich Prinz
Albert in London mit solcher Vorliebe zugewandt, daß er sogar
in einem deutschen Gedicht den König von Preußen dafür zu be-
geistern suchte. Ein Sohn Bunsens in Frankfurt vermittelte desfalls die englischen Sympathien der Partei Gagerns in der Paulskirche. Palmerston aber, auf den es ankam, theilte diese Sympathien nur bedingt, so weit er Preußen gegen Oesterreich, dessen
Wiedererstarkung ihm sehr zuwider war, brauchen zu können glaubte.
Im November begab sich Heinrich von Gagern selbst nach Berlin,
kam aber von seiner Unterredung mit dem Könige mißgestimmt
zurück. Der König hatte die Annahme der Kaiserkrone bestimmt
abgelehnt. Auch sein Gesandter in Frankfurt, der frühere Minister
Camphausen, blieb stets zurückhaltend. Es ist notorisch, daß der
Anreiz zum preußischen Erbkaiserthum von außen kam und nicht
in Berlin selbst gesucht werden darf. Der König war seinem ganzen Charakter nach weit entfernt von verwegenen Usurpationsge-
danken, ja von bloßen Gelüsten nach einer Rolle, die ihm endlose
Unruhe und Gefahr hätte bringen müssen. Eben so sein treuer
Bruder, der Prinz von Preußen, den man im Ausland sich nicht
entblödete, als das Werkzeug zu bezeichnen, durch welches man

den Plan durchſetzen würde, wenn der König ſelbſt verſagte. *)
Kaum war dieſer erlauchte Prinz noch als Erzreactionär verleumdet
worden, als man ihm ſchon wieder die grade entgegengeſetzte revolutionäre Rolle zudachte.

Die öſterreichiſche Conceſſion, die ſcheinbar darin lag, daß
Erzherzog Johann am 16. December Gagern an Schmerlings Stelle
zum Reichsminiſter ernannte, worauf die Paulskirche den Preußen
Simſon zu ihrem Präſidenten wählte, gereichte der preußiſchen
Partei doch nicht zu ihrem wahren Vortheil, denn je preußiſcher
ſich das Reichsminiſterium und Parlament färbte, um ſo mehr rief
es alle natürlichen Gegner und Neider Preußens gegen ſich in die
Waffen und Oeſterreich konnte in geſicherter Stellung dem Mißlingen des preußiſchen Erbkaiſerplans zuſehen. Gagerns Programm
vom 18. proclamirte den alten Pfizer'ſchen Gedanken eines engeren
deutſchen Bundesſtaats (verſteht ſich unter Preußen) in Union mit
Oeſterreich. Von dieſem Augenblick an veränderte ſich die Front
aller bisherigen Parteien in der Paulskirche und man ſah nur noch
zwei Lager einander gegenüber, das preußiſche oder kleindeutſche,
und das öſterreichiſche oder großdeutſche. Kleindeutſch nannte
man nämlich den engern Bund unter Preußen, weil Deutſchöſter-
reich von ihm abgeriſſen werden ſollte. Daß ein alter Patriot

---

*) Der damalige bayriſche Miniſter v. Beisler äußerte öffentlich in
der Kammer: „man ſage zwar, der König von Preußen werde die Kaiſer-
krone nicht annehmen; aber das werde ſich machen. Sind einmal die Vertreter Oeſterreichs aus der Paulskirche verdrängt, dann wird man ſehen,
daß allenfalls das Haus Hohenzollern mehrere Prinzen habe." Er erklärte nachher, er habe damit keine perſönliche Anſpielung machen wollen.
Beisler ſagte nicht lange vorher in der Paulskirche von Papſt Pius IX.,
derſelbe habe den Marſch ſeiner Truppen gegen die Oeſterreicher nur
zum Schein mißbilligt, „er habe ſich geſträubt, wie eine Braut," wegen
welcher eben ſo unwahren als unwürdigen Worte ihn Döllinger zurecht-
wies. Aus ſolchen Zügen erkennt man, wie zügellos damals überhaupt
das Wort war.

unb Liberaler, wie Welcker, Gagern gegenüber auf die großbeutsche Seite trat, bewies, wie wenig der preußische Plan dem mächtigen nationalen Einheitsbedürfniß der Märztage genügte, weil er an die Stelle der wahren und allgemeinen Einheit doch nur ein Surrogat setzte. Als der alte Arndt sich auf die kleindeutsche Seite stellte, hielt man ihm mit gutem Fug sein überall gesungenes Lied entgegen: nicht Preußen, nicht Sachsen — das ganze Deutschland soll es seyn! Indessen war dieser großherzige Patriotismus keineswegs bei allen denen vorherrschend, die gegen den preußischen Plan stimmten. Viele, die meisten nannten sich Großbeutsche, die es nicht waren, die nur an das Sonderinteresse des Einzelstaats bachten, dem sie angehörten, oder die als Katholiken keinen protestantischen Oberherrn wollten. Wogegen gerade auf der kleinbeutschen Seite viel uneigennützigere Patrioten saßen, die nicht Deutschland in Preußen, sondern Preußen in Deutschland aufgehen lassen wollten und die gern großbeutsch geworden wären, wenn sich Oesterreich nicht mit dem alten Bundestage identificirt hätte. Zu ihnen gesellten sich alle, die früher unter der Mißregierung in den Kleinstaaten gelitten hatten. Diesen war die Rückkehr des alten Bundestags, die Fortbauer der Duobezsouverainetäten am meisten verhaßt und ihnen konnte nur durch den preußischen Plan, nicht durch den österreichischen geholfen werden. Daher der gute Wille, mit dem sich die Stände fast aller Kleinstaaten bamals zur Agitation für den preußischen Plan hergaben. Vom December bis Februar liefen nach einander Erklärungen in diesem Sinn von den Ständen in Cassel, Mecklenburg, Coburg, Braunschweig, Olbenburg, Darmstadt, Anhalt ein.

Aber Fürst Schwarzenberg setzte dem Gagernschen Programm schon am 28. December die Erklärung entgegen, Oesterreich werde nicht dulden, weder daß man es vom beutschen Bund ausschließe, noch daß man seine beutschen Provinzen vom österreichischen Einheitsstaate trenne, um sie dem neuen beutschen Bunde einzuverleiben. Der bayrische Gesandte in London glaubte sich in einem

eigenen Schreiben an Palmerston gegen den preußischen Plan verwahren zu müssen. Mittlerweile trat Preußen in unmittelbare
Verbindung mit Oesterreich, um sich über das zu verständigen,
was sie, wenn sie einig wurden, stark genug waren, den Frankfurtern zu dictiren. Preußen kam auf die früheren schon vormärzlichen Vorschläge von Radowitz zurück. Allein man konnte sich
nicht einigen. Oesterreich verlangte in einer Depesche vom 17. Januar 1849 ein Directorium der mächtigsten Bundesfürsten als
Oberleitung, eine Eintheilung des gesammten deutschen Bundes in
Kreise und gestand übrigens noch ein Volkshaus zu. Nun kam
Bunsen von London nach Berlin, um den König für das zu gewinnen, was Gagern ihm nicht abgewonnen hatte, und am 19. Januar machte die Paulskirche insofern ein fait accompli, als die
Mehrheit mit 258 gegen 211 Stimmen in der Oberhauptsfrage
sich für einen regierenden Fürsten entschied. Da jedermann wußte,
daß darunter niemand anders als Friedrich Wilhelm IV. gemeint
war, lag in dieser Entscheidung ein vertrauensvolles Entgegenkommen und eine dringende Bitte. Unter solchen Einflüssen nun
entstand das preußische Umlaufschreiben vom 23. Januar, worin
unter den größten Lobsprüchen auf Oesterreich doch nachgewiesen
wurde, daß dieser Großstaat als solcher nicht in den deutschen
Bund passe, und demnach ein engerer Bund (im Sinne des Gagern'schen Programms) gutgeheißen und empfohlen wurde, mit
dem auffallenden Zusatz, daß von diesem engeren Bunde außer
Oesterreich auch Luxemburg und Holstein (mit Schleswig) sollte
ausgeschlossen bleiben. Man betrachtete das letztere mit gutem
Grund als eine Clausel Palmerstons. Was Rußland damals
dachte und wollte, ist nicht bekannt geworden. Man darf aber
annehmen, daß es, nachdem es so lange nach dem Protectorat der
deutschen Mittel- und Kleinstaaten gestrebt hatte, die Hegemonie
Preußens nicht hat begünstigen wollen.

Am 25. Januar beschloß die Mehrheit in der Paulskirche,
dem regierenden Fürsten, welcher das Oberhaupt des neuen Reichs

werden sollte, den erblichen Kaisertitel zu ertheilen. Den Kaiser
aber sollte ein Reichsrath von Bevollmächtigten der Einzelstaaten
umgeben. Hierauf wiederholte Oesterreich am 4. Februar seine
frühere Erklärung und verbat sich jede Unterordnung seines Kaisers
unter einen andern. Auch die Königreiche protestirten gegen den
neuen Erbkaiser, Hannover unter besonderer Berufung darauf, daß
der König von Preußen ja selbst diese Würde sich schon verbeten
habe. In der Kammer der Reichsräthe zu München ging Fürst
Wallerstein so weit, den Antrag zu stellen, der Reichsrath „folge
dem Gebot der Pflicht und Ehre, indem er sich gegen das preußische Erbkaiserthum ausspreche," was er gegen eine Reclamation
des preußischen Gesandten dadurch vertheidigte, daß er sagte, er
würde sich eben so (?) gegen einen bayrischen Erbkaiser ausgesprochen haben. In der zweiten Kammer wies der Abgeordnete
Müller ein Aufgehen Bayerns in Preußen mit Entrüstung ab.
Die ganze Kammer erhob sich und an demselben Abend (9. Februar) brachte man dem König Max einen großartigen Fackelzug.
Phillps und Lasaulx, die bisher immer noch nicht wiederange-
stellten Münchener Professoren, erhielten jetzt erst, und zwar nur
wegen ihrer antipreußischen Haltung in der Paulskirche, ihre Aemter
zurück, etwas später auch Döllinger. Graf Rechberg, als österreichischer Botschafter, reiste von Olmütz über München und Stuttgart nach Frankfurt, um nachdrücklich dem preußischen Plan entgegenzuwirken. Fürst Schwarzenberg beharrte in einer Note vom
27. Februar auf einem Directorium von 7 Fürsten mit 9 Stimmen (sofern Oesterreich und Preußen je 2 Stimmen führen sollten),
ein Vorschlag, der nichts anderes wollte, als einen etwas verenger-
ten Bundestag.

Drei Tage vorher (am 24.) hatte Gagern in Frankfurt die
Botschafter der Einzelstaaten versammelt und 26 derselben, versteht
sich die kleinsten, erklärten sich für den preußischen Plan. Einige
schwache Nachbarn Preußens, die immer mit ihm gingen, die
meisten andern nur aus Furcht vor den Ständen und vor dem

Volk, in dem große Agitation war. Der erste Schritt zu einer Vereinbarung der Regierungen mit Preußen veranlaßte Oesterreich zu einer entscheidenden That. Fürst Schwarzenberg löste den Reichstag zu Kremster auf, ließ die compromittirtesten Wühler, wie Fischhof, Kublich ꝛc. verhaften und octroyirte am 4. März eine neue Verfassung, worin die Einheit und Untheilbarkeit der Monarchie ausgesprochen und dem Sonderthum aller seiner bisherigen nationalen Glieder ein Ende gemacht wurde. Zwar sollte die Monarchie fortan eine constitutionelle seyn und sich mit zwei Kammern umgeben, aber die Mitglieder derselben sollten aus allen Ländern Oesterreichs gleichmäßig gewählt werden und deren Einzellandtage aufhören. Diese Verfassung wurde bald abermals aufgehoben und hatte nur damals eine große Bedeutung, sofern darin die Untrennbarkeit aller österreichischen Länder ausgesprochen war. Wenn je in Frankfurt oder Berlin darauf Anspruch gemacht werden sollte, daß Deutschösterreich allein beim deutschen Bunde zu verbleiben habe, getrennt von den nichtdeutschen Provinzen Oesterreichs, so wurde dem durch das neue Schwarzenberg'sche Statut vorgebeugt. Aber die preußische Partei beutete diesen Schritt Oesterreichs aus und meinte, nachdem Oesterreich sich als großer Einheitsstaat proclamirt, habe es sich von selbst aus dem deutschen Bunde ausgeschieden und der Rest Deutschlands werde sich nun um so williger unter Preußen fügen. Gerade damals hatten sich Deputirte der großdeutschen Partei aus Frankfurt nach Olmütz begeben, Heckscher, Somaruga und Hermann, um sich von dort eine Stärkung ihrer Partei zu holen. Aber sie erfuhren, Oesterreich wolle Frankfurt nicht stärken und dort keine Macht begründen helfen, von der es irgend abhängig werden könnte. Am besten drückte Palacky den österreichischen Gedanken aus: wenn Deutschösterreich von Frankfurt aus geleitet werden sollte, so müßte sich die Lombardei mit demselben Recht von dem revolutionären italienischen Nationalcongreß leiten lassen und an eine Einheit des österreichischen Kaiserstaats wäre nicht mehr zu denken. Oesterreich aber sey stark

genug, um **ſ e i n e n** Willen in Frankfurt, wie in Italien durch-
zuſetzen.

Und doch kam damals Oeſterreich in neue Bedrängniß. Seine
Waffen waren in Ungarn nichts weniger als ſiegreich, ganz Mittelitalien war in wildeſter Aufregung und Karl Albert erklärte auf's
neue den Krieg. Da dieſe neuen ſchweren Kämpfe Oeſterreichs
gerade in das Ende des März fielen, ſo begreift man, daß die
gleichzeitigen Ereigniſſe in Dänemark und Frankfurt zum Theil
durch ſie motivirt waren. Oeſterreich ſah ſich gezwungen, ruſſiſche
Hülfe gegen die Ungarn, wenn nicht zu ſuchen, doch zuzulaſſen.
Die Dänen, einem ruſſiſchen Impulſe folgend, hoben plötzlich ihren
Waffenſtillſtand auf und begannen auf's neue den Krieg wider
Deutſchland, der die ganze Aufmerkſamkeit Frankfurts und Berlins
in Anſpruch nahm, alſo eine Diverſion zu Gunſten Oeſterreichs
war. Man darf ſich nicht wundern, warum Oeſterreich ſeinen
Geſandten von Copenhagen nicht abberief und zur deutſchen Flotte
keinen Heller beitrug.

Dänemark bezeichnete den 26. März als den Termin, an
welchem der Krieg wieder beginnen ſollte. Palmerſton zog ſich
kalt zurück und ſagte blos, ſeine Vermittlungsverſuche ſeyen ge-
ſcheitert. Da man nun wußte, Preußen werde den Krieg nicht
wiederaufnehmen, lag die ganze Laſt deſſelben dem Reichsminiſter
Gagern auf, deſſen Stellung mehr und mehr unhaltbar wurde,
wenn es ihm nicht gelang, Preußen zu gewinnen. Die Agitation im
Volk, in den Ständeverſammlungen und in der Preſſe dauerte fort
und es gelang damals, den badiſchen Bundestagsgeſandten **Welcker**,
der bisher eifrig großdeutſch geweſen, auf die preußiſche Seite
hinüberzuziehen, nicht ſowohl, weil man Baden damals mit einer
Mediatiſirung von öſterreichiſcher Seite gedroht haben ſollte, als
weil der alte Patriot endlich begriff, daß die großdeutſchen Pläne
ſämmtlich nur zum alten Bundestag zurückführten. Welcker ſelbſt
trug am 12. März in der Paulskirche feierlich darauf an, daß der
König von Preußen zum Erbkaiſer der Deutſchen gewählt werde.

Von da an drängte die Gagern'sche Partei zur förmlichen Kaiserwahl hin, ohne ferner auf die Mahnungen zur vorherigen Vereinbarung mit den Regierungen zu achten. Diese Eile erklärt sich
einfach aus der Hoffnung, der König von Preußen werde dem
Drängen der Nation nicht widerstehen können und die Kaiserkrone
schließlich annehmen, in einem Augenblick, in welchem Oesterreich
in Ungarn und Italien *) schwer bedrängt war. Zudem gab es
immer noch Einige, die für möglich hielten, der König werde
vielleicht abdanken und die ihm zugedachte Rolle seinem Bruder
abtreten.

Da die Gagern'sche Partei im Ganzen nichts andres wollte
als was von Preußen schon zugegeben worden war, eine Consti-
tuirung Deutschlands unter Preußen mit Ausschluß von Oesterreich, so hätte sie auch die Art und Weise, wie der König von
Preußen die Sache auszuführen gedachte, williger anerkennen und
befolgen sollen. Sie hatte den König nöthiger, als er sie, folglich
war es an ihr, dem König nachzugeben, nicht ihm vorschreiben zu
wollen. Sie beging aber den Mißgriff, sich mit der linken Seite,
den Demokraten, zu verständigen, um deren Stimmen zur eifrig
betriebenen und nahe bevorstehenden Kaiserwahl zu erkaufen. Sie
brauchte diese Stimmen, sonst kam die Kaiserwahl nicht zu Stande,
sie konnte sie aber nur unter der Bedingung gewinnen, daß sie
mit der Linken für ein rein demokratisches Wahlgesetz und gegen
das absolute Veto des künftigen Kaisers stimmte und schließlich sich
verpflichtete, an der Reichsverfassung nachträglich nichts ändern zu
lassen. Diesen Pact schloß sie am 26. März mit Simon und Genossen ab und 114 Erbkaiserliche verpflichteten sich dafür mit ihrer
Unterschrift. Zwei Tage später wurde die Kaiserwahl in der Pauls-

*) Am 29. März langte in Berlin die Kunde von der Schlacht bei
Novara und die von der Wahl des Königs von Preußen zum Erbkaiser
zugleich an. Dieses Datum erklärt vieles von dem, was ihm zwei
Wochen vorherging.

kirche vorgenommen und Friedrich Wilhelm IV. von 290 gegen
248 Stimmen zum Erbkaiser der Deutschen ausgerufen.
Diese Wahl wäre nicht möglich gewesen ohne die Linke, deren Bedingung aber wieder ihre Annahme in Berlin unmöglich machte. *)
Die preußische Partei in der Paulskirche hatte sich in allzu großer
Begier, mit dem Erbkaiser zum Ziele zu gelangen, unvermerkt
von der Linken die Schlinge umlegen lassen, die sie weiter als je
von ihrem Ziele zurückzerrte. Ein großer Theil der Mitstimmen-
den scheint von dem geheimen Uebereinkommen mit der Linken nichts
gewußt oder doch dasselbe absichtlich ignorirt zu haben, denn sehr
viele, Radowitz an der Spitze, knüpften ihr Ja für den Erbkaiser
an die gerade entgegengesetzte Bedingung, indem sie auch nach der
Kaiserwahl noch eine Vereinbarung mit den Fürsten in Betreff
der Reichsverfassung voraussetzten und verlangten.

In Berlin waren gemäß der neuen octroyirten preußischen
Verfassung vom 26. Februar beide Kammern zusammengetreten,
Alle Führer der Linken, Walbeck, Temme, Behrends, Robbertus,
Jacoby rc. waren wieder gewählt worden und opponirten auf's
neue. Auch in den Provinzen dauerte die Gährung fort. Die
Feier des Jahrestags der Märzrevolution führte zu Tumulten, wie
in Berlin, so in Breslau, Stettin, Danzig. Die Kaiserfrage in
Frankfurt beschäftigte auch die zweite Kammer in Berlin auf's
lebhafteste und am 2. April ging sie in einer Abresse den König
dringend an, die Kaiserwürde anzunehmen.

Eine große Deputation war eben von Frankfurt angelangt,
um dem König die deutsche Krone anzutragen. Sie wurde auf's
ehrenvollste empfangen, am 3. April, aber die Antwort des Königs
war ablehnend. Er dankte zwar für das in ihn gesetzte Vertrauen
und erklärte sich bereit, dem gemeinsamen deutschen Vaterlande

---

*) Die Linke spielte ein falsches Spiel. Vogt sagte damals: Uns
liegt gar nichts daran, daß jetzt etwas Haltbares zu Stande komme. Im
Gegentheil!

seine Hingebung und Treue zu beweisen, glaubte aber, es sey unmöglich, Deutschlands Einheit aufzurichten mit Verletzung der
Rechte Anderer, ohne die freie Zustimmung der Fürsten und freien
Städte. Ihnen komme es zu, erst die Reichsverfassung zu prüfen,
und von dem Ergebniß dieser Prüfung allein werde es abhängen,
ob ihm Rechte zuerkannt werden würden, die ihn in den Stand
setzten, mit starker Hand die Geschicke des Vaterlandes zu leiten.
In Uebereinstimmung mit dieser Erklärung erließ der König noch
an demselben Tage ein Circular an alle deutschen Regierungen mit
der Bitte, sie möchten sich äußern, ob und unter welchen Bedingungen sie einem neuen Bundesstaat beitreten und in welchem Verhältniß sie zu den nicht beitretenden Staaten zu stehen wünschten?
Der König hatte mithin mit der preußischen Partei in Frankfurt
nicht gänzlich gebrochen, er wollte den von ihr verlangten deutschen
Bundesstaat mit Ausschluß Oesterreichs in der That verwirklichen,
nur unter der Bedingung einer freien Zustimmung der betreffenden
Regierungen, die sich ihm in dem neuen Bunde würden unterzuordnen haben. Die Frankfurter Deputation konnte aber die vom
König verlangte Vereinbarung, welche die Endgültigkeit der Reichsverfassung noch in Frage stellte, nicht anerkennen, gab in diesem
Sinne sogleich eine Erklärung ab und reiste unverrichteter Dinge
nach Frankfurt zurück.

Der Reichsverweser wollte gleich nach der Kaiserwahl abbanken, ließ sich aber bewegen, noch auszu arren und empfing von
der österreichischen Regierung die Weisung, auf dem Platze zu
bleiben, den er nur einer neuen Bundesgewalt abzutreten habe,
bei welcher Oesterreich vertreten sey. Oesterreich rief zwar alle
seine Abgeordneten aus der Paulskirche zurück (5. April) und erklärte die Fortdauer des deutschen Parlaments für ungesetzlich, nachdem es durch mehrere Beschlüsse seine Befugnisse überschritten habe,
ließ aber den Reichsverweser unter dem Schutz der österreichischen Besatzung der nahen Festung Mainz in Frankfurt, um seine Ansprüche
auf die Leitung der deutschen Verhältnisse zu wahren, beziehungsweise

nach dem Mißlingen aller Bundesreformversuche seine alte Stellung am Bundestage wieder geltend zu machen. Der Reichsverweser war von nun an nur noch ein österreichischer Vorposten gegen Preußen, wie die Mehrheit der Paulskirche ein preußischer Vorposten gegen Oesterreich gewesen war.

Aber das Band zwischen dieser Mehrheit und Preußen war seit der ablehnenden Antwort des Königs zerrissen. Die Partei Gagern hatte der Linken ihr Wort verpfändet und konnte nicht mehr zurückgehen. Es war ihr moralisch unmöglich geworden, jetzt noch auf eine Umänderung der Reichsverfassung nach den preußischen Vorschlägen einzugehen. Auf der andern Seite konnte sie aber auch, wenn sie sich ganz der Linken hingab, zu keinem gedeihlichen Ziele zu gelangen hoffen, weil die Linke nur auf Anarchie hinarbeitete, wie früher Hecker und Struve. Die Oesterreicher und viele andere Großdeutsche verließen schaarenweise das Parlament. Die Kleindeutschen und die Linke bildeten somit die überwiegende Mehrheit und hielten anfangs noch zusammen; jene brauchten die Linke, um das Volk auf ihre Seite zu bekommen und eine neue Märzbegeisterung zu erwecken, diese brauchte die Partei Gagern, um für ihre anarchischen Zwecke einen gesetzlichen Aushängeschild zu haben. Beide setzten schon am 10. April den f. g. Dreißigerausschuß ein, der zu gleichen Theilen aus der kleindeutschen Partei und aus der Linken gewählt wurde und für die Durchführung der Reichsverfassung Sorge tragen sollte, vorbehältlich der Oberhauptfrage, die eine offene blieb.

Die Gagern'sche Partei nahm keinen Anstand, durch ihre zahlreichen Freunde in den Ständeversammlungen der Einzelstaaten und in den Märzministerien einen sanften Druck auf diejenigen Fürsten wirken zu lassen, die sich dem preußischen Plan noch nicht gefügt hatten oder die jetzt, nachdem der König abgelehnt hatte, sich ihres früheren Wortes entbunden glaubten. Wenn es gelang, die Fürsten der Mittel- und Kleinstaaten für die Reichsverfassung zu stimmen, so blieb immer noch die Aussicht einer Verständigung

mit Preußen. Man hoffte, Rabowitz, der am 23. April nach
Berlin berufen wurde, werde dieselbe anbahnen. Am 26. setzte
die Gagern'sche Partei in der Paulskirche durch, daß man bis
zum 3. Mai auf die Erklärungen der Einzelregierungen warten
wolle. Die Linke nahm das sehr übel, erklärte es für Feigheit,
forderte zu raschem Handeln auf und bediente sich des drastischen
Mittels der Volksversammlungen, der Sturmpetitionen, des offenen
Aufruhrs außerhalb der Paulskirche, in derselben aber legte sie
es darauf an, ihre neuen kleindeutschen Bundesgenossen durch die
gröbsten Ausfälle gegen Preußen zu compromittiren.

Die Kleinstaaten hatten sich schon für die Reichsverfassung
erklären müssen, es kam nur darauf an, die Königreiche zu gewinnen. Der erste Sturm wurde auf den König von Württemberg unternommen. Man verlangte von ihm Anerkennung der
Reichsverfassung mit Einschluß des Oberhauptsparagraphen. Vergebens entgegnete er, es sey unvernünftig, von ihm die Anerkennung des Königs von Preußen als Kaiser zu verlangen, da gedachter König gar nicht Kaiser werden wolle, und fügte stolz hinzu:
„dem Hause Hohenzollern unterwerfe ich mich nicht." Aber hundert Deputationen vom Lande füllten Stuttgart an, Stände und
Ministerium drangen in ihn und um eine Katastrophe zu vermeiden, gab er am 24. April eine entsprechende Erklärung in Ludwigsburg, wohin er sich entfernt hatte. Ein mächtiger Adressen-
sturm bedrohte auch den König von Hannover, der aber am
26. rasch seine Stände auflöste. Sachsen befolgte dieses Beispiel, lief aber viel größere Gefahr. Hier waren in die im Januar eröffnete Kammer unter dem Einfluß der Blum'schen Todtenfeier fast nichts als mittelmäßige Köpfe und gemeine Lermer *)
gewählt worden, die ganz offen für eine deutsche Republik stimmten. Ein neues Ministerium, an dessen Spitze Held trat, konnte

---

*) Der Abgeordnete Kell sagte einmal: ich kenne die Gründe der
Regierung nicht, aber ich mißbillige sie.

fie eben fo wenig zähmen, wie das frühere. Sie votirten Abschaffung des Adels, eine progreffive Einkommenfteuer, allgemeine Volksbewaffnung und gänzliche Auflöfung des Heeres, Wahl aller
Beamten durch das Volk. Am 28. April löste der König diese
wilde Kammer auf und ernannte v. Beuft, Rabenhaupt und Friefen
zu Miniftern. Der bisherige Minifter von der Pforbten trat in's
bayrifche Minifterium ein. In Bayern hielt das katholifche Volk
zum König, nur in Franken und noch mehr in der Pfalz wurde
ein Sturm vorbereitet. In Preußen felbft erklärte fich die zweite
Kammer am 21. für die Durchführung der deutfchen Reichsverfaffung mit allen ihren Folgerungen. Das veranlaßte den König,
fie am 27. aufzulöfen, am folgenden Tage die Kaiferkrone definitiv
abzulehnen und ein Circular an die Regierungen, die fich bisher
dem engeren Bunde zugeneigt hatten, zu erlaffen, worin er fie
aufforderte, direct in Berlin mit ihm zu verkehren. Damals fchon
tauchte der Gedanke eines Sonderparlaments in Gotha auf, in
welchem wieder gut gemacht werden follte, was in Frankfurt durch
die unglückliche Coalition mit der Linken verborben worden war. *)
Baffermann gab fich als Reichscommiffär damals in Berlin noch
alle Mühe, das geftörte Verhältniß zwifchen Frankfurt und dem
König von Preußen herzuftellen, aber vergeblich, da man in der
Paulskirche deffen wohlgemeinten Ermahnungen und Bedingungen
kein Gehör gefchenkt hatte. Sofern man ohne den König nichts erreichen konnte, hätte man auch nie verfuchen follen, ihn zu zwingen,
fondern fich feiner Führung gleich anfangs anvertrauen follen. Im
Uebrigen gab es der König noch am 3. Mai in einer Erklärung
an Baffermann der Paulskirche anheim, ob fie nicht jetzt noch fich
feinen Bedingungen fügen wolle.

Sie that es nicht. Sie beharrte in der Illufion der National-
fouveraität und befchloß am 4. Mai: alle Regierungen, Stände
und Gemeinten der Einzelftaaten follen aufgefordert werden, die

---

*) Vgl. die Allgemeine Zeitung vom 20. April.

Reichsverfassung durchführen zu helfen; will der König von Preußen nicht das Oberhaupt seyn, so soll es der mächtigste Fürst nach ihm werden; gemäß der neuen Reichsverfassung soll der erste Reichstag gewählt werden und am 15. August in Frankfurt zusammentreten. Diese Beschlüsse liehen der Linken den Vorwand zu angeblich reichsverfassungsmäßigen Maßregeln gegen die „revolutionären" Regierungen. Nur sie, behauptete sie, stehe auf dem Boden des Rechts, alle Regierungen, welche der endgültig beschlossenen Reichsverfassung Hindernisse in den Weg legten, seyen rebellisch und man dürfe mit Gewalt gegen sie vorgehen. In Erinnerung der vorjährigen ersten Begeisterung nannten sich die von der Linken geleiteten demokratischen Vereine jetzt Märzvereine und Deputirte aller dieser Vereine hielten einen Congreß in Frankfurt, neben dem Parlament, und erließen am 6. Mai einen Aufruf an das deutsche Volk, worin sie „zu den Waffen" riefen. Unterzeichnet von Fröbel, als Präsidenten, und Raveaux, als Vicepräsidenten des Congresses. Am folgenden Tage hatte Gagern in der Paulskirche einen furchtbaren Sturm zu bestehen, weil er der eben in Sachsen ausgebrochenen Revolution die Reichshülfe zu leisten versagte.*) Da

---

*) G a g e r n : Die ganze Politik, die die Mehrheit dieses Hauses bisher befolgt hat, ging von der Anerkennung dieses Verhältnisses aus, daß Staaten im deutschen Bunde seyen, deren Unterordnung unter eine Centralgewalt, die außer ihnen steht, nur schwer zu bewerkstelligen seyn würde, und darum der Stärkste an die Spitze berufen werden müße, um eine Macht zu gründen. Gegen die Anerkennung solcher Wahrheiten sich sträuben oder sie ignoriren zu wollen, das kann nur der Phantasie oder dem Leichtsinn erlaubt seyn. (Stimmen auf der Linken: Hört!) Meine Herren! Die Centralgewalt wird thun, was bei der kritischen Lage, in der Sachsen sich jetzt befindet, ihre Stellung erfordert, ihre Mittel erlauben. Ich habe vorhin geäußert, daß ich das Bestreben, die größeren Staaten zur Anerkennung der Verfassung zu bringen, noch nicht als aufgegeben zu betrachten bitte, daß ein günstiges Resultat noch möglich ist. (Widerspruch auf der Linken.) Ja, meine Herren, wenn man einem auswärtigen Feinde

er nun weder der Revolution dienen, noch sie verhindern konnte, dankte er am 9. als Reichsminister ab. Am folgenden Tage aber

---

gegenübersteht, der uns beleidigt oder Uebles uns zugefügt hat, dann sey das erste Gefühl auch das entscheidende, die erste Bewegung an das Schwert, und man werfe die Scheide weit weg; aber das ist nicht das Gefühl, einem Bruderstamm gegenüber, dessen Regierung uns Uebles zugefügt hat; da müssen alle Mittel erschöpft werden, den Frieden zu erhalten, und wenn die Waffen gezogen würden, ich würde mich im letzten Augenblicke noch dazwischen werfen. (Bravo auf der Rechten; Lachen auf der Linken.) Buben lachen darüber. (Ungeheure Aufregung und Tumult auf der Linken. Viele Stimmen von der Linken: Zur Ordnung! Herunter!)

Antrag des Abgeordneten W ü r t h von Sigmaringen in derselben Sitzung: „In Erwägung, daß die rebellischen Fürsten bereits zu den Waffen gegriffen und den Reichsfrieden gebrochen haben; in Erwägung, daß mit diesen Fürsten nicht mehr unterhandelt werden kann, beantrage ich, die Nationalversammlung beschließe: das deutsche Volk sey zu den Waffen zu rufen und aufzufordern, die rebellischen Fürsten zu vertilgen."

D i e t s ch von Annaberg: Versäumen Sie jetzt den Augenblick, lassen Sie jetzt das sächsische Volk, welches für die deutsche Verfassung, wie sie von Ihnen beschlossen worden, in die Schranken getreten ist, im Stich, so wird Sie das Volk auch im Stich lassen und das mit Recht. Denn wollen Sie die Erhebung des Volkes für Ihre Verfassung selbst verderben und verrathen, dann wird man Ihnen von allen Seiten bald den Rath recht thätlich ertheilen: „Machen Sie, daß Sie fortkommen!" (Stürmisches Bravo von der Gallerie. — Ruf von der Rechten: Gallerie räumen!)

E r b e : Damals warteten Sie, bis in Wien Blum erschossen war, jetzt wollen Sie wohl warten, bis von der provisorischen Regierung in Dresden einer nach dem andern erschossen ist? Wenn Sie sagen, wir sind zu schwach, um zu handeln, nun, meine Herren, eine schwache Executivgewalt brauchen wir nicht. Wollen Sie bleiben, dann handeln Sie, wollen Sie aber nicht handeln, dann gehen Sie. Die entschiedene Minderheit dieser Versammlung wird dann allein handeln und allein gehen. (Bravo auf der Linken.) Die Nationalversammlung hat nur zwei Wege, sie muß endlich handeln und zwar, um zu siegen oder um zu sterben. Wenn sie in ihrer unthätigen Ruhe verbleibt, so wird sie, wie schon bisher, zum

erklärte die Paulskirche auf Rebens Antrag die Hülfe, die preußische Truppen dem König von Sachsen gegen die Revolution lei-
steten, für einen schweren Reichsfriedensbruch und zwei Tage später
befahl sie, alle deutschen Truppen seyen auf die Reichsverfassung
zu beeidigen. Auch schickte man Reichscommissäre in alle von der
Revolution schon ergriffenen Länder, auf die man aber nicht achtete, oder die mitrevolutionirten.

Die Geißel der Gagern'schen Partei in der Paulskirche war
damals Karl Vogt, bekannter Materialist, durchaus verneinender
Geist, satyrartiger Schwelger und Humorist (lustiger Teufel wie
Druey in der Schweiz). Mit eben so viel Witz als gründlicher
Bosheit die Mißgriffe der Erbkaiserlichen verfolgend brachte er sie
vollends um den Rest von Volksgunst, den sie hatten.*)

Der König von Preußen ließ inzwischen (durch Radowitz)
eine Unionsacte entwerfen und den Entwurf am 9. publiciren.
Mit einem Wort, Radowitz hoffte in Gotha (s. oben) den engeren
preußischen Bund durchzusetzen, dessen Verwirklichung in Frankfurt
Gagern mißlungen war. Es kam lediglich darauf an, die Linke
und die revolutionären Elemente auszuscheiden. Am 14. rief der
König alle preußischen Abgeordneten aus der Paulskirche zurück,
weil dieselbe den Reben'schen Antrag angenommen und überhaupt

---

Hohn und zum Gespötte und zum Fluch von Deutschland werden. Wenn
sie entschieden den Fürsten gegenüber auftritt, so ist es möglich, daß sie
unterliegt; aber mag sie dann auch untergehen. Sie hat es nicht verstanden, gut und heilsam zu leben und zu wirken, so soll sie es wenigstens verstehen, ehrenvoll im Kampfe zu sterben. Und ein solches Ende
derselben wird auch ein Gewinn für das Volk seyn. (Lebhafter Beifall
auf der Linken und der Gallerie.) Aus dem stenographischen Bericht vom
7. Mai.

*) Einen Nachtrag dazu gab später Heinrich Leo, der die Gagern'sche
Partei in ihrer damaligen Lage mit dem Herrn von Münchhausen ver-
glich, welcher, im Sumpfe versunken, sich an dem eigenen Zopfe herausziehen will.

ihre Befugnisse überschritten hätte. Die Oesterreicher waren schon
abberufen, wurden es auch die Preußen, so hatte die Paulskirche
alle Bedeutung verloren. Weil Oesterreich damals noch tief in
den ungarischen Krieg verwickelt war und die in der Nähe von
Frankfurt selbst ausgebrochenen Revolutionen nur durch preußische
Truppen unterdrückt werden konnten, lag es für den König nahe,
vom gänzlich ohnmächtigen Reichsverweser zu verlangen, er möge
sein Amt in seine Hände niederlegen. Aber Erzherzog Johann
war weit entfernt, Preußen einen Platz einzuräumen, den er vielmehr Oesterreich vorbehalten wollte. Im Einverständniß mit Schwarzenberg erachtete er es als seine einzige Aufgabe, den Präsidentenstuhl des alten Bundestags für Oesterreich zu reserviren und von
keinem Nichtösterreicher einnehmen zu lassen.

Dies war die Stellung der Reichsgewalt und des Parlaments
zu den zahlreichen und drohend anwachsenden Mairevolutionen,
die überall von den demokratischen Märzvereinen angefacht wurden
und deren Führer sich auf das Recht und die Gesetzlichkeit kraft
der Reichsverfassung und der letzten Parlamentsbeschlüsse beriefen.
Ihr Programm war ein Wort von Vogt: „nur durch Freiheit
werdet ihr zur Einheit gelangen."

Die Entschlossenheit, mit welcher der König von Sachsen die
radicale Kammer aufgelöst und ein energisches Ministerium ernannt hatte, imponirte den auf's heftigste aufgeregten Volksmassen
nicht, sondern rief einen furchtbaren Widerstand hervor. In
Dresden erklärte Minkwitz im Namen des Vaterlandsvereins
und Grille im Namen des Arbeitervereins, das Volk müsse jetzt
durch die That beweisen, daß es ein freies und einiges deutsches
Volk seyn wolle. Die Reichsverfassung müsse in Kraft treten und
der König sich ihr beugen. Auch der Verein der Turner waffnete
sich und vom Lande her wurden Communalgarden, Freischaaren
und sonderlich die Bergleute des Erzgebirges, armes, verbittertes,
zähes und zum Barrikadenbau und Miniren am besten taugliches
Volk einberufen. Der neue Kriegsminister v. Rabenhaupt ließ da-

gegen schleunig einige Truppen aus Leipzig kommen und Hülfe von Preußen requiriren. Aber es kostete Mühe, ein Bataillon aus Leipzig, wo man es zurückzuhalten suchte, loszumachen und von Preußen konnten erst fast eine Woche später ein Paar Bataillone ankommen, weil Wrangel seine Truppen in Berlin selbst brauchte und auch von Breslau keine abgegeben werden konnten, da hier in den ersten beiden Wochen des Mai für Durchführung der Reichsverfassung vom Volk gleichfalls blutig gekämpft wurde und die Stadt in Belagerungsstand erklärt werden mußte.

Das bewaffnete Volk hatte daher in Dresden anfangs die Uebermacht über das Militair. Der Kampf begann am 3. Mai, nachdem der König alle Forderungen abgeschlagen hatte, vor dem Zeughause, welches das Volk stürmen wollte. Es gelang mit Mühe, dieses Haus zu schützen. Aber die königliche Familie floh über Nacht nach der Feste Königstein und am 4. constituirte sich bereits das Triumvirat Tschirner, Heubner, Todt als provisorische Regierung. Die Truppen unter General von Schirding behaupteten die Neustadt auf dem rechten Elbeufer, die Elbebrücke und die auf dem linken Ufer zunächst liegenden Puncte, die Brühl'sche Terasse und das Schloß, wogegen die innere Altstadt in der Gewalt des Volkes blieb und bis zum 5. mit nicht weniger als 108 Barrikaden stark verrammelt war. Die Oberleitung des bewaffneten Aufruhrs übernahm der Russe Bakunin. Am 6. wurde vom Volk das schöne Opernhaus in Brand gesteckt und man fürchtete, das Schloß selbst werde unterminirt werden. Indessen hielten die sächsischen Soldaten unter immerwährendem Feuer (meist gegenseitig aus den Fenstern) rühmlich aus, bis am 7. ein und am 8. noch ein preußisches Bataillon ankamen. Dieselben hatten nicht mehr ganz freie Eisenbahn gefunden und waren durch die feindliche Stimmung des Volks unterwegs mehrmals aufgehalten worden, wie enn auch der sächsische Major von Zeschau, der eine Sendung nach Berlin übernommen hatte, in Bautzen vom Volk gefangen genommen und zurückgehalten wurde. Sobald die Ver-

ſtärkungen in Dresden eingerückt waren, drangen die Truppen vor
und indem ſie die Wände der Häuſer durchbrachen, um hinter die
Barrikaden zu kommen, gelang es ihnen nach und nach, die Inſurgenten in die Enge zu treiben.*)   Am 9. wurde der Sieg entſchieden. Trotz der langen Dauer und Hartnäckigkeit dieſes Straßen-
kampfes hatten die Truppen, der gedeckten Stellungen wegen, nur
wenig Todte, die Sachſen 23, darunter General Homilius und
zwei Offiziere, die Preußen 8, darunter 2 Offiziere. Todte Inſurgenten fand man 178. Bakunin**) und Heubner wurden in
Chemnitz gefangen, der ganze Aufſtand war auf ſächſiſchem Boden
niedergeſchlagen.

Der Kampf in Dresden erweckt trübe Betrachtungen. Wenn
Fürſten in ihrem Sonderintereſſe und Diplomaten aus der alten
Metternich'ſchen Schule dem heiligſten Recht der Nation entgegentraten und die Erfüllung der nationalen Sehnſucht zu vereiteln
trachteten, durften wohl ehrliche deutſche Herzen im Zorn erglühen.
Wenn jene ſeit Jahrhunderten im tiefſten Elend ſchmachtende Bevölkerung des Erzgebirgs einmal vom alten Kaiſer träumte und
auf ihn, als den deutſchen Volksheiland hoffend, der auch ihren
Kummer ſtillen würde, ſich bewaffnet zu ſeinem Banner ſchaarte,
ſo kann man ihr tiefes Gefühl nicht verurtheilen wollen. Aber
die Jugend und das arme Volk wurde doch nur mißleitet von Demagogen, die keine Kenntniß deutſcher Geſchichte und kein Herz
für deutſches Volk hatten, ſondern in fremdartige, unmöglich aus-
führbare republikaniſche und communiſtiſche Theorieen verrannt oder
verdächtigte Ausländer waren. Was ging die Ruſſen Struve und
Bakunin die deutſche Volksſache an? Welche Unnatur, daß der

---

*) Ein Fürſt von Schwarzburg=Rudolſtadt, als Augenkranker in ſei-
nem Zimmer, wurde von eindringenden Soldaten, die ihn nicht kannten,
erſchoſſen. Aus der berühmten Bildergallerie feuerte das Militair auf die
Straßen, doch wurden nur wenige Bilder beſchädigt.

**) Dieſen lieferte Sachſen an Oeſterreich, Oeſterreich an Rußland
aus, wo er einige Jahre ſpäter begnadigt wurde.

eine in Baden, der andre in Sachsen die Leitung des Volks an sich reißen konnte! In Leipzig war während des Dresdner Kampfes von Ruge ein vergeblicher Revolutionsversuch gemacht worden, die guten Bürger hatten ihn unterdrückt. Auch der blutige Kampf in Breslau wurde besiegt. Berlin rührte sich nicht mehr. Dagegen fand der Aufruf des Frankfurter Parlaments an die Gemeinden, die Reichsverfassung durchzuführen, Anklang an den beiden Enden der preußischen Monarchie. In Köln versammelten sich am 8. Mai die Abgeordneten von 303 rheinländischen Gemeinden, um sich für die Reichsverfassung zu erklären. In Königsberg in Preußen geschah dasselbe am 19., jedoch nur von 22 Gemeinden. Ein westphälischer Städtetag, nach Münster angesagt, kam nicht zu Stande. Diese Demonstrationen hatten zur Folge, daß sich an vielen Orten die Landwehr empörte, als sie zum Kampf gegen die Insurrectionen einberufen wurde. Die Kämpfer für die Reichsverfassung schienen ihr im Recht zu seyn, weßhalb sie nicht gegen sie geführt werden wollte. Daher die Aufstände seit dem 6. Mai in Elberfeld, Crefeld, Neuß, Hagen, Düsseldorf, Iserlohn. Auch von Köln aus zog eine Freischaar unter dem Dichter Kinkel, kam aber nicht weit. Der ganze Aufstand wurde durch preußische Truppen unter General Hanneken unterdrückt. In Elberfeld ließen sich die Insurgenten durch 6000 Thaler, die ihr Anführer Mirbach empfing, zum Abzuge bewegen; in Iserlohn wurde blutig gekämpft, wobei der preußische Oberstlieutenant Schrötter fiel.

Ein Versuch, das bayrische Frankenland zu insurgiren, scheiterte noch vor dem Ausbruch. Eine große Volksversammlung zu Nürnberg am 13. erklärte sich zwar energisch für die Reichsverfassung, wobei Karl Vogt, vom Frankfurter Parlament entsendet, als Redner glänzte. Aber man scheint hier absichtlich noch zurückgehalten zu haben, um erst die bayrische Armee zu verführen, die ein Beobachtungslager bei Donauwörth bezogen hatte. Wirklich gelang es durch Geld, Bier und Dirnen, die Disciplin in diesem

Lager aufzulockern, sonderlich im 11. bayrischen Infanterieregiment welches wiederholt im Laufe des Mai schlimme Excesse beging. Dadurch wurde die bayrische Streitmacht wirklich wochenlang gehindert, nach der Pfalz zu ziehen, wo sie zur Dämpfung der dort ausgebrochenen Revolution sehr nöthig gewesen wäre.

Die sonst harmlos lebenslustige Bevölkerung der bayrischen Rheinpfalz war in den Rausch des Hambacher Festes zurückgefallen. In der frivolsten Weise, ohne irgend tiefen Ernst und Opferfähigkeit, bereitete sie sich zur Revolution, wie zu einer Fastnachtslust. Nicht einmal ein genialer Kopf that sich hervor. Die gemeinste Mittelmäßigkeit maßte sich an, hier großes Spiel zu spielen. Am 1. Mai erklärte eine zahlreiche Volksversammlung zu Kaiserslautern die bayrische Regierung für rebellisch gegen die Reichsverfassung und verweigerte die Steuern. Am folgenden Tage proclamirte sich der s. g. Landesausschuß der demokratischen Vereine (Schüler, Culmann, Schmidt, Greiner, Hepp ic.) als provisorische Regierung und fand keinen Widerstand, denn die längst bearbeiteten Soldaten in Ludwigshafen verließen ihre Fahnen und auch aus der Festung Landau liefen die Soldaten schaarenweise weg und gingen mit Sack und Pack zu den Insurgenten über. Auch aus der Nachbarschaft, aus der Schweiz und Frankreich sammelten sich hier die alten Hecker-Struve'schen Freischaaren, von denen Fenner von Fenneberg, trotz seines elenden Debuts in Wien, zum Obergeneral gewählt wurde, aber sich gänzlich unfähig erwies, nur wenige Tage commandirte und sich wieder aus dem Staube machte. *) Der Abgeordnete Elsenstuck wurde aus Frankfurt als Reichscommissär nach der Pfalz geschickt, überschritt aber seine Vollmacht und sanctionirte die provisorische Regierung, weshalb ihn das Reichsministerium wieder zurückrufen mußte. Der Freischärler Blenker (ursprünglich ein Weinreisender aus Worms) bemächtigte sich Ludwigshafens und erhielt einstweilen den Oberbefehl

---

*) Er endete 1858 in Nordamerika in Wahnsinn.

statt Fenners. General von Jeetze behauptete Landau mit dem treu
gebliebenen Rest bayrischer Truppen; auch Germersheim hielt sich.
Ein Versuch, das Moselland zu insurgiren durch eine am 13. Mai
bei Trier abgehaltene Volksversammlung, bei welcher ein Literat
Grün Reden hielt, mißlang.

Die Revolution verbreitete sich aber aus der Pfalz bald über
Baden. Hier waren die Soldaten vorlängst verführt. Junge
Leute, ohne militairischen Geist, nur sehr kurze Zeit unter den
Fahnen, angesteckt von dem politischen Schwindel, der das ganze
Land seit so vielen Jahren durchzog, verlockt durch Freihalten in
den Wirthshäusern, durch Mädchen und Versprechungen, abge-
stoßen von den Offizieren, die damals im übelsten Rufe hoffärti-
gen Junkerthums standen, besaßen sie die sittliche Kraft nicht, um
dem Versucher zu widerstehen. Die Unteroffiziere waren durch Aufhebung des für sie einträglichen Einstehersystems verletzt und grollten damals, also fand die Regierung auch an ihnen keine Stütze
mehr. In der Bundesfestung Rastadt lagen, eine kleine österreichische Artillerieabtheilung ausgenommen, nur badische Truppen
von sehr zweideutiger Disciplin*) und unter diesen brach am 9. Mai
die erste Meuterei aus. Unteroffiziere und gemeine Soldaten, mit
den Demokraten in einer großen Versammlung vereinigt, handelten
von ihren Rechten und von den Mitteln, dieselben zur Geltung
zu bringen. Damals schon wurde das Haus des verhaßten Oberst
Pierron bemolirt. Am folgenden Tage wurde der Tumult noch

---

*) Der Gouverneur der Festung, Cloßmann, hatte vergeblich gewarnt.
Minister Beck nahm keinen Anstand, den Demokraten in Rastadt schon im
Spätherbst einen Fackelzug zur Todtenfeier Robert Blums in der Bundesfestung zu gestatten. Cloßmann selbst aber ließ nun alles gehen, wie es
wollte, duldete den Verkehr der Soldaten mit der gefangenen Frau Struve,
und ließ sich sogar einmal, indem er einen Streit zwischen den Badenern
und Oesterreichern schlichten wollte, von seinen eigenen unbotmäßigen Soldaten ungestraft mit Schneeballen werfen. Vgl. die treffliche kleine Schrift
von Fickler (dem Bruder des Demagogen) über Rastadt.

Ärger, verhaftete Soldaten wurden befreit und der Kriegsminister, General Hofmann, welcher herbeigekommen war, konnte die Ordnung nicht mehr herstellen und mußte flüchten. Ganz ähnliche Meutereien brachen am 11. in Freiburg aus, von wo die Offiziere fliehen mußten, und in Lörrach, wo Oberst von Rotberg von seinen eigenen Leuten schwer verwundet wurde. Wenn die Franzosen damals Lust bezeugt hätten, würden sie Rastadt haben wegnehmen können. Der badische Militairaufruhr hat klar bewiesen, wie gefährlich die Kleinstaaterei an einer der wichtigsten Grenzen des deutschen Bundes ist, aber man hat doch nichts daran geändert, noch gebessert.

Am 13. Mai war eine große Volksversammlung zu Offenburg angesagt. Es war das herrlichste Wetter. In unzählbaren Zügen kam das Landvolk geputzt und fröhlich daher, wie zu einer Lustbarkeit. Aber vom Wein erhitzt stimmte die Menge den hier gefaßten Beschlüssen des badischen Landesausschusses, in dem die demokratischen Vereine sich concentrirten, jubelnd zu. Man beschloß die Union Badens mit der Pfalz, die Zurückberufung Heckers, die Einberufung einer consituirenden Versammlung, die Entfernung der Minister, allgemeine Volksbewaffnung ꝛc. Neu war unter diesen Beschlüssen nur die Gründung eines colossalen Pensionsfonds für verarmte Bürger, ein socialistischer Gedanke. Während das in Offenburg vorging, rebellirte die Garnison in der Hauptstadt Karlsruhe selbst, demolirte eine Kaserne und die Wohnung des Obersten v. Holtz, tödtete den Rittmeister v. Laroche und jagte nicht nur alle Offiziere fort, sondern trieb es so weit, daß selbst der Großherzog mit seiner Familie sammt dem Ministerium noch in der Nacht eiligst die Flucht ergriff und auf Umwegen nach Frankfurt gelangte. Nur die Bürgerwehr verlor den Muth nicht und behauptete das Zeughaus gegen wiederholte Angriffe. Aber auch in Bruchsal hatten die Soldaten sich der Revolution angeschlossen und war Struve befreit worden und schon am 14. kam der Abgeordnete Brentano mit dem Landesausschuß und einem Regiment

insurgirter Soldaten aus Rastadt nach Karlsruhe und trat hier an
die Spitze einer provisorischen Regierung, einstweilen noch „im
Namen des abwesenden Großherzogs", aber ohne dessen Vollmacht
und troß dessen Protestationen.

Die Dinge in Baden hatten ihren natürlichen Verlauf genommen. Seit vielen Jahrzehnten war durch die Schuld der Regierung selbst die Revolution vorbereitet worden. Das Ansehen
der Kirche war tief gesunken, eine gottlose Schule hatte Volk und
Jugend verderbt. Die Regierung hatte der Kammer, die Kammer
der s. g. öffentlichen Meinung, dem Zeitbewußtseyn nachgegeben,
dem Volk immer eingeredet, es sey souverain, in seinem jewei-
ligen Willen liege die höchste Vernunft, wie Autorität. Jeßt
machte das Volk zum erstenmal von seiner angeblichen Souverainetät Gebrauch, jeßt gingen die Saaten auf, welche Welcker und
Rottek gesäet und die Minister Winter und Beck gepflegt hatten.
Schrecklicher Undank strafte die alte Verblendung. Der bürger-
freundliche Großherzog mußte Nachts im finstern Wald, auf dem
Protzkasten einer Kanone sißend, vor seinem eigenen Volke fliehen.
Eben so Beck, von allen seinen Schmeichlern verlassen. Der ehrliche alte Welcker wurde in Heidelberg vom Pöbel insultirt, kein
Schiffer wollte ihn über den Neckar fahren, kein Kutscher ihn in
seinen Wagen aufnehmen.

Die badischen Offiziere traf ein trauriges Loos. Die meisten
retteten sich in Verkleidungen, aber General Hofmann und Gefolge nebst der Artillerie, die den Großherzog in der Nacht der
Flucht durch den Park begleitet hatten, wurden, indem sie nicht
über den Neckar gelangen konnten, von den bewaffneten Bauern
unter Sturmläuten in allen Dörfern verfolgt und wie das Wild
geheßt. Ganz erschöpft und mit Koth bedeckt kamen sie endlich
an der württembergischen Grenze an, wo ihnen Bürgerwehr und
demokratische Freischaaren von Heilbronn aus entgegentraten,
während der badische Landsturm sie von hinten drängte. Da es
nicht mehr möglich war, seine 16 Kanonen zu retten, erschoß sich

der badische Artilleriehauptmann von Großmann auf der Lafette. Hofmann und die übrigen Offiziere schwebten lange in Todesgefahr, da die Heilbronner ihnen so feindlich waren wie das badische Landvolk. Endlich gelang es dem Buchdrucker Ruof, Vorstand des Heilbronner demokratischen Vereins, das Leben der Offiziere zu retten, indem er sie für seine Gefangenen erklärte und dem badischen Volk die Kanonen überließ.

In Karlsruhe regierte nun der Advokat Brentano und neben ihm als Mitglieder der provisorischen Regierung Gögg (Zollbeamter), Eichfeld (Lieutenant), Peter (Regierungsdirector in Constanz). Später trat noch Fickler ein. Großen Einfluß übten auch der Mannheimer Buchhändler Hoff und der radicale Schulmeister Stay, der es sich besonders angelegen seyn ließ, fromme Pfarrer zu verhaften und zu ängstigen. Ein unfähiger Lieutenant Sigel (früher Heckers Adjutant) wurde Kriegsminister und Chef der vereinigten Pfälzer und Badener Armee. Die Allianz mit der Pfalz wurde schon am 18. Mai beschlossen. Drei Abgeordnete aus der Paulskirche, Raveaux, Trützschler und Erbe erschienen eigenmächtig, um das badische Volk zu den Waffen zu rufen gegen die Feinde der Reichsverfassung, am 19. Raveaux hatte der Offenburger Versammlung angewohnt und bei derselben große Mäßigung bewiesen. Jetzt aber ergriff auch ihn der Wahn, die Mittel Badens und der Pfalz seyen ausreichend, um die Revolution durch ganz Deutschland siegen zu machen. Er rieth daher auf's dringendste, sogleich vorwärts zu gehen und Württemberg, Hessen, den Odenwald und Franken rasch zu insurgiren, ehe die Fürsten gerüstet seyen. Der württembergische General von Miller, der noch vom zweiten Struve'schen Einfall her mit etwa 3000 Mann im Seekreise stand, zog sich zurück. Die württembergischen Truppen selbst waren damals nicht ganz tactfest. Eben so die bayrischen im großen Lager bei Donauwörth, wo man Hecker hoch leben ließ. Wenn, nach Raveaux' Plan, geschlossene badische Regimenter rasch vorgerückt wären, hätten sie allerdings damals durchdringen und weit kommen können. Aber Sigel war kein Führer und die badische Armee in voller Auflösung. Die gemeinen Soldaten wählten sich neue Offiziere aus ihrer Mitte, denen sie aber nicht gehorchten. Die Freischaarenführer schlossen sich an Struve und wollten erst die Republik ausrufen, ehe sie in den Kampf gingen. Brentano dagegen spielte seine quasilegitime Rolle fort, als ob er Baden möglichst intact seinem Großherzog zurückzugeben gedächte. Da verzweifelte Raveaux und drückte seinen ganzen Unwillen über diese unfähigen Menschen in Briefen aus. Am 24. Mai rückten einige Schwadronen badische Dragoner unter Rittmeister v. Glaubitz, die sich in Freiburg unabhängig erhalten hatten, in Karlsruhe ein und erregten großen Schrecken, aber die Dragoner ließen sich bald verführen und die braven Offiziere wurden gefangen nach Rastadt gebracht.

Da es so gut mit Offenburg geglückt war, veranstaltete man ähnliche große Volksversammlungen im Darmstädtischen und Württembergischen, um dort die Revolution zur Reife zu bringen, ehe die badisch-pfälzische Armee einrückte. Man wollte es sich bequem machen, versäumte die beste Zeit und sah alles fehlschlagen.

Im Großherzogthum Hessen-Darmstadt hatte man schon lange nach Möglichkeit gewühlt, als aber am 24. Mai in einer von Dr. von Löhr präsidirten Volksversammlung zu Unter-Laubenbach der Regierungsrath Prinz, der die Aufgeregten beruhigen wollte, hinterrücks erschossen wurde, empörte diese Schandthat die drei in der Nähe stehenden von Oberst von Dingeldey befehligten hessischen Compagnien dergestalt, daß sie auf das Volk losstürmten, dasselbe ohne Mühe auseinanderjagten und 41 Aufrührer tödteten. Von diesem Augenblick an war das Militair fest und jeder Versuch, es zu verführen, vereitelt. Zwar rückte nun Sigel mit der badischen Armee gegen Laubenbach vor, während Blenker mit seinen Freischaaren in Worms eindrang, aber am 30. ließ sich Sigel von wenigen unter General von Schäfer vereinigten hessischen Truppen bei Heppenheim nach kurzem Kampfe in so wilde Flucht schlagen, daß seine Reiter das Fußvolk überritten, und nochmals am 5. Juni bei Nacht in Weinheim überfallen, worauf er sich nach Karlsruhe zurückzog. Desgleichen wurde Blenker aus Worms geworfen, und eine am 24. auch zu Alzey abgehaltene Volksversammlung unschädlich gemacht. Aber auch die Hessen gingen nicht weiter vor, um erst Verstärkungen und die Befehle des Reichskriegsministeriums abzuwarten.

Im Württembergischen wurde am 27. Mai eine große Volksversammlung in Reutlingen abgehalten, unter dem Vorsitz des jungen Advokaten Becher, der auch schon mit in Offenburg getagt hatte. Auch Fickler und Hoff aus Baden waren zugegen und feuerten an, das Beispiel Offenburgs nachzuahmen. Man faßte heimliche und öffentliche Beschlüsse. Der geheime Zweck war, sich Baden und der Pfalz anzuschließen und durch eine allgemeine Volksbewaffnung die Reichsverfassung durchzuführen. Eine zahlreiche Deputation begab sich nach Stuttgart, die öffentlichen, minder gefährlichen und vorbereitenden Beschlüsse zur Geltung zu bringen, wurde aber abgewiesen, weil in der Hauptstadt der König, das Ministerium, die Kammern, die Bürgerwehr und das Landvolk umher fest zusammenhielten. Fickler schlich sich mit Geld in Stuttgart ein, um das allerdings wankende Militair zu verführen, wurde aber abgefaßt und auf den Asberg gefangen gesetzt, am 2. Juni. Die provisorische Regierung in Baden, die eben Fickler zu ihrem Mitglied ernannt hatte, erließ voll Zorn einen Aufruf zur Empörung an das württembergische Volk, der aber keinen Anklang fand. Eben so isolirt blieb die Agitation auf einer großen Volksversammlung in Gamertingen, wo die hohenzollernschen Fürstenthümer unterwühlt wurden, am 3.

Der Reichsverweser verfehlte nicht, eine Reichsarmee aufzubieten, um den gefährlichen Aufstand in Baden und der Pfalz zu unterdrücken, aber er kam dabei in Collision mit Preußen. Der König von Preußen, der allein stark genug war, die Revolution zu bemeistern, wollte auch im eigenen Namen handeln und seine mächtigen Streitkräfte nicht unter ben Befehl bes Erzherzog Johann stellen. *) Daburch wurbe die bewaffnete Intervention verzögert und die Kriegsmacht blieb zuletzt getheilt zwischen ber unter General von Peucker sich sammelnden Reichsarmee, und einem besonberen in ben Rheinlanden gegen die Pfalz vorrückenben Heere unter bem Prinzen von Preußen. Endlich brach auch bas bayrische Heer unter bem Fürsten von Thurn unb Taris von Donauwörth auf, um die Pfalz zu besetzen, ließ jeboch bem Prinzen von Preußen ben Vor-tritt, wobei zu bemerken ist, baß ber Einmarsch ber Preußen in ber Pfalz von ber bayrischen Regierung in einer Note vom 4. Juni ausbrücklich gewünscht unb gutgeheißen wurbe.

Schon während ber ersten Vorbereitungen zum großen Feld-zug ber Reichstruppen, Preußen unb Bayern gegen Baden unb die Pfalz wurbe die Linke in ber Paulskirche vollenbs isolirt. Der König von Preußen rief am 14. Mai alle Preußen aus bem beutschen Parlament zurück unb versprach in einem Manifest vom 15., „bas in Frankfurt begonnene Verfassungswerk mit ben Bevollmäch-tigten ber größern beutschen Staaten wieber aufzurichten," also auf bem von ber Paulskirche so lang verschmähten Wege ber Verein-barung. An bemselben Tage wagte noch die Linke in ber Pauls-kirche, die Bewegung in ber Pfalz unter ihren Schutz zu nehmen. Aber am 17. protestirte ber neuernannte Reichsminister Grävell gegen jeben Versuch ber Versammlung, eine Regierungsgewalt aus-üben zu wollen, unb erklärte, ber Reichsverweser werbe sein Man-bat nur in die Hände ber Regierungen, von benen er es empfangen, zurückgeben. Zum letztenmal versuchte Bassermann, die Versamm-lung noch auf ben Vereinbarungsweg unb zur preußischen Auf-fassungsweise hinüberzuführen, aber vergebens. Unterbeß waren Gagern unb seine Partei burch die vielen Austritte, namentlich

---

*) Sogar ber Großherzog von Baben verhängte über sein Land ben Belagerungszustand im eigenen Namen, wie ber Erzherzog unb Preußen jebes wieber ihrerseits, so baß Baben in breifachem Belagerungszustand war.

der Preußen, immer mehr in die Minderheit gefallen und konnten in der Paulskirche nichts mehr durchsetzen. Somit wollte er wenigstens mit den ihm getreuen Meinungsgenossen in das preußische Lager übertreten und legte mit Dahlmann, Bassermann, Beseler, Droysen, dem alten Arndt c., zusammen 90, sein Mandat nieder, am 21. Mai. Am gleichen Tage wurden auch die sächsischen Abgeordneten weggerufen. Am 23. traten noch 40 Mitglieder der Rechten, Raumer, Stahl, Rümelin, Fallati c. und am 26. Welcker, Biedermann c. aus, so daß nur noch ganz wenige Süddeutsche von der Rechten, mehr nur noch aus Neugierde, zurückblieben. Die so ganz verlassene Linke faßte noch allerlei tolle Beschlüsse, erklärte sich für vollzählig, wenn nur noch 100 Mitglieder anwesend wären, und übersiedelte mitten im Kriegslärmen, aus Angst, in Frankfurt auseinandergejagt oder gar verhaftet zu werden, nach Stuttgart, wo sie am 6. Juni unter dem Präsidenten Löwe aus Calbe ihre erste Sitzung hielt.

Man ließ sie hier gewähren, in der Hoffnung, sie werde ihre Ohnmacht einsehen und sich freiwillig auflösen. Als sie aber den Reichsverweser ab-, eine neue Reichsregentschaft von 5 Mitgliedern (Raveaux, Vogt, Simon von Breslau, Schüler und Becher) einsetzte, von der württembergischen Regierung Geld und Soldaten verlangte und endlich das Volk zu den Waffen rief, ließ das württembergische Märzministerium (Römer und Duvernoy) das Reithaus, in dem sie ihre letzten Versammlungen gehalten, absperren und seiner Tribunen und Sitze entkleiden. Die letzten Mitglieder des ersten deutschen Parlaments, etwa noch 100, zogen nun (am 18. Juni) feierlich paarweise durch die Straßen dem Reithause zu, voran der Präsident Löwe, dem der ehrwürdige Dichter Ludwig Uhland und der Altvater des württembergischen Liberalismus, Procurator Schott, das Geleit gaben. Aber Soldaten sperrten ihnen den Weg und nöthigten sie zur Umkehr, worauf sie ihr letztes Protokoll niederschrieben und auseinandergingen. Hier legte ihnen Niemand weiter etwas in den Weg. Man theilte

mit Uhland das Gefühl, eine Versammlung auch dann noch ehren
zu müssen, wenn man sich in die traurige Nothwendigkeit gesetzt
sah, ihrem fortan nur noch schädlichen Wirken ein Ende zu machen.
Wie gelichtet, verkleinert, heruntergekommen, in eigner Verblendung
entartet und in mehreren ihrer Mitglieder, sittlich verwildert, war
sie doch immer noch der Rest unsrer großen Nationalvertretung,
der letzte Träger eines dem Patrioten heiligen Namens.

So war nun das Parlament verschwunden, dessen Auflösung
der Erzherzog, als Preußen ihn am 24. Mai dazu aufforderte,
nicht hatte verfügen wollen. Sofern er durch das Parlament gewählt worden war, hätte er nach dem Verschwinden desselben auch
selbst zurücktreten sollen. Aber er beharrte auf seinem Posten, indem er erklärte, denselben nur der Gesammtheit der deutschen
Bundesfürsten und nicht Preußen allein abtreten zu dürfen. „Er
allein," schrieb er am 7. Juni, „wahre noch die einzige für ganz
Deutschland gemeinsame Autorität; trete er ab, so gebe es keine
deutsche Bundeseinheit mehr."

Inzwischen hatte Preußen die durch die ringsum auflobernden
Revolutionen geängstigten Königreiche gewonnen und einen Fürstencongreß in Berlin eröffnet, am 17. Mai. Auch Oesterreich betheiligte sich dabei, trat aber bald protestirend zurück, als es wahr-
nahm, alles tendire hier nach einem engeren Bunde unter Preußen.
Bayern folgte dem Beispiel Oesterreichs. Hannover aber und
Sachsen hielten damals noch zu Preußen und schlossen mit ihm
am 28. das Dreikönigsbündniß, jedoch nur als Provisorium
zu dem Zweck, eine neue deutsche Verfassung zu vereinbaren. Am
3. Juni aber schrieben Gagern, Dahlmann und einige Freunde
eine Versammlung der vormaligen Rechten der Paulskirche nach
Gotha aus, als zu einem neuen Vorparlament für das künftige
Parlament, welches aus dem Dreikönigsbunde hervorgehen sollte.
Die Partei, in der so viele berühmte und populäre Namen glänzten, wollte dem preußischen Plane jetzt (etwas zu spät) ihre moralische Unterstützung leihen. Der preußische Plan war ein engerer

Bund ohne Oesterreich mit einem Reichsvorstande (Preußen), einem Fürstencollegium von 6 Stimmen, und einem Parlament in zwei Kammern. Auffallenderweise war Schleswig-Holsteins in diesem Entwurf nicht gedacht, was von der Pforbten scharf rügte und einer Rücksicht auf das Ausland zuschrieb. Dieser Minister begab sich nach Wien, um Bayern enge mit Oesterreich zu verbinden. In diesem Stadium erklärte Fürst Schwarzenberg zum erstenmal, ein deutsches Parlament nicht mehr aufkommen lassen zu wollen. Einfache Rückkehr zur früheren Bundesverfassung unter dem Präsidium Oesterreichs war von nun an hier die Parole. Der österreichische Correspondent bemerkte stolz: „Oesterreich steht noch immer an der Spitze Deutschlands, mit wohlbegründetem Recht und wohlgegründeter Macht." Gerade damals hatte es in Italien gesiegt und siegte in Ungarn, eng verbündet mit Rußland. Daher seine stolze Sprache gegen Preußen und die Gothaer.

Während bereits die politischen Schwerkräfte in Wien und Berlin gegen einander gravitirten, war die Besiegung des badischen Aufruhrs eigentlich nur noch Nebensache.

Eingeschüchtert durch die ersten Niederlagen hatten die Leiter der Revolution die Nothwendigkeit erkannt, ihre Kräfte zu concentriren. Die provisorische Regierung wurde daher auf drei Männer beschränkt, in der Pfalz Fries, Schmitt, Hepp, in Baden Brentano, Gögg, Werner. Sodann wurden, um den unfähigen Sigel zu ersetzen, in der Eile auswärtige Generale verschrieben, für die Pfalz der angebliche Pole Sznaybe (vulgo Schneider), für Baden der in Polen und Sicilien besiegte Mieroslawski, der sich für eine Geldsumme (140,000 oder 30,000 Gulden nach verschiedenen Angaben) gewinnen ließ und am 10. Juni eintrat. Aber Sznaybe fand in der Pfalz nur undisciplinirte Freischaaren mit zuchtlosen bayrischen Deserteuren vermischt. Ein Haufen derselben, mit Sensen bewaffnet, unter Müllch blokirte Landau, ein anderer unter Kuchenbeck (früher Messenhausers Adjutant in Wien) Germersheim, ohne daß sie Mittel oder nur den Muth gehabt hätten, tiefe Festungen ernstlich anzugreifen. Andre in der Pfalz standen unter Sinkel und Zitz. Dazu eine Pfälzer Studentenlegion unter Petersen. Mieroslawski fand in Baden zwar eine zahlreiche ein= exercirte Armee mit einer vortrefflichen Artillerie und auch guter Reiterei vor, aber die Reiterei war halb conservativ und machte den Krieg nicht gerne mit, und das Fußvolk gehorchte dem Com= mando seiner selbstgewählten Offiziere nicht, soff und schwärmte umher. Am 30. Mai zog eine Bande Soldaten von Rastadt nach Baden, um dort versteckt geglaubte Offiziere zu ermorden, und schoß unterwegs auf den Eisenbahnzug, wobei der Locomotivführer schwer verwundet wurde. Um diese tolle Soldateska zu befriedigen, hatte man jedem Mann täglich 4 Kreuzer Zulage gegeben; nun glaubte sie, es sey immer Sonntag und wollte die Wirthshäuser nicht mehr verlassen. Wenn sie aber auch unter die Fahne trat, so herrschte keine Ordnung. Alles commandirte, schrie, raison= nirte, trommelte und pfiff durcheinander. Bald wurde da=, bald dorthin marschirt, ohne Einheit des Plans. Das bunte Gewühl der Soldaten wurde noch mannigfacher durch die Freischaaren in den verschiedenartigsten Trachten, die tapfern Hanauer Turner in ihren Leinwandkleidern, angeführt von Lautenschläger, die Schweizer Freischaar, angeführt von dem alten Philhellenen Bönning, dessen langer schneeweißer Bart imponirte. Unter diesen Schweizern war auch ein deutscher Flüchtling, Becker von Biel, der Struve noch zu überbieten suchte und Pamphlete in Marats Styl erließ, worin er den „Mord als Mittel der Humanität" bezeichnete. *) Wieder eine andere Freischaar führte der schon genannte Blenker, dessen hübsches Weib ihn als Amazone begleitete. Eine Mannheimer Arbeitercompagnie führte eine rothe Fahne mit der Inschrift: „Rache

---

*) Aus dieser Region kam auch eine in Genf gedruckte Flugschrift, worin es unter anderem hieß: „Die Religion muß aus der Gesellschaft verdrängt werden. Wir wollen nicht die Freiheit des Glaubens, sondern die Nothwendigkeit des Unglaubens."

für Robert Blum." Die meisten Freischaaren trugen den Heckerhut
mit rother Feder, die Arbeiter ihre blaue Blouse. Außerdem wurde
ein erstes Aufgebot der Volkswehr unter die Waffen gezwungen,
Bauern- und Bürgerssöhne, die gern daheim geblieben wären,
einen Eckel vor dem demokratischen Treiben hatten und die heimlich
in den Quartieren über den ihnen angethanen Zwang weinten.
Mit solchen Leuten konnte man im Felde nichts ausrichten. Gleichwohl gefielen sich die Lenker der Revolution in stolzen Phrasen
und sonderlich die Commissäre, die auf dem Lande die höchste Gewalt ausübten, wie ehemals die Commissäre des französischen Con-
vents, taumelten in einer Art von Machtbesoffenheit. Es waren
meist Nichtbadener, der Sachse Trütschler, der Schlesier Schlöffel ꝛc.
    Anstatt alle Nervenkraft zum einigen und tapferen Angriff
anzuspannen, wie einst die Hussiten und wie die Preußen 1813
gethan, versank der Revolutionspöbel wieder in die Lethargie wie
im Bauernkriege von 1525. Jeder wollte befehlen, keiner gehorchen;
jeder sichs wohl seyn lassen, sich betrinken, Reden halten und renommiren, aber wenn es zum Kampf kam, hielten nur wenige
standhaft aus. Zudem stritten sie sich in ihrer Thorheit noch um
Staatsformen. Struve wollte am 6. Juni in Karlsruhe die Republik ausrufen. Brentano, von der Bürgerwehr unterstützt, hinderte ihn und ließ ihn sogar verhaften. Bönning aber mit seinen
Freischaaren nahm sich Struve's an und es wäre beinah zum offnen
Kampf gekommen. Endlich wurde Struve frei gegeben, mußte
aber mit den Schweizern abmarschiren. Am 10. Juni wurde die
constituirende Versammlung in Karlsruhe eröffnet, eine Karikatur
der früheren badischen Kammer. Ihr glänzendster Redner war der
tolle Stay, wie überhaupt sehr viele Schulmeister hier ihren Aber-
witz auskramten.
    Einige späte Versuche, durch Volksversammlungen hinter dem
Rücken der gegen Baden bestimmten Reichsarmee der Revolution
Luft zu machen, mißlangen. So blieb der große Demokratencongreß zu Bamberg am 27. Mai, die Volksversammlung zu Jbstein

im Naffauischen am 10. Juni und ein abermaliger Demokratencongreß zu Marburg am 17. ohne Erfolg. Eben so die Volkstumulte in Ulm und Heilbronn am 13. und 17. In Heilbronn
rückten treue württembergische Truppen ein und bewachten von hier
aus die badische Grenze.

Mittlerweile hatte der Reichsverweser das Reichskriegsministe-
rium dem Fürsten Wittgenstein und dagegen den Oberbefehl über
die Reichsarmee dem bisherigen Reichskriegsminister, dem preußischen
General Peucker, übergeben und unter dieser Bedingung hatte sich
Preußen dazu verstanden, ein bedeutendes Armeecorps unter General
von der Gröben zu den Hessen, Mecklenburgern, Bayern, Würt-
tembergern ꝛc. stoßen zu lassen, welche die Reichsarmee bilden sollten. Dagegen behielt sich Preußen vor, ein besonderes Armeecorps
unabhängig von Peucker in der Pfalz operiren zu lassen. Um den
Kriegsplan beider Armeen in Uebereinstimmung zu bringen, fuhr
der Prinz von Preußen am 12. Juni nach Mainz. Ein Schuß,
der auf ihn geschah bei Unter-Ingelheim, verwundete den Postillon.
In Mainz hielt er mit Peucker und von der Gröben einen Kriegsrath ab, worin beschlossen wurde, die große Reichs- oder Neckar-
armee unter Peucker solle die badische Armee beschäftigen, dann
links abschwenken und bei Durlach in ihren Rücken zu kommen
suchen, während die preußische oder pfälzer Armee unter General
Hirschfeld, deren Oberbefehl aber der Prinz selbst übernehmen
wollte, auf mehreren Puncten in die Pfalz eindringen und bei
Germersheim über den Rhein gehen sollte, um gleichfalls die badische Armee im Rücken zu fassen.

Bereits am 13. rückten Hirschfelds Truppen zwischen Kreuz-
nach und Saarbrücken auf drei Straßen in die Pfalz ein und
fanden beinahe gar keinen Widerstand. Von einem Vertheidigungs-
plan Sznayde's merkte man nichts. Wo sich die preußischen Helme
nur von ferne blicken ließen, liefen die Freischaaren gleich davon,
um den neuerfundenen und bei der preußischen Armee eingeführten
ferntreffenden Spitzkugeln zu entrinnen. Nur wenige hielten Stand,

um alsbald der großen Uebermacht zu erliegen. Die Zahl dieser wenigen, die sich opferten, war überall nicht nennenswerth. Bei Homburg flohen die ersten Freischaaren, dann bei Kirchheim-Bolanden. Hier war es Zitz, der die Seinigen feig im Stich ließ und mit einer Summe Geldes, angeblich um Waffen zu kaufen, in die Schweiz entwich. Wieder flohen sie bei Dürkheim und zum letztenmal bei Rinnthal im Anweiler Thal, wo Willich einige tausend Mann zusammengebracht hatte, die aber nach kurzem Kampfe wieder ausrissen. Das ganze pfälzische Volksheer retirirte bei Knielingen über den Rhein. Die Preußen besetzten schon am 15. Ludwigshafen. Das aber benutzten die auf den bayrischen Handel eifersüchtigen Mannheimer, um sogleich das reiche Lagerhaus in Ludwigshafen über den Rhein hinüber in Brand zu schießen. Auch Germersheim und Landau wurden entsetzt, in letzterer Festung der Gouverneur von Zeetze vom Prinzen von Preußen belobt. Erst am 19. ging das bayrische Heer unter dem Fürsten von Thurn und Taxis bei Worms über den Rhein und besetzte die von den Preußen verlassenen Puncte der Pfalz, denn am 20. vollzog der Prinz von Preußen bereits bei Germersheim seinen Uebergang über den Rhein nach Baden. Die Reiterei der Vorhut ging zu weit vor und erlitt bei Philippsburg eine kleine Schlappe, wobei der junge Prinz Friedrich Karl von Preußen, Sohn des Prinzen Karl und Neffe des Königs, verwundet wurde.

Die Reichsarmee unter Peucker rückte auf der Bergstraße langsam gegen den Neckar vor. Die Mecklenburger unter Oberst Witzleben bildeten den äußersten linken Flügel und überraschten die Freischaaren am 12. bei Waldmichelbach im Odenwalde. Es waren die Hanauer Turner, die Mannheimer Arbeiter, Becker ꝛc., die nach kurzem Kampfe davonflohen. Im Centrum machte sich ein bedeutendes Zögern bemerklich und wurden auch keine Lorbeern errungen. Sowohl Peucker, als Mieroslawski hatten ihre Armee in langer Linie am Neckar ausgedehnt und die vereinzelten Angriffe der vorgeschobenen Peucker'schen Corps hatten keinen Erfolg.

Bei Käferthal flegten zwar die Preußen unter Oberstlieutenant
von Bernstorff, ·konnten aber die Fliehenden wegen ungünstigen
Terrains nicht verfolgen. Bei Ladenburg erlitt der zu unvorsichtig
vorgedrungene Witzleben durch den als Major in die badische Armee
eingetretenen Württemberger Mögling eine tüchtige Schlappe, wobei
Major Hinderfin, Chef des Generalstabs, in Gefangenschaft gerieth.
Bei Hirschhorn bestand Oberst Weiß mit Kurhessen, Darmstädtern,
Bayern und Mecklenburgern ein blutiges Gefecht mit den Hanauer
Turnern, die sich lange hier im alten Schlosse vertheidigten. Alle
diese Gefechte wurden am 15. Juni geliefert. Am folgenden Tage
ergriff ein Theil der badischen Armee unter dem Polen Oborski
die Offensive, schlug den Oberst von Weitershausen bei Groß-
Sachsen, verfolgte ihn gegen Weinheim und wurde zwar von
Witzleben, der sich ihm rasch in den Rücken warf, wieder zur Umkehr bewogen, aber Peucker befahl den Rückzug aller seiner Corps
und so feierten die badischen Insurgenten, mit Eichenlaub bekränzt,
in Heidelberg ihren angeblichen Sieg mit lautem Jubel.

In Peuckers Lager wurde am 19. Kriegsrath gehalten und
beschlossen, den Neckar aufwärts und bei Zwingenberg über den
Fluß zu gehen, um sich mit dem Prinzen von Preußen zu
vereinigen, gegen den sich unterdeß Mieroslawski wenden mußte.
Peucker setzte voraus, der Prinz werde erst am 21. über den Rhein
gehen und er selbst wollte am gleichen Tage den Neckar passiren.
Aber der Prinz kam schon am 20. und Peucker vollzog seinen
Uebergang· erst am 22. Dieses Versehlen in der Zeit brachte den
Prinzen in große Gefahr, weil er, den Rhein im Rücken, mit
geringen Streitkräften der ganzen Uebermacht der Insurrections-
armee bloßgestellt war. Seine Vorhut, die Division Hanneken
von 5000 Mann, war am 21. bis Waghäusel vorgeschoben,
als sie von Mieroslawski mit doppelter Uebermacht angegriffen
und mit empfindlichem Verlust geworfen wurde. Aber als sie von
der Division Brun aufgenommen und unterstützt war und ein neuer
Kampf bei Wiesenthal entbrannte, kehrten die badischen Dra-

goner, bie ben Feldzug überhaupt nicht gern mitmachten, plötzlich um und ließen Fußvolk und Artillerie im Stich. Ihr Oberst Beckert commanbirte selbst zur Flucht ohne alle Veranlassung unter dem Rufe: „wir sind umgangen." Nun brangen die Preußen wieder vor und bie schöne Gelegenheit, ein preußisches Armee-corps burch Uebermacht zu erbrücken, ging für Mieroslawski verloren. Am folgenden Tage schon wurde durch eine Contrerevolution in Mannheim, bei ber sich brei von Wiesenthal hieher geflüchtete Schwadronen Dragoner unter Thomann betheiligten, ber Civilcommissair Trütschler verhaftet, als er sich mit einer großen Summe eben flüchtig machen wollte, und ben Preußen die Thore geöffnet.

An demselben Tage (22.) forcirte von ber Gröben, ber ben rechten Flügel bes Neckarcorps bilbete, ben Uebergang über ben Neckar bei Labenburg und ließ noch an bemselben Abenb Heibelberg besetzen, während bas Peucker'sche Hauptcorps ungehindert bei Zwingenberg übersetzte. Hätten biese Corps schneller und energischer gegen Mieroslawski operirt, so würbe berselbe, zwischen ihnen und bem Prinzen von Preußen eingeschlossen, mit seiner ganzen Armee haben capituliren müssen; aber bei ber Langsamkeit Peuckers entkam er burch einen Gewaltmarsch und bei Sinsheim wurde nur sein Nachtrab mit Peuckers Vortrab engagirt, während auch ber Prinz vorrückte, bie Insurgenten bei Ubstabt schlug, Bruchsal nahm, am 25. Mieroslawski bei Durlach packte und schlug und noch an bemselben Tage in Karlsruhe einzog, von wo Regierung, Kammer, Solbaten und Freischaaren, besgleichen bie Reste bes in Stuttgart aufgelösten Rumpfparlaments bavonflohen. Ihre Confusion war grenzenlos. Am erbärmlichsten stand es um bie Pfälzer Armee, bie in Baben so wenig leistete, als in ber Pfalz, und großentheils noch ben ersten Schuß in ber Flinte hatte, und beren größte Helbenthat barin bestand, baß sie bei Sinsheim über ihren Führer, ben armen alten Sznayde herfiel, ihm jetzt auf einmal vorwarf, er sey ein preußischer Deserteur und

heiße eigentlich Schneider, und ihn körperlich arg mißhandelte. Zu
derselben Zeit zerarbeiteten sich die Barbiere in Sinsheim und
Karlsruhe Tag und Nacht, um den liberalen Philistern die dicken
Heckerbärte abzunehmen, damit sie wieder als loyale Unterthanen
des bürgerfreundlichen Leopold erscheinen konnten. Ein gewisser
Dietz raubte auf der Flucht als Commissair viel Geld zusammen.
Eben so Blencker und sein Weib. Eine bedeutende Geldsumme,
welche Gögg damals aus der badischen Staatscasse mitnahm, wurde
später in Paris auf Befehl der französischen Regierung mit Be-
schlag belegt und dem Großherzog zurückgestellt.

Mieroslawski setzte sich noch einmal zur Wehre und nahm
eine Stellung hinter der Murg, indem er sich auf Rastadt stützte.
Am 29. und 30. entbrannte daher noch einmal der Kampf in einer
langen Linie, wie früher am Neckar, von Kuppenheim bis Gerns-
bach. Ein Theil des letztgenannten Städtchens brannte ab, die
Insurgenten wehrten sich auf einigen Puncten noch ziemlich gut,
liefen aber dann doch wieder davon und retteten sich in langen
Zügen nach der Schweiz, denn von nun an war kein Halten mehr.
Brentano wurde unterwegs in Freiburg angeklagt und abgesetzt.
Blencker plünderte noch in der Geschwindigkeit auf der Flucht das
schöne Schloß des Großherzogs von Baden, Neu-Eberstein im
Murgthal, und später das Schloß des Fürsten von Fürstenberg in
Donaueschingen. Mit großem Raube, einer noch zahlreichen Ar-
tillerie und vielen Pferden suchten und fanden die Insurgenten eine
Zuflucht in der Schweiz, wohin sie theils über Basel, theils
über Constanz gingen, ohne noch einmal von den Preußen, welche
langsam nachrückten, eingeholt zu werden. Die ganze Schweizer-
grenze wurde sofort von den Preußen besetzt, von Konstanz bis
Basel, und die Auslieferung des badischen Kriegszeugs verlangt.
Der Schweizer Bundesrath lieferte Kanonen, Pferde und was
badisches Staatseigenthum war, sofort aus, ließ sich aber für ge-
habte Kosten eine Entschädigung zahlen. Ferner wies er durch
Beschluß vom 16. Juli sämmtliche Chefs der Insurrection aus der

Schweiz hinaus. Von den gemeinen badischen Soldaten kehrten die meisten freiwillig zurück. Sofern eine preußische Compagnie eine badische Enclave (Büsingen) besetzte und Schweizerboden bewaffnet überschritt, machte man großen Lärm in der Schweiz und stellte 24,000 Mann auf; der eigentliche Grund war die Besorgniß, es könne dem Prinzen von Preußen einfallen, einen Besuch in Neuenburg zu machen. Auch Oesterreich sah die Preußen nicht gern am Bodensee. Der Reichskriegsminister, Fürst Wittgenstein, wünschte von Bregenz aus Oesterreicher in den badischen Seekreis einrücken zu lassen, aber der Prinz von Preußen verbat sich das (Note vom 3. Juli), sofern der Großherzog von Baden wohl preußische, nicht aber österreichische Hülfe nachgesucht habe. Der Reichsminister begnügte sich, seine Berechtigung, auch österreichische Truppen einrücken zu lassen, zu verwahren.

Von der Gröben war vor Rastatt zurückgeblieben und schloß diese Festung ein, die er schonte, weil sie Bundeseigenthum war, und von der er überzeugt war, sie müsse sich doch bald ergeben. In der Festung commandirte Major Tiedemann, ein früherer Philhellene, Sohn des berühmten Physiologen in Heidelberg, den sein Vater vergebens in einem rührenden Briefe zur Vernunft mahnte. Die Soldateska in Rastatt verwilderte immer mehr, überließ sich dem viehischsten Sinnengenuß und verschoß von den Wällen das Pulver nur wie zur Lust. Ein Jude wurde, als angeblicher Spion, ermordet, der gefangene Major Hinderfin mit dem Tode bedroht. Als aber kein Entsatz mehr zu hoffen war, neigte man sich zur Uebergabe auf Gnade und Ungnade, weil von der Gröben keine bessere Capitulation zuließ. Sie wurde am 23. Juli vollzogen und hierauf der Commandant Tiedemann, der vormalige badische Major von Biedenfeldt, der alte Bönning, der Pole Mniewski und einige Andere kriegsrechtlich erschossen. Dasselbe Loos litten Trütschler, der radicale Schulmeister Höfer ꝛc. Mögling, bei Wagbäusel an beiden Beinen schwer verwundet, benahm sich im Verhör ritterlich und wurde nur zum Zuchthause verurtheilt. Kinkel, der sich hatte fangen lassen, wurde den Preußen ausgeliefert und ins Spandauer Zuchthaus gesteckt, aus dem er nach einiger Zeit nach Amerika entfloh. Von dorther langte Hecker am 16. Juli in Straßburg an, wohin er voll Hoffnung gekommen war und von wo er gleich wieder zurückreiste. Rößler, der Reichscanarienvogel, der toll genug gewesen war, im Schwarzwald noch einmal einen Aufruhr anzetteln zu wollen, um den Preußen, seinen Landsleuten, in den Rücken zu fallen, wurde gefangen und auf den Asberg geführt, von wo ihn nach einiger Zeit die List seiner Frau rettete. Eben daselbst befand sich noch Fickler, aber auch nicht lange mehr, denn nachdem er in einer geheimen Unterredung dem König von Württemberg gebeichtet hatte, was derselbe zu wissen wünschte, entließ man ihn frei nach Amerika.

Am 18. August führte der Prinz von Preußen den Großherzog von Baden im Triumph wieder in seine Hauptstadt ein. Wie durch einen Zauberschlag war alles wieder auf den alten Fuß gestellt und die Revolution wie ein böser Traum vergangen.

Damit hörten alle revolutionären Bewegungen in Deutschland auf und da nichts Neues gegründet worden war, befand man sich unvermerkt wieder in dem alten Zustande wie vor der Revolution. Die bisher geängstigten Cabinette, sonderlich der Mittel- und Kleinstaaten, kamen wieder zu ihrem früheren Selbstgefühl. Die f. g. Märzminister wurden im Verlauf des Herbstes und Winters ohne Dank entlassen, als Ueberlästige, die man sich ungern hatte aufdringen lassen. Die Presse wurde wieder strenger beaufsichtigt, das Klubwesen unterdrückt, die Gültigkeit der Grundrechte nicht mehr anerkannt ꝛc. Sofern aber eine Menge Gesetze auf verfassungsmäßigem Wege zu Stande gekommen waren, die man in der Geschwindigkeit nicht abändern konnte, machte sich der revolutionäre Geist immer noch in den neueingeführten Schwurgerichten geltend, von denen die politischen Angeklagten in der Regel freigesprochen wurden. So Waldeck, Temme, Jacoby, Uhlich, Grün im Preußischen, Duay im Altenburgischen, Becher und die meisten Angeklagten im

Württembergischen. Nach und nach wurde von den neuen Mini=
sterien und Ständen auch wieder auf dem verfassungsmäßigen Wege
an den Gesetzen das geändert, was zu sehr an die Ausnahmezeit
der Revolutionsjahre erinnerte und zu den gewöhnlichen Zuständen
nicht paßte.

In demselben Frühjahr war auch wieder der Krieg in Schles=
wig=Holstein entbrannt. Nach dem Waffenstillstand von Malmoe
war ein Provisorium beliebt worden, welches den deutschen Herzog=
thümern noch eine gemeinschaftliche Verwaltung unter dem Vorsitz
des Grafen von Reventlow gewährte, womit aber Dänemark nicht
zufrieden war. Auch England und Rußland wollten nicht dulden,
daß Schleswig als deutsches Bundesland behandelt und seinem recht=
mäßigen Herrn, dem Könige von Dänemark, entfremdet werde. Es
gab eine Partei in Dänemark, Schweden und Norwegen, welche
eine innige Vereinigung dieser drei nordischen stammverwandten
Reiche wünschte und dafür gern die deutschen Herzogthümer an der
Schley und Elber dem deutschen Bunde hingegeben hätte. Unter
dieser Bedingung hätte das neue skandinavische und das neue
deutsche Gesammtreich zufrieden und sogar alliirt seyn können;
aber eine solche Lösung der Frage würde Deutschland und Skandi=
navien eine Macht verliehen haben, die für Rußland und England
bedrohlich gewesen wäre; deßwegen thaten die letztgenannten Mächte
alles, um den skandinavischen Einheitsplan im Keime zu ersticken
und dagegen die unnatürliche Schöpfung des dänischen Einheits=
staates, in welchem die beiden deutschen Herzogthümer mit Jütland
und den dänischen Inseln zu einem homogenen Ganzen sollten ver=
schmolzen werden, zu Stande zu bringen.

Sofern sich Deutschland damals noch nicht fügen wollte, kün=
digte Dänemark, sobald das Meer den Operationen seiner Flotte
offen war, den Waffenstillstand auf, am 26. März, und ließ bald
darauf einige seiner Kriegsschiffe in die Bucht von Eckernförde
einlaufen, wo sie aber durch widrige Winde zurückgehalten und
von einer Strandbatterie beschossen wurden. Das prächtige Linien=

schiff Christian VIII. strandete und wurde mit glühenden Kugeln
in Brand geschossen. Als es die Flagge strich, eilten die Holsteiner
herbei, die Mannschaft auf dem brennenden Schiffe zu retten und
der holsteinische Oberfeuerwerker Preuß, der die Batterie commandirte, verspätete sich bei dieser menschenfreundlichen Handlung und
flog mit dem Schiff, das er erobert hatte, in die Luft. Das
zweite große Schiff, die Fregatte Gefyon, wurde erhalten und
blieb seitdem die Zierde der „deutschen Flotte". Die dänischen
Schiffscapitaine Paluban und Meyer geriethen mit 800 Mann in
Gefangenschaft. Mit diesem glänzenden Siege am 5. April wurde
der Feldzug eröffnet. Die deutsche Bundesarmee in Schleswig
zählte 45,000 Mann und wurde vom preußischen General Bonin
befehligt. Ihr erster Angriff galt den Schanzen von Düppel, die
den Brückenkopf der nahe gelegenen Insel Alsen (auf welcher die
Dänen die Güter des Herzogs von Augustenburg schonungslos ver-
heert hatten) bildeten. Sie wurden am 15. April von den Bayern
und Sachsen erstürmt. Hierauf siegte Bonin selbst mit der Hauptarmee in einem blutigen Gefecht bei Kolding, wo unter andern
Orla Lehmann, der Hauptagitator gegen die Deutschen in Dänemark, gefangen, aber milde behandelt und bald wieder frei gegeben
wurde. Aber Bonin brang nicht in Jütland vor, bestimmte Befehle hielten ihn zurück und ein neuankommendes preußisches Heer
unter General von Prittwitz, welches unabhängig agirte, schien
nur da, um die Kriegslust der Schleswig-Holsteiner und der süddeutschen Bundesgenossen zu mäßigen. Man erfuhr, Rußland habe
das Ueberschreiten der jütischen Grenze als casus belli bezeichnet.
Nur um die vorgeschriebene Unthätigkeit zu maskiren, wurde eine
langweilige Belagerung Friedericia's angefangen. Eine kleine
Heldenthat übte noch am 7. Juni die deutsche Flotte unter Capitain
Brommy aus, indem sie das dänische Blokadegeschwader aus den
Mündungen der Elbe jagte. Aber einen Monat später wurde Bo-
nin vor Friedericia in der Nacht des 5. Juli durch eine von
General Rye geführte überlegene dänische Armee überfallen und

nach einem verzweiflungsvollen Kampfe unter großem Verluste (28—2900 Mann und 28 Kanonen) geschlagen. Man beschuldigte einen General, er habe die Ankunft Rye's wissen und Bonin warnen können. Indem man aber noch über die geheimen Motive oder begangenen Fehler dieses Unglückstages stritt, trat die Diplomatie mit einer entscheidenden That dazwischen und verkündete am 10. Juli einen neuen Waffenstillstand. Derselbe war von Rußland und England dictirt. Nachdem die Schleswig-Holsteiner durch den Schlag vor Friedericia betäubt und geschwächt waren, wurde ohne weiteres die Trennung der beiden Herzogthümer von einander als Basis des Waffenstillstandes angenommen. Schleswig sollte von den deutschen Truppen völlig geräumt werden, mit Ausnahme von 6000 Preußen, und eine von der holsteinischen getrennte dänische Verwaltung bekommen. Die Landesverwaltung in Schleswig protestirte vergebens; die Insulten, welche sich der Hamburger Pöbel gegen durchziehende preußische Soldaten erlaubte, wurden streng bestraft und schadeten der Schleswig-Holsteiner Sache ungleich mehr, als sie ihr nützten. Der Waffenstillstand wurde pünctlich vollzogen. Um die Gewalt, die an Schleswig begangen wurde, zu entschuldigen, machten die reactionären Blätter damals viel Geschrei von einer nordalbingischen Republik, die im Werk gewesen sey, und gegen welche die Mächte hätten einschreiten müssen. Es hätte dieser Vorspiegelung nicht bedurft, um die Maßregeln zu rechtfertigen. Schleswig hatte in der That keinen andern rechtmäßigen Herrn, als den König von Dänemark. Das brauchte nur einfach geltend gemacht zu werden.

Wenn man nicht einseitig und verblendet seyn will, muß man anerkennen, daß England damals Recht hatte, indem Palmerston (in einer Note vom 13. März 1850) erklärte, England stehe zu Schleswig in keiner Beziehung, als durch den König von Dänemark, Schleswig könne rechtmäßig keine andere Regierung haben, als die des Königs von Dänemark, und keinen andern Krieg führen, als für den König von Dänemark, niemals gegen ihn. Und

daß Rußland eben so Recht hatte, wenn es damals, wie im Lauf
des Winters die öffentlichen Blätter meldeten, den Grundsatz auf-
stellte, wenn die Deutschen an den Verträgen von 1815 ihrerseits
nicht mehr festhalten wollen, so könne der König von Dänemark
auch ohne Anstand das Verhältniß Holsteins zum deutschen Bunde
als gelöst betrachten und dieses Herzogthum auf dieselbe Weise
behandeln, wie Schleswig. Am 6. Februar 1850 gab Rußland in
einer sehr energischen Note seine Absicht kund, die Rechte des Königs von Dänemark gegen Deutschland zu wahren.

Die neue Regierungsgewalt in Schleswig erhielt Herr von
Tillich im Namen Dänemarks, dem Graf Eulenburg im Namen
Preußens zur Seite trat. Tillich handelte als echter Däne, setzte
ab, verurtheilte, zwang zur Auswanderung und brangsalirte kläglich
alle, die sich während der Revolution als Beamte, Geistliche oder
Lehrer compromittirt hatten. *) Diese Behandlung ihrer Brüder in
Schleswig feuerte die Holsteiner zu verzweifeltem Muth an. Als
Bonin nach Berlin abberufen wurde, wählten sie den preußischen
General von Willisen zu ihrem Feldherrn, den der König von
Preußen aber besavouirte und aus der preußischen Armeeliste
streichen ließ. Auch wurden alle preußischen Offiziere zurückberufen.
Da sich Dänemark verpflichtet hatte, seinerseits nicht in Holstein
einzubringen und ein Eindringen der Holsteiner in Schleswig durch
die Preußen verhindert wurde, schleppte sich das Provisorium bis
in den Sommer hin. Am 2. Juli 1850 wurde endlich von
Preußen und Dänemark ein definitiver Frieden unterzeichnet,
der Schleswig den Dänen aushändigte, in Holstein aber noch die
Rechte des deutschen Bundes wahrte. Die bisherige Regierung in
Holstein (Reventlow, Beseler, Boysen, Francke, Krahn, Rehhoff)
protestirte und als die Preußen Schleswig verließen, rückte Wil-

---

*) Als sich die Schleswiger einmal beklagten, die dänischen Beamten
verständen nichts vom schleswigschen Recht, rief er: desto besser, denn das
schleswig'sche Recht taugt nichts.

Ilsen ein, um das Herzogthum den Dänen streitig zu machen. Aber die Holsteiner waren im Kampf nicht glücklich. Ihr Schrauben= dampfer „von der Tann" mußte, weil er gestrandet war, am 21. Juli von seinem Capitain Lange in die Luft gesprengt werden. Willisen selbst erlitt am 25. bei J b s t e b t unfern von Schleswig eine blutige Niederlage. Hierauf unterzeichneten England, Ruß= land, Frankreich, Schweden und Dänemark am 2. August zu Lon= don ein Protokoll, worin sie den d ä n i s c h e n E i n h e i t s s t a a t gut hießen. Auch Oesterreich unterzeichnete dieses Actenstück „unter Vorbehalt der Rechte des deutschen Bundes," der am 30. Sep= tember den Frieden ratificirte. Die Holsteiner ließen indeß den Muth noch nicht sinken.

Elftes Buch.

Die Union und Schwarzenberg.

———

Preußen kam vorzugsweise der Ruhm zu, die Revolution in der Pfalz und Baden besiegt zu haben. Es stützte sich zudem auf das Dreikönigsbündniß und auf die früher schon ihm zugewandten Kleinstaaten und wurde unterstützt von der Partei Gagern, die am 26. Juni 1849 das Nachparlament zu Gotha eröffnete, aber nur ein Paar Tage versammelt blieb, um ihre volle Zustimmung zu dem preußischen Unionsplane zu geben. Auch erklärte Preußen (Note des Grafen von Brandenburg vom 22. Juni), es erkenne den Reichsverweser nicht mehr an, weil er mit der Nationalversammlung, die ihn gewählt, wegfallen müsse, und sofern der alte Bund nicht mehr, eine neue Einigung noch nicht bestehe, sey Preußen berechtigt, eine neue Einigung ganz oder theilweise zu versuchen und sich mit jedem deutschen Staate, der es wolle, enger zu verbinden.

Der Erzherzog Reichsverweser entfernte sich zwar aus dem Bereich der preußischen Heerlager und ging am 30. Juni nach dem Bade Gastein, ließ aber das Reichsministerium in Frankfurt zurück, versprach niederzukommen und hielt an seinem Rechte fest, sein Amt nur in die Hände sämmtlicher deutschen Regierungen, sobald sie sich deßfalls geeinigt haben würden, niederzulegen. Er stützte sich dabei auf Oesterreich, Bayern und Württemberg. Oesterreich protestirte gegen das längere Verweilen der Preußen in Baden, gegen dessen Militärconventionen, gegen den engeren Bund und gegen ein neues deutsches Parlament und erklärte, der alte Bund bestehe noch zu Recht, sofern der Versuch, ihn durch eine andere Einheits- form zu ersetzen, mißlungen sey.

Zwischen beiden Mächten suchte Bayern zu vermitteln. Der Minister von der Pfordten entwarf einen Plan, wonach Oesterreich und Preußen im Präsidium des deutschen Bundes abwechseln und die Kleinstaaten mediatisirt, aber je nach ihrer geographischen Lage an die fünf Königreiche vertheilt werden sollten, so daß Preußen nicht allein alle verschlänge. Das war ganz geeignet, das Drei- königsbündniß zu sprengen und Hannover und Sachsen von Preu- ßen abzuziehen. Begreiflicherweise mißfiel dieser Plan in Berlin und es begann eine unliebsame Polemik in den preußischen und bayrischen Blättern.*) Am 30. August reiste der König von Würt- temberg nach Linz, wohin ihm Fürst Schwarzenberg entgegenkam, gleichfalls in einem antipreußischen Interesse.

Aber man wollte einen offenen Kampf vermeiden, wenigstens hinausschieben. Oesterreich schlug ein Interim vor, der Art, daß der Reichsverweser provisorisch sein Amt in die Hände einer ausschließlich von Oesterreich und Preußen bestellten Commission niederlegen sollte, welche die Bundesgeschäfte zu leiten haben würde bis zum 1. Mai 1850 unter der Voraussetzung, daß die übrigen Bundesregierungen zustimmten. Der König von Preußen ging darauf ein und kam mit dem jungen österreichischen Kaiser am 7. September in Töplitz zusammen, von wo sie nach Dresden reis-

---

*) Die letzteren meinten, die Preußen hätten gar kein Recht gehabt, in die Pfalz einzurücken (obgleich sie von Bayern ausdrücklich dazu auf- gefordert worden waren). Oberst von Jeetze, Gouverneur von Landau, wurde ohne Dank entlassen, weil er das Entweichen so vieler Soldaten nicht verhindert habe, oder, wie man glaubte, weil der Prinz von Preußen ihn seiner Treue wegen belobt hatte.

ten. Auch der Prinz von Preußen besuchte den am 3. September
nach Frankfurt zurückgekehrten Erzherzog. Am 30. kam ter Vertrag zu Stande, am 6. October gab ter Erzherzog seine Zustimmung und nachdem auch die übrigen Regierungen eingewilligt hatten, legte der Erzherzog am 20. December seine Gewalt in die
Hände zweier Bevollmächtigten nieder, des General Schönhals von
österreichischer, des General Radowitz von preußischer Seite, und
das Interim trat in Kraft.

Das war nun ein factischer Dualismus. Oesterreich und
Preußen allein hatten das Heft in der Hand. Von dem bayrischen
Plan war nur die Spitze angenommen worden. Um so eifriger
bemühten sich von nun an die vier Königreiche, sich mit ihren
Ansprüchen zwischen Oesterreich und Preußen zu schieben, und
wenn der bayrische Plan der Gruppirung nicht durchzuführen sey,
wenigstens die Stellung wiederzugewinnen, die sie im alten Bunde
inne gehabt hatten. Hierin wurden sie wesentlich von Rußland
unterstützt, das weder Oesterreich noch Preußen mächtiger als bisher werden lassen wollte, und deßhalb von jeher die deutschen
Mittelstaaten protegirt hatte. General Bennigsens Reise nach Hannover am Ende des Jahres wurde in diesem Sinne gedeutet. Durch
die Reise des Minister von Beust nach Wien in demselben Winter
leitete Sachsen seinen Abfall vom Dreikönigsbunde ein. Es handelte sich dabei auch sehr um das von Preußen immer noch festge-
haltene künftige deutsche Parlament, auf welches die Kleinstaaten
und die Gothaer ihre größte Hoffnung setzten. In dem Maaße,
in welchem sich Preußen dabei auf die öffentliche Meinung, auf
die immer noch regen nationalen Hoffnungen stützte, machten sich
Rußland und Oesterreich zur Aufgabe, wenigstens die Mittelstaaten
gegen die Wiederkehr eines deutschen Parlaments einzunehmen und
ihnen die Gefährlichkeit eines solchen vorzustellen. Nach den Er-
fahrungen, die man eben gemacht hatte, war das nicht schwer.
Als nun Preußen die Genossen seines engeren Bundes zu Wahlen
eines neuen Parlaments aufforderte, welches im nächsten Jahre zu

Erfurt sich versammeln sollte, wurde alsbald nicht nur von Österreich, sondern auch von den Königreichen protestirt. Dagegen erfolgte die letzte reichs- und parlamensfreundliche Demonstration in
Württemberg. Hier war das Märzministerium, das in der Zeit
der Noth so treue und erfolgreiche Dienste geleistet, im October
entlassen, und der vormärzliche Minister Schlayer reactivirt worden.
Am 12. Januar 1850 erklärte sich eine große, besonders aus den
gebildeten Classen, Kaufleuten, Beamten und evangelischen Geistlichen zusammengesetzte Versammlung zu Plochingen unter dem
Vorsitz des vormaligen Märzministers Duvernoy für den engeren
Bund hauptsächlich in der Hoffnung auf das Erfurter Parlament.
Natürlicherweise erfolglos. *)

Österreich wünschte seinen Eintritt in den Zollverein und
motivirte seinen Wunsch durch eine ausführliche Staatsschrift vom
30. December. Dagegen protestirte nun wieder Preußen aufs entschiedenste. Im Grunde genommen war das von Preußen begünstigte deutsche Parlament und der von Österreich bevorwortete allgemeine deutsche Zollverband eins wie das andere den Bedürfnissen
und Wünschen der deutschen Nation angemessen, nur nicht dem
Sonderinteresse der einen und andern deutschen Großmacht, und
deshalb stieß der eine, wie der andere Plan anstatt auf allgemeines
Entgegenkommen, auf unbesieglichen Widerstand.

Das eigenmächtige Vorgehen Preußens in den Militairconventionen, die es im Frühjahr mit Mecklenburg, Anhalt, Braunschweig und Baden abschloß und wodurch es die Contingente dieser
Bundesstaaten gewissermaßen seiner eigenen Armee einverleibte,
steigerte das Mißtrauen und die Vorwürfe Österreichs, welches
unmerklich bedeutende Streitkräfte in Böhmen zusammenzog, um
seinen Willen nöthigenfalls mit Gewalt durchzusetzen. Damals
traten auch die beiden Fürsten von Hohenzollern, Friedrich Wil-

---

*) In diesen Zeitpunct fällt ein merkwürdiges Ereigniß. Am 16. Jan.
flog die erste telegraphische Depesche dem Draht entlang durch Deutschland.

helm Anton von Hechingen und Karl Anton von Sigmaringen,
ihr kleines schwäbisches Erbe unter vortheilhaften Bedingungen
dem König von Preußen ab (12. März 1850), was besonders
Württemberg mißfällig seyn mußte, da es nun schien, Preußen
wolle sich festen Fuß im südwestlichen Deutschland gründen.
Der König von Preußen verpflichtete sich die ganze constitutionelle Partei in Deutschland nicht blos durch die Verheißung
des Erfurter Parlaments, sondern auch durch die am 6. Februar
von ihm in Berlin feierlich beschworene neue preußische Verfassung. Er sagte zwar halb scherzend, das Regieren sey ihm
nun wieder möglich geworden, nachdem die nothwendigsten Prärogative der Krone in dem neuen Statut gesichert seyen, allein es
war doch klar, daß er, sofern Oesterreich das constitutionelle System aufgab, sich alle constitutionellen Sympathien in Deutschland
aneignete. Während nun auch die Wahlen zum Parlament in
Erfurt vorgenommen wurden, erfolgte der Abfall aller der Staaten, die bisher zu Preußen gehalten hatten, jetzt aber zu Oesterreich übergiengen. Nicht nur Hannover und Sachsen sagten sich
vom Dreikönigsbunde los, sondern auch Oldenburg zog sich zurück
und Kurhessen wankte. Hier wurde am 23. Februar Hassenpflug
wieder zum Minister ernannt, der entschiedenste Reactionär, von
dem nichts anderes zu erwarten war, als Kampf auf Leben und
Tod mit den Ständen. Nun trat zwar das Parlament in Erfurt am 20. März zusammen, in zwei Kammern gewählt von
Preußen und seinen engern Bundesgenossen, eröffnet von Radowitz,
präsidirt von Simson, und berieth den ihm vorgelegten neuen Bun-
desverfassungsentwurf, um ihn nach einigen Amendements anzunehmen; aber die Begeisterung, das Vertrauen, wie es das Parlament in Frankfurt im Frühling von 1848 begrüßt hatte, fehlte.
Gagern erschien, aber nur wie zur Leichenfeier des Parlaments.
Radowitz sprach warme Worte der Hoffnung und der Liebe, aber
der Glaube fehlte. Am 29. April wurde dieses Parlament vertagt,
um nie wieder zusammenzutreten. Während seines kurzen Daseyns

besaß es nicht einmal Selbständigkeit, es mußte jedem Wink von
Berlin lauschen und obgleich hier am 8. Mai die zu Preußen
stehenden Unionsfürsten von beiden Hessen, Oldenburg, Baden,
Weimar persönlich zusammentraten, um das neue Werk zu sanctioniren, war man in diesen höheren Regionen doch selbst seiner
Sache nicht ganz gewiß. Das Erfurter Parlament war es gerade,
was den heftigsten und entschlossensten Widerstand Oesterreichs und
der Königreiche hervorrief. Die Sorgen häuften sich und wurden
nahe drohende Gefahren.

Rußland hatte sich auf's bestimmteste gegen das Erfurter, wie
gegen das deutsche Parlament erklärt, aber eben so bestimmt auch
gegen den allgemeinen deutschen Zollverein und gegen den Eintritt
von Gesammtösterreich in den deutschen Bund. In diesem Sinne
war die kleine Schrift „Gedenkblätter" schon im März von Herrn
von Meyendorff, russischem Gesandten in Berlin, später in Wien,
geschrieben worden. Rußland wollte nämlich Preußen weder durch
die constitutionellen Sympathien, noch Oesterreich durch seine materielle Macht zur Hegemonie gelangen lassen. Die russische Politik verlangte, daß die Macht zwischen Oesterreich und Preußen
getheilt bleibe und daß ihre Zwietracht sich verewige. Deswegen
verlangte Rußland auch einfach die Wiederherstellung des alten
Bundestages, der auch allein noch zu Recht bestehe. Bayern, Sachsen, Hannover und Württemberg schlossen am 27. Februar zu
München eine Uebereinkunft, worin sie sich (unter Beibehaltung
eines Volkshauses und Reichsgerichts) für ein Bundesdirectorium
von 7 Stimmen erklärten (Oesterreich, Preußen, die vier Königs-
reiche und beide Hessen vereint als eine Stimme). Kurhessen
sollte durch diese Begünstigung von Preußen abgezogen werden.
Oesterreich sprach am 13. März seine volle Billigung dieses Ver-
trages aus und am 15. eröffnete der König von Württemberg die
constituirende Landesversammlung in Stuttgart mit einer Rede,
worin er die preußische Union „einen künstlichen Sonderbundsver-
such auf den politischen Selbstmord der Gesammtheit berechnet"

nannte und zum Schluffe noch sagte: „wir wollen weder Öster-
reicher, noch Preußen, sondern durch und mit Württemberg ganz
allein Deutsche seyn und bleiben." Der preußische Gesandte in
Stuttgart, Herr von Sydow, wurde augenblicklich abgerufen und
der württembergische in Berlin, von Hügel, nahm seine Pässe.
Österreich faßte im April seinen bestimmten Entschluß. Seine
Lage war von der Art, daß es zur absolut monarchischen Gewalt
zurückkehren mußte. Es hatte bereits die Einheit seines Gebietes
proclamirt. Es wollte sich aber von nun an, wie auf sein tapferes
Heer, so auf die Kirche stützen. Die unter Metternich so lange
versäumte Kirche bot sich dem Einheitsstaate als die natürlichste
Bundesgenossin dar. Schon im Mai 1849 hatten sich die österreichischen Bischöfe in Wien versammelt und, in Uebereinstimmung mit den Beschlüssen der Würzburger Versammlung von 1848,
in der Wiederbelebung des kirchlichen Geistes ein Mittel erkannt,
wodurch auch der österreichische Kaiserstaat seine Kräfte würde ver-
jüngen können. Die damals schon von der Kirche dargebotene
Hand wurde vom jungen Kaiserthum dankbar angenommen und
am 18. April 1850 erließ Franz Joseph ein Decret, worin er den
Bischöfen den freien Verkehr mit Rom, die Aufhebung des placet,
unabhängige Verwaltung des Kirchenguts und eine große Erweiterung des kirchlichen Strafrechts gewährte. *) Sodann that Fürst
Schwarzenberg in der deutschen Sache den kühnen Schritt, indem
er, sofern das Interim am 1. Mai ablief, am 26. April das
Plenum des Bundestages nach Frankfurt einberief, „nicht, um
sofort die alte Bundesverfassung wiederherzustellen, sondern nur,
um durch dieses allein berechtigte Organ berathen und beschließen
zu lassen, was ferner zu thun sey." Die Absicht Österreichs war
damals noch, als Gesammtstaat, also auch mit seinen nichtdeutschen
Bestandtheilen, in den deutschen Bund einzutreten und darin das

---

*) In diese bischöfliche Bewegung griff auch die Wahl des Freiherrn
von Ketteler, Probst in Berlin, zum Bischof von Mainz ein, am 15. März.

natürliche Uebergewicht zu behaupten. Die vier Königreiche, Hessen, der König der Niederlande für Luxemburg, und der König von Dänemark für Holstein beschickten das Plenum. Preußen und seine Bundesgenossen protestirten, Kurhessen schickte seine Vertreter nach Berlin und Frankfurt zugleich. Das Plenum aber wurde wirklich am 10. Mai unter österreichischem Vorsitz eröffnet und war der factisch reactivirte Bundestag, wenn auch noch nicht vollständig beschickt.

Im Kampfe gegen diese Reactivirung eines verhaßten Alten, die man nicht mehr für möglich gehalten hätte, erschöpften sich vollends die landständischen Oppositionen. Die Kammern wurden wiederholt in den meisten Bundesstaaten aufgelöst, weil sie sich der Reaction nicht bald genug fügten. Am häufigsten in Württemberg, wo die constituirende Versammlung unter dem Präsidium Schoders im Verlauf eines Jahres dreimal aufgelöst werden mußte, weil sie noch an den Errungenschaften von 1848 festhalten wollte. Nächst dieser Versammlung benahm sich die darmstädtische und kurhessische am trotzigsten. Die letztere, unter dem Vorsitz Bayrhoffers, wurde von Hassenpflug am 12. Juni aufgelöst, um rücksichtsloser Ministerialwillkür Platz zu machen.

Mehr Energie lag in der preußischen Protestation, indem zugleich die Militairconventionen vollzogen und derjenigen zufolge, welche Preußen mit Baden abgeschlossen hatte, die ganze wiederhergestellte badische Armee nach Preußen verlegt wurde und im Lauf des Sommers wirklich dahin abmarschirte, während preußische Truppen ganz Baden besetzt hielten. Dagegen protestirte nun wieder Oesterreich auf's bestimmteste. Aber in Preußen selbst war nach und nach eine Partei herangewachsen, welche den bisherigen Gang der preußischen Politik, die Union und alles, was seit dem März 1848 geschehen war, principiell verwarf und die alten Zustände zurückverlangte. Sie wollten keine deutsche, sondern ausschließlich eine preußische Politik. Sie wollte „mit der Revolution brechen". Sie stellte sich den liberalen Westmächten gegenüber auf die Seite

Rußlands und Oesterreichs, als den absolutistischen Mächten, von
denen sich niemals zu trennen Friedrich Wilhelm III. in seinem
Testamente dem Sohn gerathen hatte. Sie trachtete nach Wiederherstellung wie der monarchischen Alleingewalt, so auch der aristokratischen Vorrechte und nach Wiederabschaffung aller letzten Errungenschaften der Demokratie. Diese Partei hatte zu Häuptern
die Herren von G e r l a ch , Kleist-Retzow, Bismark-Schönhausen,
den Staatsrechtslehrer Stahl, den Geschichtschreiber Leo in Halle 2c.
und zu Organen den f. g. T r e u b u n d, eine den alten Tugend-
bund nachahmende Gesellschaft, und die neue preußische oder K r e u z-
z e i t u n g, von Wagener talentvoll redigirt. Indem diese Herren
offen gegen den engeren Bund (die Union) und Radowitz Opposition machten, hatten sie den Vortheil, auch in der Kammer die
erste Rolle spielen zu können, sofern die gesammte demokratische
Partei in Preußen damals nur passiven Widerstand zu leisten beschlossen und kein einziges ihrer Talente in die Kammer gewählt
hatte. Am 22. Mai wurde der König im Wagen von einem irr-
sinnigen Menschen, Namens Sefeloge, durch einen Schuß in den
Arm verwundet, in Folge dessen, zur Steuer der Volksaufreizung
und Verführung, die Presse unter strengere Aufsicht als bisher genommen wurde.

Da sich die beiden Großmächte allein nicht zu einigen vermochten, wandten sie sich wieder an das unvermeidliche Rußland.
Kaiser Nicolaus kam nach Warschau, gab der Gerlach'schen Partei
seinen Segen und nahm huldvoll als oberster Richter die klagbaren
Parteien an, in der zweiten Hälfte des Juni. Von Wien kam
Fürst Schwarzenberg, von Berlin der Prinz von Preußen dahin.
Was dort verhandelt wurde, ist nicht bekannt geworden. Der Erfolg aber hat bewiesen, daß die russische Ansicht damals der österreichischen zugeneigter gewesen ist, als der preußischen, weil sonst
Fürst Schwarzenberg von diesem Zeitpunct an so energisch, wie er
that, vorzugehen nicht würde haben wagen dürfen. Am 2. September ließ Oesterreich ohne weiteres Zaudern in Frankfurt den

engeren Bundesrath also den echten alten Bundestag, wieder eröffnen unter Vorbehalt des Zutritts der renitenten, noch dem engeren preußischen Bunde zugewandten Staaten. Es ließ also Preußen keine Wahl mehr, als Nachgeben oder Kampf, einen Kampf, in dem Rußland sich auf österreichische Seite stellen würde.

Hatte noch zwei Jahre vorher alles für die Einheit Deutschlands geschwärmt, so war jetzt die Zwietracht wieder ärger als je vorher. Die kleindeutsche und großdeutsche Ansicht hatten sich immer schroffer einander gegenübergestellt, eine Ausgleichung schien nicht mehr möglich. Schon rüttelte man die Schwerter in der Scheibe, da gaben eigenthümliche Vorfälle in Kurhessen den Ausschlag. Die Hessen sollten durch den vom Kurfürsten rehabilitirten Minister Hassenpflug gründlich gemaßregelt und alles in das vormärzliche Geleise zurückgebracht werden. Da sie nun mehr, als alle andern teutschen Volksstämme, unter den alten und immer wieder sich erneuernden Mißregierungen gelitten hatten, hielten sie an den Hoffnungen des Jahres 1848 fest und wollten sie nicht lassen. Aber Hassenpflug griff keck durch und ließ am 4. September 1850 die Steuern ausschreiben, ohne die ständische Verwilligung, gemäß der Verfassung, einzuholen. Der ständische Ausschuß (Schwarzenberg, Bayrhoffer, Gräfe, Kellner, Henckel) protestirte sogleich. Hierauf wurde am 7. das ganze Land in den Kriegszustand erklärt und der alte General Bauer sollte die Dictatur ausüben. Allein sämmtliche Organe der Gewalt versagten sich ihm, die Gerichte erkannten, der Ausschuß sey in seinem Recht. Die gesammte Staatsdienerschaft bis zur Polizei herunter leistete, wie verabredet, einen passiven Widerstand und lehnte die Vollziehung jedes verfassungswidrigen Befehls des Herrn Hassenpflug ab. Draußen wurden Volksversammlungen abgehalten und die Stimmung des Volks schien dem Kurfürsten so drohend, daß er in der Nacht des 12. September aus Kassel entfloh und sich, um nicht durch sein eigenes Land reisen zu müssen, auf einem weiten Umweg über Hannover und Köln nach Frankfurt a. M. begab, wohin ihm

Haffenpflug nacheilte. In Kaffel ließ er den General Haynau (Bruder des berühmten öfterreichischen Feldzeugmeisters) mit unbedingter Vollmacht zur Handhabung des außerordentlichen Kriegsstandes zurück, aber nicht nur der Oberbürgermeister Hartwig, der Commandant der Bürgerwehr Siebler, der ständische Ausschuß und die Gerichte verfagten ihm den Gehorsam, sondern auch das Offizierscorps. Eine Deputation des letzteren wurde vom Kurfürsten mit den Worten heimgeschickt: „wollt ihr nicht gehorchen, so zieht euern Rock aus." Und das thaten sie wirklich, über 200 Offiziere nahmen ihre Entlassung; die Unteroffiziere aber erklärten: „ein Hundsfott, wer von uns sich zum Offizier machen läßt." Aber der Kurfürst pochte auf auswärtige Hülfe und donnerte vom Wilhelmsbad aus, wo er Residenz genommen, in seinen Decreten den Unzufriedenen die schreckliche Wahrheit zu, daß man sich nicht mehr im Jahr 1848 befinde, daß der alte Bundestag zu Recht bestehe, daß nach der Wiener Schlußacte und den Bundesbeschlüssen von 1832 die Regierungen durch landständische Verfassungen in der Erfüllung ihrer Bundespflichten nicht verhindert werden dürften, und daß mithin die Steuern gezahlt werden müßten.

Indem nun der Kurfürst vom einseitig durch Oesterreich rehabilitirten Bundestage Schutz seiner Herrenrechte verlangte, sagte ihm dieselbe der Bundestag am 21. September zu. Preußen aber, zu dessen Unionsstaat oder engerem Bunde Kurhessen immer noch gehörte, war dadurch in die Nothwendigkeit gesetzt, entweder sich dem neuen Bundestag zu unterwerfen, oder dessen Intervention in Kurhessen mit Gewalt entgegenzutreten. Der König protestirte in einer Note vom 23. und ernannte am 26. Radowitz zum Minister der auswärtigen Angelegenheiten. Zugleich wurde ein preußisches Truppencorps in Westphalen zusammengezogen. Aber auch Oesterreich machte große Rüstungen in Böhmen und Kaiser Franz Joseph ging nach Bregenz, wo er am 11. October mit den Königen von Bayern und Württemberg zusammenkam und mit denselben die Durchführung des Bundesbeschlusses verabredete. Der

König von Württemberg brachte in österreichischer Husarenuniform
einen Trinkspruch aus: „ein alter Soldat macht nicht viel Worte,
aber er folgt dem Rufe seines Kaisers, wohin es auch sey." Ein
bayrisches Heer unter dem Fürsten von Thurn und Taris sollte in
Kurhessen einrücken, wodurch zugleich die preußische Aufstellung in
Baden gefährdet wurde.

Allein ehe man zur Ausführung schritt, mußte erst Rußland
gehört werden. Kaiser Nicolaus kam am 15. October wieder nach
W a r s c h a u , um die streitenden Parteien abermals zu vernehmen,
und Kaiser Franz Joseph mit dem Fürsten Schwarzenberg eilten
zu ihm, während von preußischer Seite Minister Graf von Brandenburg die schwierige Mission übernahm, eine Politik zu vertheidigen, welche Preußen dahin gebracht hatte, mit Bayrhoffer in
Kurhessen gemeine Sache zu machen und in der deutschen Frage
mit Radowitz stehen oder fallen zu sollen. Man kann sich denken,
wie dem Kaiser Nicolaus die neue Wendung der Dinge in Preußen
zuwider seyn mußte, wie wenig er, mit Oesterreich im Bunde, Rücksicht gegen das jedenfalls viel schwächere Preußen zu nehmen brauchte,
und welchen Erfolg er sich von ernsten Drohungen versprechen durfte,
sofern er den Treubund, die Kreuzzeitung und das Testament Friedrich Wilhelms III. auf seiner Seite hatte. Oeffentliche Blätter
erzählten damals, Kaiser Nicolaus habe mit Thränen in den Augen
geklagt, daß er vielleicht gezwungen werden könne, gegen das ihm
so innig verwandte Königshaus in Preußen das Schwert zu ziehen.
Gewiß ist, daß Rußland am 26. October es als einen casus belli
erklärte, wenn Preußen der vom Bundestag verfügten Execution
in Kurhessen ein Hinderniß in den Weg lege, und daß Graf
Brandenburg am 30. October in tiefster Entrüstung über das,
was er hatte hören müssen, und bis zum Tode erschöpft nach
Berlin zurückkehrte. Zudem war in den letzten Tagen eine eng-
lisch-französische Erklärung eingelaufen, welche die russische unterstützte. Rußland und Frankreich hatten von England förmlich eine
Kriegserklärung gegen Preußen verlangt, wenn es den zu London

abgeſchloſſenen Vertrag, Dänemark betreffend, nicht ſofort aner-
kenne und die Holſteiner ferner in ihrem Widerſtand unterſtütze,
am 23. October. England hatte dieſe Zumuthung zwar abgelehnt,
unterſtützte jedoch die ernſten Vorſtellungen Rußlands, Frankreichs
und Oeſterreichs, ſo daß ſich Preußen völlig iſolirt und von allen
Seiten bedroht ſah.

Mittlerweile hatte Radowitz durch ein preußiſches Armeecorps
unter General von der Gröben die preußiſchen Etappenſtraßen in
Kurheſſen beſetzen laſſen und die eilige Rückkehr der noch in Baden ſtationirten preußiſchen Truppen verfügt, weil ſie im Fall eines
Krieges durch die Bayern, Württemberger und Oeſterreicher hätten
abgeſchnitten werden können. Kaum aber brachen dieſe tapfern
Truppen auf, ſo kam die Regierung in Karlsruhe ſchon ſchweres
Bedenken gegen die Politik von Radowitz an und wurde man hier
unmerklich zur ruſſiſch-öſterreichiſchen Meinung hingezogen. Die
Bayern aber unter Thurn und Taxis rückten am 1. November
bereits in Hanau ein, 10,000 Mann ſtark, und drangen keck gegen
Kaſſel vor, wo die Preußen ſtanden. Ein blutiger Zuſammenſtoß
war unvermeidlich, wenn die Diplomatie nicht noch in der letzten
Stunde ein Meiſterſtück machte, oder eine beſſere Beſinnung vor
dem Abgrund warnte, in den man das Vaterland zu ſtürzen im
Begriffe ſtand. Man darf nicht zweifeln, daß der einmal zwiſchen
Oeſterreich und Preußen entbrannte Kampf, wer auch anfangs ge-
ſiegt hätte, von beiden Seiten mit allen Kräften bis zur gänzlichen
Erſchöpfung würde fortgeführt worden ſeyn, denn der Stolz der
Volksſtämme und der Confeſſionshaß hätten ſich eingemiſcht und
wie im 30jährigen Kriege würde das Ausland zuletzt entſchieden
und die beſte Beute davon getragen haben. Wir dürfen ſehr froh
ſeyn, daß ſich das Ausland damals nicht eifriger um den wirklichen
Ausbruch des Kriegs bemüht hat. Er wurde zu unſerem Glück
dadurch vermieden, daß ſich der König von Preußen am 2. November bewogen fand, Radowitz abzudanken und von der Gröben

einen Rückzugsbefehl zugehen zu laffen. *) Wie hoch auch dem König diefes Opfer zu ftehen kam, der Preis war des Opfers werth. Die Vermeidung des Bruderkriegs kann nie zu theuer erkauft werden. Dem ritterlichen Grafen Brandenburg brach das Herz, als der junge Niebuhr ihn noch mitten in der Nacht von feinem Krankenlager auffchreckte und ihm aus dem Geheimen Kabinet den Befehl brachte, an von der Gröben die verhängnißvolle Contreordre zu ertheilen. Er that es, fank wieder auf das Lager zurück und ftarb nach wenigen Tagen. Man thut unrecht, diefen düftern Novembertagen zu fluchen, weil in ihnen die ruffifche Partei über deutfche Ehre hohnlachte. Die Schickfale diefer Tage wurden von einer höheren Hand gelenkt und wahrhaft zum Heile Deutfchlands.

Herr von **Manteuffel** trat fofort an die Spitze des preußifchen Minifteriums und verfügte am 6. November eine allgemeine Mobilifirung der preußifchen Armee, obgleich und gerade weil er Frieden machen wollte. Er mußte, um mit Anftand unterhandeln zu können, gerüftet dastehen. Zudem galt es, fich nicht überrafchen zu laffen, denn eine furchtbare öfterreichifche Armee ftand an der böhmifchen Grenze und am 7. kam Radetzki in Wien an mit der Beftimmung, fie gegen Preußen zu führen. Indem von der Gröben fich langfam aus Kurheffen zurückzog, kam die äußerfte Spitze feiner Nachhut mit der äußerften der feindlichen Vorhut in Berührung. Es war eine Compagnie öfterreichifcher Jäger, die den Bayern voranzog, und einige Mann derfelben fielen von preußifchen Kugeln bei **Bronzell** am 8. November, ohne daß ein zweites Zufammentreffen erfolgt wäre. Ganz Kurheffen, wie Ba-

---

*) Die Nachricht vom Einmarfch der Bayern und Defterreicher in Heffen kam in Berlin an, als der König eben zu einer großen Jagd nach Blankenburg abgehen wollte. Da beftellte er plötzlich die Jagd ab und hielt den verhängnißvollen Minifterrath, indem er nach feiner humoriftifchen Art fagte: Wir brauchen nicht nach Blankenburg zu gehen, wir können die Böcke gleich hier fchießen.

ben, wurde von den Preußen geräumt. Der Kriegsfall war vermieden, es wurde unterhandelt, und um die Sache möglichst kurz abzumachen, begab sich Herr von Manteuffel nach Olmütz, wo er am 29. mit Fürst Schwarzenberg tagte. Auch Herr von Meyendorff war von Wien mitgekommen, um im Namen Rußlands die Versöhnung zu besiegeln. Preußen entsagte der Union, dem deutschen Parlament, dem Schutz der kurhessischen Verfassung, fügte sich in eine „Pacificirung" Holsteins und behielt sich vor, auf einer demnächst von allen Bundesfürsten zu beschickenden Conferenz in Dresden vollends alle, die deutschen Angelegenheiten betreffenden Meinungsverschiedenheiten auszugleichen.

Diese Conferenz in Dresden wurde am 23. December unter Vorsitz des Fürsten Schwarzenberg eröffnet. Die ersten Besprechungen betrafen die brennende Frage Kurhessens und Holsteins, und schon am 28. ertheilte der Bundestag in Frankfurt, in Folge der Dresdner Verabredungen, dem Feldmarschallleutnant von Legeditsch die Vollmacht, mit einem österreichischen Armeecorps durch Kurhessen nach Holstein zu marschiren. Sodann reiste Schwarzenberg mit Manteuffel nach Berlin, den König zu begrüßen und eine dualistische Politik zu verabreden, welcher gemäß Oesterreich und Preußen im neuen Bunde die Entscheidung über Krieg und Frieden sich ausschließlich vorbehalten wollten. Das war aber nicht im Sinne der Mittelstaaten, noch weniger Rußlands, weshalb das Project in Dresden auf einen entschlossenen Widerstand stieß. Aus diesem Grunde zog sich die Conferenz auch sehr in die Länge. Eben so wenig wie die beiden deutschen Großstaaten die dualistische Spitze des Bundestags durchsetzen konnten, vermochte auch Oesterreich den Eintritt seines Gesammtstaates in den deutschen Bund zu erzwingen. In dieser Frage stellte sich nämlich Rußland ganz auf Seite Preußens und sühnte damit gleichsam den Tod Brandenburgs aus. Kaiser Nicolaus verehrte dem König von Preußen eine Brillantkette zum Andreasorden im Werth von mehr als einer Million. Auch England und Frankreich gaben Noten ein, worin sie sich auf's bestimmteste gegen den Eintritt von Gesammtösterreich in den neuen deutschen Bund erklärten. Bayern reclamirte noch einmal die Trias, der König von Württemberg sogar das deutsche Parlament, indem er in einem Brief an den Fürsten Schwarzenberg vom 18. Februar 1851 daran erinnerte, wie tief das Bedürfniß darnach der Nation innwohne. Allein nachdem sich die Conferenz in Dresden monatelang hingezogen, konnte weder durchgesetzt werden, was Oesterreich, noch was Preußen, noch was die andern deutschen Staaten, noch was das deutsche Volk, sondern ausschließlich was Rußland wollte. Der Kaiser von Rußland war gegen das Parlament und die preußische Union, gegen den Eintritt Gesammt-österreichs, gegen die dualistische Spitze, gegen die Trias und neue Staatengruppirung des bayrischen Plans und verlangte einfach die Wiederherstellung des alten Bundes. Und weil er es wollte, geschah es. Denn durch Oesterreich und die Mittelstaaten überstimmte er Preußen, durch Preußen und die Mittelstaaten Oesterreich und durch Oesterreich und Preußen die Mittelstaaten. Es blieb lediglich nichts übrig, als einfache Rückkehr zum alten Bundestage, und die Dinge hatten sich so gewendet, daß es der Vortheil Preußens war, die Reactivirung des alten Bundes zu vollenden, um dadurch den Eintritt von Gesammtösterreich in den Bund zu verhindern. Am 27. März lud Preußen seine bisherigen engeren Bundesgenossen ein, sämmtlich den Frankfurter Bundestag zu beschicken, und in Dresden vereinigte man sich am Ende dahin, keinen Beschluß zu fassen, sondern das gesammte „werthvolle" Material der bisherigen Verhandlungen dem factisch wiederhergestellten Bundestag in Frankfurt zu überweisen. So umging man eine ausdrückliche Abweisung der österreichischen Forderung, als Gesammtstaat in den Bund einzutreten, und kehrte einfach zum Alten zurück, als ob es nie unterbrochen worden wäre. Am 15. Mai schloß die Conferenz in Dresden ihre Sitzungen und am gleichen Tage wurde der neue preußische Bevollmächtigte, Herr von Rochow (bisher Gesandter in Petersburg) feierlich am Bundestage eingeführt und die Bot-

schafter der kleinen Unionsstaaten folgten bald nach. Der alte
Bundesstaat wurde am 30. Mai reconstituirt. Ein unterdeß in
Wiesbaden berathschlagender deutscher Zollcongreß endete ungefähr
in gleicher Weise. Die Aufnahme Oesterreichs in den Zollverein
kam nicht zu Stande, nur ein Anschluß Deutschlands an den österreichischen Postvertrag.

Also endete die ganze ungeheure Bewegung in Deutschland
damit, daß man einfach zum alten Bestande zurückkehrte. Nachdem
den Demokraten die eine und untheilbare deutsche Republik und
den Gothaern das neue Kaiserthum mißglückt war, sollten auch die
Fürsten, obgleich jeder von ihnen Aenderungsvorschläge machte,
nichts Neues und Besseres zu Stande bringen. Die meisten waren
froh, daß wenigstens Ruhe eintrat, aber niemand traute dem
Wiederaufbau des schon einmal Eingefallenen und man konnte sich
kaum verhehlen, dieselben Ursachen würden immer wieder dieselben
Wirkungen hervorbringen, d. h. auch die Revolution werde wiederkehren.

Indem sich nun sowohl Oesterreich, als Preußen der einfachen
Reactivirung des Bundestages nach dem russischen Gedanken gefügt
hatten, kam Kaiser Nicolaus wieder nach Warschau, empfing hier
am 17. Mai den Besuch des Königs von Preußen und kam sodann
auch in Olmütz mit dem Kaiser von Oesterreich zusammen. Der
alte Bund der drei nordischen Mächte schien hergestellt zu seyn.
Am 20. August aber proclamirte Franz Joseph, daß die Verfassung Oesterreichs in ihre Quelle zurückgezogen werde, nämlich in
den souverainen Willen des Kaisers. (Die definitive Aufhebung
der Verfassung wurde erst am 1. Januar 1852 proclamirt.) Das
war eine nothwendige Folge des Einheitsstaates. Als solcher konnte
Oesterreich unmöglich einen Reichstag haben, den Deutsche, Slaven, Ungarn und Italiener zugleich hätten beschicken müssen. Der
König von Preußen aber folgte diesem Beispiele nicht, sondern hielt
die neue Verfassung fest. Derselbe begab sich nach seinem schwä-
bischen Besitzthum und empfing am 23. August auf seinem Stamm-

schloß Hohenzollern unter einer Linde die Erbhuldigung dieser neuen Unterthanen. Bei diesem Anlaß hob er die Rechte gen Himmel und rief Gott zum Zeugen an, daß er nie nach unrechtmäßigem Besitze gestrebt habe. Eine indirecte Antwort auf die Thronrede des Königs von Württemberg. Nachher besuchte der König von Preußen die Gemahlin des letztern in Friedrichshafen und kam mit dem Kaiser von Oesterreich im Bade Ischl zusammen.

Aber am 7. September überraschte Preußen die Welt durch Bekanntmachung einer bisher insgeheim betriebenen Vereinbarung des Zollvereins mit dem Steuerverein (Hannover), wieder eine Sonderverbindung, direct gegen das österreichische Project seines Eintritts in den Zollverein gerichtet. Daher auf's neue große Erbitterung und Agitation. Oesterreich berief im September eine Zollconferenz nach Wien, um hier seinen Plan eines allgemeinen für Deutschland und Oesterreich gemeinsamen Zollvereins durchzusetzen, wobei ihm seine bisherigen süddeutschen Verbündeten auch beistanden. Preußen aber beschickte diese Conferenz nicht. Es hatte den bisherigen Zollverein kündigen müssen, um durch ein neues Uebereinkommen den Steuerverein mit ihm zu verschmelzen. Das wurde nun von den Bundesgenossen Oesterreichs, die bisher dem Zollverein angehört hatten, benutzt, um ihren Wiedereintritt in denselben an die Bedingung zu knüpfen, daß zuvor auch Oesterreich in diesen Zollverein aufgenommen werde. In einer Conferenz der Bevollmächtigten von Bayern, Sachsen und Württemberg zu Bamberg am 25. März 1852 wurde das zum Beschluß erhoben und am 5. April von den kleinen südlichen Zollvereinsstaaten zu Darmstadt unterstützt. Als nun Preußen seinerseits eine Zollconferenz in Berlin eröffnete, legte der bayrische Bevollmächtigte (von Meyrner) die Darmstädter Beschlüsse vor, am 26. Aber Preußen gab nicht nach. Es wurde in fast allen Gebieten des Zollvereins durch die laute Zustimmung des Gewerbestandes und der Kammern unterstützt. Gerade die am meisten Betheiligten wollten die Vortheile des alten Zollvereins mit Preußen nicht

aufgeben und die Industriellen fürchteten vom Gesammteintritt
Oesterreichs mehr eine stärkere Concurrenz in den Producten, als
sie auf einen erweiterten Markt in den zu Oesterreich gehörenden
nichtdeutschen Ländern hofften. Am 7. Juni schlug Preußen alle
Forderungen der Darmstädter ab. Nun versammelten sich die Minister der Darmstädter Coalition noch einmal im Bade Kissingen,
im Juni.

Dort hatte sich wie zufällig der russische Minister Graf Nef-
selrode eingefunden. Es handelte sich nicht mehr um die Zoll-
frage allein. Noch andere wichtige Ereignisse nahmen die ganze
Aufmerksamkeit der Diplomaten in Anspruch. Am 2. December
1851 hatte Ludwig Napoleon sich durch einen Staatsstreich zum
Alleinherrn gemacht und war im Begriff, sich gleich seinem großen
Oheim die Kaiserkrone auf das Haupt zu setzen, und am 3. April
1852 war Oesterreichs Minister, Fürst Schwarzenberg, plötzlich am
Schlage gestorben. Dieser hatte sich noch kurz vor seinem Tode in
einer Circularnote vom 29. Januar dahin erklärt, Oesterreich wolle
Frieden mit Frankreich behalten unter der Bedingung, daß Frankreich seinerseits die Verträge von 1814 achte. Als er aber starb,
eilte der Kaiser von Rußland nach Oesterreich und Preußen, um
sich mit diesen beiden Mächten dem neuen Napoleon gegenüber
wieder eben so zu alliren, wie sein Bruder früher gegen den alten Napoleon. Seine eigentliche Absicht war indeß keineswegs ein
Krieg gegen die neue illegitime Dynastie in Frankreich; nur die
Besorgniß der Oesterreicher vor etwaigen Uebergriffen Frankreichs
in Italien und die altpreußischen Antipathien gegen die Franzosen
sollten ihm zum Mittel dienen, Wien und Berlin auch ferner in
Abhängigkeit zu erhalten. Trotz der Allianz von 1849 war
Schwarzenberg nicht der Mann gewesen, sich unbedingt Rußland
zu fügen. Die Herstellung seines Einflusses in Wien (Berlins
war er sicherer) war für Nicolaus Hauptzweck der Reise. Schon
am 8. Mai war er in Wien und schmeichelte besonders der österreichischen Armee. Dann reiste er nach Berlin, wo er noch

weniger Umstände machte, die preußische Garde geradezu „Kame=
raden" anredete, sie aufforderte, wenn es nöthig sey, an seiner
Seite zu kämpfen und in einem Kürassier „die ganze preußische
Armee umarmte". Von dieser Zeit an diente ihm vorzüglich die
einflußreiche Kreuzzeitungspartei.

In Oesterreich trat Graf Buol = Schauenstein, bisher Ge=
sandter in London, an Schwarzenbergs Stelle und erklärte, nichts
an dessen bisheriger Politik ändern zu wollen. Der junge Kaiser
besuchte Italien und Ungarn, um die Bevölkerungen daselbst mög=
lichst zu versöhnen, und vermählte sich 1853 mit Elisabeth, Toch=
ter des Herzogs Max von Bayern. In der Zollangelegenheit be=
gann Oesterreich zu resigniren. Die Darmstädter sperrten sich
noch eine Weile und tagten für sich im August in Stuttgart, im
September in München, aber auch sie mußten nachgeben, da der
norddeutsche Steuerverein (Hannover) fest zu Preußen hielt, und
es Oesterreich im Hinblick auf die europäische Constellation da=
mals gerathen fand, sich Preußen wieder zu nähern. Kaiser Franz
Joseph machte am 13. December 1853 einen freundschaftlichen Be=
such in Berlin und am 19. Februar 1854 schlossen Oesterreich und
Preußen für 20 Jahre einen Handelsvertrag ab, der die früher
von Oesterreich und. den Darmstädtern geforderte Zolleinigung
zwar nicht für immer ausschloß, aber doch weit hinausschob. Hier=
auf fügten sich die Darmstädter am 4. April auch in die W i e =
d e r h e r s t e l l u n g   d e s   b i s h e r i g e n   Z o l l v e r e i n s , der
nur durch den Beitritt des Steuervereins eine Erweiterung erhielt.
In dieser Frage trug also Preußen einen vollständigen Sieg da=
von. Auch erwarb es durch Kauf von Oldenburg im Jahr 1853
den J a h d e b u s e n , also einen Hafen an der Nordsee, der ihm
schon lange gefehlt hatte, nicht ohne die Protestation Hannovers.
Baron Manteuffel blieb an der Spitze des Ministeriums; Radowitz,
der allen Einfluß verloren, starb am Ende des Jahres 1853.

Das freundschaftliche Verhältniß Preußens zu Württemberg
wurde am Ende des Jahres 1852 wiederhergestellt. Die drei con=

stituirenden Versammlungen in Württemberg hatten nach einander
aufgelöst werden müssen, weil sie übertriebene demokratische Forberungen stellten. Da nun keine neue Verfassung auf diesem Wege
zu Stande kommen konnte, stellte der König schon im Beginn des
Jahres 1851 die alte Verfassung her und berief gemäß derselben
neue Stände ein. Dem Ausschuß der letzten constituirenden Versammlung wurden am 16. März gewaltsam die Schlüssel abge-
nommen.

In Kurhessen feierte die Reaction unter Hassenpflug ihren
vollständigen Triumph. Eine Menge Beamte wurden abgesetzt und
vor Gericht gezogen, oder mußten sich durch die Flucht retten.
Im Jahr 1852 allein wanderten 20,000 Menschen aus dem Kur-
lande aus und sah man in der Gegend von Fulda einige Dörfer
ganz leer stehen. Die Stände wurden aufgelöst und Hassenpflug
regierte allein auf dem Verordnungswege. Dieser Minister empfing
jedoch am 4. November 1853 von dem jungen Prinzen von Isen-
burg, dem Schwiegersohn des Kurfürsten, dessen Wünschen er in
Privatangelegenheiten sich widersetzt hatte, auf offener Straße derbe
Stockschläge. Ein Scandal, den der Kurfürst dadurch bestrafte,
daß sich der Prinz auf einige Zeit mußte in ein Irrenhaus bringen
lassen. Erst 1855 wurde Hassenpflug entlassen. — In Hessendarm-
stadt machte sich die nahe Verwandtschaft des regierenden Hauses
zum russischen dadurch bemerklich, daß sämmtliche Civilstaatsdiener
nach russischer Sitte, selbst die Lehrer in den Schulen, Uniformen
tragen mußten.

Im Sommer 1854 ahmte König Maximilian II. das Beispiel
von London nach und eröffnete zu München unter einem großen
Glaspalast eine Industrieausstellung, die aber durch heftiges
Wiederauftreten der Cholera gestört wurde. Unter den Besuchenden
befand sich auch König Friedrich August II. von Sachsen, der
hierauf eine Gebirgsreise nach Tirol machte, aber am 9. August
bei Imst, indem die Pferde durchgingen, aus dem Wagen geschleudert wurde und auf der Stelle starb. Ihm folgte sein hochgebil-

beter Bruder Johann. Im vorhergehenden Jahre waren auch die Großherzoge von Oldenburg und Weimar gestorben und war dem ersten Friedrich Peter, dem andern Karl Alexander nachgefolgt. In Hannover starb der greise Ernst August am 18. November 1851. Ihm folgte sein blinder Sohn Georg V. Die Dinge gestalteten sich hier friedlich, bis die Ritterschaft alle ihre alten Rechte reclamirte, ihre Forderungen beim Bundestage durchsetzte und demnach (1855) die Landesverfassung wieder abgeändert werden mußte.

Die Holsteiner hatten den Londoner Frieden, der den Gesammtstaat Dänemarks sanctionirte, immer noch nicht anerkannt, waren unter Waffen geblieben und hatten nach dem Abzug der Preußen aus Schleswig den daselbst eingerückten Dänen mehrfache, jedoch unentscheidende Gefechte geliefert, unter andern am 12. September 1850 bei Eckernförde. Es gelang ihnen aber nicht mehr, die Schley zu überschreiten und ein Sturm, den sie am 4. October auf Friedrichstadt unternahmen, mißlang ihnen, obgleich sie schon bis in die Stadt eingebrungen waren. Nun erschien Graf Thun als Bundestagscommissair und forderte Einstellung aller Feindseligkeiten. Die Holsteiner baten, wenn man nichts für sie thun wolle, sollte man ihnen wenigstens die Selbsthülfe gestatten. Sie bekamen gerade im Herbst vielen Zuzug von Freiwilligen aus Deutschland, auch Heinrich von Gagern trat als Major bei ihnen ein. Aber in der wichtigen Conferenz zu Olmütz verständigten sich Oesterreich und Preußen dahin, Holstein müsse entwaffnet, der Friede mit Gewalt durchgesetzt werden. Nun blieb den Holsteinern nichts mehr übrig, als nachzugeben. Willisen trat ab. Am 28. December bevollmächtigte der Bundestag das österreichische Armeecorps unter Feldmarschalllieutenant von Legedltsch, durch Kurhessen nach Holstein zu marschiren. Die Landesversammlung von Schleswig-Holstein bat nur noch, die Festungen Rendsburg und Friedrichsort, als zu Holstein gehörig, beim deutschen Bunde zu behalten. Aber die Oesterreicher, die im Januar 1851 einrückten, überließen in Rendsburg das Kronwerk und Friedrichsort ganz den Dänen. Beseler, Reventlow, Olshausen flohen. Heinrich von Arnim (Exminister von 1848 her) machte vergebens am 15. Februar in der preußischen Kammer darauf aufmerksam, daß Rendsburg ganz Holstein und Friedrichsort den Kieler Hafen beherrsche, daß es also im Interesse des deutschen Bundes und zunächst Preußens liege, diese festen Puncte zu retten.

Der Widerstand der Herzogthümer war besiegt, eine starke österreichische Armee stand im Lande. Es handelte sich nun darum, auch den Dänen anständige Bedingungen abzugewinnen. Fürst Schwarzenberg führte damals überall das große Wort und so auch gegen Dänemark. Er warf den Dänen ihre demokratische Verfassung vor,*) rühmte dagegen die aristokratischen Stände von Schleswig und Holstein und war keineswegs geneigt, diese dem dänischen Gesammtstaat zu opfern (Schreiben vom 9. September 1851). Er kam sogar auf den Gedanken einer Einverleibung von ganz Dänemark in den deutschen Bund, womit die Hauptschwierigkeit gelöst und zugleich der russischen Politik ein Damm gesetzt worden wäre. Aber dazu kam es nicht. Rußland, dem in dieser Frage England und Frankreich beistanden, setzte eine neue Combination durch, bei der es, scheinbar uneigennützig, doch am meisten gewann. Die Großmächte vereinigten sich nämlich dahin, daß sowohl der Herzog

---

*) Die demokratische Partei in Dänemark hatte bereits eben eine Unterstützung erhalten durch die Maitresse des Königs, Louise Rasmussen, die er zur Gräfin Danner erhob und im August 1850 sich zur linken Hand trauen ließ. Sie war die Tochter eines Taglöhners, welche der Buchdrucker Berling unterhielt. Bei einem Brande im Hause Berlings sah sie der König und kaufte sie dem Berling ab, der geadelt, Kammerherr und Privatsecretair des Königs wurde. Die dänische Aristokratie war der neuen Gräfin ab-, die demokratische Partei eben deshalb zugeneigt.

von Augustenburg seine Erbansprüche auf Schleswig-Holstein, als auch Landgraf Friedrich von Hessen die seinigen auf Dänemark (vgl. S. 123) verlieren und daß ganz Dänemark und Schleswig-Holstein auf Christian (den Sohn des Herzog Christian von Glücksburg und der Prinzeß Louise, einer Schwester des erbberechtigten Landgrafen von Hessen), der vom König von Dänemark sofort adoptirt wurde, übergehen sollte. Ein Londoner Protocoll vom 8. Mai 1852 brachte das definitiv zu Stande. Dem Herzog von Augustenburg, dem das nähere Erbrecht in den Herzogthümern zukam, geschah dabei offenes Unrecht. Rußland aber, dem durch die rechtmäßige Nachfolge des Augustenburgers Schleswig-Holstein für immer wäre entzogen worden, hielt es nun durch den jungen Glücksburger fest. Der (durch des Landgrafen von Hessen Vermählung mit der Großfürstin Alexandra vermittelte) russische Erbanspruch auf Dänemark und Jütland konnte vom deutschen Bunde nie beanstandet werden; wohl aber hätte derselbe alles thun sollen, um eine Ausdehnung dieses Erbanspruchs auch auf Schleswig-Holstein zu verhindern. Bei der Eifersucht zwischen Oesterreich und Preußen war das leider nicht möglich.

Nachdem die europäische Diplomatie auf Kosten der deutschen Nationalinteressen dieses Werk vollbracht hatte, gab der König von Dänemark am 20. Januar 1852 eine neue Verfassung und ließ, gemäß der österreichischen Forderung, die Stände Schleswigs und Holsteins, jedoch getrennt, bestehen. In Schleswig wurde die deutsche und dänische Sprache für gleichberechtigt erklärt und eine Amnestie ertheilt. Da, im Februar 1852, marschirten die Oesterreicher ab und die Dänen waren von nun an wieder Alleinherren in den Herzogthümern. Es lag nicht in ihrer nordischen Art, die Verbitterung der Herzen mit gemüthlichen Phrasen zu bemänteln. Derb und rücksichtslos folgten sie ihrem Interesse und ihrem Haß, ohne sich an den Wortlaut der gemachten Zugeständnisse zu binden. In Schleswig wurde das Dänische Kirchen und Schulsprache. In Kiel wurden die meisten Professoren abgesetzt, alle Offiziere des schleswig-holstein'schen Contingents, eine große Menge Beamten, Pfarrer und Schulmänner wurden schonungslos ohne Pension davongejagt. Alle Anleihen, welche die Regierung der Herzogthümer während der Revolution gemacht, wurden für ungültig erklärt; sogar den Wittwen, die sich in einer Bittschrift um Schutz an die Königin von England gewendet hatten, ihre Pensionen genommen.*) Das alles geschah unter dem für Holstein neuernannten Minister Reventlow-Criminal, hinter dem aber Moltke und Tillich standen. Die Herzogthümer sollten nach der neuen Verfassung je durch einen eigenen Minister verwaltet werden, der aber seinen Sitz in Copenhagen nehmen mußte. Die Festung Rendsburg wurde geschleift.

Auch das Schicksal der armen deutschen Flotte wurde damals entschieden. Preußen übernahm die Fregatte Gefyon und die wenigen größeren Schiffe. Der Rest des Flottenmaterials wurde am 3. Juli 1852 zu Brake und Bremerhaven an den Meistbietenden verkauft.

Eine der wichtigsten Folgen der deutschen Revolution war die Belebung des religiösen Sinnes und die Vermehrung des kirchlichen Ansehens, denn der Ernst der Zeit, die Gefahr, der Einblick in die tiefe Corruption der revolutionirenden Massen weckte das schlummernde religiöse Gefühl und lehrte manchen, der es lange nicht gethan hatte, wieder beten, während zugleich die Kirche nicht verfehlte, von den allgemeinen Freiheiten, die damals so verschwenderisch votirt wurden, auch ihres Antheils sich zu versichern.

Von der Versammlung der deutschen Bischöfe zu Würzburg

---

*) Wie weit man ging, davon eine kleine Anecdote. Ein junger Handwerker aus Glauchau in Sachsen ließ sich einen Paß nach Sonderburg in Schleswig-Holstein ausstellen, als er aber dahin kam, schickte man ihn mit einem Zwangspaß sogleich wieder heim, weil sein Paß verfälscht sey. Es gebe nämlich kein Schleswig-Holstein. Der sächsische Consul in Hamburg gab dem jungen Manne einen andern Paß, worin es hieß „Sonderburg in Dänemark", worauf der junge Mann zugelassen wurde. Sächs. constit. Zeitung vom 7. Juni 1857.

im Jahr 1848 ist oben schon die Rede gewesen. Sie hatte zum Zweck, für die katholische Kirche die Freiheit in Anspruch zu nehmen, welche ihr bisher von den Staatsregierungen versagt worden war, und die von ihr ausgegangene Denkschrift, welche die Rechte der katholischen Kirche in Deutschland reclamirte, sollte nicht unfruchtbar bleiben, wie so manches andere, was jene Tage hervorbrachten. Noch in demselben Jahr bildete sich am Rhein der Piusverein „für Freiheit und Einheit der Kirche", im folgenden Jahre der Vincenzverein „für innere Mission", und der Bonifaziusverein „zur Unterstützung von Katholiken in protestantischen Ländern". Unmittelbar nach der Unterdrückung des badischen Aufstandes wurden überall im Seekreise, im benachbarten Württemberg, Bayern und bis tief hinab am Rhein Missionen abgehalten von Jesuiten, unter denen sich Pater Roh durch die Kraft seiner Rede besonders hervorthat, und überall strömte das reumüthige Volk in Masse herbei und that Buße. Ein junger Fürst von Waldburg-Zeil, der Gesellschaft Jesu angehörend, predigte dem noch von der Hitze des Aufruhrs glühenden Volk den Frieden und die Liebe des Heilandes an derselben Stelle, wo sein Ahnherr, Georg Truchseß von Waldburg, es unter den Hufen seiner Rosse zertreten hatte. Die Andacht, mit der das Volk die Väter anhörte, war eine durchaus freiwillige und so allgemeine, daß es niemand wagte, weder die von so viel Ehrfurcht umgebenen Prediger zu stören, noch ihnen den verhaßten Jesuitennamen vorzuwerfen. Welcher Umschwung in der öffentlichen Meinung! Zwei Jahre vorher hatte man gejubelt, als die letzten Jesuiten im Sonderbundskriege über die Alpen hinüber geflohen waren, und hatte gemeint, sie würden niemals wiederkommen. Jetzt war derselbe P. Roh, der damals über den St. Gotthard floh, wieder unangefochten diesseits der Alpen und entfaltete eine erstaunenswürdige Thätigkeit.

Fürst Schwarzenberg sah im innigen Bunde des Staats mit der Kirche die Grundbedingung einer gesunden Wiedergeburt Oester-

reichs und das sicherste Mittel, die innerhalb des Kaiserstaats sich
feindlich gegenüberstehenden Nationalitäten zu versöhnen. Daher
die Concessionen an die Bischöfe im Jahr 1850, deren oben gedacht
ist. Ermuthigt durch diesen Vorgang erließen die Bischöfe der
oberrheinischen Kirchenprovinz unter Vorsitz des Erzbischof Herr-
mann (Vicari) von Freiburg im Breisgau im Sommer 1851
eine Denkschrift, worin sie Gewährung der ihrer Kirche so lange
vorenthaltenen Rechte verlangten. In der That hatte die Staatsgewalt nirgends so tief und störend in das Rechtsgebiet der Kirche
eingegriffen als hier. Die eigentliche bischöfliche Gewalt war auf
den weltlichen Oberkirchenrath übergegangen. Die katholische Universität war größtentheils mit systematischen Feinden der Kirche
besetzt worden 2c. Vgl. Theil IV. S. 51. Aber die Denkschrift
blieb unbeantwortet von Seiten der Staatsgewalten in der gedachten Kirchenprovinz. Da starb der lebensmüde Großherzog Leopold
von Baden am 24. April 1852· und der Erzbischof veranstaltete
ihm eine Trauerfeier in den katholischen Kirchen, aber ohne Hochamt. Er hatte Recht, denn weil der Verstorbene ein Protestant
gewesen und der Heidelberger Katechismus die Messe ein verfluchtes
Teufelswerk nennt, konnte weder der katholische Bischof für ihn
eine Seelenmesse lesen, noch das protestantische Volk eine solche
verlangen. Aber die Begriffe waren so verworren und die dumme
Hoffahrt, mit der die s. g. Gebildeten katholische Dinge zu behandeln pflegten, noch so allgemein verbreitet, daß sich gegen das
durchaus gerechte, billige und vernünftige Verfahren des Erzbischofs
eine ungeheure Agitation erhob und man ihn der Majestätsbelei-
digung, ja des Hochverraths beschuldigte. Die Regierung selbst
beging das Versehen, auf einem Hochamt zu bestehen und die katholischen Pfarrer dazu anzuhalten, wurde aber nachher ihres Irr-
thums inne und schützte diejenigen Pfarrer nicht, die der Erzbischof,
weil sie gegen seinen Befehl in dieser Frage der weltlichen Macht
gehorcht hatten, auf einige Tage zu geistlichen Exercitien in St.
Peter verurtheilte.

In demselben Jahr 1852 reclamirten auch die Bischöfe Bayerns die ihnen noch vorenthaltenen Rechte ihrer Kirche, wurden aber im Wesentlichen ablehnend beschieden. Am 16. Juli erging von Seiten der preußischen Regierung ein Edict, wonach in möglichen Fällen den Jesuiten die Zulassung auf preußischem Boden untersagt werden konnte, wogegen aus Rheinland und Westphalen Proteste eingingen. In Oesterreich wurden die Jesuiten aber mit großer Vorliebe wieder zurückgerufen.

In Baden hatte für des Großherzog Leopold ältesten gleichnamigen Sohn, welcher geisteskrank war, dessen jüngerer Bruder Friedrich als Prinz-Regent die Regierung übernommen. Sein Minister von Marschall war der Kirche nicht zugeneigt und setzte den Kampf mit ihr fort. Nach langen Conferenzen hatten die Staaten der oberrheinischen Kirchenprovinz (Baden, Württemberg, Hessen, Nassau) erst im Jahr 1853 sich dahin geeinigt, die vor zwei Jahren erlassene bischöfliche Denkschrift zu beantworten, jedoch nicht gemeinsam. Aber alle weigerten sich mehr oder weniger, den Bischöfen zu genügen. Die preußische Regierung, wegen Zollerns betheiligt, hielt sich am neutralsten. Die Bischöfe traten wieder zusammen und erließen am 12. April eine energische Erklärung, worin es hieß: „man muß Gott mehr gehorchen als den Menschen." Es waren unter dem genannten Erzbischof die Bischöfe Wilhelm Emanuel (Ketteler) von Mainz, Joseph von Rottenburg, Christoph Florenz von Fulda, Peter Joseph von Limburg. Inzwischen währte es noch bis zum Herbst, ehe die badische Regierung energische Gegenschritte that. Am 7. November 1853 erließ sie einen Befehl, demnach kein Erlaß des Erzbischofs an die Geistlichkeit seines Sprengels ferner Gültigkeit haben sollte ohne Genehmigung und Unterschrift des Freiburger Stadtdirector Burger, des Regierungscommissairs. Der Oberhirt einer großen, fünf Staaten umfassenden Kirchenprovinz konnte sich natürlicherweise nicht unter die Aufsicht eines städtischen Polizeichefs stellen lassen, erließ eine würdevolle Protestation und that gedachten Stadtdirector nebst den

Mitgliedern des katholischen Kirchenraths in Karlsruhe, welche den Mißgriff der Staatsgewalt gutgeheißen oder gar dazu gerathen hatten, in den Bann. Die Regierung schloß das Priesterseminar, welches der Erzbischof ausschließlich unter seine Hut genommen, und ließ es militairisch besetzen, auch allen Geistlichen verbieten, den Hirtenbrief des Erzbischofs, worin dieser seine Sache vor dem Volk vertheidigte, auf den Kanzeln zu lesen. Der Erzbischof dagegen befahl seinem Klerus, nur ihm zu gehorchen. Welcher Geistliche nun den Hirtenbrief las, dem sperrte die Regierung die Temporalien, ja mehrere wurden verhaftet. Welcher ihn nicht las, fiel dagegen in den Bann des Bischofs. Noch unerträglicher wurde die Spannung, als die Regierung dem Erzbischof jede Aufsicht über die frommen Stiftungen entzog und nun auch die Gemeinden in's Interesse gezogen wurden. Der katholische Bauer ergriff sofort Partei gegen die protestantische Regierung, weil er sich einbildete, es sey auf Beraubung der katholischen Stiftungen abgesehen. Im badischen Taubergrunde drückten die Bauern desfalls (ohne in offenen Widerstand auszubrechen und die Gesetze zu übertreten) doch am entschlossensten und einstimmigsten ihre Meinung aus, erhielten aber schnell militairische Execution. Der Erzbischof selbst wurde auf ein Paar Tage, nur der Sicherheit wegen, in Verhaft genommen, indem man die ganz unbegründete Furcht hegte, er könne sich an die Spitze der Bauern stellen. Ein so scandalöser Haber in dem kaum von seiner Revolution geheilten Baden konnte den Großmächten begreiflicherweise nicht gefallen. Er wurde daher von außen gedämpft. Der österreichische Gesandte in Karlsruhe zahlte für einen von der Regierung gemaßregelten Kleriker die demselben angesetzte Geldstrafe. Die bedrängte Regierung unterhandelte mit Rom und am 24. Juni 1854 kam wenigstens ein Interim zu Stande, demzufolge die Decrete des 7. November wieder aufgehoben wurden. Die Ehre und der Vortheil blieben auf Seiten des greisen Erzbischofs, der aus der katholischen Welt zahlreiche Huldigungen empfing und dessen Benehmen der Papst selbst hoch ehrte. — In kleinerem Maaß wiederholte sich der Streit im Naffauschen. Peter Joseph, Bischof von Limburg, sah sich veranlaßt, einen Pfarrgutverwalter zu excommuniciren und die Regierung sperrte dagegen einem renitenten Pfarrer die Temporalien.

Angeregt durch alle diese Vorgänge nahm die katholische Presse in Deutschland einen großen Aufschwung, entstanden immer mehr Kirchenblätter und bildeten sich katholische Vereine, die jährlich eine große Generalversammlung hielten, 1853 zu Wien.

Die achthundertjährige Erinnerungsfeier des h. Bonifazius führte am 5. Juni 1855 eine große Zahl deutscher Bischöfe, Kleriker und Laien nach Fulda, wo Bischof Ketteler von Mainz in einer herrlichen Rede daran mahnte, daß Deutschlands politische Einheit erst möglich geworden sey durch die kirchliche, und daß sie habe untergehen müssen, sobald sich die Kirchen getrennt hätten. — Wenige Wochen später schloß Oesterreich mit Rom ein Concordat ab, am 25. September, in welchem die früher schon bewilligten Freiheiten der Kirche noch weiter ausgedehnt und das josephinische System gänzlich beseitigt wurde. Die Errungenschaften der Kirche waren demnach: Der freie Verkehr der Bischöfe mit Rom, die ausschließliche Leitung der Priesterseminare und des religiösen Unterrichts in allen Schulen, das Recht der Bischöfe, die Censur zu üben und kirchenfeindliche Bücher zu unterdrücken, die Gründung neuer Kirchensprengel, die Errichtung von Klöstern, die Selbstverwaltung des Kirchenguts zc., endlich die allgemeine Zusicherung von Seiten des Staats, die Kirche solle „alle ihr nach der Anordnung Gottes und nach den Bestimmungen der Kirchengesetze zukommenden Rechte genießen". Nach diesem Vorgange schloß auch Württemberg ein Concordat ab (erst 5. Juni 1857 ratificirt), worin das österreichische zum Theil wörtlich copirt war. In Wien unterwarf sich der Philosoph Günther freiwillig der päpstlichen Autorität, als seine Schriften von Pius IX. verworfen wurden. In der Lombardei machten die Bischöfe den ersten Versuch, schlechte Bücher durch Excommunication der Verfasser, Verleger und Drucker zu unterbrücken. Mehrere Fälle, in denen zu katholischen Kirchhöfen in Oesterreich Leichen von Protestanten nicht zugelassen wurden, erregten Aufsehen, wie überhaupt das Concordat heftige Anfeindung in der Presse erfuhr. Unter den katholischen Vereinen, die damals blühten, zeichnete sich der Vincenzverein für Armenpflege, der Verein der Kindheit Jesu für arme Kinder, Ankauf von Sclavenkindern, Taufe jüdischer Kinder ꝛc. aus. An vielen Orten in Deutschland aber bildeten sich katholische Gesellenvereine zur sittlichen Hebung des Handwerksstandes.

Im protestantischen Deutschland zeigte sich nicht minder reger Eifer, die tiefgesunkene Macht der Kirche wieder zu stärken und zu Ehren zu bringen. Schon 1848 wurde der erste s. g. Kirchentag, eine freie Versammlung gläubiger Geistlichen und Laien, in Wittenberg abgehalten, gestiftet und geleitet hauptsächlich von dem preußischen Geheimenrath Bethmann-Hollweg und dem durch seine Dialectik hervorragenden, in Berlin einflußreichen Consistorialrath Prof. Stahl, eine Hauptstütze der Kreuzzeitung. Diese Kirchentage wiederholten sich seitdem jeden Herbst in einer anderen protestantischen Stadt Deutschlands und suchten auf doppelte Weise zugleich für den Glauben und für die Einheit zu wirken. Nun wurde aber die Einheit unmöglich, sofern die Gläubigen mit den Halb- und Ungläubigen keine Gemeinschaft eingehen wollten. Seit der Thronbesteigung Friedrich Wilhelms IV. waren die von der Unionskirche getrennten Altlutheraner wieder anerkannt worden und erfolgte innerhalb der Unionskirche selbst eine mächtige Reaction. Stahl mit Gerlach, Leo, der Kreuzzeitungspartei und Hengstenberg verstanden die preußische Union vorzugsweise lutherisch. In Mecklenburg, in Kurhessen und dem bayrischen Franken herrschte ebenfalls das strenge Lutherthum. Kliefoth in Mecklenburg entsetzte den Pastor Barthold, weil er bei der Taufe den Exorcismus unterließ (1853). Vilmar in Kurhessen suchte vorzugsweise das geistliche Amt zu stärken und die Kirchenzucht zu erneuern. Die Union schien nur noch auf schwachen Füßen zu stehen, als der König von

Preußen am 6. März 1852 befahl, der Oberkirchenrath solle halb aus lutherischen, halb aus reformirten Mitgliedern bestehen und jede confessionelle Frage getrennt behandelt werden. Als aber die Union lebhaft reclamirt wurde, namentlich durch 161 pommerische Geistliche, erklärte sich wieder eine Cabinetsordre vom 12. Juli 1853 streng gegen die antiunionistischen Tendenzen. Der Regierung, welche Gläubigkeit und Union möglichst gleich festhalten wollte, schloß sich die Mehrheit an. Der preußische Cultminister von Raumer konnte jetzt (1854) durchsetzen, was Eichhorn vergebens erstrebt hatte, drei Regulative, durch welche den Diesterweg'schen Uebertreibungen des bisherigen Volksschulwesens und Seminarunterrichts endlich Schranken gesetzt wurden. Dagegen gelang es nicht, ein strengeres Ehegesetz, welches den leichtsinnigen Ehescheidungen in Preußen ein Ende machen sollte, durchzubringen.

Große Hoffnungen erweckte die von Wichern im „rauhen Hause" bei Hamburg ausgehende Bewegung für innere Mission. Dieser wackre Mann hatte, als mittelloser Candidat, verwahrloste Kinder gesammelt und erzogen und damit ein Beispiel werkthätiger Liebe aufgestellt, welches auch anderwärts von frommen Protestanten vielfach nachgeabmt wurde. Man nahm die Frage bei den Kirchentagen auf und hoffte die innere Mission in ein System bringen und mit ihrem Netz der Liebe das ganze Vaterland überziehen zu können. Die Vereine für Mission, die Anstalten für Armen- und Krankenpflege mehrten sich, eben so die Zahl evangelischer Diakonissen, die den barmherzigen Schwestern der Katholiken nachahmten ꝛc., indeß ließ der weltliche Sinn und der immer noch sehr starke Widerwille gegen die pietistischen Formen die innere Mission noch lange nicht so wohl gedeihen, als nöthig wäre.

Auf der andern Seite behaupteten die alten Rationalisten hauptsächlich in den Gustav-Adolfsvereinen, die ehemaligen Protestmänner, die Männer der s. g. freieren Richtung ihre Sonderstellung, in Opposition sowohl mit den gläubigen Unionisten, als mit den Altlutheranern. Zu ihnen neigte sich der preußische Diplomat

Bunfen, der in seinen „Zeichen der Zeit" jeder Gemeinde das
Recht zuschrieb, sich ihre Religion und Kirche jederzeit selbst zurecht
zu machen. Auch jüngere Talente thaten sich hervor, die mehr oder
weniger der freieren Richtung folgten und als Männer der Zukunft
begrüßt wurden, wie Schenkel, Schwarz. Die von Chalmers in
England gegründete evangelical alliance wurde benutzt, um durch
Verbrüderung mit den Protestanten in England, Holland, Skandinavien, Amerika das Machtgefühl des Protestantismus gegenüber
der katholischen Kirche zu erhöhen; da aber die Innigkeit des Glaubens und die Bestimmtheit des Dogmas in umgekehrtem Verhältniß zur äußeren Ausdehnung der Kirchengrenzen steht, wandten sich
die Strenggläubigen von jener Allianz ab. Es war schon ein Mißgriff der evangelical alliance, daß sie ihre erste Versammlung auf
dem Continent im Jahr 1855 in Paris zur Zeit der Weltindustrie-
ausstellung daselbst hielt. Von England herüber drang auch die
Lehre Irvings, der eine kleine Anzahl allein Heiliger vor dem allgemeinen Verderben sicher stellen wollte. Dagegen verschwanden die
Deutschkatholiken fast spurlos.

Einen großen Sturm erregten für einige Jahre die Schriften
von Karl Vogt, Moleschott, Büchner ꝛc., in denen der gröbste
Materialismus gelehrt wurde.

Im Allgemeinen war der Zeitgeist dem strengen Lutherthum
nicht günstig. Als in Mecklenburg 1856 Professor Baumgarten
wegen chiliastischer Schwärmerei und Mißachtung der orthodoxen
Landeskirche entlassen wurde, erhob sich dagegen vielstimmiger
Widerspruch, in den auch die gläubigen Unionisten einstimmten.
Als Vilmar 1855 wegen seiner kirchlichen Strenge beim Kurfürsten
von Hessen in Ungnade fiel, mußte ihm auch sein Gönner Hassen-
pflug bald nachfolgen. In Bayern mußte das Consistorium einen
Erlaß, der strengere Kirchenzucht befahl, wegen des allgemeinen
Mißfallens, den er erregte, wieder zurücknehmen, 1856.

Im Allgemeinen war die katholische Kirche in einem stärkeren
Vorschreiten begriffen, als die evangelische, weil der letzteren die

Einigkeit abging, weil sich ihre Parteien unter einander selbst
hemmten. In dem Maaß, in welchem die katholische Kirche neue
und immer größere Macht erlangte und wieder aggressiv wurde,
entstand bei vielen Protestanten Furcht und begann man das Bedürfniß wieder zu fühlen, welches im alten Reiche durch das corpus Evangelicorum befriedigt worden war. Der gemeinsame Schutz
Aller fehlte; der kleine protestantische Staat sah sich in fast hülf-
losem Kampfe mit dem katholischen Episcopat oder mußte sich ein
nachtheiliges Concordat gefallen lassen, ohne von seinen mächtigeren
Glaubensgenossen irgendwie unterstützt zu werden. Da sich die klei-
neren protestantischen Staaten zunächst hätten an Preußen halten
müssen, sich aber in der Bamberger Politik befangen sahen, erklärt
sich das Nichtzustandekommen einer gemeinschaftlichen protestantischen
Defensive. Zwar vereinigten sich Abgeordnete aller protestantischen
Staaten 1852 erstmals in Eisenach und wiederholten dort jährlich
ihre Conferenzen, brachten aber bisher nichts zu Stande, außer
einen neuen Gesangbuchsentwurf. Man kann nicht in Abrede ziehen,
daß diese Sachlage im Ganzen dem Protestantismus zum Nachtheil
gereicht und er diejenige Wachsamkeit und Thatkraft nicht bewährt,
die seine Gegner auszeichnen.

Zwölftes Buch.

Napoleon III.

Während all dieser Stürme in Deutschland hatte sich Frankreich seit der Junischlacht 1848 in auffallender Weise beruhigt und im Innern wie nach Außen den Frieden gepflegt. Der Sieg Cavaignacs und der gemäßigten Partei über die Socialisten in jener großen Straßenschlacht des Juni wurde ziemlich allgemein als ein Sieg des monarchischen Princips über die Republik angesehen. Wenn auch die Kammer noch während der Herbstmonate eine rein republikanische Verfassung berieth und die äußeren Formen der Republik festgehalten wurden, war doch der republikanische Geist schon entwichen. Alle Gebildeten und Wohlhabenden sehnten sich nach dem ruhigen Besitz ihrer Errungenschaften, die einzig durch die Socialisten, durch den Krieg der Armen gegen die Reichen, gefährdet waren und dauernd nur wieder durch eine monarchische Verfassung geschützt werden konnten. Die Legitimisten, noch mehr die Orleanisten hegten große Hoffnungen und machten außerordentliche Umtriebe, um die Dinge dahin zu führen, daß man am Ende zur alten Dynastie zurückgriffe. Nicht minder thätig war Louis Napoleon mit seinem bonapartistischen Anhang.

Zunächst wurden die republikanischen Parteihäupter nach dem Maaß ihrer näheren oder entfernteren Sympathie mit den Socialisten außer Credit gesetzt. Diese Parteihäupter selbst hatten, so lange sie neben einander herrschten, den Fehler begangen, einander anzufeinden und im Stich zu lassen. So wurde Blanqui gestürzt, während Louis Blanc, von der gemäßigten Mehrheit auf den Händen getragen, noch mit gegen ihn wirkte. Nachher wurde Louis Blanc vertrieben, während noch Ledru Rollin, mit der Mehrheit Hand in Hand gehend, ihn stürzen half. Jetzt nach den Junikämpfen war die Reihe an Ledru Rollin selbst gekommen. Er wurde zwar nicht verfolgt, aber auf alle Art verhöhnt und fiel in die Verachtung, wie einst 1795 die Terroristen unter dem Directorium. Auch Lamartine und Cavaignac wurden schon als zu eifrige Republikaner scheel angesehen und bekrittelt, so daß sie der Mehrheit keineswegs mehr sicher waren. Dagegen traten wieder Leute wie Thiers zc. in den Vordergrund und intriguirten, um, wenn ihnen die Gegenwart auch noch nicht gehörte, sich doch der Zukunft zu versichern.

General Cavaignac leitete Frankreich als Präsident der Regierung und Marrast war Präsident der Nationalversammlung, beide Republikaner aus Grundsatz, aber ohne Ehrgeiz. Cavaignac machte nicht den geringsten Versuch, seiner Gewalt Dauer zu geben. Er befolgte nach außen hin genau die friedliche Politik, wie sein schnell vergessener Vorgänger Lamartine, und erklärte, in Bezug auf Frankreichs innere Angelegenheiten nur die beiden Extreme des Socialismus und der monarchischen Reaction abwehren zu wollen, ein Justemilieu ohne König und eben so unhaltbar, als es das phillippistische mit einem König gewesen war.

Louis Napoleon war noch immer klüglich in London zurückgeblieben und hatte sich nicht bloßgestellt, als er abermals von fünf französischen Departements zugleich in die Nationalversammlung gewählt wurde, von Paris, von der Mosel, Yonne, Nieder-Charente und von Corsica. Jetzt kam er herüber. Man legte ihm,

wahrscheinlich, um ihm nicht noch mehr Wichtigkeit zu geben,
indem man ihn wie jeden andern Privatmann behandelte, kein
Hinderniß mehr in den Weg und am 26. September erschien er
zum erstenmal in der Versammlung, hielt eine kurze Ansprache
und nahm dann weiter keinen Theil an den Sitzungen. Die öffentlichen Blätter spotteten seiner und suchten ihn als so unbedeutend
als möglich darzustellen. Aber das war ihm von Nutzen, denn
für je unfähiger man ihn ausgab, um so besser konnte er seinen
Plan verbergen und um so weniger strengten sich seine Gegner an.
Inzwischen wurde die neue Verfassung fertig und enthielt die Bestimmung, an der Spitze der Regierung solle ein Präsident stehen,
vom gesammten Volk je auf vier Jahre gewählt, übrigens so sehr
von der Nationalversammlung abhängig, daß er fast nichts Wich-
tiges ohne sie thun konnte. Alsbald tauchten auch die Candidaten
für den Präsidentenstuhl auf. Cavaignac, der bisher so kräftig
das Staatsruder geführt hatte, wurde zuerst genannt, neben ihm
Louis Napoleon, Lamartine, Ledru Rollin und für die socialistische
Minderheit Raspail. Als am 25. October der Deputirte Thomas
in der Nationalversammlung die Candidatur Napoleons angefoch-
ten, erschien dieser am folgenden Tage auf der Tribüne und sagte
mit Stolz: „Frankreich sieht in meinem Namen eine Bürgschaft
für die Befestigung der Gesellschaft; was thut mehr Noth als eine
Regierung, welche die Uebel nicht mehr auf die Seite schiebt, sondern heilt? Man legt mir Schlingen, aber ich werde sie vermeiden
und die Achtung dieser hochherzigen Nation erwerben." In einem
besondern Wahlmanifest verhieß er von seiner Regierung Ordnung
nach innen, Frieden nach außen, Minderung der Abgaben und
kündigte an, er werde sein Ministerium aus den Besten und Talentvollsten wählen, welcher Partei sie auch bisher angehört hätten.
In alledem lag viel Verstand, und doch fuhren die Blätter fort,
den Prinzen als einen gänzlich unfähigen Menschen zu verleumden
und in Karikaturen lächerlich zu machen. Den größten Anhang
hatte der Prinz unter dem Volke, welches gar keine Blätter liest,

bei den Bauern und gemeinen Soldaten. Diese hatten sich schon
seit einiger Zeit in den Kopf gesetzt, die Dinge in Frankreich
seyen so verwirrt, daß nur ein Napoleon sie lösen könne. Der
Name that alles; ob der Neffe dem Onkel gleiche, frugen sie gar
nicht, sie setzten es voraus als etwas, das sich von selbst verstehe.
Wurden sie von den gebildeten Städtern haranguirt, einen andern
Candidaten zu wählen, so schüttelten sie den Kopf und blieben
bei ihrem Napoleon, indem sie zuversichtlich sagten: der wirds
schon ausmachen. Aber der Prinz fand auch noch andre Freunde,
auf die er rechnen konnte. Nämlich das ganze nichtswürdige In-
trigantenvolk aus der Zeit Ludwig Philipps, Thiers an der Spitze,
agitirte für seine Wahl, um ihn vorzuschieben, in der sichern
Erwartung, er werde sich durch seine Ungeschicklichkeit oder Toll-
häuslerstreiche bald unmöglich machen und dann werde es Zeit
seyn, die alte Dynastie zurückzurufen. Wieder andre, besonders
Generale, wie Bugeaud, schlossen sich der Candidatur Napoleons
an, aus Eifersucht und Neid gegen Cavaignac. Dieser Leidenschaft
dankte Napoleon auch die eifrige Unterstützung Emil Girardins.
Gerade damals mußte der Papst aus Rom flüchten. Cavaignac beeilte sich, ihm Hülfe zuzusagen, offenbar in der Absicht,
die kirchliche Partei für sich zu stimmen. Napoleon gab daher
seine Sympathien für die Kirche gleichfalls in einem eigenen Schreiben zu erkennen und desavouirte auf's bestimmteste seinen Vetter
Canino. Cavaignac verrieth die Sorge, Napoleon könne ihm den
Rang ablaufen, durch ein boshaftes Wort: „ich sehe wohl, die
Franzosen taugen so wenig zu Republikanern und die Monarchie
steckt ihnen so tief im Herzen, daß sie im Stande wären, Poll-
chinell I. zum Kaiser auszurufen." Es ist auffallend, wie viele,
selbst verständige Männer damals den Wahn theilten oder wenigstens ihn verbreiten halfen, Napoleon sey unfähig. Sie vermehrten dadurch nur seinen Triumph, als sie gestehen mußten, er sey
sehr fähig.
Die Wahl erfolgte am 10. December. Ueberall stieg aus den

Wahlurnen der Name Napoleon hervor. In Frankreich trugen 5,434,226, in Algier noch weitere 38,364 Wahlzettel diesen Namen, indeß auf Cavaignac nur 1½, auf Ledru Rollin nur ½ Million Stimmen fielen und auf Lamartine gar nur 90,000. Am 20. legte Cavaignac in der Nationalversammlung sein Amt nieder und übergab es dem neuen P r ä s i d e n t e n , welcher den Eid auf die neue Verfassung schwur, dem Abgehenden herzlich die Hand drückte und sodann in seiner neuen Würde, wenn auch nur im einfachen schwarzen Frack, doch mit dem großen Bande der Ehrenlegion geschmückt, zum erstenmal in seinem Amtswagen in den Palast Elisée fuhr, den er von nun an bewohnen wollte. Von hier aus ernannte er noch an demselben Tage die neuen Minister Odilon Barrot für die Justiz, Drouyn de Lhuis für das Aeußere, Leon de Malleville für das Innere, Fallour für den Cultus, General Rulhières für den Krieg, de Tracy für die Marine, Passy für die Finanzen, Faucher für die öffentlichen Arbeiten, Bixio für den Ackerbau. Marschall Bugeaud erhielt den Oberbefehl über die Armee, Changarnier über die Nationalgarde; Jerome, Exkönig von Westphalen, wurde Gouverneur der Invaliden, Excelmans Marschall. Die Parteien schmollten, aber alles blieb ruhig. Nie consolidirte sich eine Regierung so gut in der Stille, wie diesmal. Die Klubs wurden unterdrückt, ein Theil der Mobilgarde aufgelöst. Die Mörder des General Brea wurden entdeckt und mit großem Aufsehen verurtheilt und hingerichtet, um den tapfern Truppen wegen der ihnen vom Pöbel widerfahrenen Beleidigung eine Genugthuung zu geben. In einem andern Proceß vor den Assisen von Bourges wurden Blanqui, Raspail ꝛc. verurtheilt. Die gesetzgebende Versammlung gab sich zwar das Ansehen, als stünde sie über der Regierung, und Marrast, ihr Präsident, verweigerte dem Präsidenten der Regierung bei feierlichen Gelegenheiten den Vortritt; allein jenes Ansehen war in der öffentlichen Meinung schon entwurzelt. Die französische Deputirtenkammer, unter Ludwig Philipp tief demoralisirt, hatte sich selbst zu Schanden intriguirt und geschwatzt und war dann so mit anarchischen Elementen durchdrungen worden, daß kein Freund der Ordnung und Bildung sich mehr auf sie verlassen mochte. Zu vieler Sünden sich bewußt, achtete sie sich selbst nicht mehr und hielt nur noch krampfhaft zitternd ihr äußeres Rangbewußtseyn fest. Aber bei einem Gastmahl in Bourges am 1. Februar wagte Marschall Bugeaud die Parteien „eine Handvoll Catilinas" zu nennen und wies auf den großen Cäsar, als die einzige Hoffnung Frankreichs hin. Der feurige Marschall starb aber im Anfang des Juni an der Cholera. — Ludwig Napoleon befreundete sich auch die Kirche, indem er eine große Expedition unter General Oudinot betrieb, welche Rom erobern und den Papst dahin zurückführen sollte, zugleich mit dem Nebenzweck, dem österreichischen Einfluß in Italien ein Gegengewicht zu geben und den französischen Waffen Achtung zu verschaffen. Die Expedition verließ die französischen Ufer am 22. April.

Eine Politik, die sich auf die Bauern, Soldaten und Priester stützen zu wollen schien, war etwas ganz Neues und Ueberraschendes in Frankreich, das gerade Widerspiel der Politik Ludwig Philipps, der sich ausschließlich auf den bürgerlichen Mittelstand gestützt hatte. Die bisher kaum beachteten „napoleonischen Ideen" traten auf einmal als eine von 5 Millionen Wählern unterstützte Macht ins Leben und warfen die bisherige liberale Doctrin über den Haufen. Am meisten aber wurden die Parteien, die vom neuen Präsidenten nur Ungeschick und Narrheit erwartet oder ihn zu lenken und zu mißbrauchen gehofft hatten, durch die Wahrnehmung erschreckt, er besitze einen eisernen Charakter und einen ihnen allen überlegenen Verstand.

Die verfassungsmäßig neugewählte gesetzgebende Versammlung trat am 28. Mai 1849 zusammen. Mehr als die Hälfte ihrer Mitglieder waren Neulinge. Von den früheren Größen fehlten viele, nicht einmal Lamartine und Marrast waren gewählt worden. Die Doctrinaire und Intriganten hielten an sich, aber die eifrigen Repu-

blikaner und die geschlagenen Socialisten konnten ihre innere Wuth
nicht mäßigen und Ledru Rollin griff die Politik des Präsidenten ungestüm an, ja wollte ihn sogar in Anklagestand versetzen.
Als Vorwand diente ihm der erste schlechte Erfolg Oudinots in
Italien, die eigentliche Absicht aber war, den voraussichtlich bal-
digen Untergang der Republik aufzuhalten und noch einen letzten
Versuch zu einer allgemeinen Erhebung zu machen. Als sein Antrag in der Versammlung verworfen wurde, luden 122 Mitglieder
der republikanischen Opposition, jetzt wieder Bergpartei genannt,
die Nationalgarde zu einem, wenn auch unbewaffneten Zuge nach
der Nationalversammlung ein, um dieselbe an ihre Pflichten zu
erinnern, am 13. Juni. Aber der Präsident hatte Truppen auf-
geboten, Changarnier zerstreute den republikanischen Zug und zerstörte die angefangenen Barrikaden. Peter Bonaparte, Vetter
des Präsidenten, räumte das Conservatoire des Arts, wo die
Republikaner eben einen Convent eröffnet und Ledru Rollin zum
Dictator ernannt hatten. Der letztere entfloh, viele aber wurden verhaftet, der ganze Aufstand ohne Mühe unterdrückt. Ungleich blutiger war am gleichen Tage die republikanische Erhebung in Lyon. General Magnan, der sie niederwarf, verlor
60 Todte. Die republikanische Presse wurde nun theils ganz unterdrückt, theils durch ein neues Preßgesetz gezähmt. In einem Aufruf an die Nation sagte Napoleon: „Diese Menschen wollen die
Unruhen verewigen und uns zwingen, unsern Plan für Verbesse-
rungen in eine ewige Vertheidigung zu verwandeln." Er kündigte
also Segnungen des Friedens und große Plane an.

Im Sommer machte der Präsident wiederholte Rundreisen.
Zuerst besuchte er sein ehemaliges Gefängniß Ham, wie er selbst
sagte „aus Dankbarkeit". Dann eröffnete er die Eisenbahn von
Tours nach Angers, und im Herbst kam er nach Rouen. Ueberall
empfing man ihn aufs glänzendste und gab ihm Gelegenheit zu
Festreden, in denen er seine Ideen ausdrückte. Er änderte am
2. December das Ministerium (d'Hauptpoul für den Krieg, Ray-

neval für das Auswärtige ꝛc.) und sagte, dies sey blos geschehen,
weil „eine einzige und entscheidende Leitung und eine bestimmte Politik nothwendig sey, welche die Gewalt durch keinerlei Unentschlos-
senheit bloßstelle." Er fügte hinzu, als Frankreich ihn gewählt,
habe es keine Schwäche, sondern einen starken Willen verlangt.
Das Ministerium müsse sich diesem Willen anschließen, ihn aus-
drücken und auch die Nationalversammlung könne nichts Besseres
thun, wenn sie dem nationalen Gedanken entsprechen wolle. Nun
schlossen sich ihm wirklich, wenigstens den Demokraten gegenüber,
die Anhänger der jüngeren und älteren Linie Bourbon an, Thiers,
Molé, Broglie, Berryer, Montalembert ꝛc., die man damals
(mit Bezug auf eine Dichtung Victor Hugos) spöttisch die Burg-
grafen nannte und in Karikaturen als lächerliche Ritter in alten
Ruinen darstellte. Aber diese parlamentarischen Talente dachten
nicht daran, sich dem Gedanken des Präsidenten zu unterwerfen,
sondern wollten sich nur seiner bedienen zur Restauration der einen
oder andern alten Linie. Sie paßten nicht mehr in die Zeit. Schon
ihre Abgenutztheit, ganz abgesehen von ihrer Uneinigkeit, machte
sie unpopulär und diente dem imperialistischen Gedanken des Präsidenten nur zur Folie.

Die Gesetzesentwürfe, welche der Präsident der Versammlung
vorlegen ließ, betrafen fast durchgängig Einschränkungen der bisherigen Freiheit, abermalige Erhöhung der Cautionen für die
Journale, Beschränkung des Wahlrechts, ein härteres Deporta-
tionsgesetz für politische Gefangene, Unterstellung der Schule unter
die Präfecten ꝛc. Die Versammlung war sehr zahm und nahm
alles an, bewilligte auch dem Präsidenten für ein Jahr ausnahms-
weise 2,160,000 Franken Gehalt (anstatt 600,000). Von dieser
Summe bestritt er dann die s. g. Militairbankette, Schmausereien,
die er den Truppen gab und bei denen sie in der Lust des Weins
den „Kaiser" leben ließen. Auch ohne solche Kunststücke wuchs
seine Popularität, denn Frankreich genoß unter seiner Regierung
die Ruhe, die es gewollt und die er dem Lande versprochen hatte.

Mit der Ruhe mehrten sich wieder Arbeit und Wohlstand. Als er im Sommer 1850 in Lyon erschien, begrüßten ihn Zufriedenheit und unverkennbares Wohlwollen. Bei einem Festmahle hier sprach er mit stolzer Zuversicht, er gestehe niemand das Recht zu, sich mehr als er den Repräsentanten des Volks zu nennen, er sey es, der den Willen des Volks ausdrücke und vollstrecke. Er kam auch nach Straßburg, Nancy ꝛc., und wurde überall mit Jubel empfangen. Bald darauf, im Herbst, ließ er auf einer Rundreise in Caen seine Absicht, sich zum lebenslangen Präsidenten ernennen zu lassen, durchblicken. „Jetzt, da der Wohlstand wiedergekehrt ist, wäre es frevelhaft, das Bestehende wieder ändern zu wollen. Kämen stürmische Zeiten wieder und das Volk wollte dem Oberhaupte der Regierung eine neue Bürde auflegen, so würde es frevelhaft von dem Oberhaupte seyn, sich derselben zu entziehen."

Man konnte nicht deutlicher sprechen. Der Präsident wollte nicht ruhen, bis er Kaiser seyn würde, wie sein Oheim, das verstand sich von selbst. Die Parteien sahen es kommen und hatten keine Kraft, keinen Muth mehr, es zu hindern. Denn die Freiheit hatte sich in der socialistischen Gestalt furchtbar verhaßt gemacht, die Tribune hatte sich ausgeplaudert, die Doctrin war tödtlich langweilig geworden. Im Juli durfte der Präsident wagen, die Anonymität aufzuheben und die Unterschrift des Verfassers unter jeden Zeitungsartikel zu befehlen. Das war mehr als Censur, das hieß die einst so mächtigen Lenker der Presse wie Hasen aus dem Busch klopfen. Aber sie mußten gehorchen. Die Intrigue kuschte wie ein Hund vor der gerunzelten Stirne des Mächtigen. Das französische Volk that sich etwas darauf zu Gute, daß seine Wahl es nicht getäuscht. Es hatte einen Mann haben wollen und hatte ihn gefunden. Diese Genugthuung fand der Prinz auf allen seinen wiederholten Reisen und wußte wohl, welche Macht ihm die öffentliche Meinung in den Provinzen gab, und wie seine Pariser Feinde vor ihr zitterten. Zum erstenmal übten die Provinzen eine größere moralische Macht aus, als die Hauptstadt.

Nur die gestürzte Dynastie machte sich noch Hoffnung, wenn es zum Zusammenstoß zwischen dem Präsidenten und der National-versammlung kommen werde, könne sich daraus für sie eine günstige Chance ergeben. Der Prätendent Heinrich V., Herzog von Bor-beaux, der sich in seinem Exil bescheiden Graf von Chambord nannte, kam nach Wiesbaden, wohin am 10. August die vornehm-sten Legitimisten aus Frankreich pilgerten, um mit ihm Ver-abredungen zu treffen. Am 26. starb zu Claremont in England Ludwig Philipp, dessen Kinder unter sich selbst auch damals noch nicht einig waren, sofern Helene mit dem Thronerben, dem Grafen von Paris, von der übrigen Familie fern in Deutschland blieb. Zur f. g. Fusion oder Vereinbarung der jüngeren und älteren Linie Bourbon, um mit gemeinsamer Kraft auf eine Restauration hinzuwirken, wurde noch kein Versuch gemacht.

Im September hielt der Präsident bei Versailles täglich Re-vuen und am 10. October eine große Musterung bei Satory, wo er ein Uebungslager veranstaltete und die Truppen durch alle erdenklichen Mittel, besonders durch viel Champagner hatte bestechen lassen. Sämmtliche Truppen standen immer noch unter dem Befehl Changarniers, der aber nicht thatkräftig genug war, um dem Präsidenten entgegenzutreten. Bei der Revue blieben die meisten Regimenter stumm, viele aber riefen lebhaft „es lebe der Kaiser". Der Ausschuß der Nationalversammlung nahm davon Anlaß, in einem Beschluß die „aufrührerischen Rufe" zu beklagen, wagte aber nicht dieselben bestimmt zu bezeichnen. Am 10. Januar 1851 entließ der Präsident das Ministerium und nahm Drouyn de Lhuis wieder für das Aeußere, Regnauld de St. Angely für den Krieg an; eine noch wichtigere Entlassung aber war die des General Changarnier. Die Versammlung glaubte an ihm ihre letzte Stütze gegen die drohenden Uebergriffe des Präsidenten zu verlieren und votirte dem neuen Ministerium ihr Mißtrauen. Dasselbe trat nun wieder ab und Baroche bekam das Aeußere, Randon den Krieg. Bei Ernennung dieses Ministeriums machte sich der Präsident ab-

sichtlich einer großen conſtitutionellen Ketzerei ſchuldig, indem er
erklärte, er habe zwar nach ſtreng conſtitutionellen Grundſätzen
ein Miniſterium, das er für gut halte, blos deswegen wieder ent=
laſſen, weil die Majorität der Verſammlung anderer Meinung
geweſen ſey; allein da die Mehrheiten oder Minderheiten doch nur
zufällig und das Ergebniß vorübergehenter Wahlperioden ſeyen,
ſo habe er geglaubt, ſein neues Miniſterium nicht mehr aus den
Kammermitgliedern, weder aus der Majorität noch Minorität ent=
nehmen zu müſſen. Die Spannung dauerte fort. Am 10. Fe=
bruar verwarf die Verſammlung eine Vermehrung der Dotation
für den Präſidenten. Dieſer änderte abermals das Miniſterium.

Nun aber, im Sommer 1851, ging er beſtimmter auf ſein
Ziel los. Aus allen Theilen des Landes wurden Petitionen ein=
gebracht, welche eine R e v i ſ i o n d e r V e r f a ſ ſ u n g d. h. an=
ſtatt der Republik das Kaiſerthum verlangten. Der Präſident ſelbſt
benutzte wieder eine Rundreiſe und ein Feſtmahl zu Dijon, um
ſeine Meinung zu erkennen zu geben. „Frankreich will weder die
alte Regierung, noch den Verſuch eines Utopiens (der Republik),
und gerade weil ich der natürliche Feind von beiden bin, will es
mich.“ Die Reviſion der Verfaſſung wurde beantragt, fiel aber
bei der Abſtimmung in der Verſammlung am 19. Juni durch, ſo=
fern die erforderliche Zahl von ¾ aller Stimmen nicht erreicht
wurde. Die Verſammlung ſprach ſogar auf Baze's Antrag einen
Tadel gegen die Umtriebe aus, die von Seiten der Regierung ge=
macht worden waren, um im ganzen Lande Petitionen für die
Reviſion zu ſammeln. Als der Präſident am 11. November die
Kammer wieder eröffnete, forderte er noch einmal die Reviſion,
um durch ſie auf geſetzlichem Wege zu regeln, was das franzöſiſche
Volk ſonſt auch auf andre Weiſe werde zu erlangen wiſſen, und
kündigte an, er werde die Wiederherſtellung des allgemeinen Stimm=
rechts auf breiteſter Grundlage verlangen, damit das Volk Ge=
legenheit habe, ſeinen Willen kund zu thun. Die Verſammlung
trotzte und verwarf das neue Wahlgeſetz ſchon am 13.

Aber der Präsident kümmerte sich nicht mehr um die ohnmächtige Kammer. Er hatte sich längst der Soldaten versichert, und
zog die talentvollsten Offiziere, die ihm blind ergeben waren, in
seine Nähe. So den General St. Arnaud, der sich in Afrika
ausgezeichnet und den er zum Kriegsminister machte, den General
Magnan, der den Aufruhr in Lyon bewältigt und dem Präsidenten
1500 Offiziere neuer Regimenter vorstellte, an die derselbe eine
feurige Anrede hielt, die mit den Worten schloß: folgen Sie
mir! In einer großen Versammlung von Industriellen sagte der
Präsident: wie groß wäre die französische Nation, wenn sie nur
ruhig athmen wollte. Ueberall wies er darauf hin, wie unglücklich das von Parteien zerrissene Frankreich sey und wie glücklich es unter dem neuen Kaiser seyn würde. Man würde nicht
begreifen, warum Cavaignac, Changarnier, die Versammlung und
die sämmtlichen Gegner des Präsidenten, welche die bestehenden
Gesetze noch für sich hatten, der drohenden Usurpation nicht vor-
sichtiger und energischer begegnet sind, wenn man nicht wüßte, daß
sie unter einander selbst uneins und durch das Bewußtseyn ihrer
Ohnmacht und Unpopularität gelähmt waren. Der Ausschuß der
Versammlung entschied zwar am 30. November bei Berathung eines
Paragraphen der Verfassung, die Verantwortlichkeit des Präsidenten
betreffend, derselbe begehe einen Hochverrath, wenn er die Versammlung auflöse, oder wenn er seine Autorität mißbrauche, um sich
wieder wählen zu lassen. Aber dieser Beschluß hatte keine Kraft,
keine Bajonette hinter sich. Um sich welche zu verschaffen, hatte
Baze schon am 6. darauf angetragen, daß dem Präsidenten der
Versammlung das Recht zuerkannt werde, die bewaffnete Macht
zum Schutze der Versammlung zu requiriren, und daß er dieses
Recht auf einen der Quästoren übertragen könne. Aber der Antrag wurde schon nicht mehr angenommen, so sehr hatte die Furcht
bereits in der Versammlung Platz gegriffen. Hegten auch einige
den Gedanken, den Prinzen Präsidenten zu verhaften und einem

Staatsstreiche von seiner Seite zuvorzukommen, so hatten sie doch
keine Macht mehr, ihn auszuführen.

.   Ludwig Napoleon aber hatte den 2. December (den Jahres-
tag des Kaiserthums von 1804) auserwählt, um sich der Fesseln
zu entledigen, in denen ihn noch die republikanische Verfassung
und die Nationalversammlung hielten. In der Nacht vorher gab
er eine Gesellschaft und war sehr heiter mit seinen Gästen, während in aller Stille durch musterhaft verschwiegene Diener die
Truppen in Bereitschaft gesetzt wurden und, noch ehe der Morgen
tagte, der große Staatsstreich auch schon ausgeführt war. Niemand hatte sich darauf versehen. In ein und derselben Stunde der
Nacht wurden alle Generale, Abgeordneten, Publicisten und wer
immer dem Präsidenten gefährlich schien, ohne Aufsehen verhaftet
und nach Vincennes, zum Theil nach Schloß Ham gebracht. Auch
nicht ein Einziger hatte Zeit zu entfliehen. Alle saßen sie Morgens in den käfigartigen Wagen, in denen man die Gefangener zu
transportiren pflegt: die Generale Cavaignac, Changarnier, Lamoricière, Bedeau, Leflo, Oberst Charras, der Quästor Laze,
Thiers, Victor Hugo, Eugen Sue 2c. Große Maueranschläge aber
verkündeten den erwachenden Parisern, was vorgegangen sey. Sie
waren vom Präsidenten und, da der Minister des Innern, Thorigny,
sich geweigert hatte, von seinem sogleich ernannten Nachfolger Morny
unterzeichnet. Im Aufruf an das Volk sagte Louis Napoleon: „Es
konnte nicht so bleiben. Die Nationalversammlung, anstatt Gesetze zum allgemeinen Wohl zu machen, wühlte und griff die mir
vom Volke verliehene Macht an. Als der Erwählte von 6 Millionen habe ich ihre Umtriebe vernichtet. Ist das Volk damit nicht
zufrieden, so wähle es einen andern. Schenkt es mir aber Vertrauen, so gebe es mir auch die Mittel, meine große Mission zu
erfüllen." Zu diesem Behuf schrieb er auf den 14. December eine
allgemeine Volksabstimmung aus, welche sich mit Ja oder Nein
über seine Anträge, ihn auf 10 Jahr zum Präsidenten zu ernennen

und ihm einen Senat beizuordnen, entscheiden sollte. An die Armee erließ er einen Aufruf, worin er sie erinnerte, wie sehr sie unter der Herrschaft der Doctrinaire und des demokratischen Pöbels zurück- gesetzt gewesen, wie sie jetzt Gelegenheit hätte, sich in das alte An- sehen zu setzen, als „Elite der Nation" und durch und durch mit ihm eins, durch die Geschichte, durch den Ruhm mit dem Namen Napoleon identificirt.

Eine große Anzahl Deputirte (252) versammelte sich, da sie ihren gewöhnlichen Sitzungssaal (Palast Bourbon) am Morgen des 3. von Truppen besetzt fand, in der Mairie des 10. Stadtbezirks und beschloß auf des kühnen Berryer Antrag, den Präsidenten ab- zusetzen und General Oudinot mit dem Oberbefehl über die Armee zu betrauen. Aber Jäger von Vincennes besetzten die Thüren und ihr Offizier, als man ihm den Artikel 68 der Verfassung vorhielt, gegen den er sich verfehle, indem er der Nationalversammlung den Gehorsam versage, sagte ganz sorglos: „der §. 68 geht mich nichts an" und ließ sämmtliche Versammelte in Verhaft nehmen. Auch Odilon Barrot befand sich unter ihnen. Zugleich wurden alle dem Präsidenten feindliche Journale unterdrückt. Die demokratische Partei vergaß zum Theil, welche schreckliche Niederlage sie im Juni er- litten hatte, und zum Theil vergaß sie es nicht, so daß sie am 3. und 4. zwar Barrikaden baute, aber ohne die erforderliche Stärke. Napoleons von Magnan befehligte zahlreiche und fanatisirte Truppen überwältigten jeden Widerstand und gaben keinen Pardon, denn gewiß ist, daß viele Gefangene auf der Stelle erschossen wurden. Die Nationalgarde that nichts, nur eine Legion derselben schien sich den Aufrührern anschließen zu wollen, wurde aber augenblick- lich entwaffnet. Die Anarchie hatte sich so verhaßt gemacht, daß die gebildete und reiche Classe, auch wenn sie den Napoleoniden nicht liebte, ihm damals doch zustimmte als dem Erhalter der Ord- nung und des Besitzes. Ueber 200 Deputirte erklärten dem Präsi- denten ihre Zustimmung. Ganz eben so dachte das diplomatische Corps. Der Staatsstreich schien der Revolution auf dem Festland den Todesstoß zu geben, deßhalb nahm man ihn in Wien, Berlin und St. Petersburg nicht ungünstig auf.

Die demokratische Opposition gewann nur im südlichen Frankreich noch eine Zeitlang festen Boden. In den Departements Cher, Allier, Nièvre wurden die Insurgenten Meister und konnten nur mit Waffengewalt in den Städten Donson, Clamecy, Conbon, Brignolles bezwungen werden, ebenso zu Digne im Departement der Nieder-Alpen und zu Bédarieux im Departement Hérault. Hier bildete die Demokratie überall bewaffnete Banden, die sich gleich Räubern an Personen und Eigenthum vergriffen und solchen Schrecken verbreiteten, daß hier die Legitimisten selbst in Napoleon ihren Retter sahen und ihm huldigend entgegenkamen.

Unterdeß umgab sich Napoleon mit einer, dem ehemaligen Senat nachgebildeten consultativen Commission, in die er alle Notabilitäten aufnahm, die sich zu ihm bekehrten. Nur in Leon Faucher täuschte er sich, der seine Ernennung stolz zurückwies. Die Dinge verliefen sich im Uebrigen ganz so, wie es Napoleon vorausgesehen. Die Abstimmung des französischen Volks, am letzten Tage des Jahres vollendet, ergab 7,439,216 Stimmen, die sich für den Staatsstreich und die 10jährige Präsidentschaft Napoleons erklärten, und nur 640,737 Stimmen dagegen. Als Baroche am letzten Abend des Jahres dem Präsidenten davon Mittheilung machte, sprach er mit Wärme: „das Land hat Vertrauen zu Ihrem Muthe, zu Ihren hohen Einsichten und zu Ihrer Vaterlandsliebe. Noch niemals hatte eine Regierung einen legitimeren Ursprung, als die Ihrige. Uebernehmen sie nun diese Gewalt, retten Sie Frankreich und schützen Sie ganz Europa vor Gefahren!" Napoleon antwortete: „Frankreich hat erkannt, daß ich von der Bahn der Gesetzlichkeit nur abgewichen bin, um die Bahn des Rechts zu betreten. Wenn ich mir zu einer so erstaunlichen Zustimmung des Volks Glück wünsche, so geschieht es nicht aus Stolz, sondern weil ich mir die Kraft zutraue, so zu handeln, wie es dem Oberhaupt einer so großen Nation geziemt." Napoleon faß bereits feine Herrschaft so sehr befestigt, daß er keinen Anstand nahm, alle seine berühmten Gegner, die er nur aus Vorsorge am 2. December hatte gefangen nehmen lassen, wieder frei zu geben. Cavaignac empfing von ihm ein artiges Schreiben und erhielt Erlaubniß, nach Paris zurückzukehren. Changarnier, Lamoricière, Victor Hugo, Baze, Bedeau, Leflo wurden verbannt. Thiers, anfangs ebenfalls verbannt, durfte bald, als ganz unschädlich geworden, nach Paris zurückkehren. Die mit den Waffen in der Hand ergriffenen Aufrührer wurden aber mit viel größerer Strenge behandelt und in Masse nach Cayenne deportirt.

Mit der Kirche hatte sich Napoleon schon vorher auf guten Fuß gestellt. Sie unterstützte ihn durch Hirtenbriefe. Erzbischof Sibour von Paris, ein Freund Cavaignacs und unter diesem gewählt, erkannte doch bald die Nothwendigkeit, sich mit Napoleon zu verständigen. Eine der ersten Handlungen des letzteren nach seinem Decembersiege war die Wiederherstellung des Gottesdienstes im Pantheon, welches fortan wieder die Kirche zur h. Genovefa hieß. Auch Graf Montalembert war einer der ersten, der sich für Napoleon erklärte.

Im Beginn des Jahres 1852 stellte Napoleon als zehnjähriger Präsident die goldnen Adler seines Oheims auf den französischen Fahnen wieder her, hob aber die Nationalgarde auf und ließ die Freiheitsbäume und andre Embleme der Republik wegschaffen und durch die alten Zeichen und Namen des Kaiserreichs ersetzen und das Kirchengebet nicht mehr für die Republik, sondern für sich verrichten (Domine, salvum fac Ludovicum Napoleonem). Am 15. Januar war die nun von ihm octroyirte Verfassung fertig, ein Mechanismus, wie unter dem älteren Napoleon. Alle Gewalt war bei dem 10jährigen Präsidenten, den in absteigenden Stufen ein Staatsrath, ein notabler Senat und ein durchaus machtloser gesetzgebender Körper berathen sollte, ohne seine alleinige Entschließung hemmen zu können. Die Verhandlungen dieses Körpers sollten geheim seyn und nicht veröffentlicht werden, „um

ben Kammersitzungen das Theatralische zu nehmen und ihnen mehr
Ernst und practischen Nutzen zu geben." Auch sollten keine Wahl-
comités mehr die Wahlen leiten dürfen. Das bewog Montalembert, wieder auszutreten. Dieser edle Graf hatte sich das Kaiserthum in inniger Verbindung mit der Kirche und mit einem freien
Reichstage gedacht, wie ehemals im deutschen Reiche. Der Präsident kehrte dagegen einfach zum System seines Oheims zurück und
mußte es, denn neben einem einigermaßen einflußreichen Parlamente
ließ sich in Frankreich nicht mehr regieren.

Am 22. Januar confiscirte Napoleon den größeren Theil der
Güter des Hauses Orleans und befahl, der kleinere Theil
solle von der Familie selbst binnen Jahresfrist verkauft werden.
Eine vielgeschmähte Maßregel, die jedoch für Napoleon unumgänglich gewesen ist. Als armer Emporkömmling konnte er nicht
dulden, daß den Kindern seines Vorgängers hunderte von Millio-
nen zu Gebote standen, um die zu erkaufen, die ihn von der kaum
erreichten Höhe wieder herabstürzen könnten. Zudem war Ludwig
Philipp nie berechtigt gewesen, seine unermeßlichen Güter dem
Staate zu entfremden (vgl. Theil IV. S. 277). Der Minister
Morny billigte die Confiscation nicht und nahm seine Entlassung,
eben so seine Collegen Roucher und Foulb und der alte Dupin.
Aber Napoleon brauchte diese Abfälligen nicht zu achten. Sein
Staatsrath, sein Senat füllte sich dennoch mit eifrigen und talent-
vollen Dienern, die er durch sehr hohe Gehalte belohnte. Auch in
den gesetzgebenden Körper wurden fast nur solche gewählt, die ihm
ergeben waren. Damals starb Marrast am 10. März, unbeachtet,
ohne Grabgepränge. Am 21. hielt der Präsident eine große Revue
über die Truppen und vertheilte Medaillen, deren Besitz eine jährliche Rente von 100 Franken gewährte. Damals ließ er auch die
Universität seine schwere Hand fühlen. Mehrere Professoren derselben hatten sich eben so eifrig in Staatsgeschäfte gemischt, wie
die Kammermitglieder. Damit nun nicht mehr jeder, der glänzende Reden halten oder geistreiche Zeitungsartikel schreiben konnte,

sich zum Mitregieren berufen fühle, statuirte Napoleon ein gutes
Exempel, hob die bisher gültige absolute Unabhängigkeit der Professoren auf und setzte die Hauptschreier (Michelet, Edgar Quinet
und auch den polnischen Dichter Mickiewicz) ab. Es war bringend
nöthig geworden, die Schule und Presse, wie die Tribune, zu
bemüthigen, nachdem man in Frankreich in der Unnatur so weit
gediehen war, zu glauben, daß ein schwatzhafter Mund und eine
gewandte Feder zur Herrschaft im Staate berechtige. Von den
Sophisten, Rhetoren und Parasiten konnte den Staat nur ein
Imperator heilen.

Die Familie Orleans protestirte gegen die Confiscation ihrer
Güter. Die Herzogin Helene nahm die 300,000 Fr. Renten, die
ihr bleiben sollten, nicht an. Nachdem der jüngere, wie der ältere
Zweig der Bourbons gleiches Mißgeschick erlebt, suchte man sie
wenigstens zu versöhnen. Diese Fusion kam aber zu keinem
rechten Ende, so oft man auch einen neuen Anlauf nahm. Der
Plan war damals, der Graf von Chambord solle den Grafen von
Paris adoptiren. — Die belgische Presse erlaubte sich kleine Necke-
reien gegen Napoleon, und um zu beweisen, daß Belgien unter
englischem Schutze stehe, machte die Königin Victoria im Sommer
einen Besuch bei König Leopold. Allein Napoleon bestand diese
Probe gut, ließ sich zu nichts Uebereiltem hinreißen und wahrte
doch gegenüber Belgien seine Würde. Als Antwort auf ein Cir-
cularschreiben, in welchem Fürst Schwarzenberg die friedlichsten
Gesinnungen kundgegeben und nur die Aufrechterhaltung der Verträge von 1815 zur Bedingung gemacht hatte, verkündete der Moniteur die aufrichtigste Friedensliebe auch von Seiten Frankreichs.

Der neue Senat bewilligte dem Präsidenten eine Civilliste von
12 Millionen, den Titel Prince und Monseigneur und den Gebrauch
der Kronschlösser. Die Tuilerien wurden für ihn neu hergestellt. Am
10. Mai ertheilte er den Truppen die neuen Adler, im Juli machte
er eine Reise zur Einweihung der Eisenbahn nach Straßburg unter
lautem Volksjubel, und am 15. August beging er zu Paris das

Napoleonsfest unter lebhafter Zustimmung des Volks und der
Truppen. Alles ließ sich hier schon kaiserlich an. Niemand zweifelte, der Präsident werde dem Beispiel seines großen Oheims
folgen und die Mehrheit der Franzosen wollte es nicht anders,
hatte ihn selbst durch seine Wahlstimmen dazu aufgefordert. Das
Landvolk, die kleinen Bürger und Handwerker und die Soldaten
hatten unbedingten Glauben an seinen Namen. Die Arbeiter
hofften in ihm einen Rächer an Cavaignac zu finden und Napoleon selbst that alles, um ihnen das Vertrauen einzuflößen, er
wisse ihre Noth zu würdigen. Endlich sah auch die Kirche in ihm
einen bessern Schutz ihrer Rechte, als in den bisherigen liberal-
constitutionellen und demokratischen Regierungen. Nur die Bourgeoisie, die mit der Tribune gefallenen, mit der Presse geknebelten Größen
der jüngstvergangenen Zeit grollten, aber in Unmacht. Um nun
diesen Grollenden und zugleich dem wachsamen Auslande zu beweisen, wie populär die Wiederherstellung des Kaiserthums und
der napoleonische Name sey, unternahm der Präsident im September eine längere Rundreise durch den Süden Frankreichs.
Der Enthusiasmus, den er auf dieser Reise überall zu finden hoffte,
sollte ihm die moralische Kraft leihen, um den Parisern das Kaiserthum aufzubringen, es gleichsam vom Lande in die Stadt hinein-
zufahren.

Er ging über Lyon, wo er die Reiterstatue seines großen
Oheims enthüllte und denselben „den legitimsten Herrscher Frankreichs" nannte, weil ihn die Wahl des Volkes erhoben und die
ganze Welt anerkannt habe. Er fügte übrigens hinzu, er werde
die Herstellung dieses legitimen Kaiserthums nicht übereilen und
erst vollziehen, wenn der allgemeine Wille und das Wohl Frankreichs es fordern würden. In Marseille wurde das Complott einer
Höllenmaschine entdeckt, durch die er hätte sollen getödtet werden.
Im reichen Bordeaux hielt er am 12. October eine berühmt gewordene Rede, die, auf das Ausland berechnet, hauptsächlich den
Gedanken enthielt: l'empire c'est la paix! Er fügte die stolzen

Worte hinzu: wenn Frankreich beruhigt ist, so ist es auch die
übrige Welt. Auf dem Rückwege stieg er am Schlosse Amboise
aus, wohin Abbel Kader gebracht worden war, besuchte denselben, reichte ihm die Hand und kündigte ihm seine Freilassung
an. Schon lange habe er ihm dieselbe zu gewähren gewünscht und
nur den Eingebungen seines Herzens nicht folgen dürfen. Jetzt
sey die Zeit gekommen, die Schuld seines Vorgängers zu sühnen.
„Es gibt nichts Erniedrigenderes für eine große Nation, als wenn
sie ihre Macht in dem Maße verkennt, daß sie ihr gegebenes
Versprechen nicht hält!" Abbel Kader hatte sich an Lamoricière
nur unter der Bedingung ergeben, daß er frei nach Alexandrien
oder St. Jean d'Acre entlassen werde. Ludwig Philipp hatte diese
Bedingung nicht eingehalten. Jetzt bot Napoleon dem edeln Gefangenen die freie Abreise nach Brussa in der Türkei mit einem
jährlichen Gehalt von 200,000 Franken an. Der Emir dankte
mit Würde und Innigkeit und erhielt die Erlaubniß, vor seiner
Abreise nach Brussa Paris sehen zu dürfen, wo man ihm einige
Wochen lang die liebenswürdigsten Huldigungen zu Theil werden ließ.

Ueberall auf der Reise hatte sich das Volk in Masse zum
Präsidenten gedrängt und ihn mit vive l'empereur begrüßt. Dieser
Ruf schwoll von Tage zu Tage an und schlug so mächtig an die
Mauern von Paris, daß das Echo hier nicht ausbleiben konnte. Bei
seiner Rückkehr am 16. October fand er ganz Paris festlich geschmückt und hörte auf dem zwei Stunden langen Einritt längs
der Boulevards von einer unermeßlichen Volksmenge nichts als
immer und immer wieder den Kaisergruß und erblickte ringsumher
nichts als die Embleme des Kaiserthums. Den Kern des Volkes
aber bildeten außer den Arbeitern Leute aus den Provinzen. Die
Arbeiter hatten sich in allen ihren Corporationen eingefunden, um
dem zu huldigen, von dem sie Pflege ihres Interesses, Entschädigung für die Junischlacht und Rächung des von Cavaignac und
Lamoricière vergossenen Blutes hofften. Aus den Provinzen

waren an diesem Tage 350,000 Bauern, Kleinstädter, Weiber
und Kinder, ganze Gemeinden, ganze Dorfschulen, eine unzähl-
bare Menge weißgekleidete Mädchen und Volk im ländlichen Putze
gekommen. Der Prinz aber stieg nicht mehr im Elisée, sondern
im königlichen Palast der Tuilerien ab, wo ihn seine Verwandten
empfingen, Prinz Jerome, Erkönig von Westphalen, sein Oheim,
und dessen Kinder, Napoleon und Mathilde. Die letztere, mit dem
russischen Fürsten Demidoff vermählt, aber von ihm getrennt, eine
der schönsten Damen ihrer Zeit, machte die Honneurs des neuent-
stehenden kaiserlichen Hofes. Sodann Peter Bonaparte (Lucians
Sohn und Bruder des in Italien agirenden Karl Lucian, Fürsten
von Canino). Napoleon und Peter waren indeß ihrem genialen
und glücklichen Cousin nicht unbedingt ergeben. Der erstere hatte
sich auf einer Gesandtschaft nach Spanien widerspenstig und eigen-
willig gezeigt, der andere hielt zu der demokratischen Partei, mit
wie viel Ernst? ist freilich ungewiß. Dem neuen Hofe gehörte auch
der junge Murat an, Enkel des Königs Joachim von Neapel.

Noch im Laufe des October befahl der Prinz Präsident dem
Senate, am 4. November über die Wiederherstellung des
Kaiserthums zu berathen, da dieselbe durch die glänzendsten
Kundgebungen der Nation während seiner Reise allgemein gefordert werde. Der Senat stimmte begreiflicherweise zu, aber auch
diesmal sollten wieder die Stimmen des Volkes selbst eingeholt
werden. Am 21. und 22. November sollten alle unbescholtenen und
erwachsenen Franzosen männlichen Geschlechts über die Frage ab-
stimmen, ob die Nation das erbliche Kaiserthum, wie es unter
Napoleon I. bestanden und durch dessen Abdankung rechtskräftig auf
Napoleon II. übergegangen sey, nunmehr auf Napoleon III. übertragen wolle? Die Fragestellung und der Name war so gewählt, daß die Legitimität des Kaiserthums und daher auch die
Illegitimität aller Zwischenregierungen von 1815 bis 1851 dabei
vorausgesetzt wurde. Die Proclamation aber erklärte das Volk
allein für berechtigt, jene gestörte Legitimität wiederherzustellen,

so daß der neue Kaiser sich ebensowohl auf sein Geburtsrecht, als auf des Volkes Willen berufen konnte. Die Schlußphrase der Proclamation lautete: Die Nation krönt sich selbst, indem sie Napoleon krönt! Alles war so wohl berechnet, daß die wirkliche Abstimmung 7,824,189 Ja gegen 253,145 Nein nachwies, eine, wenn auch einigermaßen erkünstelte, doch so ungeheure Mehrheit, daß der Prinz darin die Zustimmung der Nation erkennen durfte, worauf er am 2. December sich zum Kaiser ausrufen ließ.

Der ausgestoßene Victor Hugo ließ damals ein schändliches Pasquill (Napoleon le petit) ausgehen, eines gebildeten Geistes unwürdig. Napoleon rächte sich nur durch einen feinen Zusatz, indem er sagte: Napoleon le petit par Victor Hugo le grand. Eben so schnell vergessen, aber von ungleich tieferer Bedeutung war eine gleichzeitige Brochure des Grafen Montalembert, worin das abgeschätzte constitutionelle System und Parlament vertheidigt wurde. Lamartine äußerte sich über das zweite Kaiserthum, wie Carnot über das erste, und verschmähte, ihm zu dienen.*) Die schlagendste Wahrheit sprach Tocqueville aus.**)

---

*) Sein Freund Laguerronnière wurde Napoleons begeistertster Publicist und Lobredner, Lamartine aber wandte sich stolz von ihm ab und erklärte es für die tiefste Schmach der Nation, daß sie ihre Freiheit einem Tyrannen verkaufe.

**) „Sah man je auf Erden irgend ein Volk so reich an Contrasten, so leicht von einem Extrem zum andern getrieben, so oft durch augenblickliche Eindrücke, so selten durch feste Grundsätze geleitet, so daß es bei allen seinen Handlungen stets sich schlimmer oder besser bewährte, als man vermuthete? Bald unter dem allgemeinen Niveau der Menschheit, dann wieder hoch über demselben stehend; ein Volk, das in seinen Grundzügen so unveränderlich blieb, daß man es noch aus Schilderungen wiedererkennen kann, die man vor zwei oder drei Jahrtausenden von ihm gemacht hat, und zugleich so beweglich in seinen täglichen Gesinnungen und Gedanken, daß es manchmal sich selbst zu einem unerwarteten Schauspiel wird, und oft das, was es eben vollbracht hat, mit eben so großem Er-

Napoleon III. ließ die Verfassung mit den drei höchsten Corporationen bestehen, gab seinem Oheim Jerome den Königstitel zurück, ernannte die Generale St. Arnaud, Magnan und Castellane zu Marschällen, verminderte aber die Armee um 30,000 Mann und ließ durch seine Gesandtschaften allen auswärtigen Mächten die bündigsten Versicherungen seiner Friedensliebe geben. Damals wurde ein vom 29. November datirtes Schreiben des Kaiser Nicolaus veröffentlicht, worin von der Wiedererrichtung des Kaiserthums in Frankreich abgerathen war. Rußland und Preußen wollten Napoleon III. nicht anerkennen, ohne daß er zuvor Bürg-

---

staunen wie das Ausland betrachtet; ein Volk, das an seinem Herde und seinen Gewohnheiten mehr als alle andern hängt, so lange man es sich selbst überläßt, und das, sobald man es seiner Heimath und diesen Gewohnheiten unfreiwillig entrissen hat, bis an's Ende der Welt vorzudringen und alles zu wagen vermag; seinem Temperament nach ungern gehorchend, jedoch der willkürlichen und sogar tyrannischen Herrschaft eines Fürsten lieber sich fügend, als der regelmäßigen und freien Regierung seiner angesehensten Bürger, heute ein geschworener Feind alles Gehorsams, morgen entflammt von einer Art von Leidenschaft zu dienen, die auch von den für die Knechtschaft begabtesten Nationen nicht erreicht wird; an einem Fädchen geführt, so lange niemand widerstrebt, unregierbar, sobald das Beispiel des Widerstandes irgendwo gegeben ist; seine Herren auf solche Weise immer täuschend, die es entweder zu sehr oder zu wenig fürchten; niemals in dem Maße frei, daß man es aufgeben müßte, es zu knechten, und nie in dem Grade geknechtet, daß es nicht seine Fesseln noch sprengen könnte; für alles begabt, aber nur im Kriege ausgezeichnet; dem Zufall, der Gewalt, dem Erfolge, dem Glanz und Geräusch mehr, als dem wahren Ruhme leidenschaftlich ergeben; mehr mit Heldenmuth als mit Tugend, mehr mit Genie als mit gesundem Menschenverstande begabt; eher geeignet, ungeheure Pläne zu entwerfen, als große Unternehmungen nach allen Seiten hin auszuführen; die glänzendste und gefährlichste Nation von Europa, bestimmt, allen übrigen abwechselnd ein Gegenstand der Bewunderung, des Hasses, des Mitleids, des Schreckens, aber nie der Gleichgültigkeit zu werden." Tocqueville.

schaften in Bezug auf die Aufrechterhaltung der Verträge von 1815 gäbe, aber England erkannte ihn sogleich an, um ihn als Werkzeug zu brauchen, und Oesterreich glaubte, Napoleon III. gewähre ihm hinlängliche Bürgschaft, sofern er als absoluter Monarch aufträte. *) Mit der Anerkennungsfrage hing eine andre zusammen. Ludwig Napoleon warb um Carlotta, Tochter des Prinzen Gustav Wasa und der Prinzeß Louise, einer Tochter der Großherzogin Stephanie von Baden. Die Sache schien im besten Gange, als plötzlich in den ersten Tagen des December das fait accompli einer Vermählung des Kronprinzen Albert von Sachsen **) mit Carlotta bekannt wurde. Am 17. December stattete Kaiser Franz Joseph unerwartet schnell einen Besuch in Berlin ab, und am 20. wurde in England das Toryministerium gestürzt und kam Lord Palmerston wieder ans Ruder, um alsbald in der europäischen Politik mit Frankreich Hand in Hand zu geben. Nun erfolgte zuerst von Seiten Rußlands am 5. Januar 1853 die Anerkennung des französischen Kaiserthums, am 6. auch die von Seiten Oesterreichs und Preußens.

Napoleon III. veranstaltete im November und December bei Fontainebleau und Compiègne große Treibjagden in alterthümlichen Costumen, wobei auch Damen glänzten, und unter ihnen als die schönste eine blonde Spanierin, Donna Eugenia Montijo, Her-

---

*) Fürst Schwarzenberg drückt sich in einem geheimen Memoire darüber so aus: „Die Bourbons, obgleich legitim, sind dem constitutionellen, d. h. revolutionären System verfallen; Napoleon, obgleich illegitim, ist Alleinherr. Jene öffnen, dieser schließt die Büchse der Pandora."

**) Dessen Mutter Amalie ist die Tochter des König Max Joseph von Bayern und Schwester 1) der Erzherzogin Sophie, Mutter des jetzt regierenden Kaiser Franz Joseph, 2) der Königin Elisabeth von Preußen, 3) der Prinzessin Ludovica, Gemahlin des Herzog Max in Bayern und Mutter der Elisabeth, jetziger Gemahlin des Kaiser Franz Joseph. Zwei weitere noch lebende Schwestern sind Charlotte, Wittwe des Kaiser Franz I. und Marie, Wittwe Friedrich Augusts von Sachsen.

zogin von Theba. Diese wählte der Kaiser zu seiner Gemahlin
und erklärte es dem Staatsrath und den Kammern am 22. Januar
1853 in einer noch an demselben Tage veröffentlichten Botschaft,
worin es hieß: „Frankreich hat in seinen Revolutionen stets einen
vom übrigen Europa verschiedenen Weg eingeschlagen. Dynastische
Vermählungen erzeugen nur trügerische Bürgschaften und setzen das
Familieninteresse an die Stelle des Nationalinteresses. Seit 70
Jahren sind alle in Frankreich vermählten fremden Prinzessinnen
unglücklich gewesen. Nur einer gedenkt das Volk gern, und diese
eine stammte nicht aus königlichem Blute (Josephine). Die vergebliche Bewerbung des Herzogs von Orleans um eine Prinzessin
aus souverainem Hause und die Thatsache, daß er zwar eine vor-
treffliche Frau, aber nur zweiten Ranges und einem andern Be-
kenntniß angehörig fand, verletzte das Selbstgefühl Frankreichs.
Wenn man durch die Macht eines neuen Princips auf die Höhe
der alten Dynastien gehoben wird, werde man dem Princip nicht
untreu, sondern bewahre seinen eigenthümlichen Charakter und
nehme gegenüber von Europa offen die Stelle des Emporkömmlings
(parvenu) ein, welches ein ruhmvoller Titel ist, wenn man ihn
durch die freie Abstimmung eines großen Volkes erlangt. Ich
wähle eine Braut, die ich liebe, von hoher Geburt, Französin
durch ihr Herz und ihre Erziehung und durch das Blut, das ihr
Vater für die Sache des Kaiserreichs vergossen (er war unter
König Joseph Afrancesado). Als Spanierin hat sie den Vortheil,
daß sie in Frankreich keine Familie besitzt, der man Ehren und
Güter verleihen müßte. Geschmückt mit allen Eigenschaften des
Geistes und Gemüthes wird sie eine Zierde des Thrones seyn."
Sein genialer Entschluß, statt einer Marie Louise eine Josephine
zu heirathen, fand im Volk die allgemeinste Zustimmung und schon
am 30. Januar wurde die Hochzeit gefeiert. Bei diesem Anlaß
erließ der Kaiser eine Amnestie für politische Verbrecher und be-
gnadigte über 3000 Personen.

Napoleon III. regierte mit großem Verstande. Indem er in

Paris ausgedehnte Bauten unternahm, die Rivolistraße bis zum
Stadthause verlängerte, das Louvre ausbaute x., beschäftigte er
nicht nur die Arbeiter, sondern zerstörte auch die engen Gassen,
die bei allen Pariser Revolutionen den Insurgenten zum haupt-
sächlichsten Stützpuncte gedient hatten. Das war viel practischer,
als die Erbauung des Forts unter Ludwig Philipp. Die geheime
Gesellschaft der Marianne*) machte im Jahre 1854 zu Angers
einen kleinen, bald wieder unterdrückten Aufstandsversuch. Man
schrieb ihr die Absicht zu, den Kaiser zu ermorden. Es waren
socialistische Arbeiter, Reste der 1848 besiegten Partei und dem
Kaiser weit weniger gefährlich, als die italienischen Verschwörer.
Auch den Bürgerstand, dem er die freie Presse, die Wahlumtriebe,
das Nationalgardenspiel und die Tribune entrissen hatte, suchte er
durch Beförderung des Luxus zu gewinnen. Die Idealrepublikaner,
wie Cavaignac, waren ihm nicht mehr gefährlich, noch viel weniger
die abgenutzten Intriganten, wie Thiers. Er durfte auf das Landvolk und auf die Soldaten rechnen. Auch die Mehrheit der Bischöfe hielt zu ihm, weil er der Religion alle Achtung erwies.
Die Opposition des ultramontanen „Univers" und des Bischofs
von Moulins, der sich dieses Journals gegen die Censur des Erzbischofs Sibour von Paris annahm, blieb ohnmächtig.

Der mächtigste Bundesgenosse des Bürgerkönigthums und der
corrumpirten Kammerregierung war die Börse gewesen. Sie ist als
Tyrannin, als systematische Aussaugerin des arbeitenden Volks zu
Gunsten weniger Reichen principiell dem Imperialismus entgegengesetzt, der mit der Kirche im Bunde sich auf das gemeine Volk
und die Armee stützt. Napoleon III. scheint das nicht mißkannt
zu haben. Durch die von ihm im Jahr 1854 getroffene großartige
Maßregel einer Nationalanleihe, zu der viermal mehr gezeichnet

---

*) Die Arbeiter nannten ihre Branntweinflaschen la Marie Jeanne.
Jahre 1849 soll man unter diesem Namen die Republik verstanden haben.
In der Gaunersprache soll das Gefängniß diesen Namen führen.

wurde, als er bedurfte, hat er gezeigt, daß er sich von der Börse unabhängig machen wollte. Allein er konnte es nicht mehr. Die enormen Kosten des Hofes, der Verwaltung und des Heeres entschieden den Sieg der Börsenspeculationen, an denen sich die Großen wieder wie unter dem Bürgerkönige mit schamloser Habgier betheiligten. Ja der Schwindel griff in die untersten Schichten des Volkes ein, und nie zuvor war die Börse mehr bevölkert und belagert gewesen von allen Classen.

Je mehr das Kaiserthum sich befestigte, um so mehr schwanden die Hoffnungen der gestürzten Königsfamilie. In der Noth neigten sie sich wenigstens unter sich zu einer Aussöhnung. Der Herzog von Nemours begab sich nach Frohsdorf zum Grafen von Chambord und erkannte ihn als Heinrich V. an, wogegen Chambord sich bereit erklärte, den Grafen von Paris als seinen Nachfolger zu adoptiren. Aber die Mutter des letztern, die Herzogin Helene, legte Protest gegen diesen Plan ein.

Die der gestürzten Familie Orleans so nahe verwandte Dynastie in Belgien verließ sich nicht mehr ganz auf den bisherigen Schutz Englands, sondern glaubte, dem mächtigen französischen Kaiserreich gegenüber neue Stützen suchen zu müssen. Daher die Reise des König Leopold mit seinem Sohn, dem Kronprinzen Leopold, Herzog von Brabant, nach Wien, und des letztern Vermählung mit der österreichischen Erzherzogin Marie, Tochter des verstorbenen Palatinus Joseph, am 22. August 1853.

England anerkannte zwar das neue französische Kaiserthum, allein es kostete den Lord Feuerbrand seine Stelle. Palmerston hatte nämlich, ohne die übrigen Minister zu fragen, dem 2. December zugestimmt und dadurch die Form verletzt. Die Königin, noch gereizt durch Belgien, wo man damals große Angst vor Frankreich hatte, soll sehr aufgeregt gegen Palmerston gewesen seyn. Auch die nordischen Mächte hatten längst bittere Klage gegen ihn erhoben und mit Recht. Denn er hatte Kossuth und seine Anhänger nicht nur in der Türkei geschützt, sondern auch im

Jahr 1851 gaftfrei in England aufgenommen. Koffuth landete in
Marfeille und wäre gern durch Frankreich gereist, um die Republi-
kaner ins Feuer zu setzen, aber Napoleon geftattete es nicht. In
England dagegen wurde er von Palmerfton geliebkoßt, wurden ihm
große Feße gegeben, Summen für ihn gefammelt und traten die
Häupter aller vom Feßland geflüchteten revolutionären Parteien,
Ledru Rollin, Louis Blanc, Mazzini 2c. mit ihm zufammen, um
neue Revolutionen auszufinnen und durch Agitation das ganze
Feßland in Athem zu erhalten. (Später ging Koffuth nach
Amerika, um sich auch dort bewundern und befchenken zu laffen,
bis er aus der Mode kam und auch in England, wohin er zurückkehrte, vergeffen wurde.) Die Irländer, die unter O'Brien, und
die wieder auferftandenen Chartiften, die unter O'Connor das Volk
aufzuregen fuchten, wurden von demfelben Palmerfton energifch unterdrückt. Die ungeheure Proceffion, die von Kenfington aus nach London eine Monftrepetition bringen follte, wurde durch 150,000 Gent-
lemen verhindert, die fich zu diefem Zweck unter die Conftabler
hatten einfchreiben laffen. Alle Welt follte die Parifer Februarrevolution nachahmen dürfen, nur England nicht. Damals fing
Palmerfton auch fchon feine heimtückifchen Angriffe auf Neapel an.
Denn er wollte fich dafür rächen, daß ihm die tapfern Schweizer
feine ficilianifche Intrige durchkreuzt hatten und Neapel follte
keine Stunde Ruhe mehr vor England haben. Daher die abficht-
liche Veröffentlichung der Briefe Gladftones an Aberdeen über die
angeblichen Greuel, die an den politifchen Gefangenen in Neapel
begangen würden. Nichtsdeftoweniger zeigte London gerade im
Jahr 1851 die Phyfiognomie des tiefften Friedens und eine all-
umfaffende Völkerliebe. Denn die erfte große Weltinduftrie-
ausftellung war dafelbft in einem ungeheuren Glaspalaft eröffnet worden, worin alle Nationen unter den Aufpizien Englands
den Reichthum ihrer Erzeugniffe entfalteten. Damals leitete auch
der Schwärmer Elihu Burrit einen allgemeinen Friedenscongreß in
der Hoffnung ein, alle künftige Kriege verhindern und die Sum-

men, welche die Soldaten kosteten, den Friedenswerken zuweisen zu können.

Da trat die Störung ein. Palmerston wurde abgedankt. Peel war 1850 an einem Sturz vom Pferde gestorben. Das neue Ministerium Granville und Russel erklärte nun zwar in der Thronrede seine friedliche Gesinnung gegen Frankreich, verlangte aber 8000 Mann Milizen, um die Küsten zu bewachen. Das Parlament, von Palmerston geleitet, stimmte dieser Maßregel nicht zu und damit fiel das Ministerium schon im Februar 1852. Die Königin versuchte es zwar wieder mit den Tories und brachte Lord Derby und d'Israeli ins Ministerium. Allein dasselbe konnte sich weder in seiner äußeren noch inneren Politik befestigen, da Napoleon von ganz Europa als Kaiser anerkannt war und die Toryfurcht eine Wiederkehr der Antikorngesetzligue hervorrief. Zu Weihnachten 1852 traten Russel, Aberdeen, aber auch Palmerston wieder ins Ministerium ein.

Im Jahr 1850 unternahm der Papst eigenmächtig und ohne vorherige Verabredung mit der englischen Regierung, zwölf katholische Bisthümer in England zu stiften, angeregt nicht nur durch die katholischen Irländer, die in großer Zahl als Arbeiter in englischen Städten lebten, sondern auch durch die immer häufiger werdenden Uebertritte puseyitischer Geistlicher und Gentlemens zur alten Kirche. Die neuen Stiftungen waren das Erzbisthum Westminster (London) und die Bisthümer Southwark, Plymouth, Thlston, Newport und St. David, Shrewsbury, Birmingham, Nottingham, Northampton, Beverley, Herham, Liverpool und Salford. Zum Erzbischof von Westminster und bald auch zum Cardinal ernannte Pius IX. den gelehrten Dr. Wiseman, einen der geistvollsten Schriftsteller Englands. Begreiflicherweise erhob sogleich der reformirte Decan von Westminster Protest gegen den katholischen Eindringling, der die seit der Reformation der Staatskirche gehörige Westminsterabtey auf einmal wieder der alten Kirche vindiciren zu wollen schien. Die Aufregung war groß. Der Pöbel in Dover ersäufte

eine Puppe, die den Papst vorstellte, im Meer; an einigen andern
Orten wurde die Puppe verbrannt. Noch häufiger verbrannte man
den Cardinal in effigie, zu Exeter mit Musik in großer Procession. Allein es erfolgten keine Gewaltthätigkeiten. Regierung
und Parlament erkannten einfach die neuen bischöflichen Titel nicht
an, begnügten sich aber, die Thatsache zu ignoriren, während
Wiseman und die neuen Bischöfe ihr geistliches Hirtenamt unbe-
hindert antraten. Lord John Russel antwortete dem reformirten
Bischof Durham, der sich bitter beklagte: „Ich bin vollständig mit
Ihnen einverstanden, daß die letzten Angriffe des Papstes auf unsern Protestantismus unverschämt und hinterlistig sind. Ich muß
aber gestehen, daß mein Unwille größer ist, als es meine Befürch-
tungen sind. Wir hätten doch den vielen, besonders irischen Katholiken, die in England leben, eine Seelsorge gewähren müssen.
Uebrigens habt ihr (Geistliche der reformirten Staatskirche) selber
dem Katholicismus Vorschub geleistet durch Anspruch auf Unfehl-
barkeit, abergläubigen Gebrauch des Kreuzeszeichens, unverständ-
liches Murmeln der Liturgie, Ohrenbeichte, Buße und Absolu-
tion 2c." Wiseman vertheidigte sich ritterlich gegen seine vielen
Gegner *) und behauptete seinen Platz in Ehren. Dagegen machte
sich der ganze Haß gegen die katholische Kirche Luft in dem Prozesse, in den Dr. Newman, ein gelehrter, frommer und höchst
ehrenwerther Puseyit, der zu jener Kirche übergetreten war, verwickelt wurde. In England war nämlich ein gewisser Achilli auf-
getreten, ein italienischer Abenteurer von schlechtestem Ruf, ein
vormaliger katholischer Priester, der wegen Verführung und Ent-
ehrung von Nonnen angeklagt, zur englischen Kirche übergetreten
war und die Eitelkeit der Engländer ausgebeutet hatte, als wolle
er für den Protestantismus in Italien Propaganda machen. Nach-

---

*) Der Scharfsinn in seiner Polemik erinnert auffallend an Lessing,
nur daß er mit den edeln Waffen des Geistes nicht gegen, sondern für
das Heilige streitet.

dem er schon eine protestantische Schule in Malta eröffnet hatte,
die aber wieder geschlossen werden mußte, weil er des Nachts Mädchen ins Schulhaus ließ ꝛc., wurde er in Rom, wohin er sich wieder
gewagt hatte, verhaftet, aber durch die Franzosen wieder befreit und
ging nun mit der Glorie eines von der römischen Inquisition Verfolgten nach England, wo er die wüthendsten Reden, gegen den
Papst und die katholische Kirche hielt. Nun trat der edle Newman
öffentlich gegen ihn auf und riß ihm die Tugendlarve vom Gesicht.
Aber Achilli hatte die Frechheit, Newman wegen falscher Anklage
vor Gericht zu fordern und das Gericht verurtheilte Newman unter
ungeheurem Beifall, 1852.

In Spanien herrschten die Moderados unter General
Narvaez im Einverständniß mit der Königin Mutter Christine
und unter dem Beifall Ludwig Philipps, als des letztern Sturz
in der Februarrevolution plötzlich den Progressisten und dem englischen Einfluß das Thor öffnete. Zwar unterdrückte Narvaez mit
gewohnter Energie *) einen progressistischen Aufstand in Madrid
am 23. März 1848, und wurde die Königin Isabelle jetzt von
Oesterreich und Preußen (noch nicht von Rußland) anerkannt, aber
Lord Palmerston wollte um jeden Preis die Moderados stürzen und
erließ eine freche Note an Spanien, worin er das moderabistische
System tadelte und eine Aenderung verlangte. Narvaez erklärte
dem englischen Gesandten Bulwer, wenn noch eine solche Note
käme, werde er sie gar nicht annehmen. Palmerston ließ sich das
gefallen, in Hoffnung, eine neue Insurrection, bei der Bulwer
stark compromittirt war, werde Narvaez stürzen. Sie begann in
der Nacht des 6. Mai in Madrid und brach am folgenden Tage
auch in Sevilla aus, aber die Truppen der Regierung siegten
abermals und Narvaez nahm keinen Anstand, Bulwer zu befehlen,

---

*) Als er auf einem Spazierritt von dem Ausbruch der Empörung
hörte, wies er auf seine Reitgerte und sagte: damit werde ich sie zu
Paaren treiben.

daß er binnen zweimal 24 Stunden die Hauptstadt und das Königreich verlasse. Palmerston ließ sich auch das gefallen, weil er der
Schuldige war. Isturiz, der spanische Gesandte in London, kehrte
von dort zurück. Weiter aber erfolgte keine Feindseligkeit von
England. Frankreich benahm sich ungleich loyaler gegen Spanien.
Als Cabrera im Norden wieder für den Herzog von Montemolin
carlistische Guerillas aufbrachte, war es Cavaignac, der ihm jede
Unterstützung von der Grenze aus verwehrte. General Concha besiegte die Carlisten und sie unterwarfen sich. Damals sandte Narvaez auch spanische Truppen nach Italien dem Papst zu Hülfe.

Aber Narvaez hatte mit zu großer Strenge die Jugend der
jungen Königin bewacht. Das ward ihr lästig. Die alte König-
gin, allzu sicher gemacht durch die Herrschaft der Moderados, wollte
noch weiter rechts gehen und zum Absolutismus zurückkehren, erachtete es daher an der Zeit, Narvaez als ein Werkzeug, das man
nicht mehr brauche, wegzuwerfen. Am 18. October 1849 plötzlich
wurde nun Narvaez abgedankt und der unbedeutende General Cleo-
nard an seine Stelle gesetzt. Zwar erwies sich dieser so unfähig,
daß Narvaez noch einmal gebeten werden mußte, wieder ins Amt
zu treten; nun aber setzte die absolutistische Intrigue den letzten
Hebel an, um ihn zu stürzen. Isabelle befand sich nämlich in
guter Hoffnung und der König, ihr Gemahl, wurde veranlaßt,
die Entfernung des General Narvaez als den einzigen Preis zu
bezeichnen, um den er die Legitimität des Kindes anerkennen würde.
Die junge Königin sagte dem Narvaez alles und bat ihn um
Rath. Da ließ derselbe augenblicklich dem König eine Wache
geben und durchschnitt die ehrlose Intrigue mit seiner gewohnten
Entschlossenheit. Ueberdies setzte sich Narvaez ins beste Einvernehmen mit Louis Napoleon, dem er durch seine Heirath mit einer
Tacher verwandt geworden war. Aber eine Expedition zur Eroberung der spanischen Insel Cuba von Nordamerika aus, heimlich
von England begünstigt, ließ Spanien empfinden, wie sehr es
der Freundschaft Englands bedürfe, und da Louis Napoleon selbst

diese Freundschaft pflegte, so gereichte dem Narvaez seine feind-selige Stellung zu England alsbald zum Vorwurfe. Und da Isa-belle mit einem todten Kinde niederkam und insofern ihre Ver-legenheit und Rathsbedürftigkeit aufhörte, und die Königin Mutter nichts sehnlicher wünschte, als Gebieterin über die spanische Staats-casse zu werden, um ihren Privatinteressen reichlicher genügen zu können, so mußte Narvaez doch noch fallen. Die junge Königin fügte sich ungern in diese Intriguen und entließ Narvaez nicht, ohne bitter um ihn zu weinen, in dem sie ihren einzigen wahren Freund erkennen mußte, am 11. Januar 1851.

Christine regierte nun eine Weile mit dem neuen Minister Bravo Murillo, rechnete und muthete bei der Reorganisation der Finanzen den Staatsgläubigern große Opfer zu, wich aber noch nicht aus der constitutionellen Bahn, bis der Staatsstreich des 2. December in Frankreich ihr erst Muth machte,*) und die Nieder-kunft Isabellens mit einer gesunden Tochter (am 20. December) auch die Thronfolge sicherte. Die Folge war zunächst ein sehr strenges Preßgesetz, die Entfernung constitutionell gesinnter Männer und das liebkosende Heranziehen von Carlisten. Ein Messerstich, mit welchem der Mönch Merino die Königin Isabella bei ihrem ersten Kirchgang nach ihrem Wochenbette verwundete, war nur eine That vereinzelter Verrücktheit ohne politisches Motiv, am 2. Februar. Im Verlauf des Sommers wurde an dem Plan gearbeitet, die Verfassung im absolutistischen Sinne umzuändern, aber als derselbe den Cortes vorgelegt wurde, fand er Widerstand. Die Modera-dos vereinigten sich eine Zeit lang mit den Progressisten gegen die

*) Sie bot Louis Napoleon 10 Millionen an, wenn er eine ihrer Töchter von Munnoz heirathe. Zu derselben Zeit aber ging diese ihre Tochter mit dem Koch des Palastes durch, zum unauslöschlichen Gelächter ihrer königlichen Schwester Isabella. Ihr Gemahl Munnoz aber vergeu-dete in Paris im Börsenspiel die Millionen, welche Christine ihrer Tochter und dem Königreich Spanien durch unerhörten Mißbrauch des mütterlichen Ansehens geraubt hatte.

Camarilla. Narvaez war zurückgekehrt und wurde jetzt von den Progressisten selbst begrüßt. Christine ließ ihn förmlich aus Spanien verbannen (December 1853). Aber es gelang ihr nicht, ihre Autorität zu befestigen. Am meisten schadete ihr die Aufdeckung ihrer Wuchergeschäfte vor den Cortes. Sie hatte fortwährend die Krone und den Staat geplündert, um den Reichthum Spaniens allein ihren illegitimen Kindern zuzuwenden. Concha lieferte die Beweise öffentlich. Sie ließ aber die Cortes gesetzlich auflösen, und trieb es noch ärger, indem sie Pastor, den Schwager Salamancas (also eigentlich diesen selbst), zum Finanzminister machte. Nie hatte sich Spanien in schlechteren Händen befunden, denn hier trieben es die Wucherer zu den Füßen des Thrones noch gröber als in Frankreich unter Ludwig Philipp. Indeß fürchtete Christine nichts, denn sie sah ja auch in Frankreich die absolute Gewalt befestigt und machte sich viel in Paris zu thun.

Bald aber erhob sich Aufruhr gegen sie. Der erste zu Saragossa, im Februar 1854, mißlang. Aber als in Madrid selbst O'Donnel *) und Serrano das Militair empörten, am 28. Mai, mußte die junge Königin schon das Ministerium ändern, und als am 20. Juli vollends das Volk in Madrid sich erhob und gleichzeitig die meisten Provinzen sich pronuncirten, wurde Christine vollständig gestürzt, gefangen gehalten und bedroht und endlich nur aus Gnade nach Portugal entlassen.**) An die Stelle des bisherigen Absolutismus trat nun aber wieder der extremste Progressismus. Espartero erhielt die Oberleitung zurück, und die unglückliche Kirche wurde auf's neue verfolgt, während die Rechte der constitutionellen Königin unangetastet blieben. Da aber in Spanien nichts Bestand haben kann, so unterlag auch Espartero

---

*) Sohn des Grafen von Abisbal, damals 40 Jahr alt und Kriegsminister.
**) Unter dem beschämenden Zuruf des Volfs: viva el pudor! viva la moralidad!

wieder und wurde schon nach zwei Jahren durch einen Soldatenaufstand gestürzt. Schon im Jan. 1856 wurde ein demokratisches
Complott vereitelt, wonach die Königin gefangen und die Cortes
gesprengt werden sollten. Der Justizminister Fuente Andres wüthete gegen den Papst und wollte ihm den letzten Einfluß auf
Spanien in den Ehegesetzen rauben. Da bat die Königin O'Donnel um Schutz, entließ Andres und schickte nach dem conservativen
General Prim. Nun trat Rivero in den Cortes voll Entrüstung
gegen O'Donnel auf und drohte ihm mit Todesstrafe, wenn er
reactionäre Pläne begünstige, und die Sitzung vom 24. Jan. wiederhallte von gegenseitigen Beschuldigungen. Aber O'Donnel blieb
fest, weil er sich im Nothfall auf Frankreich stützen konnte, und
am 16. Juli stürzte unter seiner geheimen Leitung ein Soldatenaufstand in Madrid das bisherige System, nicht ohne eine blutige
Gegenwehr der liberalen Nationalgarden. Espartero wagte nicht,
sich an die Spitze der Seinen zu stellen, sondern verhielt sich theil-
nahmlos und wurde in Gnaden entlassen. Saragossa, wo seine
Partei länger sich wehrte, ergab sich endlich auch.

Nun wieder Umkehr zum früheren System. Narvaez kam
schon im October zurück, alle 1854 Verbannten desgleichen und
sogar die verhaßte alte Königin. Die Verfassung von 1845 und
eben so das Concordat wurden hergestellt und der Verkauf der
Klostergüter abermals suspendirt.

Noch immer ist kein gedeihliches Ende der spanischen Wirren
abzusehen. Das schöne Land, das edle Volk scheint unter einem
Fluche gebannt, der in seiner Art einzig ist. Mit großen alter-
erbten Tugenden und hohem Geiste ausgestattet, vermag das spanische Volk sich doch nicht der Tyrannei mittelmäßiger zum Theil
unwürdiger Parteiführer zu entziehen, vermögen die bessern Männer
keine dauernde Mehrheit zu erlangen und die Regierung, die Cortes, die Armee von ihren unsittlichen Elementen zu reinigen. Das
Volk gleicht einem edeln Kranken, den ein böser Dämon besitzt,
und der im Delirium gegen den unfähigen Exorcisten, wie gegen

sich selbst wüthet. Ein einzigesmal (im Jahr 1849) erhob sich ein junger Redner, Donoso Cortes, Marquis von Valdegamas, mit dem ganzen Feuer des altspanischen, ritterlichen und katholischen Geistes und schlug die für Spanien so unnatürlichen Theorien des französischen Liberalismus zu Boden, aber man bewunderte ihn nur, ohne ihm zu folgen und nach vier Jahren war er todt. Die Versöhnung mit dem h. Stuhl ist erfolgt und die Regierung wieder conservativ, allein eine sittliche und materielle Bürgschaft der Dauer fehlt.

In Portugal war der liberale Minister Saldanha durch Cabral verdrängt worden, der mit Narvaez gegen England zusammenhielt, wurde aber im April 1851 durch einen Soldatenaufstand in seine Machtstellung wieder eingesetzt als Majordomus der Königin. Diese Dame, Maria da Gloria, starb in noch blühendem Alter am 15. November 1853 und ihr folgte ihr Sohn Don Pedro V., anfangs noch minderjährig unter der Regentschaft seines Vaters Ferdinand. Dieser junge Prinz machte seitdem Reisen, trat die Regierung 1855 selbstständig an. erhielt die Ruhe im Reiche und genoß allgemeines Vertrauen. Durch Schonung der Kirche sicherte er sich insbesondere die Liebe des Landvolks. Er vermählte sich 1858 zu Berlin mit der Prinzessin Stephanie von Sigmaringen, verlor sie aber bald wieder durch frühen Tod. — Sein Oheim, Don Miguel, blieb in der Verbannung, heirathete 1851 die Prinzessin Adelheid von Löwenstein-Wertheim, und bekam am 19. Sept. 1853 einen Sohn, für den er die Rechte eines Thronfolgers in Portugal in Anspruch nahm, ohne unterstützt zu werden. Portugal kam 1858 in einen kleinen Conflict mit Frankreich. Die Cholera grassirte dort, da kamen barmherzige Schwestern und Lazaristenprediger aus Frankreich, um zu helfen und zu taufen, wurden aber vom liberalen Pöbel insultirt und vertrieben. Die Vergeltung folgte indeß rasch, denn als noch in demselben Jahr das französische Schiff Charles Georges mit Negersklaven an Bord an der afrikanischen Küste von portugiesischen Behörden kraft des all-

gemeinen Verbots des Sklavenhandels confiscirt wurde, erklärte
die französische Regierung, jene Neger seyen nur „frei Angewor-
bene", verlangte das Schiff augenblicklich zurück und noch 340,000
Francs Entschädigung, widrigenfalls sie alle Verbindung mit Portugal abbrechen werde. Portugal gab seufzend nach, nicht ohne
über einen Mißbrauch der Gewalt zu klagen, den wenigstens England hätte verhindern können und sollen. Den Schwachen, hieß.
es, schützen fortan keine Verträge mehr. Aber die barmherzigen
Schwestern waren auch nicht geschont worden.

In Italien war die Ruhe wiederhergestellt. Rom blieb aber
immer noch von den Franzosen besetzt, die sich ihren Einfluß auf
die Halbinsel und zunächst auf die Entschließungen des heil. Vaters
dadurch sicherten. General Oudinot wurde zurückberufen, aber durch
Rostolan, später durch Baraguay d'Hilliers ersetzt. Papst Pius IX.
ertheilte schon im Herbst 1849 durch ein manu proprio von Gaëta
aus seine Befehle nach Rom und ließ die Regierung in seinem
Namen wieder übernehmen, mit stillschweigender Uebergehung der
früheren Verfassung. Aber erst am 9. April begab er sich selbst
nach Rom. Bei seinem Einzug platzte eine Petarde am Thor, jedoch ohne jemand zu verletzen. Seitdem nun befand sich der heil.
Vater wieder im Vollbesitze seiner Macht, aber unter den Bajonetten
des französischen Kaisers, seines ehrerbietigen, aber stolzen Verbündeten. Ganz in der Nähe, eben so eng verbündet und ehrerbietig, standen die Oesterreicher. Von einer Wiederaufnahme po-
littischer Reformen war nun nicht mehr die Rede. Dagegen neigte
sich der Papst zu einer begeisterten Marienverehrung hin. Am
29. Juli 1850 gründete er ein neues Marienfest, welches fortan
am Tage seiner Rettung aus Rom (24. Nov.) gefeiert werden sollte,
weil sein heißes Gebet zur Gottesmutter ihm in dieser Noth geholfen, und am 2. August 1851 verkündete er Ablaß für besondere
Marienverehrungen. Dem folgte im Jahre 1854 die Berufung
einer großen Versammlung von Bischöfen nach Rom, um das
Dogma der unbefleckten Empfängniß Mariä festzustellen.

Diese Versammlung wurde am 20. Nov. eröffnet und war aus
192 Cardinälen, Erzbischöfen und Bischöfen aus allen Theilen der
katholischen Welt gebildet, welche mit andern Prälaten, Ordens=
obern ꝛc. vereint die Versammlung auf etwa 500 Stimmen brachten.
Diese beschlossen nun und der h. Vater sanctionirte am 8. Dec.
den neuen Glaubenssatz. *) Das betreffende Dogma war schon 1439
vom Basler Concil angenommen, aber vom Papst nicht bestätigt
worden. Im früheren Mittelalter hatten besonders Dominicaner
und Franziscaner viel und heftig darüber gestritten, die höchste
Autorität der Kirche hatte jedoch stets für räthlich erachtet, keine
endgültige Entscheidung zu geben. Diesmal wurde rasch entschieden.
In der Versammlung erhob sich nur geringer Widerspruch und
schon am 8. December konnte Pius IX. der Welt das neue Dogma
verkündigen, indem er das Bildniß der Gottesmutter mit einem
prachtvollen Diadem krönte. Später protestirte der französische
Abbé Laborde gegen das Dogma, welches inzwischen in der ge=
sammten katholischen Welt angenommen wurde und nur deshalb
den nur dem Tagesinteresse Hingegebenen weniger wichtig erschien,
weil es keine irgend erhebliche oder lermende Opposition fand.

Ein verhältnißmäßig viel größeres Aufsehen machte ein ganz
unbedeutender Vorfall in Florenz. Hier war das Ehepaar Ma=
dial protestantisch geworden, hatte sich mit Bibelverbreiten und
Proselytenmachen abgegeben, und war deshalb verhaftet und in
Untersuchung gezogen worden. Die englischen Missionäre, welche

---

*) „Daß die allerseligste Jungfrau Maria vom ersten Augenblick ihrer
Empfängniß an durch ein besonderes Vorrecht und eine besondere Gnade
Gottes, kraft der Verdienste Jesu Christi, des Erlösers des Menschenge=
schlechts, von jedem Mackel der Erbsünde bewahrt und frei geblieben ist.“
Bei diesem Anlaß wurde auch die vor Jahren verbrannte und noch nicht
ganz fertig gebaute Paulskirche in Rom in Gegenwart aller Cardinäle,
Bischöfe ꝛc. eingeweiht.

die Sache zunächst anging, wurden diesmal durch die bekannte
Politik des Lord Palmerston, der um jeden Preis Italiens Ruhe
beständig gestört wissen wollte, kräftigst unterstützt. Auch das protestantische Deutschland wurde ins Interesse gezogen, ein ungeheurer
Zeitungslerm gemacht und zu Gunsten der angeblichen „Märtyrer"
selbst hohe und höchste Vermittlung angerufen, so daß die groß-
herzogliche Regierung sich veranlaßt fand, das gedachte Ehepaar
im Frühjahr 1853 frei zu lassen.

Der Papst stützte sich fortwährend auf Oesterreich, welches
mit ihm das Concorbat abschloß, woburch bem josephinischen
System ein Ende gemacht und der Kirche wieder ein überwiegender
Einfluß gestattet wurde, ferner auf die von Oesterreich abhängigen
Mittelstaaten Italiens und auf Neapel, dessen König aus dem Hause
Bourbon die Wiederherstellung des Napoleonischen Kaiserthums in
Frankreich wegen der Möglichkeit einer Wiederkehr des Muratis-
mus sehr fürchtete. Oesterreich behauptete unter diesen Umständen
und ba es fortwährend wie Ferrara, so auch Bologna und Ancona besetzt hielt, die Hegemonie in Italien, und Frankreich blieb
trotz seiner Besetzung Roms isolirt und hatte nur Kosten und Müh-
seligkeiten mit dem Papst und nirgends einen Erfolg. Das trug
wesentlich zur wachsenden Mißstimmung Frankreichs gegen Oesterreich bei.

Je eifriger Oesterreich der Kirche diente, desto feindseliger trat
ihr Sardinien entgegen, wobei es freilich von dem vorsichtigen
Napoleon nicht, wenigstens nicht öffentlich unterstützt wurde, wohl
aber von Lord Palmerston. Schon 1850 gab der sardinische Justizminister Siccardi ein Gesetz, welches die geistliche Gerichtsbarkeit
aufhob, die Feiertage einschränkte ꝛc. Franzoni, Erzbischof von
Turin, protestirte dagegen, wurde aber verhaftet und einen Monat
lang gefangen gehalten. Auch der Papst protestirte, aber die Stände
genehmigten das Gesetz und der König sanctionirte es. Die sardinische Presse überbot sich seitdem in Ausfällen theils gegen Oester-

reich, theils gegen den Papst *) und gab hierin der Presse des
Schweizer Radicalismus in seiner Culminationszeit nichts nach.
Nachdem Cavour Chef des Ministeriums geworden, und Ratazzi
die geistlichen Angelegenheiten übernommen, steigerten sich noch die
Verfolgungen der Kirche. Das s. g. Klostergesetz vom 2. März
1855 hob 365 Klöster auf, wogegen sowohl der Papst, als der
nach Frankreich geflüchtete Erzbischof Franzoni wieder vergebens
protestirten. Nonnen wurden von Gensdarmen mit Gewalt aus
den Klöstern herausgerissen, auf Wagen gepackt und fortgeschafft.
In Piemont selbst wurde diese antikirchliche Strömung durch das
Ansehen des Königs und durch die alte mazzinistische Partei unterhalten und hatte eine rein negative Tendenz. Von einer Hinneigung
zum positiven Protestantismus war da keine Rede; nur englische
Arglist konnte behaupten, und nur deutsche Einfalt glauben, in dem
turinischen Josephinismus liege der Keim der Bekehrung Italiens
zum englisch-norddeutschen Protestantismus.

Gegen N e a p e l setzte Palmerston die alten Gehässigkeiten
fort. Im Jahre 1851 wurden Briefe Gladstones an Aberdeen ge-
druckt, welche König Ferdinand II. als einen finstern Tyrannen
darstellten und demselben eine unmenschliche Behandlung der politisch
Gefangenen vorwarfen, arge Uebertreibungen und Verleumdungen,
welche die neapolitanische Regierung offiziel widerlegte. Merkwürdig
erscheint die Ungunst, welche die Jesuiten in Neapel erfuhren. Ihr
Blatt, civilta catholica hatte der Regierung josephinische Tendenzen
vorgeworfen, das beleidigte den König und der Papst selbst mußte
sich für die Duldung der Väter Jesu in Neapel verwenden.
Theiners Buch über Clemens XIV. (eine strenge Kritik des Ordens)
erlebte in Neapel sieben Auflagen.

Die besiegte Lombardei war mit großer Milde behandelt wor-

---

*) Zu Fiamma's Gedicht Babilonia 1852 erschien eine Vignette, welche
einen Italiener und Engländer die Tiare mit Füßen treten läßt. Unter
Babilon ist Rom gemeint.

ben und auch gegen den bübischen Unfug der radicalen Presse in
Piemont und der Schweiz schritt Oesterreich nicht ein, um nicht
mit den übrigen Großmächten in Verwicklungen zu gerathen. Das
machte den Mazzinisten Muth, von London aus, wo sie den Schutz
Palmerstons genossen, einen neuen Insurrectionsversuch zu wagen.
Da es ihnen an ausreichenden militairischen Mitteln gebrach, konnte
es sich um keine eigentliche Revolution handeln. Mazzini, welcher selbst von London aus in die Schweiz kam, um die Dinge zu
leiten, wollte die Oesterreicher nur allarmiren und den Italienern
beweisen, daß ihre Sache immer noch Vertheidiger habe. Am
6. Februar 1853 zeigten sich plötzlich in den Straßen Mailands
Schaaren von Menschen, die mit Dolchen bewaffnet über die einzeln
vorübergehenden österreichischen Soldaten herfielen und deren 10
bis 20 tödteten, etwa 100 verwundeten, sobald aber Allarm geschlagen und mit geschlossenen Colonnen gegen sie marschirt wurde,
sich wieder verkrochen. Ein niederträchtiger Bubenstreich, den der
weise Radetzki zweckmäßig bestrafte, indem er nicht blos die strengste
Zucht in der Stadt herstellte, sondern auch alle Tessiner aus der
Lombardei auswies. Freilich waren viele Unschuldige unter ihnen,
aber wegen der vielen andern, die sich schon früher bei den lombardischen Empörungen betheiligt hatten, und weil Mazzini aus
Locarno seinen förmlichen Waffenplatz gemacht hatte, war es durchaus nothwendig, dem frechen Schweizer Radicalismus endlich einmal Ernst zu zeigen. Zugleich hatte sich Oesterreich darüber zu
beschweren, daß im Canton Tessin die Klöster aufgehoben und
österreichische Mönche widerrechtlich und ohne alle Entschädigung
waren vertrieben worden.

Wenige Tage nach dem Complott in Mailand, am 18. Febr.,
wurde Kaiser Franz Joseph, indem er auf dem innern Walle der
Stadt Wien spazieren ging, und eben in einen Garten hinabsah,
in dem eine zahme Gemse weidete, plötzlich von einem jungen
Ungarn, Libenyi, mit einem großen Messer angefallen und am
Nacken verwundet, aber mit Hülfe seines Adjutanten O'Donnel

und eines zufällig herbeikommenden Wiener Bürgers (Ettenreich), der den Bösewicht niederwarf, gerettet. Die nicht ungefährliche Wunde des Kaisers wurde glücklich geheilt, der Mörder gehenkt. Er hatte keine Mitverschworenen, war aber fanatisirt worden durch einen revolutionären Aufruf, welchen Kossuth im Februar erließ, gleichzeitig mit einem eben so fulminanten Aufruf Mazzinis. Ein Jahr später, am 26. März 1854 traf eines unbekannten Mörders Dolch den Herzog Karl von Parma auf einem Spaziergange, woran er am folgenden Tage verschied. Der Mörder entkam, nur andere Mitschuldige wurden entdeckt. Baron Ward, ein Engländer, den des Herzogs Gunst aus dem Stalle zu den höchsten Staatsämtern erhoben hatte und dessen Willkürherrschaft allgemein verhaßt war, um dessen willen daher auch wohl der Mord geschah, war gerade abwesend und durfte nicht mehr zurückkehren. Die Wittwe Louise, Tochter des ermordeten Herzogs von Berry, übernahm für ihren unmündigen Sohn Robert die Regentschaft. Aber binnen kurzem wurden die Richter, welche 1854 die damaligen Verschwörer verurtheilt hatten, mit Meuchelmord heimgesucht. Der Präsident des Gerichts Lanati und der Untersuchungsrichter erhielten schwere Wunden, der Auditor Gobti wurde erdolcht, eben so Graf Magawly.

Die Schweiz söhnte sich mit Oesterreich erst am 18. März 1855 wieder aus, indem sie die österreichischen Mönche entschädigte und Oesterreich dagegen die Tessiner in der Lombardei wieder zuließ. Im Uebrigen blieb es in der Schweiz beim Alten. Die Radicalen behaupteten sich in der obersten Leitung des neuen Bundes und streckten sich nur insofern nach der Decke, als sie sich sehr hüteten, sich Frankreich zum Feinde zu machen. Englands waren sie gewiß. Auf Oesterreich nahmen sie nach und nach in dem Maaße mehr Rücksicht, in welchem es sich Frankreich näherte. Nur gegen Preußen hielten sie an ihrer ganzen alten Weise fest. Von einer Anerkennung des groben Unrechts, welches sie in Neuenburg begangen hatten, war noch immer keine Rede, obgleich die

Großmächte in einem Londoner Protokoll vom 24. Mai 1852 die Rechte des Königs von Preußen auf Neuenburg ausdrücklich wahrten. Auch die katholische Partei wurde in der ganzen Schweiz noch immer von den Radicalen unter dem Druck gehalten, zwei ohnmächtige Erhebungsversuche der Unterdrückten zu Freiburg im Jahr 1850 und 1853 besiegt und schwer geahndet. Marilley, der Bischof von Freiburg, wurde inquirirt, verhaftet, endlich verbannt. Das Waadtland wurde von Druey durch den Tod befreit. Genf aber schmachtete fortwährend unter der Tyrannei des Emporkömmlings James Fazy, der den Credit Mobiliaire aus Paris nach Genf verpflanzte, sich dadurch zu einem reichen Manne emporschwindelte und sein Haus zu einer Spielhölle machte. Ein Genosse Mazzinis war er schon bei dem Attentat von 1834 thätig und gab sich 1848 große, aber unfruchtbare Mühe, die Schweiz zum Kriege gegen Oesterreich zu entflammen. Nachher wurde er der Protector aller italienischen Flüchtlinge.

Register zum fünften Bande.